2018
东北老工业基地全面振兴
进程评价报告

李凯 王世权 李伟伟 张昊 等／著

中央编译出版社

图书在版编目(CIP)数据

2018东北老工业基地全面振兴进程评价报告/李凯、王世权、李伟伟、张昊等著.—北京：中央编译出版社，2020.3
ISBN 978-7-5117-3862-2

Ⅰ.①2… Ⅱ.①王… Ⅲ.①老工业基地-区域经济发展-研究报告-东北地区-2018 Ⅳ.①F427.3

中国版本图书馆CIP数据核字(2020)第034793号

2018东北老工业基地全面振兴进程评价报告

出 版 人：葛海彦
出版统筹：贾宇琰
责任编辑：李易明
责任印制：刘 慧
出版发行：中央编译出版社
地　　址：北京西城区车公庄大街乙5号鸿儒大厦B座（100044）
电　　话：（010）52612345（总编室）　（010）52612339（编辑室）
　　　　　（010）52612316（发行部）　（010）52612346（馆配部）
传　　真：（010）66515838
经　　销：全国新华书店
印　　刷：北京中兴印刷有限公司
开　　本：710毫米×1000毫米　1/16
字　　数：423千字
印　　张：21.25
版　　次：2020年3月第1版
印　　次：2020年3月第1次印刷
定　　价：85.00元

网　　址：www.cctphome.com　　邮　　箱：cctp@cctphome.com
新浪微博：@中央编译出版社　　微　　信：中央编译出版社（ID：cctphome）
淘宝店铺：中央编译出版社直销店（http://shop108367160.taobao.com）　（010）55626985

本社常年法律顾问：北京市吴栾赵阎律师事务所律师　闫军　梁勤
凡有印装质量问题，本社负责调换。电话：（010）55626985

专家委员会成员：（按姓氏笔画为序）

王小鲁　刘世锦　刘尚希　李　凯　李晓西
迟福林　张文魁　张占斌　张屹山　张宇燕
陈永杰　金维刚　赵昌文　赵晋平　赵　继
殷仲义　曹远征　常修泽

《东北老工业基地全面振兴进程评价报告》课题组

课题负责人：李　凯

课题组主要成员：（按姓氏笔画为序）

王世权　孙　涛　李伟伟　张　昊　易平涛
高宏伟

前　言

东北地区是中国重要的工业和农业基地，担负着维护国家国防安全、粮食安全、生态安全、能源安全、产业安全的重要使命，关乎国家发展大局。中华人民共和国成立以来的很长一段时间内，东北地区一直是带动中国经济发展的火车头和急先锋，被冠以"中国工业的摇篮"的称号。然而，伴随着中国经济进入新常态，面对日益纷繁复杂的国际政治经济形势，东北地区表现出了明显的不适应，经济下行压力增大，部分行业和企业生产经营困难，体制机制的深层次问题进一步显现，经济增长新动力不足和旧动力减弱的结构性矛盾突出，发展面临新的困难和挑战。

在上述背景下，"十三五规划"开局之年，以《中共中央国务院关于全面振兴东北地区等老工业基地的若干意见》出台为标志，一场旨在以创新驱动为引领，以结构调整为基点，以体制机制重塑为依托，以创新创业为关键，以民生保障为前提的新一轮东北老工业基地全面振兴攻坚战盛大启幕。新一轮振兴目标非常明确，概而言之就是：到2020年，东北地区在重要领域和关键环节改革上取得重大成果，转变经济发展方式和结构性改革取得重大进展，经济保持中高速增长。在此之上，2030年，东北地区实现全面振兴，走进全国现代化建设前列，成为全国重要的经济支撑带。

新时代东北振兴，是全面振兴、全方位振兴。为了实现既定的振兴目标，国家在政策和资金等方面给予了大力支持，社会各界也给予东北前所未有的关注，东北各级政府更是"撸起袖子加油干"，希冀在新一轮振兴中有所作为。然而，在振兴战略如火如荼推进之际，如何判断东北全面振兴进展，客观反映东北振兴进程？怎样清晰刻画东北经济社会发展中的短板，精准施策？一系列现实问题摆在我们面前。基于此，在国家发改委的指导下和中国东北振兴研究院积极推动下，东北老工业基地全面振兴进程评价被提到日程。

开展东北老工业基地全面振兴进程评价，意在通过设计一系列指标并运用统计数据，形成能够全面评价东北老工业基地振兴进程的指数，据此判断东北全面振兴、全方位进程,明晰振兴中存在的问题,并提出具体对策,实现以评促建,评建结合,成为东北振兴的"晴雨表"。在此基础上,形成《东北老工业基地全面振兴进程评价报告》(蓝皮书),自2017年始,每年定期发布。《东北老工业基地全面振兴进程评价报告》(蓝皮书)主要包括总报告、评价报告和附录三部分,力求全面评价东北振兴中的政府治理、企态优化、区域开放、产业发展、创新创业与社会民生情况。

本书是在国家发改委振兴司的指导下,由中国东北振兴研究院、东北大学、中国(海南)改革发展研究院等多家单位精干的科研力量通力合作完成的。全书由中国东北振兴研究院副院长、东北大学教授李凯提出编写提纲和框架并负责内容的总体审核。迟福林、殷仲仪、夏峰、匡贤明等参与了课题指标设计等讨论,辽宁大学张丹宁副教授、南昌大学李玲玉博士、博士后陈阳、博士研究生王露、董乾坤,硕士研究生刘阳、宋申皓、胡雪华、徐亮、王洋、刘朋飞、张晓明、黄海、王士烨、王胜男、刘亚倩、吕逍林、綦宸玥、吴涵等参与了本期评价报告数据收集整理及部分章节初稿的撰写。

《东北老工业基地全面振兴进程评价报告》已连续发布两年,得到了社会各界同行的高度关注与积极反馈,《2018东北老工业基地全面振兴进程评价报告》(蓝皮书)又将付梓印刷,值此之际,首先要感谢国家发改委振兴司、东北大学、中国(海南)改革发展研究院、中国东北振兴研究院的各位领导和同仁的大力支持。其次,要感谢郭亚军教授领衔的东北评价中心及学术团队所提供的技术协助。最后,本研究在撰写过程中参考了大量国内外已有文献,囿于篇幅并未一一列示。同时,中央编译出版社的李易明编辑在本书的出版过程中做了大量的协调工作,在此一并表示感谢。

受数据资料来源与时间等限制,书中不足之处在所难免,敬请各位读者批评指正。

李 凯

中国东北振兴研究院副院长

目 录

Ⅰ 总报告

一、宏观背景与研究意义 ... 3
 (一) 宏观背景 ... 3
 (二) 研究意义 ... 4
二、东北老工业基地全面振兴进程评价系统设计 ... 6
 (一) 总体思想 ... 6
 (二) 内在逻辑 ... 7
 (三) 指标选择 ... 8
 (四) 指标标准化处理方法 ... 11
三、东北老工业基地全面振兴的进展与挑战 ... 12
 (一) "稳中向好"与"相对落后"的振兴态势未变 ... 13
 (二) 政府治理是当前东北振兴的严重短板 ... 14
 (三) 营商环境制约东北政府治理质量提高 ... 15
 (四) 企业实力提升是企态优化的核心要务 ... 16
 (五) 市场开放是助推区域开放的施策重点 ... 17
 (六) 产业结构调整政策应聚焦服务业发展 ... 18
 (七) 活力激发是东北创新创业的当务之急 ... 20
 (八) 社会保障依然是东北社会民生的瓶颈 ... 21
四、东北老工业基地全面振兴的思路与对策 ... 23
 (一) 着力于"营商环境优化",强化政府服务能力 ... 23
 (二) 着力于"产业链条构建",搭建现代产业体系 ... 24
 (三) 着力于"治理能力提升",促进企态高质发展 ... 25
 (四) 着力于"双创机制构建",激发创新主体活力 ... 25
 (五) 着力于"开放通路创设",打造对外开放格局 ... 26
 (六) 着力于"社会保障建设",打造幸福生态屏障 ... 27

Ⅱ 评价报告

一、东北老工业基地全面振兴进程综合评价报告 ·················· 31
  （一）东北振兴指数总体分析 ···························· 31
  （二）全国视角下东北地区振兴进展分析 ···················· 35
  （三）东北振兴分项指数分析 ···························· 42
  （四）振兴指数振兴指数与 GDP 指标的联合分析 ··············· 46
  （五）主要结论 ······································ 52
二、东北老工业基地全面振兴进程评价分项报告 ·················· 53
  （一）政府治理评价报告 ······························ 53
  （二）企态优化评价报告 ······························ 86
  （三）区域开放评价报告 ······························ 119
  （四）产业发展评价报告 ······························ 160
  （五）创新创业评价报告 ······························ 198
  （六）社会民生评价报告 ······························ 238
  （七）东北地区地市级振兴进程评价 ························ 280

Ⅲ 附 录

一、东北老工业基地全面振兴进程评价的基理 ···················· 303
  （一）作为区域经济社会环境和区域主体的政府、市场和社会 ········ 303
  （二）政府、市场和社会三者之间的关系 ···················· 305
  （三）区域经济社会转型：政府治理、市场治理和社会治理的相互作用 ·· 307
二、东北老工业基地全面振兴进程评价指标选择依据 ················ 310
  （一）政府治理评价指标选择依据 ························ 310
  （二）企态优化评价指标选择依据 ························ 311
  （三）区域开放评价指标选择依据 ························ 312
  （四）产业发展评价指标选择依据 ························ 313
  （五）创新创业评价指标选择依据 ························ 314
  （六）社会民生评价指标选择依据 ························ 315
三、东北老工业基地振兴大事记（2016—2018） ·················· 323

主要参考文献 ·· 328

Ⅰ 总报告

一、宏观背景与研究意义

（一）宏观背景

2018年，面对严峻的国际形势和国内艰巨的改革发展任务，中国按照高质量发展总要求，以深化供给侧结构性改革为主线，统筹推进稳增长、促改革、调结构、惠民生、防风险各项工作，经济运行保持在合理区间，总体平稳、稳中有进态势持续显现。国民经济发展也交出了一份令人满意的答卷。全年GDP增速为6.6%，总量突破90万亿，达到900309亿元。

然而，在欣喜微观主体活力不断增强，经济总量不断提升，新的增长动力正在逐步形成的同时，也不得不面对中美战略竞争加剧下如何强化中国经济发展内生动力，经济转型发展中能否让中国摆脱地方融资债务高企风险，新经济、新零售业态发展能否让中国经济摆脱投资、外贸驱动的增长模式以及供给侧改革能否进一步优化结构调整等问题。

在全球经济社会格局大调整、大变革、大重组继续向纵深发展的挑战下，中国正处于经济转型的历史关节点。传统的格局正在被打破，新的增长力量还在孕育中，并且与全球化新趋势呈现历史交汇（迟福林，2016）。为了适应全球化新趋势，破解经济社会发展中的各种难题，中国正在积极推动并深化"一带一路"倡议，以经济转型为目标强化结构性改革，兼顾稳定经济增长和防范经济风险，加大改革力度，激活市场活力，实现增加有效供给和刺激有效需求双轮驱动，促进推进经济转型升级，释放经济增长潜力，稳定经济发展预期，适应结构优化、动力转化的发展新常态。全球化新趋势和中国改革开放的不断深入为东北老工业基地全面振兴、全方位振兴提供了难得的机遇和巨大的挑战。

党的十八大以来，习近平总书记多次赴东北地区视察考察和主持召开会议，就东北老工业基地振兴工作提出了一系列新的战略判断和重要指示要求，指出当前东北地区面临的矛盾和问题，归根结底是体制机制问题，是产业结构问题、经济结构问题。解决这些问题,归根结底要靠全面深化改革,并明确提出要着力完善体制机制、着力推进结构调整、着力鼓励创新创业、着力保障和改善民生"四个着力"的总体要求,并要求要像抓三大战略一样持续用力,形成新一轮东北振兴的好势头。李克强同志也多次主持召开会议专题部署东北振兴工作,做出系列重要批示。2016年4月27日,《中共中央国务院关于全面振兴东北地区等老工业基地的若干意见》(以下简称中央7号文件)提出,"要以知难而进的勇气和战胜困难的信心坚决破除体制机制障碍,加快形成同市场完全对接、充满内在活力的新体制和新机制"。一场旨在以创新驱动为引领,以结构调整为基点,以体制机制重塑为依托,以创新创业为关键,以民生保障为前提的新一轮东北老工业基地全面振兴攻坚战盛大启幕。新一轮振兴目标非常明确,概而言之就是:到2020年,东北地区在重要领域和关键环节改革上取得重大成果,转变经济发展方式和结构性改革取得重大进展,经济保持中高速增长。在此之上,2030年,东北地区实现全面振兴,走进全国现代化建设前列,成为全国重要的经济支撑带。2018年9月,正当东北振兴如火如荼展开之际,习近平同志到东北三省考察,主持召开深入推进东北振兴座谈会并发表重要讲话,强调新时代东北振兴是全面振兴、全方位振兴,要从统筹推进"五位一体"总体布局、协调推进"四个全面"战略布局的角度去把握,重塑环境、重振雄风,形成对国家重大战略的坚强支撑。习近平同志的重要讲话,为新时代东北振兴把脉定向、掌舵领航,具有极强的思想性、战略性、针对性和指导性。面对新形势、新机遇、新问题,在内外环境发生深刻变化的大背景下,新时代东北老工业基地振兴的蓝图已然绘制,全面振兴、全方位振兴的攻坚战再次打响。

(二)研究意义

为了实现全面振兴、全方位振兴,国家在政策和资金等方面给予东北大力支持,社会各界也给予东北前所未有的关注,东北各级政府更是"撸起袖子加油干",希冀在新一轮振兴中有所作为。然而,在振兴战略如火如荼推进之际,如何研判东北全面振兴进展,客观反映东北振兴进程?怎样清晰刻画东北经济社会发展中的短板,精准施策?一系列现实问题摆在我们面前。为此,综合考虑东北老工业基地振兴的时代背景,对东北老工业基地振兴的政策环境、区域环境等进行深入研究,创建东北老工业基地全面振兴进程评价指标体系,在此之上,依据调研数据评价东北振兴状况将具有重要的现实意义。

然而,概观已有研究,与实践迫切需求不相匹配的是,虽然理论上关于老工业基地振兴的研究近年来取得了丰硕的成果,提炼并总结了老工业基地发展的障碍性因素与动力机制、振兴的路径和方向及不同利益相关者的作用(张虹等,2011;吕政,2012;刘凤朝等,2016),研究中也尝试对诸如东北老工业基地振兴绩效、竞争力等进行评价,但尚缺乏系统性的、能够全面反映东北老工业基地全面振兴进程的评价指标体系，这已成为一个重要的理论缺口。如此一来，必然难以有效解释东北老工业基地振兴关键点的选择，难以对建构有助于东北老工业基地的创新驱动机制提供指导。因此，通过关注东北老工业基地发展的复杂性和特殊性，溯源东北老工业基地问题出现的本质原因，从整体上分析东北老工业基地振兴面临的制度约束，构建一个能够反映区域特殊性的东北老工业基地全面振兴进程评价指标体系，明晰振兴的起点与根本原因，综合研判东北全面振兴进程和阶段，反映振兴政策进展与效果，明确制约东北全面振兴的主要障碍，提出下一阶段东北全面振兴进程中政府施政的重点和难点，并据此深入探究有利于东北全面振兴的制度设计将具有重要的理论和现实价值。

二、东北老工业基地全面振兴进程评价系统设计

老工业基地的改造与振兴是世界各国经济发展过程中所遇到的共同课题。美国的"锈带"、德国的"鲁尔"、英国的"雾都"、日本的"京、阪、九工业带"、法国的"洛林"等世界著名的老工业基地,都曾经历这一过程。历史地看,老工业基地形成既有一般共性原因,也夹杂着一定的社会、经济、区域的原因。由此,对东北老工业基地全面振兴进程进行评价,必须要考虑其自身的特殊性。

(一)总体思想

溯本求源,对东北老工业基地全面振兴进程评价的关键在于探索其衰落的本质原因。当前,关于老工业基地衰落的本质主要有三种理论:循环累积因果理论、生命周期理论及路径依赖理论。循环累积因果理论认为,当地区经济开始衰退时,衰退本身可产生一种自我强化机制,该机制通过区域的乘数效应可迅速扩散,使区域的衰落陷入恶性循环累积过程。研究发现,这种循环累积效应在制造型企业密集的区域更为显著(马国霞等,2007),且区域的发展也可能受到区域开放度的影响。生命周期理论则是指老工业区内的主导专业化产品正处于生命周期中的成熟后期和衰退阶段,丧失了创新的特质,无法及时退出产品生命循环进程。在技术不变的前提下,由成本因素决定的价格优势不能被无限扩大,会导致老工业区主导产品市场竞争力不断下降,进而引致区域经济下滑。路径依赖理论是在前两种理论的基础上形成的,也是目前解释老工业基地衰落的主流理论,认为老工业基地的发展存在着路径依赖,它们被锁定在传统的制度上,不愿参与到未来经济规划中,具体表现就是落后的制度无法也不愿为老工业基地的革新提供动力,使其在长期发展过程中逐渐落后。有路径依赖所带来的锁定效应可以划分为:功能锁定(例如,大企业和小企业之间的长期联系限制了小企业的创新能力)、认知锁定(例如,总认为衰退是经济周期导致的,而不是结构性因素导致的)和政治锁定(例如,既得利益阶层反对变化)。

为了克服锁定，重新振兴老工业基地，学术界提出了"学习型区域"（learning region）概念，并提倡利用区域网络化所带来的经济利益，实施去工业化。然而，从实践来看，美国匹兹堡、英国伯明翰、法国北部-加莱海峡和德国鲁尔等老工业基地虽具有很多相似点，但去工业化模式也存在巨大差异。因此，分析不同的老工业基地需要结合具体情况，对振兴进程的评价亦然。东北老工业基地形成有其历史原因，振兴路径也必然不同，评价重点要反映出这种特性。2016年4月，正式发布的中央7号文件指出，"到2020年，东北地区要在重要领域和关键环节改革上取得重大成果，转变经济发展方式和结构性改革取得重大进展，经济保持中高速增长……在此基础上，争取再用10年左右时间，东北地区实现全面振兴，走进全国现代化建设前列，成为全国重要的经济支撑带"。东北老工业基地全面振兴进程评价，要以振兴目标实现为前提，以东北老工业基地当前涌现的真问题、亟待解决的重大问题为着力点，深入结合东北区域特征，牢固树立并切实贯彻创新、协调、绿色、开放、共享的发展理念，坚持以评促建、稳中求进工作总基调，最终不断提升东北老工业基地的发展活力、内生动力和整体竞争力，促使东北努力走出一条质量更高、效益更好、结构更优、优势充分释放的发展新路。

（二）内在逻辑

东北老工业基地全面振兴的题中之意在于"激发并增强东北活力"。基于此，对东北老工业基地全面振兴进程进行评价，首先需要明晰的是评价什么。为了对于这一问题予以回答，需要审视东北老工业基地振兴的内在逻辑。研究认为，东北老工业基地的核心问题是产业结构问题（黄继忠，2001；肖兴志，2013；刘凤朝、马荣康，2016），产业结构相对单一，第一、第二、第三产业比重不合理，接续产业对经济发展还不能形成有效支撑，内生发展动力仍然不足、不稳、不强是其中的关键。为此，在充分发挥比较优势的基础上实现区域产业结构优化升级，是破解当前困局的关键（李向平等，2008）。

深入分析不难发现，东北老工业基地产业结构存在着"传统资源型产业丧失比较优势"和"新兴产业发展缓慢"等问题，亟待进行面向合理化与高级化的调整。就成因而言，东北老工业基地产业结构是国家及地方政府"调控"与"布局"及"非均衡发展战略"实施的结果，本质上是"行政型治理"（资源配置行政化、治理机制行政化与治理行为行政化）所致。从发展的逻辑来看，制约东北老工业基地产业结构调整的要因是支撑产业发展的政府、国有企业、民营企业、中介机构、科技人才等"利益相关者价值共创意愿"严重不足。例如，政府权力过大，市场化程度不高，国有企业活力仍然不足，民营经济发展不充分；科技与经济发展融合不够，偏资源型、传统型、重化工型的产业结构和产品结构不适应市场变化，新兴产业发展偏慢；资源枯竭、产业衰退、结构单一地区（城市）转型面临较多困难，社会保障和民生压力较大；思想观念不够解放，基层地方党委和政府对经济发展新常态的适应引领能力有待进一步加强，等等。上述问题更为深层次上的原因是东北地区内各利益相关者因"行政型治理"导致体制与机制僵化，解决问题的关键是以"创新驱动"为突破口。因循上述思路，东北老工业基地全面振兴的关键是：通过诸如理顺政府和市场关系，解决政府直接配置资源、管得过多过细以及职能错位、越位、缺位、不到位等问题，营造良好营商环境，激发区域创新创业氛围，促进国企转型、民企发展，加强社会民生保障等具体措施，实现区域治理由"行政型治理"向"经济型治理"转型。根据上述逻辑，对东北老工业基地全面振兴进程进行评价的重点应该是政府、市场与社会的边界是否厘清，看其治理机制设计是否有助于实现不同利益相关者关系重构，激发利益相关者价值共创意愿。根据东北地区实际情况，此间的关键与核心就是产业结构调整，这又离不开具有效率性与合法性的体制机制，能够促进区域创新能力提升的创新创业水平，以及此过程中的社会民生保障。

（三）指标选择

1. 数据可得为评价前提

一般而言，数据收集方法包括："公开数据""访谈与现场观察数据"和"问卷调研数据"等。上述方法，每一种都有自己的长处和不足。在选择数据收集的方法时，要考虑资源、问卷和数据质量等三类主要因素，此外还需考虑每类主要因素涉及的许多次要因素。就资源因素而言，必须考虑做一项研究需要多少时间，聘用调查员和编码员、购买硬件、软件和补给物品需要多少钱，是否需要使用激励机制，以及是否需要购买或构建一份准备抽取样本和进行调查的总体的清单（抽样框）等。问卷因素包括为了精确地测量研究概念和达到研究的预期目标，需要设计多少问题，这些问题是什么样的。数据质量因素涉及某种数据收集方法是否更容易取得调查对象的合作，如果使用了它，是否能从调查对象那里得到更为精确或更为完整的数据，以及是否能更全面地包括希望对之进行研究的总体等。

东北老工业基地全面振兴进程不是"一次性"、单一指标可以评价的，而是"连续性"的。需要系统性审视东北老工业基地振兴关键点、重点与难点，如此才能达到以评促建，评建结合，动态把握东北老工业基地全面振兴进程的目的。从理论角度来看，指标设计越完备越有助于真实反映东北老工业基地全面振兴的进度，越容易厘清与辨明振兴中存在的问题。然而，现实中经常是一些指标虽然具备了科学性与合理性，但却无法持续收集到相关数据。基于此，东北老工业基地全面振兴进程评价指标体系设计的原则是在强调科学性的同时,要注重数据的可获得性。因此,本研究所有数据均为公开数据,且来源于具有权威性的《中国统计年鉴》等数据资料。因统计数据中不可避免会出现部分数据缺失的情况,本研究对于缺失数据的处理方法依循"就近原则"进行,具体为:若缺失数据为最新年份,将采用前一年数据补充,若缺失数据为往年数据,将采用前后最近两期数据的平均值补充。

2. 以"全面振兴"为评价着眼点与核心

现在东北地区在经济总量、产业基础、社会环境、民生保障体系等方面和2003年相比都有了很大提升。当前主要面临的问题是,在新常态下如何完善体制机制,调整产业结构,做好供给侧结构性改革,激发市场活力,推动提升经济发展质量效益等。因此,新一轮振兴中的重点工作是"着力完善体制机制""着力推进结构调整""着力鼓励创新创业"和"着力保障和改善民生"。要紧紧围绕"着力完善体制机制",聚焦"深化改革",处理好政府与市场的关系,尊重市场规律,坚持市场方向,丰富市场主体,简政放权、转变职能、除弊清障、优化环境,形成一个同市场完全对接、充满内在活力的体制机制。要紧紧围绕"着力推进结构调整",聚焦"加减乘除",做积极培育和壮大新增长点的"加法",淘汰落后产能的"减法",创新拉动发展的"乘法",减少政府对市场不合理干预、管制的"除法",让工业结构比较单一、传统产品占大头、"原"字号"初"字号产品居多等制约东北发展的"结构之问"尽快得解。要紧紧围绕"着力鼓励创新创业",聚焦"创新驱动",将其作为内生发展动力的主要生成点,激发全社会的创新热情,加快形成以创新为主要引领和支撑的经济体系、发展模式,早日完成从"汗水型经济"向"智慧型经济"的质变。要紧紧围绕"着力保障和改善民生",聚焦"惠民富民",在让百姓的日子越来越好中创造更多有效需要,使民生改善和经济发展有效对接、相得益彰。综上,东北老工业基地全面振兴进程进行评价指标设计要反映出当前东北的突出问题,必须要重点考究"四个着力",以此来诠释"全面振兴"。

3. 东北老工业基地全面振兴进程评价指标体系

根据前述研究,本研究认为,东北老工业基地全面振兴进程评价的各评价指标选择主要是以"完善体制机制、推进结构调整、鼓励创新创业、保障和改善民生"四个着力为着眼点,以《中共中央国务院关于全面振兴东北地区等老工业基地的若干意见》等政策为依据,以综合反映东北地区的经济、资源、社会、环境状况为基准,既突出正确的价值导向,又体现合理的科学要求,强调指导性、针对性与实效性,通过科学论证而确定。最终,针对构建东北老工业基地全面振兴进程评价这一总目标,设置出"政府治理、企态优化、区域开放、产业发展、创新创业及社会民生"6个二级指标,以及更细分层次的30个三级指标和60项四级测度指标。与此同时,为了反映东北三省各市的振兴进程,也依托该指标进行了评价,但由于各市级指标缺失比较严重,仅运用可获得数据的指标进行了评价，具体指标体系如表1.1所示，指标详细论证及说明见"Ⅲ附录"的第二部分。

表1.1 东北老工业基地全面振兴进程评价指标体系

一级指标	二级指标	三级指标	定义
东北老工业基地全面振兴进程	政府治理	市场干预	政府对社会资源进行配置和对国家经济及社会事务进行管理的一系列活动
		政府规模	
		简政放权	
		监管水平	
		营商环境	
	企态优化	国企效率	企业生态的改进与完善
		国企保增值	
		企业实力	
		民企规模	
		民企融资	
	区域开放	贸易开放	区域经济的对外开放水平
		投资开放	
		生产开放	
		市场开放	
		区位支撑	
	产业发展	产业均衡	单个产业的进化过程，或者产业总体，即整个国民经济的进化过程
		服务业发展	
		重化工调整	
		金融深化	
		现代农业	
	创新创业	研发基础	基于技术创新、管理创新或创办新企业等方面的某一点或几点所进行的活动
		人才基础	
		技术转化	
		技术产出	
		创业成效	
	社会民生	居民收入	一系列社会问题的解决与生态保护
		居民消费	
		社会保障	
		社会公平	
		生态环境	

（四）指标标准化处理方法

构建指数对被评价对象进行综合评价，在数据处理时需要对已有的指标值进行标准化处理，以达到统一指标极性（如将指标统一转化为正指标，即越大越好）、消除量纲并确定取值范围的目的。本研究采用一种新的指标标准化处理方法——分层极值处理法，主要原因如下：分层极值处理法能够对指标值中的"野值"进行妥善处理，避免因某几个"野值"造成的其他数据被挤压聚堆的情况，确保指标的区分功能，提升了评价质量；振兴指数的发布具有连续性、稳定性的内在要求，从技术角度看，要求单个指标在标准化处理后应具备取值区间稳定、值总和大致稳定等特征，而分层极值处理法能很好地满足这些需求。

三、东北老工业基地全面振兴的进展与挑战

回顾过去几年 GDP 增长变化发现,2013—2018 年,东北地区 GDP 增长率,同全国一样都呈现出下降趋势,自 2013 年以来,增速开始落后于全国,且急速下滑,呈现"断崖式"下跌。将黑龙江、吉林和辽宁三省 GDP 增速对比发现,2013 年以来,尽管都在全国水平之下,但吉林要好于黑龙江和辽宁,辽宁在 2016 年甚至出现负增长。2018 年,辽宁省全年实现生产总值 2.53 万亿元,比上年同期增长 5.7%,GDP 增速位居东北三省之首,如图 1.1 所示。

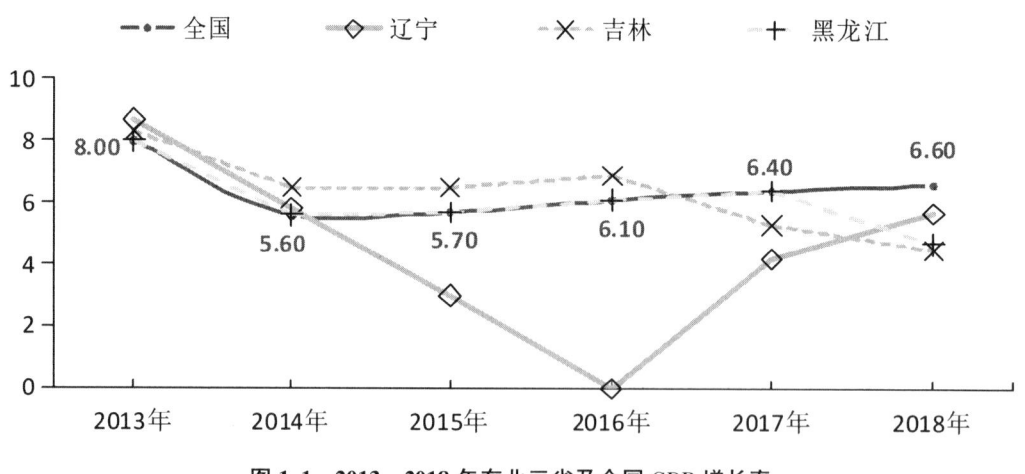

图 1.1 2013—2018 年东北三省及全国 GDP 增长率

毋庸赘言,单从 GDP 变化来看,新一轮东北振兴取得了阶段性进展,但东北振兴绝不仅是一个 GDP 可以完全刻画的。为了能精确地反映东北老工业基地全面振兴进展如何,全面振兴中有哪些短板,如何才能打破多重困局的态势,为了回答上述问题,本研

究依据东北振兴指数对此进行了深入挖掘。① 研究发现,尽管东北三省振兴稳步前行,但其速度明显低于国内其他地区,处于相对落后状态。具体表现就是:"企态优化"的发展水平最低,除"产业发展"高于全国平均②水平外,其他方面均低于全国平均水平。整体来看,东北全面振兴,持续改进压力较大,亟待通过体制机制创新,规避可能由相对能力下降而引发绝对能力衰退现象的发生。

(一)"稳中向好"与"相对落后"的振兴态势未变

2013—2017年东北地区振兴指数得分从46.83分上升至52.11分,五年间上升了5.28分,说明取得一定的振兴效果,但与全国平均振兴指数的差距也在2017年出现扩大现象。分省来看,辽宁省高于全国平均水平和东北平均水平,但优势在逐渐缩小;黑龙江省在经历2014、2015两年的下滑后于2016年开始缓慢回升,并在2017年达到新高;吉林省整体呈波动上升趋势,2013—2016年持续上升发展,2017年出现了一定程度的下滑,且与东北地区平均水平的差距有拉大趋势,这也是导致整个东北振兴指数低于全国平均的主要原因。同时,尽管东北地区全面振兴进程呈现稳中向好态势,但与全国平均水平相比,仍然处于"相对落后"状态,且就2017年的指数得分来看,与全国平均水平的差距正在拉大。具体如图1.2所示。

---

① 运用东北振兴指数对全国各省市区进行测度"似有不妥",但该分析取向是在反复摸索和充分考虑后的选择,现将主要理由陈述如下。第一,逻辑上:首先,东北振兴指数构建的基础是全面振兴进程评价指标体系,而该体系的结构源自对"中央7号文件"的解读,"中央7号文件"虽着眼于东北,却不失于全局,是融合了战略规划与具体事项实施的智慧成果,其整体视野与逻辑框架亦可指引全局;其次,指标体系中的各项指标设置不能立足于具体事项,一方面,依据具体事项而设置的指标时效性有限(达成后即失效),并且不便于横向比较,因而对于全面评价的意义十分有限,另一方面,依据具体事项而设置的指标数据采集难度大、可靠性不高,没有稳定的来源,因而综合评价的质量、权威性无法保证,这就使得本报告最终采用的指标体系具有较高的通用性,但是通用性的指标体系并不妨碍对于东北振兴问题特殊性及导向特殊性的刻画,更不影响对东北振兴进程所取得成果的测度。第二,客观需求上:首先,只有将东北地区置于全国的大背景下进行测度,才易于得到丰富的对比数据,定位东北振兴进程中各时期的状态水平,从而在全局视野上把握轻重缓急、归纳成败得失;其次,对于具有连续观测需求的东北振兴指数而言,数据的充分性尤其重要,只有纳入全国31个省(直辖市、自治区)多年的数据,才能保证评价过程中数据处理的细腻性及结论的稳定性得以持续提升,从而确保评价的最终质量。

② 报告中指标及指数的"全国平均"与"各省平均"概念等同,均采用全国各省(直辖市、自治区)指标、指数的平均值刻画,依语境灵活选用。

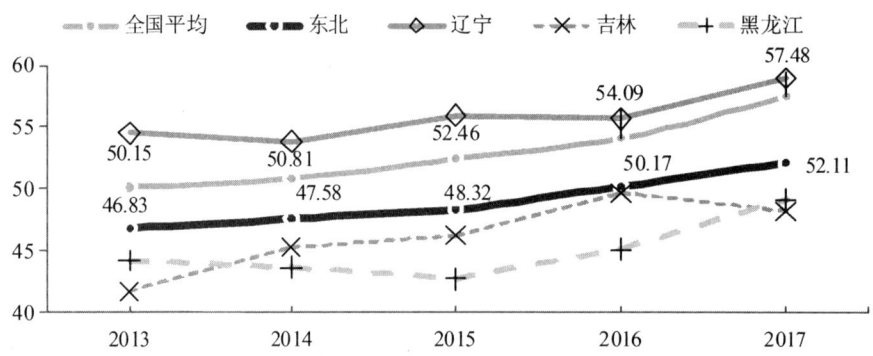

注：①全国平均指 31 个省（直辖市、自治区）的平均水平；②全国范围内（可采集到的数据），振兴指数的最大值为 2017 年上海的 83.407 分，最小值为 2015 年西藏的 28.777 分。

图 1.2　2013—2017 年振兴指数基本走势

（二）政府治理是当前东北振兴的严重短板

在衡量东北振兴进程的各维度中，产业发展水平一直相对较好，社会民生自 2015 年以来有了明显提升。与此同时，2013 年到 2016 年之间，尽管区域开放、创新创业和社会民生与全国也有一定差距，但企态优化无论是从指数本身来看，还是与全国平均来比较，均相对较弱。然而，2017 年，企态优化相较之前有了明显改善，且超过政府治理水平。政府治理俨然成为当前东北振兴的严重短板，亟待改进，具体如图 1.3 所示。

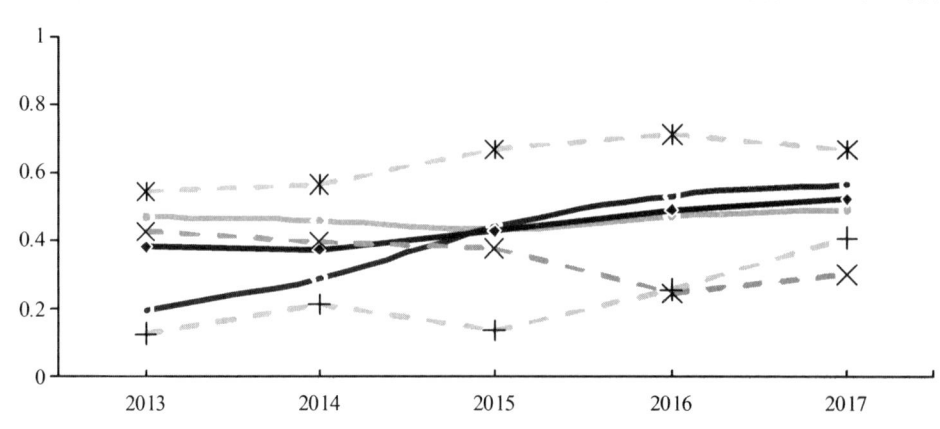

图 1.3　2013—2017 年振兴分项指数基本走势

（三）营商环境制约东北政府治理质量提高

2013—2017 年，全国和东北地区的政府治理指数均呈波动下降趋势，但后者明显低于全国平均水平。相对而言，辽宁省较好，吉林省次之，黑龙江省较弱，如图 1.4 所示。

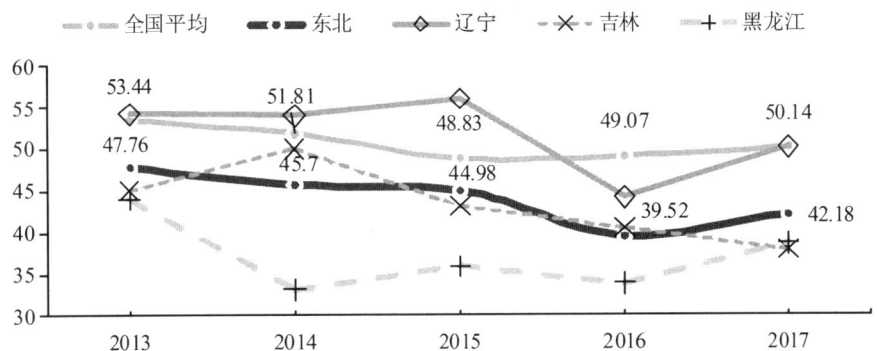

注：①全国平均指 31 个省（直辖市、自治区）的平均水平；②全国范围内（可采集到的数据），政府治理指数最大值为 2013 年天津的 80.17，最小值为 2015 年西藏的 15.06。

图 1.4　2013—2017 年政府治理指数基本走势

东北三省 2013—2017 年政府治理，吉林省相对均衡，监管水平相对较强，营商环境相对较弱；辽宁省在市场干预、简政放权和营商环境上相对较强，但营商环境尚未能达到全国平均水平；黑龙江省政府规模较强，市场干预和简政放权均较弱。总体来看，东北三省在监管水平上具有一定优势，在市场干预、简政放权和营商环境上和东南三省的差距较大。尤其是营商环境指数远远低于全国平均水平，无论是分省看，还是东北三省整体，2013—2017 年五年间平均值，均未达到 40 分。单就 2017 年来看，辽宁和黑龙江两省进步较大，分别为 43.60 分和 49.01 分，吉林省则为 20.15 分。东北地区营商环境成为政府治理亟待改善的一环，具体如表 1.2 所示。

表 1.2　2013—2017 年六省政府治理方面分项指数平均得分

	市场干预	政府规模	简政放权	监管水平	营商环境
辽宁	71.49	58.39	56.11	35.49	37.03
吉林	45.10	49.63	38.92	55.49	27.32
黑龙江	38.70	59.36	11.04	45.21	31.15

(续表)

	市场干预	政府规模	简政放权	监管水平	营商环境
江苏	89.91	87.67	75.81	55.92	66.59
浙江	88.06	62.87	76.33	37.29	64.50
广东	80.24	77.09	55.94	55.85	54.24
东北三省平均	51.76	55.79	35.36	45.39	31.83
东南三省平均	86.07	75.88	69.36	49.69	61.78
各省平均	50.07	51.53	50.87	50.18	50.63

（四）企业实力提升是企态优化的核心要务

东北地区企态优化指数明显低于全国平均水平，且这种差异呈逐渐扩大的趋势；就东北三省而言，吉林省在 2013—2016 年保持上升趋势，在 2017 年大幅下降，总体呈波动上升趋势，辽宁省呈上升趋势，黑龙江省呈波动上升趋势，且波动幅度较大。吉林省较好，黑龙江省次之，辽宁省较弱，具体如图 1.5 所示。

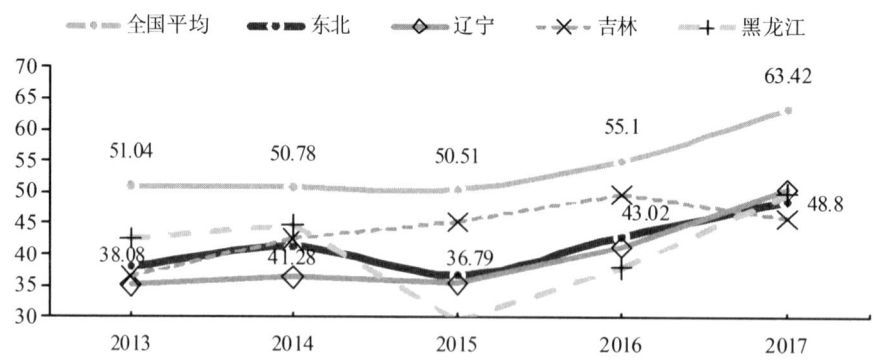

注：①全国平均指 31 个省（直辖市、自治区）的平均水平；②全国范围内（可采集到的数据），企态优化指数最大值为 2017 年上海的 97.1123，最小值为 2014 年河南的 24.5844。

图 1.5 2013—2017 年企态优化指数得分基本走势

东北三省 2013—2017 年企态优化的五个分项指数发展非常不平衡。其中，辽宁省最为突出，民企规模得分达到 69.92，国企保增值的得分仅为 21.3，吉林省比较均衡，国企保增值相对较强，民企融资相对较弱，辽宁省民企规模相对较强，国企保增值、企业实力和民企融资相对薄弱，黑龙江省民企融资相对较强，国企效率、民企规模和企业实力均较为薄弱。总体而言，东北三省分项指数上全面落后于东南三省。分数最低的则为企业实力，此方面需要引起重视，具体如表1.3所示。

表1.3 2013—2017年六省企态优化方面分项指数平均得分

	国企效率	国企保增值	企业实力	民企规模	民企融资
辽宁	44.56	21.30	29.28	69.92	33.92
吉林	45.37	51.99	46.30	48.86	27.72
黑龙江	38.27	44.72	31.02	32.37	58.32
江苏	80.11	59.2	71.90	90.14	57.24
浙江	83.46	64.36	71.19	105.36	80.11
广东	82.32	66.03	67.16	51.57	78.41
东北三省平均	42.73	39.34	35.53	50.38	39.99
东南三省平均	81.96	63.20	70.09	82.36	71.92
各省平均	63.21	46.81	50.45	60.35	50.03

（五）市场开放是助推区域开放的施策重点

虽然自2015年以来，东北区域开放水平呈现是上升趋势，且近年来大连、沈阳、长春等城市，利用外资都达到了一个新水平，但东北三省区域开放水平低的局面仍然没有改变，一直是东北的短板。就东北三省内部来说，辽宁省区域开放较好，高于全国平均，黑龙江省则最弱。不过，2017年开放水平有了较大突破，具体如图1.6所示。

2013—2017年，东北三省五个分项指标均低于东南三省平均水平，辽宁省五个分项指数均高于全国平均水平，表现相对较好，吉林省仅投资开放高于全国平均水平，黑龙江省均低于全国平均水平，表现较弱。东南三省的平均得分显著高于全国平均和东北三省，优势明显。就东北三省而言，辽宁省的生产开放相对较强，投资开放相对较弱，吉林省投资开放相对较强，市场开放较为薄弱，黑龙江省区位支撑相对较强，市场开放最为薄弱。总体来看，东北地区市场开放水平偏低，有较大提升空间，具体如表1.4。

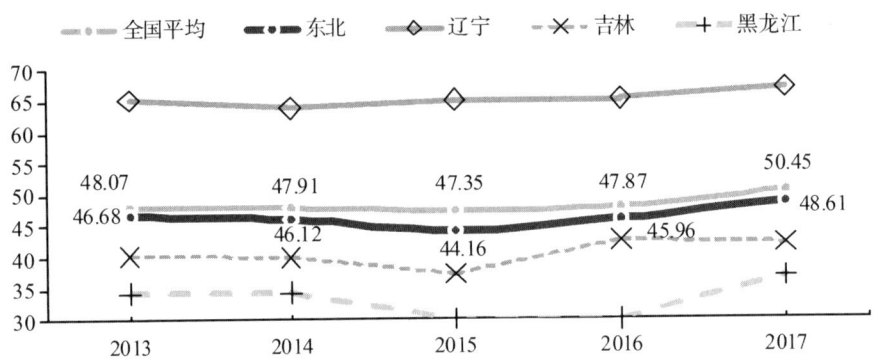

注：①全国平均指31个省（直辖市、自治区）的平均水平；②全国范围内（可采集到的数据），区域开放指数最大值为2017年上海的94.251，最小值为2014年青海的8.5266。

图1.6 2013—2017年区域开放指数基本走势

表1.4 2013—2017年六省区域开放方面分项指数平均得分

	贸易开放	投资开放	生产开放	市场开放	区位支撑
辽宁	68.98	58.18	70.52	68.09	60.69
吉林	37.74	54.55	36.45	31.42	42.28
黑龙江	34.19	33.98	35.41	24.76	37.35
江苏	82.39	78.38	82.69	75.77	68.27
浙江	83.07	57.87	73.70	74.99	72.35
广东	86.80	69.60	87.91	79.36	81.01
东北三省平均	46.97	48.90	47.46	41.42	46.77
东南三省平均	84.08	68.62	81.43	76.71	73.88
各省平均	49.98	48.68	47.21	44.49	51.28

（六）产业结构调整政策应聚焦服务业发展

东北地区产业发展水平基本上与全国同步，除却略逊于东部以外，整体上强于西部和中部地区。在经济下行的压力下，东北地区正表现出服务业比重不断提升、重化工业比重逐渐降低等产业结构快速调整的特征。2017年除却吉林省以外，黑龙江省和辽宁省产业发展水平均高于全国平均。其中,虽然黑龙江省相较2016年有所下降,但在三省依然表现强势,具体如图1.7所示。

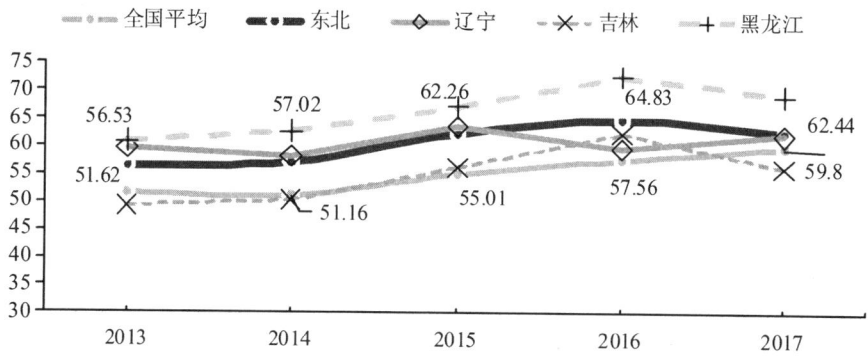

注：①全国平均指31个省（直辖市、自治区）的平均水平；②全国范围内（可采集到的数据），产业发展指数最大值为2016年上海的85.83,最小值为2014年贵州的28.63。

图1.7 2013—2017年产业发展指数基本走势

2013—2017年,东北三省现代农业的平均水平超过了全国平均水平和东南三省平均水平,表现出较强的竞争力;产业均衡、重化工调整的平均水平超过了全国平均水平,但低于东南三省的平均水平;服务业发展、金融深化的平均水平低于东南三省和全国平均水平,表现较弱。东北三省在五个分项指数的发展上非常不平衡,辽宁省的金融深化相对较好,且超过全国平均水平;黑龙江省的产业均衡和现代农业相对较好,也超越全国平均水平;吉林省重化工调整相对较好,其他指数均较弱。总体来看,东北三省在现代农业上具有一定优势,在产业均衡、服务业发展和金融深化上和东南三省的差距较大,特别是服务业发展应引起足够重视,具体如表1.5所示。

表1.5 2013—2017年六省产业发展方面分项指数平均得分

	产业均衡	服务业发展	重化工调整	金融深化	现代农业
辽宁	66.87	47.28	43.55	65.08	80.20
吉林	45.92	31.83	88.72	32.58	75.07
黑龙江	80.61	48.25	75.16	33.10	95.00
江苏	86.40	64.13	79.05	76.37	88.26
浙江	91.42	62.86	80.86	82.86	60.04
广东	75.18	64.91	94.49	91.54	50.42

(续表)

	产业均衡	服务业发展	重化工调整	金融深化	现代农业
东北三省平均	64.47	42.45	69.14	43.59	83.42
东南三省平均	84.33	63.97	84.80	83.59	66.24
各省平均	56.30	54.38	52.65	56.97	54.85

（七）活力激发是东北创新创业的当务之急

2013—2017年，东北三省与全国创新创业平均水平大体呈平稳上升趋势，仅在2014年东北地区略有下降，但东北三省创新创业一直低于全国平均水平，差距呈进一步扩大的趋势。就东北三省而言，辽宁省优于全国平均水平，发展较好，吉林省和黑龙江省均低于全国平均水平，相对较差，具体如图1.8所示。

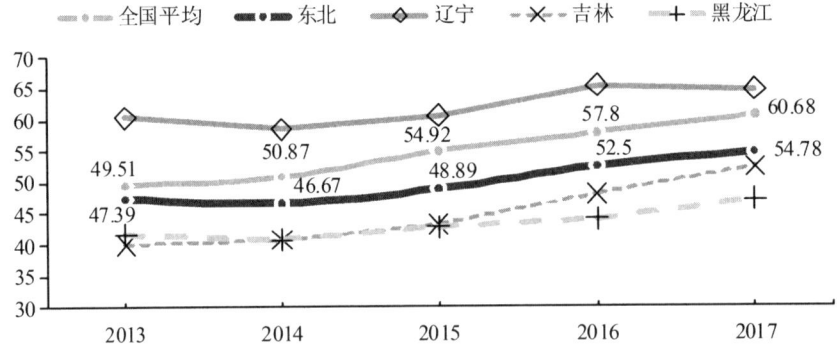

注：①全国平均指31个省（直辖市、自治区）的平均水平；②全国范围内（可采集到的数据），创新创业指数占比最大值为2017年北京的96.33，最小值为2015年西藏的15.41。

图1.8　2013—2017年创新创业指数基本走势

进一步对各省份研发基础、人才基础、科技转化、技术产出、创业成效等进行分析可知，辽宁省仅技术产出低于全国平均水平。与辽宁省相比，吉林省的人才基础指数更高且在人才基础方面较为突出。值得注意的是，具有较好人才基础的东北三省缘何在研发基础、技术转化、技术产出与创业成效等方面却稍显逊色，深层次原因在于创新创业活力不足，具体如表1.6所示。

表 1.6　2013—2017 年六省创新创业方面分项指数平均得分

	研发基础	人才基础	科技转化	技术产出	创业成效
辽宁	61.37	67.85	60.71	49.27	70.38
吉林	41.30	69.58	33.44	41.33	38.95
黑龙江	35.35	60.17	69.73	30.81	20.47
江苏	82.13	81.59	80.39	82.39	87.69
浙江	81.58	82.72	73.10	79.45	94.47
广东	83.72	79.24	77.28	92.40	80.27
东北三省平均	46.01	65.87	54.62	40.47	43.27
东南三省平均	82.48	81.19	76.92	84.75	87.48
各省平均	52.01	53.08	58.98	52.43	57.28
各省最高	96.83	100.80	81.68	92.40	100.44

（八）社会保障依然是东北社会民生的瓶颈

东北地区社会民生水平与全国一致，总体均呈上升趋势，但持续低于全国平均水平，差距相对较大，且在 2017 年差距进一步扩大。就东北三省而言，辽宁省持续高于东北地区平均水平，发展相对较好，吉林省和黑龙江省较弱，低于东北地区的平均水平，具体如图 1.9 所示。

2013—2017 年，东北三省五个分项指标中有四项（居民收入、居民消费、社会保障和生态环境）低于东南三省平均水平。其中"居民消费"均超过全国平均水平，表现相对较好；"社会保障"均低于全国平均水平，表现较差；其余三个分项指数，辽宁省"居民收入"和"居民消费"高于全国平均水平，吉林省"居民消费"和"社会公平"高于全国平均水平，黑龙江省"居民消费""社会公平"和"生态环境"均高于全国平均水平。就东北三省而言，辽宁省"居民收入"和"居民消费"水平相对较强，吉林省"社会公平"水平相对较强，黑龙江省"居民消费"水平相对较强，三省的社会保障都极为薄弱。总体来看，东北三省在居民消费上具有一定优势，但在社会保障上依然任重道远，具体如表 1.7 所示。

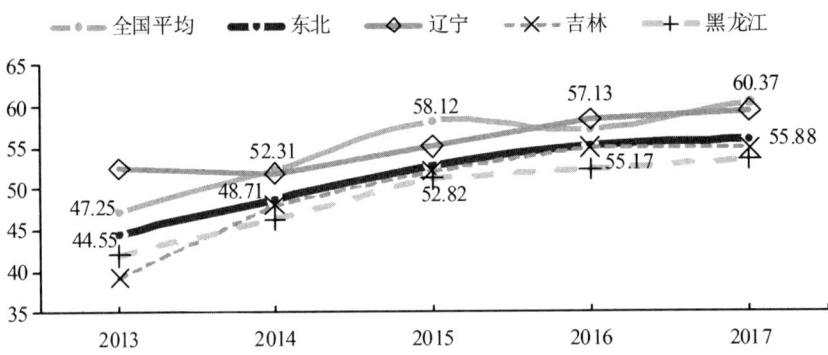

注：①全国平均指31个省（直辖市、自治区）的平均水平；②全国范围内（可采集到的数据），社会民生指数最大值为2017年北京的81.96，最小值为2013年青海的28.06。

图1.9 2013—2017年社会民生指数基本走势

表1.7 2013—2017年六省区社会民生方面分项指数平均得分

	居民收入	居民消费	社会保障	社会公平	生态环境
辽宁	77.31	79.85	24.38	49.77	45.86
吉林	48.91	62.97	14.91	73.40	48.78
黑龙江	47.76	63.12	13.36	60.53	60.48
江苏	80.74	86.21	68.85	49.19	53.20
浙江	85.69	86.38	72.17	61.19	61.84
广东	79.75	81.98	64.19	41.63	88.89
东北三省平均	58.00	68.65	17.55	61.23	51.71
东南三省平均	82.06	84.86	68.41	50.67	67.98
各省平均	56.79	60.52	50.21	52.57	55.09

四、东北老工业基地全面振兴的思路与对策

从东北老工业基地全面振兴进程评价结果来看，东北振兴取得了阶段性成果，经济恢复性态势已经形成。但是，也要注意，部分指标的差异较大及降低也揭示出东北振兴存在着不稳固、不平衡、不全面、不协调，意味着制约东北老工业基地振兴发展的深层次体制性、机制性、结构性矛盾仍未根本消除。以新时代经济高质量发展的要求看，要实现东北全面振兴、全方位振兴尚需做好"六个着力"。

（一）着力于"营商环境优化"，强化政府服务能力

营商环境对区域经济发展有着重要影响，尤其是在政策趋同、规划统筹的情况下，营商环境建设是提高区域发展的重要手段之一。没有好的环境，招不来商、引不来资，留不住人。甚至可以说，营商环境的好坏直接决定一个地区经济的高质量发展。在2018年深入推进东北振兴座谈会特别强调了东北地区以优化营商环境为基础，全面深化改革，进一步明确了营商环境建设的基础性地位，突出强调了优化营商环境的关键性作用。面向未来，东北地区营商环境建设要着重于以下几点：

一是加强法治政府和诚信政府建设。对于东北来讲，改善营商环境，政府要在经济社会转型发展中厘清自身的职能边界，以打造服务型政府为工作重点，着重于减少行政性，加强法治政府和诚信政府建设，强力推动"放管服"改革，强化"互联网+政务服务"支撑作用，弱化政府的行政干预，充分发挥市场在治理改革中的基础作用。

二是激发优化营商环境的改革动能。积极推进供给侧结构性改革，在"巩固、增强、提升、畅通"上下工夫。东北地区应充分借鉴改革开放40年来积累的成功经验，以与东南三省的省市对口合作为契机，加快对先进地区经验的复制、消化和理解，提升东北地区政府治理水平。由"官僚体系"为主向"市场本位"的制度软环境转变，为经济运行营造国际化、法治化、公平高效的市场环境，为企业和创业者提供稳定的宏观经济环境和良好的法治环境。

三是坚持对标一流营商环境标准。要打造国际化营商环境，需要国际社会了解东北和认同东北，这样才会吸引更多的资本、人才和游客来到东北。要始终瞄准主要发达国家先进经验，学习排名提升快、优化幅度大的发展中国家经验。围绕国家营商环境试评价城市标准体系，进一步对标对表，侧重反映本地区的营商环境特色，便于投资者横向对比、精准决策项目落地。积极整治评价中发现的突出问题，真正做到以评促建，评建结合，精准吸引、精细服务，努力形成"人人、事事、处处、时时"都是营商环境的浓厚氛围，加快打造营商环境最优区域。

（二）着力于"产业链条构建"，搭建现代产业体系

加快建设现代产业体系，是以习近平同志为核心的党中央把握全球产业变革趋势，针对中国经济发展实际作出的重大决策部署，是东北全面振兴、全方位振兴的重要一环。东北地区建设现代产业体系，必须做到两个坚持：坚持以习近平新时代中国特色社会主义思想为指导，着力提升东北产业发展的层次和水平，推动东北地区产业发展迈向全球产业链价值链中高端；坚持将现代产业体系植根于实体经济，特别是强大的工业基础之上。

一是现代产业体系发展方向。作为战略方向，东北宜选择技术含量较高的新产业，如高端装备制造、生物制药、智能装备、信息产业、新材料以及相关服务业等作为其转型主导产业，但这条路缺失一个资本积累的阶段，是一条非常难走的发展道路，对此要有充分的思想认识。具体来看，中心城市（大连、沈阳、长春、哈尔滨）宜以高新技术产业和战略性新兴产业为主，担起东北产业调整和经济结构转型的重任；二线城市宜兼顾自身条件，采取老产业和新产业相济的方式发展；其他地区尤其是县域经济宜提倡一县一业或者一县几业的发展思路，以提高就业水平为宗旨，广开门路，寻找产业发展的出路。对于资源确已枯竭的城市（如阜新、鸡西、双鸭山、鹤岗等），宜顺其自然减少人口，用城市功能转型替代产业转型，多方位考虑城市转型方案。

二是加快新旧动能转换，推动产业链无缝对接。由政府引导，以产业技术创新关键问题为导向，引导行业骨干企业牵头，广泛吸纳科技型中小企业参与，按市场机制积极构建产业技术创新战略联盟，提高资金投入的产出效率和成果的转化。研究出台促进产业发展壮大的组合政策体系，加快实现重点企业倍增，加快形成产业链、创新链、资金链、服务链、人才链融合发展的良好产业生态。通过移植或创设，一方面推进数字经济与实体经济深入融合，形成东北大数据产业新高地；另一方面培育壮大机器人、民用航空、IC装备、健康医疗和生物医药等战略性新兴产业，促进创新产品研发、规模化应用，早日实现产业化。

（三）着力于"治理能力提升"，促进企态高质发展

东北三省企态优化水平偏低的深层次原因却是典型的"行政型治理"。行政型治理制约了国企改革的深化，弱化了民营企业创新创业的活力。当前东北三省企态优化水平需要通过治理能力的提升，实现"行政型治理"向"经济型治理"转型。

一是积极推进民营企业现代企业制度建设。以"现代企业制度建设"为抓手，加强在法律、资本市场、监管等方面的制度供给，培育若干大型民营企业，带动配套中小企业实现产业集群化发展，改变民营经济"小、弱、散"的无序自发的产业业态，重塑民营企业内生增长动力。积极推动民营企业公司治理评价，在各层次民营企业支持政策设计中，明确对于纳入政策支持的民营企业的选择不仅应考虑业绩与创新能力，还要重点考察现代企业制度建设状况，引入评价指标，每年举办民营企业现代企业制度示范企业评选，并给予一定的物质或政策奖励，以推进企业积极转制，实现更高层次的发展。

二是积极推进国企混合所有制改革。推动国有企业混合所有制改革深化。要在国资系统内进一步解放思想，凝聚共识，齐心协力，坚定信心，打赢国企全面混改攻坚战。出台财政支持及破产重组政策，推进国企历史欠税豁免政策的实施，减少豁免政策实施的交易成本及时间成本；对破产国企进行更为有效的援助，规范破产程序，保障受损利益主体的妥善安置，维护社会稳定，打通"国企混改前一公里"。在此之上，把实现上市作为国企混改重要途径，推动实现董事会"实权化"，实现职业经理聘任制度。

三是采取措施切实降低企业成本。研究出台降低土地成本、融资成本的具体措施，减轻企业用地、用房、用能负担，做好三个"落实"：落实税费优惠政策，实施分类指导，确保所有行业税负只减不增，建立轻微违规、非主观故意违法等纳税行为容错机制和困难企业纳税救济机制；落实好降费政策，抓好降低社保名义费率工作；落实生产经营困难企业缓缴社会保险费办法，逐步降低城镇企业职工基本养老保险、社会医疗保险缴费比例。

（四）着力于"双创机制构建"，激发创新主体活力

东北三省创新创业水平较低，可有国有企业比重高、民营企业缺乏生存空间、产业结构不合理等诸多原因，但创新创业中"创新主体活力不足"无疑是重中之重。有必要设计良好的双创机制，使创新主体活力得以激发。

一是打造优良的创新创业生态系统。科技平台与产业项目是集聚科技人才的重要抓手,国家应该将国家重点实验室、创新中心、研发中心等重大科研创新平台向东北布局。探索建立跨区域行业平台,鼓励高校与企业、科研院所共建产学研深度融合、全链条网络化开放式的协同创新平台。借鉴北京、浙江等省市的经验,为打造优良的创新创业生态系统,完善"科技型中小企业—高新技术企业—科技小巨人企业-瞪羚企业"梯度培育体系,加速培育创新主体,提高自主创新能力。保证各项创新创业扶植政策的落实;弘扬"鼓励创新,宽容失败"的创新文化,立足资源保障,激发创新创业新动能。

二是构建引才聚才机制。在人才引进方面,打造"国字号"创新创业平台,用以引才聚才。加大对"标志性"人才的投入,尤其是"国家特聘专家""万人计划"等国家级高层次人才,给予项目支持或经费资助。在高校、科研院所、重点园区和企业设立"万人计划"专家工作站,吸引专家来东北开展创新研究。鼓励用人单位通过薪酬补贴等方式灵活使用"候鸟专家"。针对东北国际创新人才匮乏的现实,要充分借助国家"一带一路"倡议,尽快务实推动与周边国家的多种合作,扩大与南亚、东亚和东南亚等国家的互联互通。例如,可借鉴韩国等经验,通过项目合作、人才项目支持等方式,直接或间接引进俄罗斯和东欧等地的创新人才。

三是支持东北探索科技工作者薪酬政策。思想上进一步解放,政策上进一步松绑。建立健全科研机构和高等学校岗位绩效工资制度,完善科研人员收入分配政策,提升优秀科技工作者福利待遇,确保优秀科技人才收入维持在有竞争力的水平。完善科研补贴制度,改革现有科研单位和高校的薪酬体系,提供有针对性的政策激励和福利保障。制定有助于鼓励企业探索建立知识、技术等要素按贡献参与分配的制度,探索实行技术成果、知识产权折价、股权期权激励等科技人才激励方式。提高技术成果转化和应用中主要发明人的收益比例。通过多种方式,改善青年科技人员的生活条件,减轻生活压力,提高待遇,让科技工作者富起来、活起来、强起来。

(五)着力于"开放通路创设",打造对外开放格局

东北总体开放水平落后,需要通过开放为自己"赋能",同时东北开放也可为中国扩大开放寻找新的方向和突破口。为此,东北地区要加快落实党的十九大报告提出的"推动形成全面开放新格局"重要战略部署,以更加积极主动的行动,加快东北地区对外开放进程。

一是积极创建有助于对外开放的体制机制。树立"大开放、大创新"理念,以自贸区协同创新、集成创新制度建设为引领,完善开放型管理新体制,提升投资自由化贸易

便利化水平，建立健全外资准入清单和负面清单，扩大国际贸易"单一窗口"覆盖范围。完善开放型贸易新体制。完善开放型投资新体制，深化对外投资体制改革，推进对外投资由核准制向备案制转变。优化利用外资结构，放松对境外合格机构投资者的限制，放宽外商对国内企业或业务兼并收购限制。完善开放型金融新体制，探索取消在东北中资银行和金融资产管理公司外资持股比例限制，支持设立外资保险公司，探索建立服务企业国际化经营的账户管理体系。

二是要重点打造东北东部经济带。充分结合当前朝鲜半岛弃核发展经济的国际局势，以东北三省沿边、沿海城市为载体，通过完善交通、能源管道等基础设施，将东北东部打造成对接朝鲜半岛和日本的东部经济带，使之成为东北振兴的新经济增长点。要充分发挥自贸试验区的开放引领作用，为东北地区扩大国际竞争优势拓展新路径。加快推进与东北亚全方位经济合作，以更大的空间融入到世界经济中，打造东北亚区域经济合作的战略支点。加速融入"一带一路"建设，拓宽"一带一路"沿线国家、地区合作范围和领域，提高东北东部地区优势产品在"一带一路"沿线国家及日、韩等国的市场占有率。全力推动区域跨境电商发展。着力构建连接亚欧的海陆空大通道，打造东北各省与欧亚大陆相衔接的高速运输走廊。

（六）着力于"社会保障建设"，打造幸福生态屏障

东北振兴最终的判断标准是人民生活水平是否得到改善和提高。东北三省社会民生水平较低，尽管各方面均有显现，但社会保障中的养老问题尤其突出。一方面是由于东北地区人口老龄化问题严重，以及国有企业改革社会化养老的推进，另一方面则是因为东北经济持续下滑，传统发展方式难以为继。社会保障内生需求的加大与经济发展缓慢的双重挤压，导致了东北地区如今现状。要解决东北社会民生问题，必须对社会保障问题给予足够重视。东北地区当前在做好扩大社保基金的渠道来源，大力推进社保基金使用的法制化、制度化和规范化的同时，还要注重收入增加和环境优化。

一是积极落实乡村振兴战略。要加快实施乡村振兴战略，提高从事农业的劳动力的收入水平，并树立乡村振兴的长期性、过程性理念。在教育、医疗、养老等基本公共服务领域，加大政府支出，并吸引社会资本加入，按照市场化运作思路，解决落后地区和乡村基本公共服务滞后问题，解决区域发展不平衡和不充分的矛盾。扩大社保基金的渠道来源，同时大力推进社保基金使用的法制化、制度化和规范化，保证社保基金的专款专用。进一步加快居家养老服务体系建设，全力以赴做强做大养老服务业。

二是着力于实现城乡之间公共服务均等化。推进城市之间、城乡之间基本公共服务的均等化，着力于城乡基本公共教育服务存在差异、城乡基本医疗卫生服务发展不平衡、城乡社会保险服务不均衡、城乡基本就业服务不同等，解决区域民生发展水平不平衡问题，再教育、医疗、养老等基本公共服务领域，加大政府支出，并吸引社会资本加入，按照市场化运作思路，解决落后地区和乡村基本公共服务滞后问题，解决区域发展不平衡和不充分的矛盾。

三是注重环境保护。经济发展不能以环境恶化为代价，需要把握"金山银山与绿水青山"深度融合，实现产业的高质量绿色发展。在生活环境建设方面，要加强对大气质量的管理，监控有害气体的排放，使 PM 2.5 值维持在较低的水平，开展应对气候排放目标责任评价考核；各级政府加强对公园、绿地和健身场所的建设和维护；降低城市噪音等。维护好东北特有的文物古迹，对有特色的人文景观也要加强建设和保护。

Ⅱ 评价报告

一、东北老工业基地全面振兴进程综合评价报告

(一) 东北振兴指数总体分析

东北地区老工业基地[①]振兴进程评价涵盖了政府治理、企态优化、区域开放、产业发展、创新创业、社会民生六个方面(二级指标),下设 30 个三级指标及 60 项测度指标。汇集中国 31 个省(直辖市、自治区)2011—2017 年综合评价信息[②],并通过科学的评价流程,得到连续五年的振兴指数[③],在此基础上,形成多年连续排名和单年排名。其中,多年连续排名用于反映各省(直辖市、自治区)绝对发展水平随时间动态变化的情况 [31 个省(直辖市、自治区)5 年共 155 个排位,最高排名为 1,最低排名为 155],单年排名用于反映各省(直辖市、自治区)在全国范围内某个单年的相对发展水平 [31 个省(直辖市、自治区)每年 31 个排位,最高排名为 1,最低排名为 31]。具体而言,31 个省(直辖市、自治区)在振兴指数得分上的总体情况见表 2.1。

[①] 本评价报告中,"东北地区"仅特指东北三省,两个概念等同使用。
[②] 为确保评价的统一连续性,本报告以 2011—2015 年的评价数据为基础,融入 2016—2017 年的数据展开滚动评价,不同于直接对 2011—2017 年数据进行评价,滚动式的评价有助于指数信息的连续稳定观测,以吻合系列报告持续跟踪研究的内在需求。囿于篇幅,除特别强调之处,报告仅呈现并分析 2013—2017 年的信息。
[③] 为了找出全面振兴进程的缺口,本研究引入东北三省之外其他省份的评价结果将作为"参照系",所用指标依然是东北老工业基地全面振兴进程评价指标体系,为避免概念过多引致理解不变,在此一并称为"振兴指数"。

表 2.1 2013—2017 年 31 个省（直辖市、自治区）振兴指数得分、连续及单年排名

省市区	2013 值	2013 总	2013 年	2014 值	2014 总	2014 年	2015 值	2015 总	2015 年	2016 值	2016 总	2016 年	2017 值	2017 总	2017 年
上海	77.3	11	1	78.0	7	1	77.5	10	2	80.9	2	1	83.4	1	1
江苏	72.8	23	3	73.2	21	4	74.5	18	3	77.7	8	2	79.9	3	2
北京	74.6	17	2	76.4	14	2	77.5	9	1	77.3	12	3	79.4	4	3
浙江	72.7	24	4	73.6	20	3	73.8	19	4	75.9	15	5	79.3	5	4
广东	71.3	28	6	71.0	29	5	72.7	25	5	76.5	13	4	78.5	6	5
天津	72.4	26	5	70.2	31	6	70.9	30	6	72.9	22	6	75.7	16	6
福建	65.4	37	7	64.9	38	7	67.7	33	7	69.6	32	7	72.4	27	7
重庆	60.2	47	8	61.7	44	8	64.0	40	8	65.7	36	8	67.3	34	8
山东	60.1	48	9	61.5	46	9	63.1	42	9	64.4	39	9	66.3	35	9
安徽	53.4	63	11	54.4	56	10	58.1	51	10	61.6	45	10	63.3	41	10
湖北	51.4	70	12	53.1	64	12	54.1	60	12	58.8	50	11	62.6	43	11
辽宁	54.5	55	10	53.8	62	11	56.0	53	11	55.7	54	12	59.0	49	12
四川	46.8	93	14	47.7	85	14	51.2	72	14	52.4	65	13	56.3	52	13
江西	44.7	104	16	45.4	100	16	48.6	81	16	51.6	69	14	54.4	57	14
陕西	45.7	97	15	47.2	88	15	49.3	78	15	49.2	79	18	54.3	58	15
湖南	43.1	117	21	44.4	107	19	47.1	89	18	50.0	76	16	54.3	59	16
河北	43.3	114	19	44.7	106	18	47.3	87	17	50.1	75	15	54.1	61	17
河南	43.3	115	20	44.0	110	21	46.9	91	19	47.0	90	20	52.0	67	18
广西	39.7	126	24	41.8	120	23	45.4	99	22	46.6	94	21	51.3	71	19
海南	50.4	74	13	51.7	68	13	52.3	66	13	48.5	82	19	50.6	73	20
黑龙江	44.2	108	17	43.7	112	22	42.8	118	23	45.1	103	23	49.2	80	21
吉林	41.7	121	22	45.3	102	17	46.2	96	21	49.7	77	17	48.8	83	22
山西	43.3	113	18	44.2	109	20	46.8	92	20	46.5	95	22	47.7	84	23
宁夏	39.9	124	23	39.7	125	24	41.9	119	24	43.2	116	24	47.4	86	24
贵州	34.7	146	28	35.2	143	28	38.7	131	26	41.1	123	25	45.6	98	25
内蒙古	36.6	138	27	35.9	140	27	36.8	137	28	39.0	128	27	45.4	101	26

(续表)

省市区	2013			2014			2015			2016			2017		
	值	总	年	值	总	年	值	总	年	值	总	年	值	总	年
新疆	38.3	132	25	38.0	133	25	38.9	129	25	39.4	127	26	44.7	105	27
云南	37.8	136	26	36.3	139	26	37.9	134	27	37.8	135	28	43.8	111	28
青海	31.5	152	30	32.7	150	30	34.3	147	30	35.3	142	30	41.5	122	29
甘肃	33.4	148	29	33.3	149	29	34.8	145	29	35.9	141	29	38.8	130	30
西藏	30.0	154	31	32.1	151	31	28.8	155	31	31.3	153	31	35.1	144	31
平均	50.1	89	16	50.8	86	16	52.4	79	16	54.1	74	16	57.5	61	16

注：①对于表中的字段名称，"值"表示对应年份的指数得分，"总"表示2013—2017年多年连续总排名，"年"表示五个单年的排名；②表中31个省（直辖市、自治区）按照2017年的指数得分由高到低（降序）排列。

进一步考虑东南三省（江苏、浙江、广东）为国务院确定的东北三省对接合作省份[①]，作为学习的标杆，与其进行了对标。2013—2017年，六个省份振兴指数由高到低依次为：江苏、浙江、广东、辽宁、吉林、黑龙江；东南三省总体呈现上升的发展态势，其中江苏省的发展水平明显优于广东省；东北三省总体呈上升发展趋势，但是只有辽宁省的发展水平突破50分（临界线），相比东南三省中发展水平稍低的广东省，差距依然很大；东北三省振兴指数的整体增长幅度高于东南三省，其中增幅最大的是吉林省（3.87%），增幅最小的是辽宁省（2.04%），黑龙江省的增幅为2.79%。

表2.2 2013—2017年六省振兴指数值及单年排名

	辽宁	吉林	黑龙江	江苏	浙江	广东	全国平均
	值/序	值/序	值/序	值/序	值/序	值/序	值
2013	54.53/10	41.74/22	44.23/17	72.84/3	72.72/4	71.29/6	50.15
2014	53.81/11	45.27/17	43.67/22	73.19/4	73.56/3	70.96/5	50.81
2015	55.96/11	46.22/21	42.76/23	74.54/3	73.82/4	72.71/5	52.46
2016	55.68/12	49.69/17	45.13/23	77.67/2	75.94/5	76.48/4	54.09
2017	58.97/12	48.21/22	49.17/21	79.86/2	79.32/4	78.48/5	57.48
平均	55.79/11.2	46.23/19.8	44.99/21.2	75.62/2.8	75.07/4	73.98/5	53.00

① 在本研究被重点引入与东北三省进行对比分析。

2013—2017年，全国平均水平呈平稳上升趋势，东北地区亦呈平稳上升趋势，但上升相对缓慢；东北地区的发展水平（2013—2015年未超过50分）低于全国平均水平，且差距有进一步扩大的趋势；辽宁省整体优于全国及东北地区的平均水平，但优势在逐渐缩小；黑龙江省在经历2014、2015两年的下滑后于2016年开始缓慢回升，并在2017年达到新高；吉林省整体呈波动上升趋势，2013—2016年持续上升发展，2017年出现了一定程度的下滑；相对其他两省，辽宁省起点较高，情况稍好一些，黑龙江省在前期整体发展水平优于吉林省，但2014年被吉林省反超，2017年得分略优于吉林省，总体来看，两省发展水平大体相当，具体如图2.1所示。

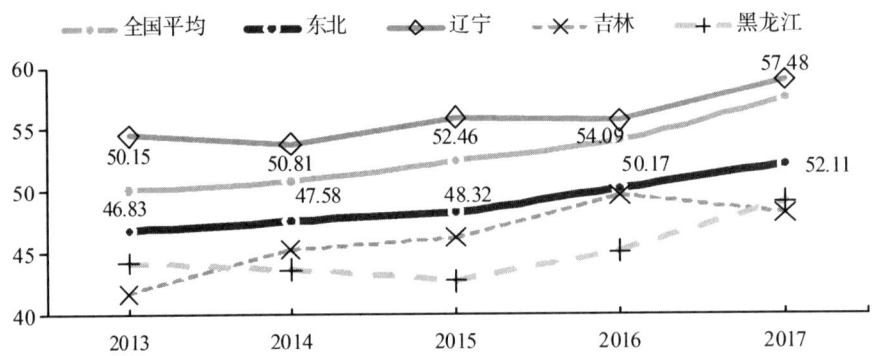

注：①全国平均指31个省（直辖市、自治区）的平均水平；②全国范围内（可采集到的数据），振兴指数的最大值为2017年上海的83.407分，最小值为2015年西藏的28.777分。

图2.1　2013—2017年振兴指数基本走势

2013—2017年，东北三省振兴指数在全国31个省（直辖市、自治区）连续五年数据集（共155个指标值）中相对位置分布情况如图2.2所示。可见，东北三省五年（共15个数据）振兴指数的百分比排位接近70%的仅有1个，处于50%以下的有9个，排位的最大值是2017年的辽宁省（68.8%），最小值是2013年的吉林省（22.0%）。可见，东北三省的整体发展位次亟待提升。

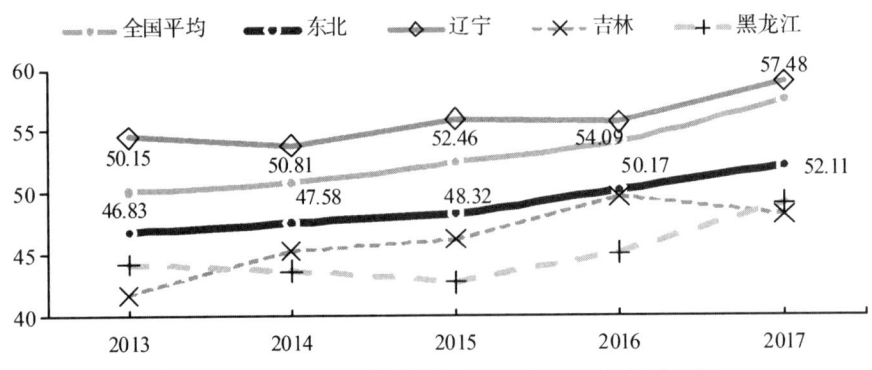

图2.2　2013—2017年东北三省振兴指数百分比排位图

(二) 全国视角下东北地区振兴进展分析

整体来看，2013—2017年，全国31个省（直辖市、自治区）发展总体水平持续提高，成效显著，东部沿海地区发展水平较内地优势明显，中部及东北部优于西部，整体呈现出由东部向中部再向西部及东北部递进的趋势。图2.3给出了2013年与2017年31个省（直辖市、自治区）振兴指数得分高低及排名位次的对比情况。

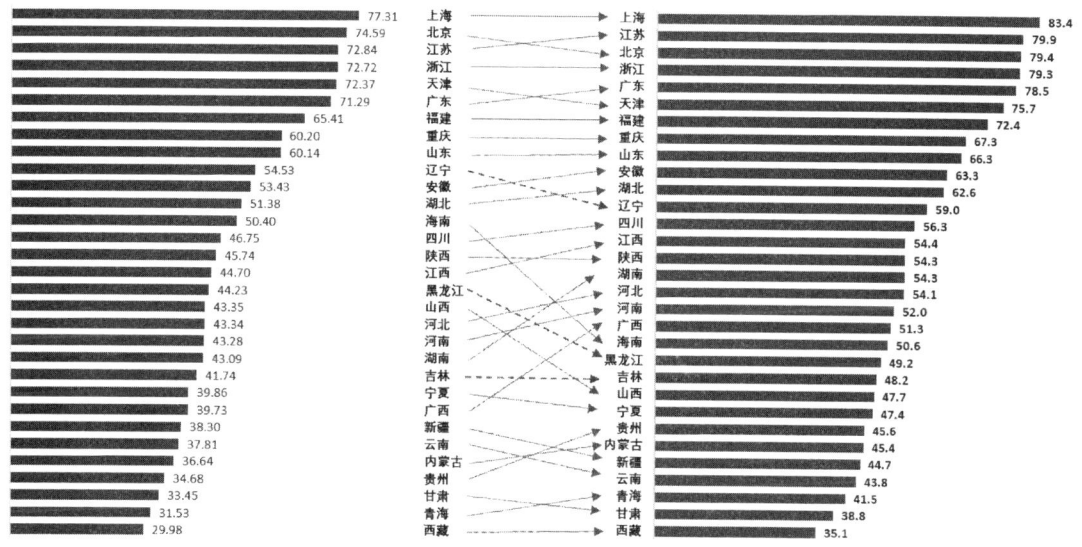

图2.3 2013年与2017年31个省（直辖市、自治区）振兴指数及排名情况对比

2013—2017年，四大区域振兴指数由高到低依次为：东部、中部、东北、西部；四个区域均呈现逐年上升的发展趋势，但整体发展水平有待进一步提升（四个区域的平均得分均未超过70分）；相对而言，东部地区优势明显，中部和西部地区的发展势头较好（增幅较大，分别为4.93%和5.10%），东北地区的增幅为2.82%；东北地区的发展水平较东部地区，有明显差距，具体如表2.3所示。

表2.3 2013—2017年四大经济区域振兴指数平均值及排名

	东北		东部		西部		中部	
	平均值	年排名	平均值	年排名	平均值	年排名	平均值	年排名
2013	46.83	16.0	66.04	7.0	39.55	23.3	46.54	16.3
2014	47.58	16.7	66.51	6.8	40.14	23.3	47.58	16.3

(续表)

	东北		东部		西部		中部	
	平均值	年排名	平均值	年排名	平均值	年排名	平均值	年排名
2015	48.32	18.3	67.74	6.7	41.84	23.3	50.27	15.8
2016	50.17	17.3	69.37	7.1	43.08	23.3	52.59	15.5
2017	52.11	18.3	71.96	7.4	47.62	22.9	55.72	15.3
平均	49.00	17.4	68.33	7.0	42.45	23.2	50.54	15.9

注：为确保区分度，对于具有平均意义的排名（序），本研究保留一位小数，以下各表同。

2013—2017 年，七个区域振兴指数由高到低依次为：华东、华南、华北、华中、东北、西南、西北；七大区域均呈现平稳上升的发展趋势，但整体发展水平有待提升（振兴指数得分均未超过 70 分）；相对而言，华东地区优势明显，华中和西北地区的发展势头较好（增幅较大，分别为 5.59% 和 5.00%）；在七个区域中，东北地区排名相对靠后，与最优的华东地区相比差距明显，如表 2.4 所示。

表 2.4　2013—2017 年七大地理区域振兴指数平均值及排名

	东北	华北	华东	华南	华中	西北	西南
	值/序	值/序	值/序	值/序	值/序	值/序	值/序
2013	46.83/16.3	54.06/14.2	66.97/5.8	53.81/14.3	45.61/17.3	37.77/24.4	41.88/21.4
2014	47.58/16.7	54.28/14.6	67.59/5.7	54.82/13.7	46.72/17.0	38.20/24.6	42.60/21.4
2015	48.32/18.3	55.86/14.4	69.13/5.8	56.83/13.3	49.19/16.3	39.85/24.6	44.12/21.2
2016	50.17/17.3	57.16/14.6	71.69/5.7	57.20/14.7	51.84/15.3	40.60/25.4	45.66/21.0
2017	52.11/18.3	60.48/15.0	74.10/5.5	60.14/14.7	55.82/14.8	45.33/25.0	49.61/21.0
平均	49.00/17.4	56.37/14.6	69.90/5.7	56.56/14.1	49.84/16.1	40.35/24.8	44.78/21.2

为便于直观分析，将指数信息按空间分类、时间排列、优劣序化等方式整理后，形成多年振兴指数的可视化集成图（见图 2.4 至图 2.6），结合表 2.1 的信息，以全国四大经济区为划分标准，对东北三省全面振兴进程综合评价如下：

1. 中部地区平均水平发展增速较快，2015年实现了对东北地区的超越，但均未达到全国平均水平

从反映西部、中部、东北、东部四大区域振兴指数平均得分曲线的变化情况可以看出，中部起点较低，但增速较快，2015年实现了对东北地区的反超，且从得分增长情况看仍有较大发展空间；西部基础相对薄弱，振兴指数始终未达到2013年全国平均水平（50.1分），但整体水平稳中有增，其中重庆的发展已远超全国平均水平；东部发展较为成熟，遥遥领先于其他三个地区；东北地区的指数得分的年均增幅在四个区域中排名最末，发展相对乏力。

2. 东北地区指数得分虽持续增长，但增幅相对较低

中国各区域综合发展状况总体良好，保持平稳的增长势头；2013—2017年，四大区域振兴指数均呈上升趋势，指数得分的年均增幅由高到低依次为：中部（2.3分）、西部（2.0分）分、东部（1.5分）、东北（1.3分）；东北地区的指数得分略高于西部，但西部最优水平明显高于东北和中部地区；西部地区的指数得分始终未实现对50分这条临界线的突破；中部地区于2015年实现对50分的跨越；东北地区于2016年实现对50分的跨越。

3. 相对于全国绝大部分省份的大踏步前行，东北三省均有起伏，安徽省（中部最优水平）于2014年实现对辽宁省（东北最优水平）的超越

2013—2017年，四大区域的振兴指数连续排名均呈上升趋势，年均排名改进幅度由高到低依次为：中部（9.6名）、西部（7.9名）、东北（6.0名）、东部（4.3名）；中部地区排名提升最快的是湖南省与河南省（五年间分别提升58、48位），中部最优水平（安徽省2017年的41名）已超越东北最优水平（辽宁省2017年的49名）；西部地区排名提升最快的是广西壮族自治区（从2013年的126名提升至2017年的71名），西部最优水平（重庆市2017年的34名）优于中部最优水平；东部地区上升最快的是河北省（从2013年的114名发展至2017年的61名），但与东部其他省份差距依然明显；在东北三省中，黑龙江省从2013年的108名下跌至2015年的118名后，强力反弹，于2017年发展至80名，吉林省从2013年的121名升至2017年的83名，为东北地区排名提升最快的省份，辽宁省整体水平优于吉林、黑龙江，五年间排名有升有降，最终排名上升了6名，进步较为缓慢。

4. 近年来，东北地区单年平均排名退步明显，持续改进压力较大，相对于全国其他地区，东北相对优势退失明显

单年排名的变化体现了此消彼长的相对竞争能力，2013—2017年，在西部地区12个省域中，单年排名维持不变的有3个（占25%），排名退后的有4个（占33.33%），排名提升的有5个（占41.67%），其中广西壮族自治区相对排名提升5名，云南省和新疆维吾尔自治区均下降2名，分别为西部地区上升与下降最快的三个省；在中部地区6个省域中，单年排名维持不变的有1个（占16.67%），排名提升的有4个（占66.67%），排名后退的有1个（占16.67%），其中湖南省相对排名提升5名，山西省下降5名，为中部地区上升与下降最快的省份；在东部地区10个省域中，单年排名维持不变的有4个（占40%），排名退后的有3个（占30%），排名提升的有3个（占30%），其中河北省相对排名提升2名，海南省下降7名，分别为东部地区上升与下降最快的两个省份；东北地区，辽宁省单年排名倒退2名（跌出前10名），吉林省排名维持不变，黑龙江省倒退4名。东北地区平均排名下降幅度最大（5年平均排名下降2名），与中部地区形成强烈反差（5年平均排名上升1.0名），虽然于2016年略有回升，但总体来说，相对优势退失明显。

5. 2013—2017年，在东北地区整体发展缓慢，相对优势下滑明显的共同背景下，依然需警惕由相对能力的下降而引发绝对能力衰退的可能

从反映中部、西部、东部及东北的四条发展曲线可以看出，2013—2017年，四大区域的绝对能力均有程度不一的提升（见图2.4及图2.5），但部分区域（东部和东北部）的相对能力出现下跌（见图2.6），考虑到东部地区大部分省份普遍处于前列，基础夯实，发展水平高，出现微弱下滑（五年平均排名下滑0.5名）是正常的调整，与东北地区的大幅下跌性质迥异；中部处于持续提升、加速发力的良好状态中；西部基础偏弱，但整体处于稳定发展的过程中；因而在全国四个地区里，东北衰退特征相对明显。比较省份之间的发展，辽宁省和黑龙江省的相对优势退失较为明显，虽指数得分出现了缓慢提升，但单年排名均呈下降态势，吉林省指数得分提升，但相对优势有倒退的趋势，因而就综合发展水平而言，东北在相对能力上的改善依然不显著，仍需警惕引发实质上倒退的可能（表现为指数得分出现负增长）。

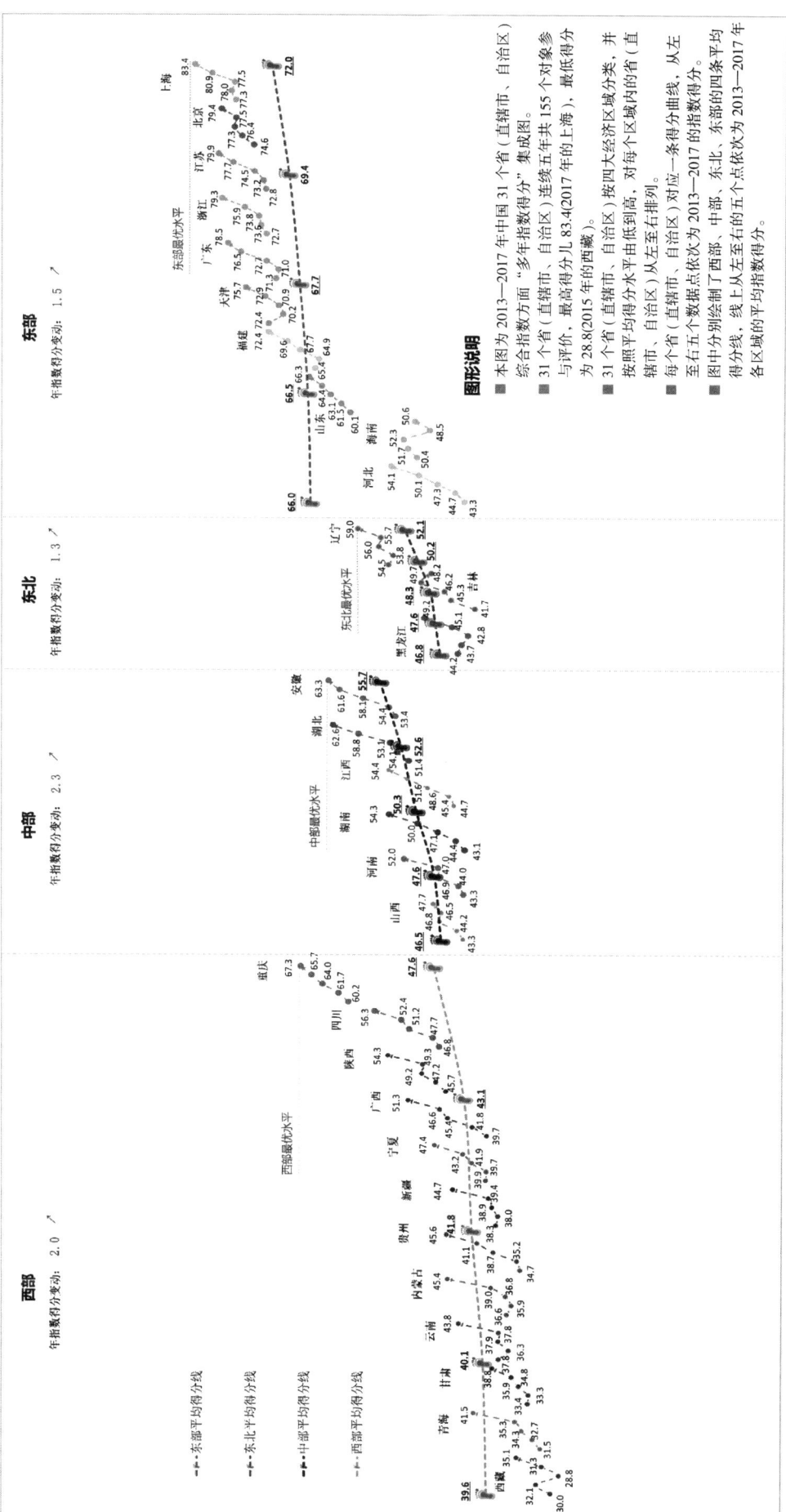

图 2.4 2013—2017 年 31 个省（直辖市、自治区）振兴指数得分变动情况

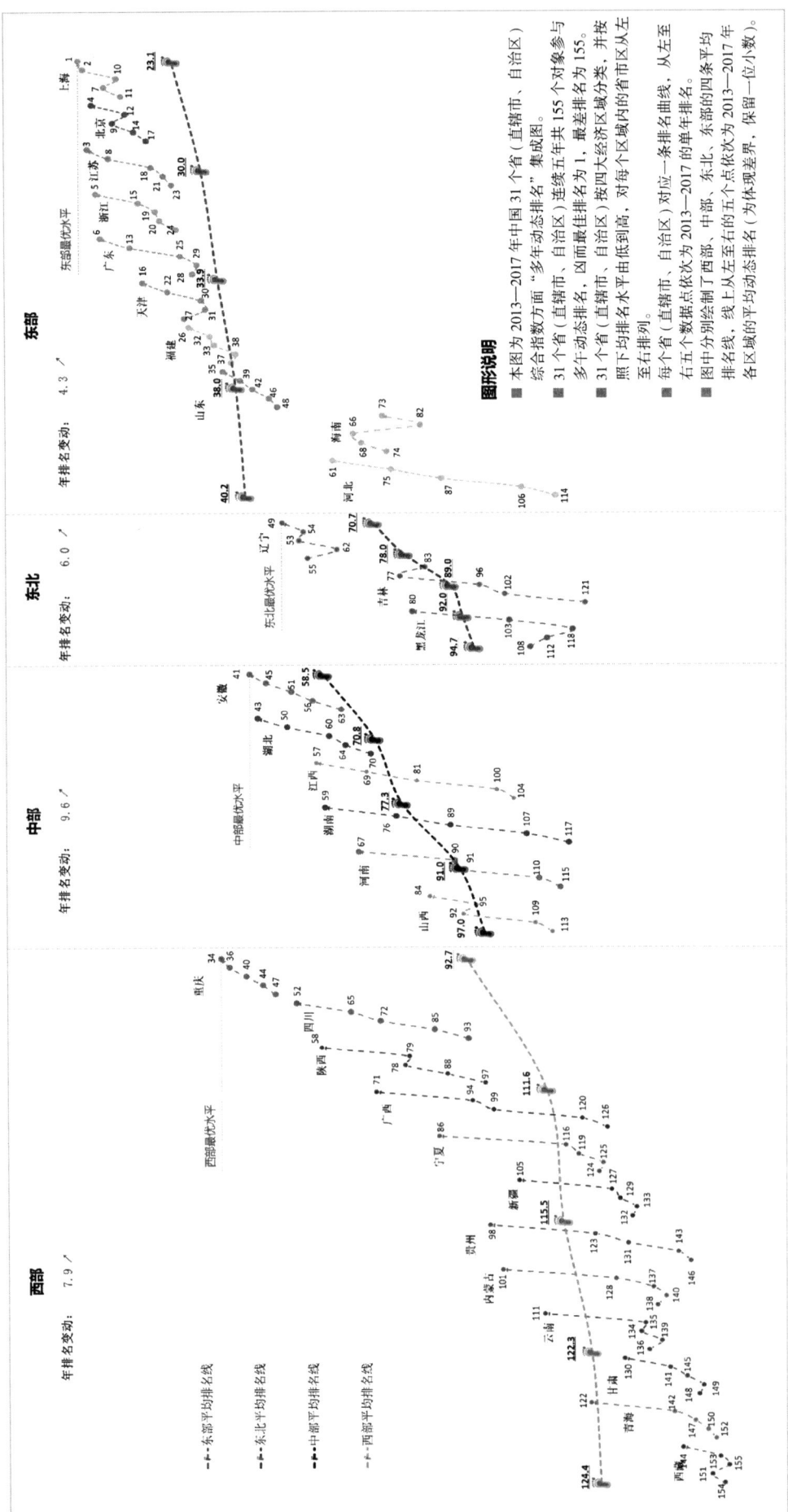

图 2.5 2013—2017 年 31 个省（直辖市、自治区）综合发展水平多年连续排名变动情况

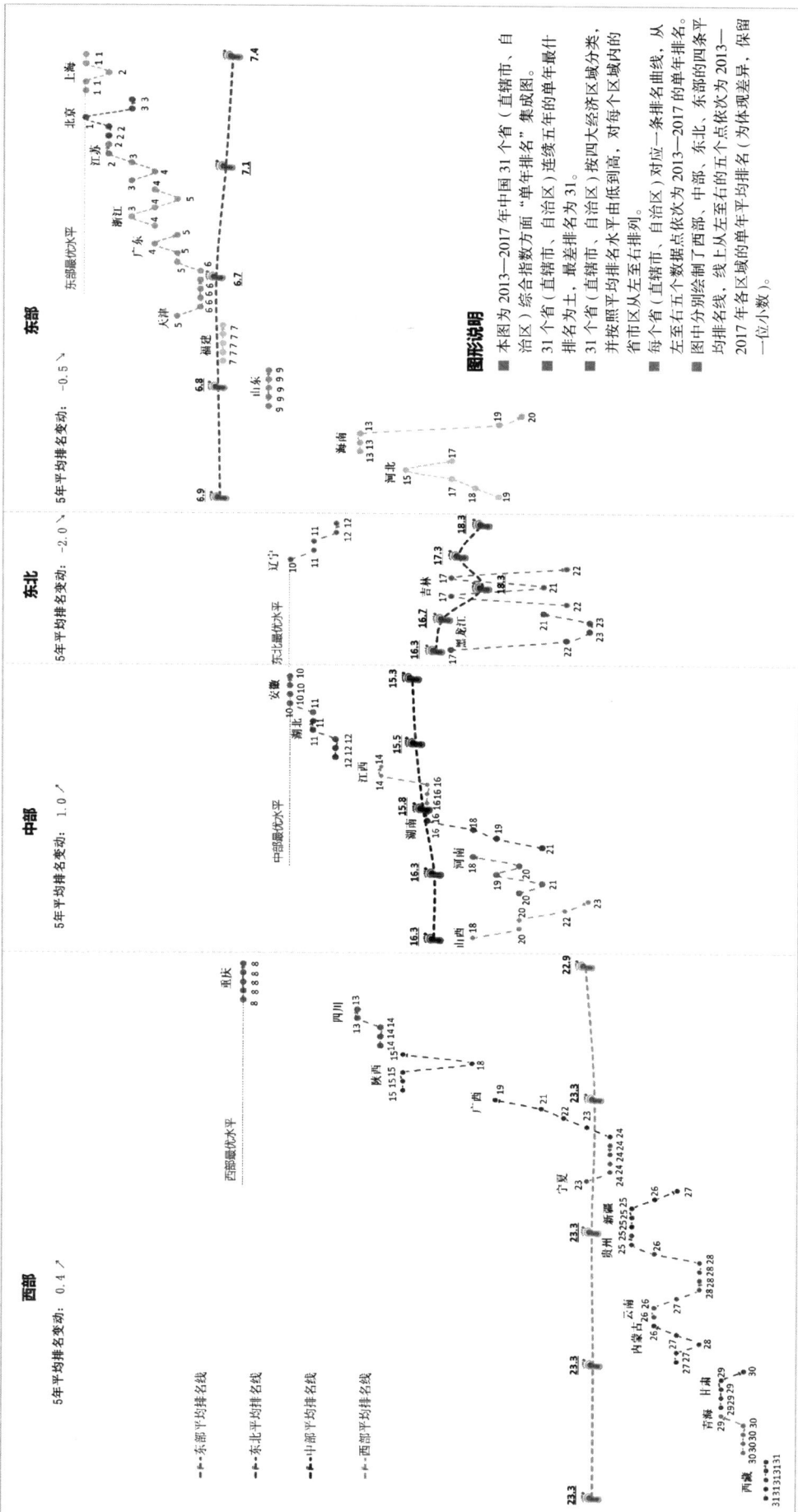

图 2.6 2013—2017 年 31 个省（直辖市、自治区）综合发展水平单年年排名变动情况

（三）东北振兴分项指数分析

振兴指数及 6 个二级分项指数得分的描述统计信息见表 2.5。由表 2.5 可知，振兴指数与六个二级分项指数得分的算术平均值分布在 50 分附近；六个二级分项指数中，区域开放的最小值得分最低（为 8.5），同时最大值得分最高（为 94.3），两者的差值（极差）为六个指数中最大的，说明全国 31 个省（直辖市、自治区）在区域开放层面的差异最大，其次是创新创业（极差为 80.92），相反，在社会民生发展方面差异最小（极差为 53.90），其次是产业发展（极差为 57.21）。

表 2.5 振兴指数及六个二级指数得分的描述统计

	政府治理	企态优化	区域开放	产业发展	创新创业	社会民生	振兴指数
平均值	50.66	54.17	48.33	55.03	54.76	55.04	53.00
中位数	50.63	53.10	46.01	54.14	52.63	53.54	49.33
标准差	14.36	14.78	22.79	14.82	19.77	10.72	14.18
峰度	−0.7385	−0.1758	−0.9899	−0.9500	−1.0052	−0.4572	−0.9135
偏度	−0.1303	0.4675	0.1268	0.1914	0.1243	0.1897	0.4655
最小值	15.06	24.58	8.53	28.63	15.41	28.06	28.78
最大值	80.17	97.11	94.25	85.84	96.33	81.96	83.41
极差	65.11	72.53	85.72	57.21	80.92	53.90	54.63
观测数	155	155	155	155	155	155	155

依据 2013—2017 年的数据，东南三省的发展水平明显高于全国平均水平，在"创新创业""区域开放"和"产业发展"方面的平均发展水平相对较好（80 分左右），其他三个方面的发展有进一步提升的空间；东北三省的发展水平较东南三省差距较大，"企态优化"的发展水平最低，除"产业发展"高于全国平均水平外，其他方面均低于全国平均水平，可见，东北地区的全面振兴势在必行。

东南三省在六个方面发展相对较均衡，而东北地区发展的均衡性较差。具体而言，东南三省中，江苏省除在"企态优化""社会民生"和"区域开放"的表现相对较弱外，其他方面的发展水平位于东南三省前列，且在"政府治理"方面为全国各省的最高水平；浙江省的"社会民生"优势最明显，为全国各省最高水平；广东省的"区域开放"在东南三省中的发展水平最高，但距离全国各省最高水平还有一定距离。东北三省中，辽宁省在"政府治理""产业发展""创新创业""区域开放"方面的发展较好，尤其"区域开放"方面的优势明显；吉林省的"产业发展"优势相对明显，但其他方面总体水平不高（尚未突破50分），有待进一步提升；黑龙江省的"产业发展"低于东南三省中较弱的广东省，但高于辽宁省与吉林省；总体来看，辽宁省发展水平较吉林省和黑龙江省相对要高，但三个省在大部分振兴方面的得分低于60分，因而东北地区的发展亟须进一步提升，具体如表2.6所示。

表2.6 2013—2017年六省二级指数平均得分

	政府治理	企态优化	区域开放	产业发展	创新创业	社会民生
辽宁	51.70	39.80	65.29	60.59	61.91	55.43
吉林	43.29	44.05	40.49	54.82	44.92	49.79
黑龙江	37.09	40.94	33.14	66.42	43.31	49.05
江苏	75.18	71.72	77.50	78.84	82.84	67.64
浙江	65.81	80.90	72.39	75.61	82.27	73.45
广东	64.67	69.10	80.94	75.31	82.58	71.29
东北三省平均	44.03	41.59	46.31	60.61	50.05	51.43
东南三省平均	68.55	73.91	76.94	76.59	82.56	70.79
各省平均	50.66	54.17	48.33	55.03	54.76	55.04
各省最高	75.18	86.09	93.72	82.61	92.44	73.45
各省最低	21.87	27.93	11.75	33.33	20.16	40.47
各省最低	23.20	23.00	10.73	33.47	20.43	33.59

2013—2017年，对构成振兴指数的六个方面，全国在"创新创业"和产业发展方面的平均水平呈现逐年上升的发展趋势；在"社会民生"方面呈现波动上升的趋势，进展明显，在"区域开放"和"企态优化"方面呈现先降后升的趋势，区域开放发展较平稳，企态优化进展明显，在"政府治理"方面呈现下降趋势。东南三省在六个方面的发展水平均处于全国前列（从年排名可以看出），明显高于全国的平均发展水平；在"企态优化""创新创业""社会民生"三个方面整体呈上升的发展趋势；在"产业发展"方面江苏省呈上升趋势，广东省和浙江省呈波动上升趋势；在"区域开放"东南三省均呈

波动下降趋势；在"政府治理"方面，东南三省均呈波动上升趋势；东北三省在"创新创业""社会民生"方面的发展情况相对较好，整体呈上升趋势；相对而言，辽宁省在"区域开放""产业发展""创新创业"三个方面的优势相对明显，高于全国平均水平；吉林省在 2015 年和 2016 年的"产业发展"优于全国平均水平；黑龙江省在"产业发展"方面的优势相对明显，高于全国平均水平，具体如表 2.7 所示。

表 2.7 2013—2017 年六省二级分项指数

	年份	辽宁 值/序	吉林 值/序	黑龙江 值/序	江苏 值/序	浙江 值/序	广东 值/序	全国平均 值
政府治理	2013	54.24/15	45.07/24	43.98/25	74.89/2	66.42/6	68.9/4	53.44
	2014	53.97/14▽	49.98/18▲	33.14/27▽	73.99/2▽	69.8/4▲	64.92/8▽	51.81▽
	2015	56.00/11▲	43.09/21▽	35.85/25▲	72.33/1▽	60.63/7▽	60.19/8▽	48.83▽
	2016	44.18/21▽	40.51/23▽	33.87/26▽	75.11/1▲	62.97/7▲	63.48/6▲	49.07▲
	2017	50.12/15▲	37.81/24▽	38.61/23▲	79.60/1▲	69.22/4▲	65.87/7▲	50.14▲
企态优化	2013	35.17/29	36.47/28	42.6/20	66.02/5	74.22/2	62.38/9	51.04
	2014	36.42/29▲	42.64/20▲	44.77/17▲	64.77/5▽	74.58/2▲	62.25/7▽	50.78▽
	2015	35.46/28▽	45.37/18▲	29.55/30▽	69.56/4▲	79.09/2▲	66.86/5▲	50.51▽
	2016	41.32/27▲	49.77/19▲	37.98/29▲	75.78/4▲	84.98/2▲	73.63/5▲	55.10▲
	2017	50.61/24▲	46.00/30▽	49.79/26▲	82.47/4▲	91.63/2▲	80.38/5▲	63.42▲
区域开放	2013	65.29/9	40.41/19	34.33/23	77.75/5	73.95/6	81.79/3	48.07
	2014	63.94/9▽	40.06/19▽	34.37/22▲	77.78/5▲	73.77/6▽	82.22/2▲	47.91▽
	2015	65.11/9▲	37.28/21▽	30.08/23▽	77.86/5▲	73.30/7▽	81.43/2▽	47.35▽
	2016	65.22/9▲	42.60/18▲	30.05/23▽	77.80/5▽	71.03/7▽	80.48/4▽	47.87▲
	2017	66.90/9▲	42.09/20▽	36.85/23▲	76.32/5▽	69.92/7▽	78.75/4▽	50.45▲
产业发展	2013	59.59/10	49.22/16	60.78/9	75.69/3	75.14/4	69.31/6	51.62
	2014	58.20/10▽	50.22/16▲	62.64/7▲	76.18/2▲	72.38/4▽	67.93/6▽	51.16▽
	2015	63.54/9▲	56.23/14▲	67.00/7▲	77.27/2▲	73.69/4▲	71.74/6▲	55.01▲
	2016	59.65/16▽	62.29/13▲	72.55/7▲	82.44/3▲	76.20/4▲	82.45/2▲	57.56▲
	2017	62.00/14▲	56.16/19▽	69.15/8▽	82.63/3▲	80.64/4▲	85.12/1▲	59.80▲

(续表)

	年份	辽宁 值/序	吉林 值/序	黑龙江 值/序	江苏 值/序	浙江 值/序	广东 值/序	全国平均 值
创新创业	2013	60.4/10	40.06/18	41.71/17	81.62/2	78.67/4	78.67/5	49.51
	2014	58.48/12▽	40.75/19▲	40.78/18▽	81.08/2 ▽	78.92/4 ▲	78.83/5 ▲	50.87▲
	2015	60.55/14▲	43.28/19▲	42.84/20▲	82.14/3 ▲	81.38/5 ▲	82.98/2 ▲	54.92▲
	2016	65.37/13▲	48.08/20▲	44.07/24▲	83.43/4 ▲	84.57/3 ▲	85.37/2 ▲	57.80▲
	2017	64.78/15▽	52.42/19▲	47.14/24▲	85.93/4 ▲	87.80/2 ▲	87.07/3 ▲	60.68▲
社会民生	2013	52.47/9	39.22/26	41.97/18	61.05/6	67.9/1	66.67/3	47.25
	2014	51.85/12▽	47.97/19▲	46.31/24▲	65.35/6 ▲	71.89/1 ▲	69.59/3 ▲	52.31▲
	2015	55.12/20▲	52.09/23▲	51.25/26▲	68.10/5 ▲	74.86/1 ▲	73.04/3 ▲	58.12▲
	2016	58.33/11▲	54.92/16▲	52.28/22▲	71.47/5 ▲	75.88/2 ▲	73.46/4 ▲	57.13▽
	2017	59.39/14▲	54.78/23▽	53.46/24▲	72.22/5 ▲	76.74/2 ▲	73.68/4 ▲	60.37▲

注：表中符号"▲"表示本年的数据相对于前一年是增长的，符号"▽"表示本年的数据相对于前一年是减少的。

进一步统计升降符（▲或▽）的数量，对不同地区的持续发展态势进行分析和对比可知，2013—2017年，全国关于六个方面的平均发展水平不同年度呈现上升（▲）的数量多于下降（▽）的数量；东北地区在"区域开放"方面的上升（▲）数量略多于东南地区；东北地区在"创新创业""社会民生""政府治理""企态优化""产业发展"方面的上升（▲）数量略小于东南地区；总体而言，东北地区发展水平提升（▲）的总数量略少于东南三省，东北地区为47个，占升降总数的65.3%，东南三省为53个，占73.6%，整体呈现递增的发展态势。

在东北三省中，辽宁省在六个方面呈现上升（▲）的数量为15个，占升降总数的62.5%，在"区域开放"和"社会民生"方面整体呈逐年提升的发展态势；吉林省在六个方面呈现上升（▲）的数量为15个，占升降总数的62.5.0%，在"创新创业"方面整体呈逐年提升的发展态势；黑龙江省在六个方面呈现上升（▲）的数量为17个，占升降总数的70.8%，在"创新创业"和"社会民生"方面整体呈上升的发展态势。东南三省中，江苏省呈现上升（▲）的数量为18个，占75.0%，浙江省呈现上升（▲）的数量为18个，占75.0%，广东省呈现上升（▲）的数量为17个，占70.8%，其中江苏省的"产业发展"，浙江省的"企态优化""创新创业"，广东省的"创新创业"及东南三省的"社会民生"呈逐年提升的发展态势。综上,六个省份均在"社会民生"方面的发展势头较好,但东北三省的发展水平较东南三省有着明显差距。

(四) 振兴指数振兴指数与 GDP 指标的联合分析

本研究从东北地区全面振兴的视角出发设立了指标体系并构建起多维度的测度指数,而振兴指数处于指数的最高一级,可对省(直辖市、自治区)层次的发展水平作出全面的测度,其得分是对各省(直辖市、自治区)内在持续发展能力的反映。地区 GDP 是指地区所有常驻单位在一定时期内生产的所有最终产品和劳务的市场价值,是衡量地区总体经济状况的重要指标,相对于振兴指数,GDP 是外在实力(尤其是经济方面)的集中体现,逻辑上看,振兴指数更强调持续性,GDP 更强调现时性。延续上一年度评价报告的思路,以下基于 2012—2017 年的数据,对"地区 GDP(总量)""人均 GDP"两个指标与本研究构建的振兴指数做相关性分析,关于 31 个省(直辖市、自治区)的振兴指数与地区 GDP(总量)的相关数据见表 2.8(囿于篇幅,表中未列出 2012 年振兴指数及地区 GDP 数据)。

表 2.8 各地区域振兴指数得分及地区 GDP 情况

省市区	振兴指数					地区 GDP(单位:亿元)					
	2013	2014	2015	2016	2017	2013	2014	2015	2016	2017	2018
安徽	53.4	54.4	58.1	61.6	63.3	19229	20849	22006	24118	27519	30007
北京	74.6	76.4	77.5	77.3	79.4	19801	21331	23015	24899	28000	30320
福建	65.4	64.9	67.7	69.6	72.4	21868	24056	25980	28519	32298	35804
甘肃	33.4	33.3	34.8	35.9	38.8	6331	6837	6790	7152	7677	8246
广东	71.3	71.0	72.7	76.5	78.5	62475	67810	72813	79512	89879	97278
广西	39.7	41.8	45.4	46.6	51.3	14450	15673	16803	18245	20396	20353
贵州	34.7	35.2	38.7	41.1	45.6	8087	9266	10503	11734	13541	14806
海南	50.4	51.7	52.3	48.5	50.6	3178	3501	3703	4045	4463	4832
河北	43.3	44.7	47.3	50.1	54.1	28443	29421	29806	31828	35964	36010
河南	43.3	44.0	46.9	47.0	52.0	32191	34938	37002	40160	44988	48056
黑龙江	44.2	43.7	42.8	45.1	49.2	14455	15039	15084	15386	16200	16362
湖北	51.4	53.1	54.1	58.8	62.6	24792	27379	29550	32298	36523	39367

(续表)

省市区	振兴指数					地区GDP（单位：亿元）					
	2013	2014	2015	2016	2017	2013	2014	2015	2016	2017	2018
湖南	43.1	44.4	47.1	50.0	54.3	24622	27037	28902	31245	34591	36426
吉林	41.7	45.3	46.2	49.7	48.2	13046	13803	14063	14886	15289	15075
江苏	72.8	73.2	74.5	77.7	79.9	59753	65088	70116	76086	85901	92595
江西	44.7	45.4	48.6	51.6	54.4	14410	15715	16724	18364	20819	21985
辽宁	54.5	53.8	56.0	55.7	59.0	27213	28627	28669	22038	23942	25315
内蒙古	36.6	35.9	36.8	39.0	45.4	16917	17770	17832	18633	16103	17289
宁夏	39.9	39.7	41.9	43.2	47.4	2578	2752	2912	3150	3454	3705
青海	31.5	32.7	34.3	35.3	41.5	2122	2303	2417	2572	2643	2865
山东	60.1	61.5	63.1	64.4	66.3	55230	59427	63002	67006	72678	76470
山西	43.3	44.2	46.8	46.5	47.7	12665	12761	12766	12928	14974	16818
陕西	45.7	47.2	49.3	49.2	54.3	16205	17690	18022	19165	21899	24438
上海	77.3	78.0	77.5	80.9	83.4	21818	23568	25123	27466	30134	32680
四川	46.8	47.7	51.2	52.4	56.3	26392	28537	30053	32681	36980	40678
天津	72.4	70.2	70.9	72.9	75.7	14442	15727	16538	17885	18595	18810
西藏	30.0	32.1	28.8	31.3	35.1	816	921	1026	1150	1311	1478
新疆	38.3	38.0	38.9	39.4	44.7	8444	9273	9325	9617	10920	12199
云南	37.8	36.3	37.9	37.8	43.8	11832	12815	13619	14870	16531	17881
浙江	72.7	73.6	73.8	75.9	79.3	37757	40173	42886	46485	51768	56197
重庆	60.2	61.7	64.0	65.7	67.3	12783	14263	15717	17559	19500	20363

计算2012—2017年振兴指数得分与地区GDP（总量）的相关系数，得到表2.9。由表2.9可知，振兴指数与地区GDP之间的相关系数分布于0.63左右，同时观察判别"相关系数是否随年增加"符号（"↗"与"↘"）的分配比例，可知21个符号中，"↗"为19个，占90.5%，这意味着现有样本支撑"振兴指数对地区GDP的相关性系数值随时间增加"这一观测结论的可靠度为0.905。

表 2.9　振兴指数与地区 GDP 相关系数

相关系数		地区 GDP						
		2012	2013	2014	2015	2016	2017	2018
振兴指数	2012	0.5952	0.5960	0.5979	0.6041	0.6035	0.6032	0.6067
	2013	0.6098	0.6113	0.6138	0.6207	0.6219	0.6231	0.6273
	2014	0.6106	0.6121	0.6147	0.6221	0.6246	0.6266	0.6303
	2015	0.6257	0.6278	0.6307	0.6381	0.6406	0.6440	0.6477
	2016	0.6473	0.6493	0.6527	0.6606	0.6656	0.6685	0.6714
	2017	0.6551	0.6572	0.6610	0.6690	0.6742	0.6767	0.6803
判别	2012	-	↗	↗	↗	↘	↘	↗
	2013	-	-	↗	↗	↗	↗	↗
	2014	-	-	-	↗	↗	↗	↗
	2015	-	-	-	-	↗	↗	↗
	2016	-	-	-	-	-	↗	↗
	2017	-	-	-	-	-	-	↗

注：表中符号"↗"表示本年的相关系数相对于前一年是增长的，符号"↘"表示减少。

进一步统计人均 GDP 的相关数据，形成表 2.10（囿于篇幅，表中未列出 2012 年振兴指数及人均 GDP 数据），并据此计算 2012—2017 年振兴指数得分与地区人均 GDP 的相关系数，得到表 2.11。

表 2.10　各地区域振兴指数得分及人均 GDP 情况

省市区	振兴指数					地区人均 GDP（单位：元/人）					
	2013	2014	2015	2016	2017	2013	2014	2015	2016	2017	2018
安徽	53.4	54.4	58.1	61.6	63.3	32001	34425	35997	39254	43995	47973
北京	74.6	76.4	77.5	77.3	79.4	94648	99995	106497	114690	128974	139659
福建	65.4	64.9	67.7	69.6	72.4	58145	63472	67966	74288	82583	91547
甘肃	33.4	33.3	34.8	35.9	38.8	24539	26433	26165	27508	29235	31402
广东	71.3	71.0	72.7	76.5	78.5	58833	63469	67503	73290	80472	87096
广西	39.7	41.8	45.4	46.6	51.3	30741	33090	35190	38042	41753	41663

(续表)

省市区	振兴指数					地区人均GDP（单位：元/人）					
	2013	2014	2015	2016	2017	2013	2014	2015	2016	2017	2018
贵州	34.7	35.2	38.7	41.1	45.6	23151	26437	29847	33242	37824	41359
海南	50.4	51.7	52.3	48.5	50.6	35663	38924	40818	44396	48192	52182
河北	43.3	44.7	47.3	50.1	54.1	38909	39984	40255	42866	47824	47886
河南	43.3	44.0	46.9	47.0	52.0	34211	37072	39123	42363	47064	50273
黑龙江	44.2	43.7	42.8	45.1	49.2	37697	39226	39462	40362	42755	43182
湖北	51.4	53.1	54.1	58.8	62.6	42826	47145	50654	55191	61882	66700
湖南	43.1	44.4	47.1	50.0	54.3	36943	40271	42754	46063	50424	53099
吉林	41.7	45.3	46.2	49.7	48.2	47428	50160	51086	54073	56271	55483
江苏	72.8	73.2	74.5	77.7	79.9	75354	81874	87995	95394	106988	115326
江西	44.7	45.4	48.6	51.6	54.4	31930	34674	36724	40220	45042	47566
辽宁	54.5	53.8	56.0	55.7	59.0	61996	65201	65354	50292	54800	57943
内蒙古	36.6	35.9	36.8	39.0	45.4	67836	71046	71101	74204	63674	68364
宁夏	39.9	39.7	41.9	43.2	47.4	39613	41834	43805	47157	50644	54328
青海	31.5	32.7	34.3	35.3	41.5	36875	39671	41252	43750	44194	47914
山东	60.1	61.5	63.1	64.4	66.3	56885	60879	64168	68049	72635	76424
山西	43.3	44.2	46.8	46.5	47.7	34984	35070	34919	35285	40447	45430
陕西	45.7	47.2	49.3	49.2	54.3	43117	46929	47626	50528	57103	63724
上海	77.3	78.0	77.5	80.9	83.4	90993	97370	103796	113731	124623	135152
四川	46.8	47.7	51.2	52.4	56.3	32617	35128	36775	39835	44544	48998
天津	72.4	70.2	70.9	72.9	75.7	100105	105231	107960	115613	119431	120807
西藏	30.0	32.1	28.8	31.3	35.1	26326	29252	31999	35496	38891	43847
新疆	38.3	38.0	38.9	39.4	44.7	37553	40648	40036	40466	44663	49894
云南	37.8	36.3	37.9	37.8	43.8	25322	27264	28806	31358	34433	37245
浙江	72.7	73.6	73.8	75.9	79.3	68805	73002	77644	83923	91512	99341
重庆	60.2	61.7	64.0	65.7	67.3	43223	47850	52321	58199	63416	66222

注：因统计数据尚未更新，2018年地区人均GDP采用2018年的地区GDP比上2017年"地区年末人口数"得到。

由表 2.11 可知,振兴指数与地区人均 GDP 之间的相关系数分布于 0.86 左右,同时观察符号"↗"与"↘"的分配比例,可知 21 个符号中,"↗"为 19 个,占 90.5%,这意味着现有样本支撑"振兴指数对地区人均 GDP 的相关性系数值随时间增加"这一观测结论的可靠度为 0.905。

表 2.11 振兴指数及地区人均 GDP 相关系数

省市区		地区人均 GDP						
		2012	2013	2014	2015	2016	2017	2018
振兴指数	2012	0.8326	0.8382	0.8477	0.8661	0.8690	0.9020	0.9006
	2013	0.8142	0.8206	0.8310	0.8505	0.8559	0.8923	0.8927
	2014	0.8015	0.8083	0.8194	0.8410	0.8498	0.8899	0.8904
	2015	0.7739	0.7810	0.7921	0.8143	0.8226	0.8656	0.8659
	2016	0.7690	0.7759	0.7878	0.8112	0.8240	0.8650	0.8636
	2017	0.7809	0.7881	0.8007	0.8241	0.8369	0.8754	0.8759
判别	2012	—	↗	↗	↗	↗	↗	↘
	2013	—	—	↗	↗	↗	↗	↗
	2014	—	—	—	↗	↗	↗	↗
	2015	—	—	—	—	↗	↗	↗
	2016	—	—	—	—	—	↗	↘
	2017	—	—	—	—	—	—	↗

为便于进一步进行数值比较,仿照表 2.10 及表 2.11 的处理过程,求得地区人均 GDP 与地区 GDP(总量)的相关系数,形成表 2.12。由表 2.12 可知,地区人均 GDP 与地区 GDP(总量)之间的相关系数分布在 0.4 左右,21 个数据中"↗"为 7 个,占 33.37%。

表 2.12 2011—2017 年地区人均 GDP 与地区 GDP 相关系数

相关系数		地区 GDP						
		2012	2013	2014	2015	2016	2017	2018
地区人均GDP	2012	0.3962	0.3937	0.3912	0.3903	0.3801	0.3625	0.3623
	2013	0.4021	0.4002	0.3984	0.3981	0.3879	0.3708	0.3709
	2014	0.4104	0.4092	0.4084	0.4091	0.4001	0.3838	0.3844
	2015	0.4242	0.4236	0.4238	0.4264	0.4203	0.4055	0.4066
	2016	0.4164	0.4163	0.4184	0.4244	0.4306	0.4174	0.4191
	2017	0.4414	0.4422	0.4450	0.4524	0.4595	0.4519	0.4545
	2018	0.4427	0.4437	0.4469	0.4549	0.4627	0.4564	0.4614
判别	2012	—	↘	↘	↘	↘	↘	↗
	2013	—	—	↘	↘	↘	↘	↗
	2014	—	—	—	↗	↘	↘	↗
	2015	—	—	—	—	↘	↘	↗
	2016	—	—	—	—	—	↘	↗
	2017	—	—	—	—	—	—	↗
	2018	—	—	—	—	—	—	—

综合表 2.8 至表 2.12 的信息，归纳结论如下：

第一，振兴指数与地区人均 GDP 之间的相关性系数（最大值 0.902）要高于与地区 GDP（总量）之间的相关性系数（最大值 0.6803），并且远高于地区 GDP（总量）与地区人均 GDP 之间的相关性系数（最大值 0.4545）。可见，振兴指数与地区人均 GDP 这一指标的内在关联要高于地区 GDP（总量）指标，从而说明"振兴指数更侧重对内在发展质量的测度"。

第二，"振兴指数对 GDP 的相关性系数值随时间增加"这一观测结论的可靠度为 0.905，远高于"人均 GDP 对 GDP 总量相关性系数值随时间增加"这一假设的可靠度（为 0.2858，仅用于对比）。可见，数据统计说明"振兴指数对未来 GDP 指标的相关性高于近期数据"这一观测具有较高的可靠性，因而从另一层面证明了"振兴指数是对面向未来可持续性发展能力的深层测度"的结论。

综上所述，振兴指数有着优于 GDP 指标的定位作用，本研究建立的评价体系以及构建的振兴指数、评价结果是科学有效的。

（五）主要结论

首先，依指数测度结果，东北地区的发展水平低于全国平均水平，整体上虽有上升，但就 2017 年的指数得分来看，东北地区与全国平均水平的差距正在拉大。

其次，在全国绝大部分省份取得长足进步而持续发力的大背景下，东北三省虽有进步，但收效微弱。2013 年中部地区的基点高于东北地区，且发展势头更加强劲，2015 年，中部地区的安徽省实现了对辽宁（东北地区最优水平）的超越，并在之后差距逐年增大。

再次，相对于全国其他地区，东北地区的相对排名下滑明显，意味着相对优势的急速退失，结合近年来在指数得分改善上的微弱绩效，可以判断，东北地区的问题不仅表现在综合水平提升的缓慢上，更表现为相对发展速度大幅落后于全国整体进程的突出特征，2017 年，仅仅黑龙江省的相对发展水平稍有起色，辽宁省保持原状，吉林省降幅较大。因而仍需警惕"东北地区由相对能力趋弱而引发绝对能力衰退的可能"。

最后，在反映综合发展水平的六个方面，东北三省内，辽宁省在"区域开放""产业发展""创新创业"三个方面的优势相对明显，吉林省的"产业发展"方面稍好一些，但水平不高，黑龙江省在"产业发展"方面的优势相对明显。比较而言，东北三省的发展水平与东南三省差距显著，依次体现在创新创业、区域开放、企态优化、产业发展四个方面。着眼于全国，除"产业发展"高于全国平均水平外，其他五个方面均低于全国平均水平，其中"企态优化"方面的劣势最为突出。可见，东北地区的全面振兴任重而道远。

二、东北老工业基地全面振兴进程评价分项报告

（一）政府治理评价报告

1. 政府治理指数总体分析

对政府治理的测度包括市场干预、政府规模、简政放权、监管水平、营商环境等五个方面，共八项关键指标，汇集中国 31 个省（直辖市、自治区）2013—2017 年政府治理方面的指标信息，得到连续五年的政府治理指数得分。在此基础上，形成多年连续排名和单年排名。其中，多年连续排名用于反映各省（直辖市、自治区）政府治理的绝对发展水平随时间动态变化的情况 [31 个省（直辖市、自治区）5 年共 155 个排位，最高排名为 1，最低排名为 155]，单年排名用于反映各省（直辖市、自治区）在全国范围内某个单年的相对发展水平 [31 个省（直辖市、自治区）每年 31 个排位，最高排名为 1，最低排名为 31]。具体而言，31 个省（直辖市、自治区）政府治理的总体情况见表 2.13。

表 2.13 2013—2017 年 31 个省（直辖市、自治区）政府治理指数得分、连续及单年排名

省市区	2013			2014			2015			2016			2017		
	值	总	年	值	总	年	值	总	年	值	总	年	值	总	年
江苏	74.9	4	2	74.0	6	2	72.3	9	1	75.1	3	1	79.6	2	1
天津	80.2	1	1	74.5	5	2	69.8	14	3	66.1	29	5	73.5	7	2
上海	66.1	28	7	67.1	25	6	61.5	42	6	69.3	15	2	70.7	12	3
浙江	66.4	27	6	69.8	13	4	60.6	43	7	63.0	38	7	69.2	16	4
福建	73.3	8	3	71.6	10	3	71.5	11	2	67.7	23	4	68.5	20	5

(续表)

省市区	2013 值	2013 总	2013 年	2014 值	2014 总	2014 年	2015 值	2015 总	2015 年	2016 值	2016 总	2016 年	2017 值	2017 总	2017 年
山东	67.8	22	5	68.1	21	5	69.0	18	4	69.0	17	3	67.2	24	6
广东	68.9	19	4	64.9	33	8	60.2	44	8	63.5	36	6	65.9	31	7
重庆	63.7	34	9	62.8	39	10	59.6	45	9	61.9	41	8	62.4	40	8
安徽	56.3	56	13	58.5	51	12	56.9	54	10	59.1	49	9	59.5	46	9
湖北	65.1	32	8	63.7	35	9	53.6	67	14	58.6	50	10	59.1	48	10
北京	63.3	37	10	66.0	30	7	67.0	26	5	56.7	55	11	55.1	61	11
陕西	55.7	58	14	51.9	75	15	47.7	94	18	46.5	95	18	53.6	66	12
河北	58.0	52	11	59.2	47	11	54.2	63	13	52.9	70	12	53.2	69	13
河南	57.2	53	12	55.6	59	13	55.2	60	12	51.8	76	13	52.2	73	14
辽宁	54.2	62	15	54.0	65	14	56.0	57	11	44.2	103	21	50.1	81	15
湖南	50.6	78	19	50.2	80	17	47.9	90	17	49.5	85	16	48.9	88	16
广西	54.0	64	16	50.3	79	16	52.1	74	16	49.5	84	15	47.9	92	17
江西	53.3	68	17	45.7	99	21	41.4	109	22	47.9	91	17	47.9	93	18
山西	49.3	86	20	48.4	89	20	46.3	96	19	44.4	102	20	42.5	107	19
贵州	46.1	98	23	41.3	110	22	43.1	105	20	45.6	100	19	42.2	108	20
四川	46.1	97	22	40.7	114	24	37.0	125	24	40.3	118	24	41.2	111	21
海南	52.3	72	18	49.9	83	19	52.3	71	15	51.4	77	14	40.4	116	22
黑龙江	44.0	104	25	33.1	135	27	35.9	128	25	33.9	133	26	38.6	122	23
吉林	45.1	101	24	50.0	82	18	43.1	106	21	40.5	115	23	37.8	123	24
宁夏	49.0	87	21	41.2	112	23	40.4	117	23	40.7	113	22	37.7	124	25
新疆	29.3	145	30	29.1	146	30	23.1	151	30	24.8	148	29	36.6	126	26
云南	39.6	119	26	33.0	136	28	30.7	141	28	32.5	137	27	34.9	130	27
青海	29.9	144	29	31.3	140	29	23.7	150	29	24.6	149	30	34.0	132	28
内蒙古	36.2	127	28	33.7	134	26	34.2	131	26	35.4	129	25	30.7	142	29
甘肃	38.9	121	27	39.3	120	25	32.2	138	27	32.2	139	28	30.5	143	30
西藏	21.6	154	31	27.7	147	31	15.1	155	31	22.6	153	31	22.8	152	31
平均	53.4	70	16	51.8	75	16	48.8	82	16	49.1	83	16	50.1	81	16

注：①对于表中的字段名称，"值"表示各省（直辖市、自治区）对应年份的指数得分，"总"表示各省（直辖市、自治区）2013—2017年多年连续总排名，"年"表示各省（直辖市、自治区）五个单年的排名；②表中31个省（直辖市、自治区）按照2017年的指数得分由高到低（降序）排列。

东北地区的政府治理指数处于全国较靠后的位置,且总体上远落后于东南三省的发展水平。2013—2017年,六个省份政府治理指数由高到低依次为:江苏、浙江、广东、辽宁、吉林、黑龙江;东南三省中,江苏省整体呈上升趋势,浙江省和广东省呈波动下降趋势,明显好于东北三省;东南三省水平较低的广东省明显优于东北三省最优的辽宁省;六省中,政府治理指数增幅最大的是江苏省(1.57%),降幅最大的是吉林省(-4.03%),辽宁省和吉林省的降幅分别为-1.90%和-4.03%。就2017年而言,辽宁省政府治理相对较好,在31个省域中的单年排名为15,黑龙江省和吉林省相对较差,排名分别为23和24,如表2.13和2.14所示。

表2.14 2013—2017年六省政府治理指数的值及单年排名

年份	辽宁 值/序	吉林 值/序	黑龙江 值/序	江苏 值/序	浙江 值/序	广东 值/序	全国平均 值
2013	54.24/15	45.07/24	43.98/25	74.89/2	66.42/6	68.90/4	53.44
2014	53.97/14	49.98/18	33.14/27	73.99/2	69.80/4	64.92/8	51.81
2015	56.00/11	43.09/21	35.85/25	72.33/1	60.63/7	60.19/8	48.83
2016	44.18/21	40.51/23	33.87/26	75.11/1	62.97/7	63.48/6	49.07
2017	50.12/15	37.81/24	38.61/23	79.60/1	69.22/4	65.87/7	50.14
平均	51.70/15.2	43.29/22	37.09/25.2	75.18/1.4	65.81/5.6	64.67/6.6	50.66

2013—2017年,全国和东北地区的政府治理指数均呈波动下降趋势;东北地区明显低于全国平均水平;东北三省均呈波动下降趋势;相对而言,辽宁省较好,吉林省次之,黑龙江省较弱,如图2.7所示。

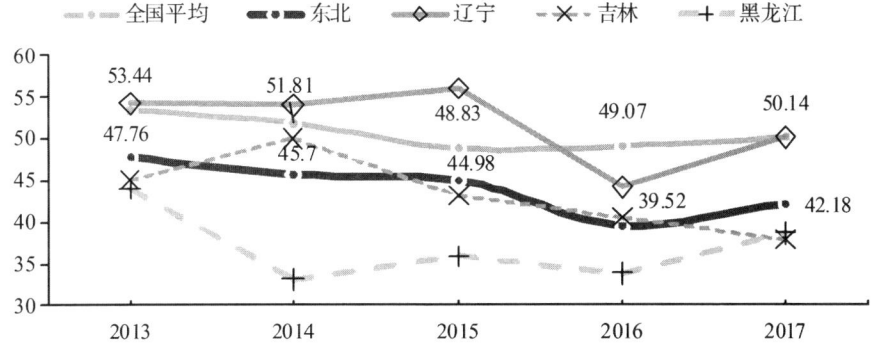

注:①全国平均指31个省(直辖市、自治区)的平均水平;②全国范围内(可采集到的数据),政府治理指数最大值为2013年天津的80.17,最小值为2015年西藏的15.06。

图2.7 2013—2017年政府治理指数基本走势

2013—2017 年,东北三省政府治理指数在全国 31 个省(直辖市、自治区)连续五年数据集(共 155 个指标值)中相对位置的分布情况如图 2.8 所示。可见,东北三省五年(共 15 个数据)政府治理指数的百分比排位位于 50% 以下有 12 个,其中有五个位于 25% 以下;排位的最大值是 2015 年的辽宁省(63.6%),最小值是 2014 年的黑龙江省(12.9%)。

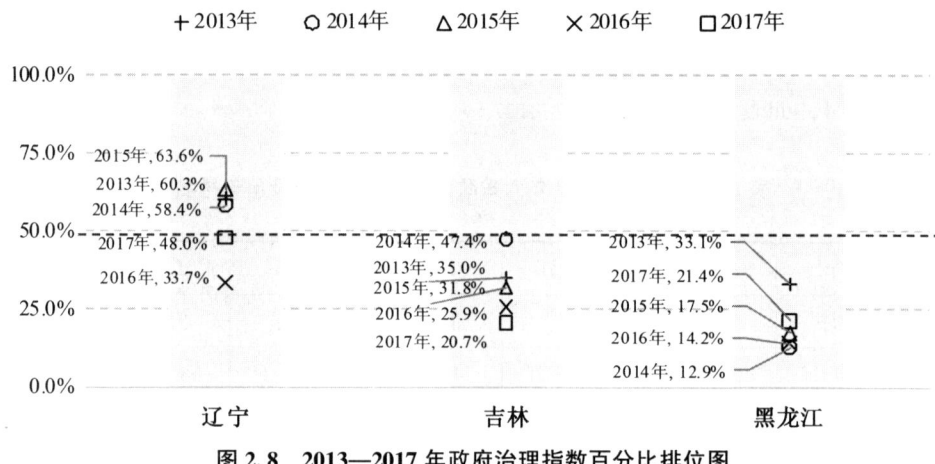

图 2.8 2013—2017 年政府治理指数百分比排位图

2. 全国视角下东北地区政府治理进展分析

2013—2017 年,四个区域政府治理指数由高到低依次为:东部、中部、东北、西部;四个区域均整体呈下降趋势,相对而言,东北地区波动幅度较大;东北地区政府治理指数与东部地区相比,差距较大,如表 2.15 所示。

表 2.15 2013—2017 年四大经济区域政府治理指数的平均值及排名

	东北		东部		西部		中部	
	平均值	年排名	平均值	年排名	平均值	年排名	平均值	年排名
2013	47.76	21.0	67.13	7.0	42.51	23.0	55.31	14.8
2014	45.7	19.7	66.51	6.6	40.15	23.3	53.67	15.3
2015	44.98	19.0	63.85	6.4	36.59	23.4	50.21	15.7
2016	39.52	23.3	63.46	6.5	38.05	23.0	51.89	14.2
2017	42.18	20.7	64.33	7.4	39.56	22.8	51.66	14.3
平均	44.03	20.8	65.05	6.7	39.37	23.1	52.55	14.9

注:为确保区分度,对于具有平均意义的排名(序),本研究保留一位小数,以下各表同。

2013—2017年，七个区域政府治理指数由高到低依次为：华东、华南、华北、华中、东北、西南、西北；东北地区、华北地区、华南地区呈平稳下降趋势，华东地区呈波动上升趋势，其他地区均呈波动下降趋势；就七个区域而言，东北地区排名靠后，与最优的华东地区相比，差距较大，如表2.16所示。

表2.16 2013—2017年七大地理区域政府治理的平均值及排名

	东北	华北	华东	华南	华中	西北	西南
	值/序	值/序	值/序	值/序	值/序	值/序	值/序
2013	47.76/21.3	57.42/14.0	67.47/6.0	58.39/12.7	56.57/14.0	40.56/24.2	43.42/22.2
2014	45.70/19.7	56.34/13.0	68.18/5.3	55.05/14.3	53.79/15.0	38.55/24.4	41.02/23.0
2015	44.98/19.0	54.29/13.2	65.32/5.0	54.88/13.0	49.52/16.3	33.43/25.4	37.11/22.4
2016	39.52/23.3	51.09/14.6	67.19/4.3	54.80/11.7	51.96/14.0	33.75/25.4	40.59/21.8
2017	42.18/20.7	50.98/14.8	69.11/4.7	51.41/15.3	52.01/14.5	38.50/24.2	40.71/21.4
平均	44.03/20.8	54.02/13.9	67.45/5.1	54.91/13.4	52.77/14.8	36.96/24.7	40.57/22.2

为便于直观分析，将指数信息按空间分类、时间排列、优劣序化等方式整理后，形成多年指数得分、连续排名及单年排名的可视化集成图（见图2.9至图2.11），结合表2.13的信息，以全国四大经济区为划分标准，对东北三省的政府治理方面的进程评价如下：

第一，东北地区政府治理水平低于全国平均水平，也低于中部和东部地区，仅优于西部地区，仍有较大提升空间。

从反映四大区域（西部、中部、东北、东部）平均指数得分曲线的变化情况可以看出，东部地区发展相对成熟，基础夯实（2013年为67.1），且优势得到持续（2017年为64.3），遥遥领先于其他三个地区。其余三个地区平均水平较低，五年的发展并没有改变三个地区的相对水平。其中，西部地区的基础相对薄弱（2013年为42.5），经过5年的发展后，指数得分仍然仅有39.6；中部地区基本处于平均水平以上；东北地区政府治理指数的年均增幅在四个区域中排名第4，发展相对乏力。

第二，东北地区政府治理指数得分上升缓慢，尚未实现对临界线（50分）的跨越，与东部和中部地区差距明显。

中国在政府治理上有所起伏，东部、中部、东北和西部地区均呈先下降后回升趋势。除东北地区外，其他三个区域在2013年和2017年的指数得分均相差不大。东北地区尽管呈现上升趋势，但上升速度缓慢，平均指数得分在五年间未实现对临界线50分的突破，发展水平介于西部与中部地区之间，并在五年间始终位于这个相对位置，与东部和中部地区的差距明显。

第三，东北地区政府治理水平存在进一步下降风险。

从四大区域指数得分曲线的变化情况可以看出，四大区域均在2013年出现政府治理水平的高点，之后呈下降趋势。东北地区政府治理水平在2017年有所回升，原因是辽宁省和黑龙江省政府治理指数提升对地区发展起到了一定的带动作用。

从四大区域单年排名曲线的变化情况可以看出，2013—2017年，西部地区和东部地区的平均相对位次基本保持稳定，中部地区和东北地区有所波动。在西部地区12个省域中，单年排名提升的有5个（占41.67%），排名退后的有6个（占50.00%），排名不变的有1个（占8.33%），其中宁夏回族自治区相对排名提升4名，贵州省下降3名，分别为西部地区上升与下降最快的两个省区。在中部地区六个省域中，单年排名提升的有3个（占50.00%），排名退后的有3个（占50.00%），其中湖北省和河南省相对排名提升2名，安徽省下降4名，分别为中部地区上升与下降最快的省区。在东部地区的10个省域中，单年排名提升对有7个（占70.00%），排名退后的有3个（占30.00%），其中海南省相对排名提升4名，上海市下降4名，分别为东部地区上升与下降最快的两个省区。东北地区的三个省域中，单年排名退后的有1个（占33.33%），黑龙江省由25名退至23名，辽宁省和吉林省排名不变，分别为15名和24名，在与其他省份的相对比较中，吉林省的相对优势退失明显，因此需警惕其进一步下降导致东北地区政府治理水平下降的风险。

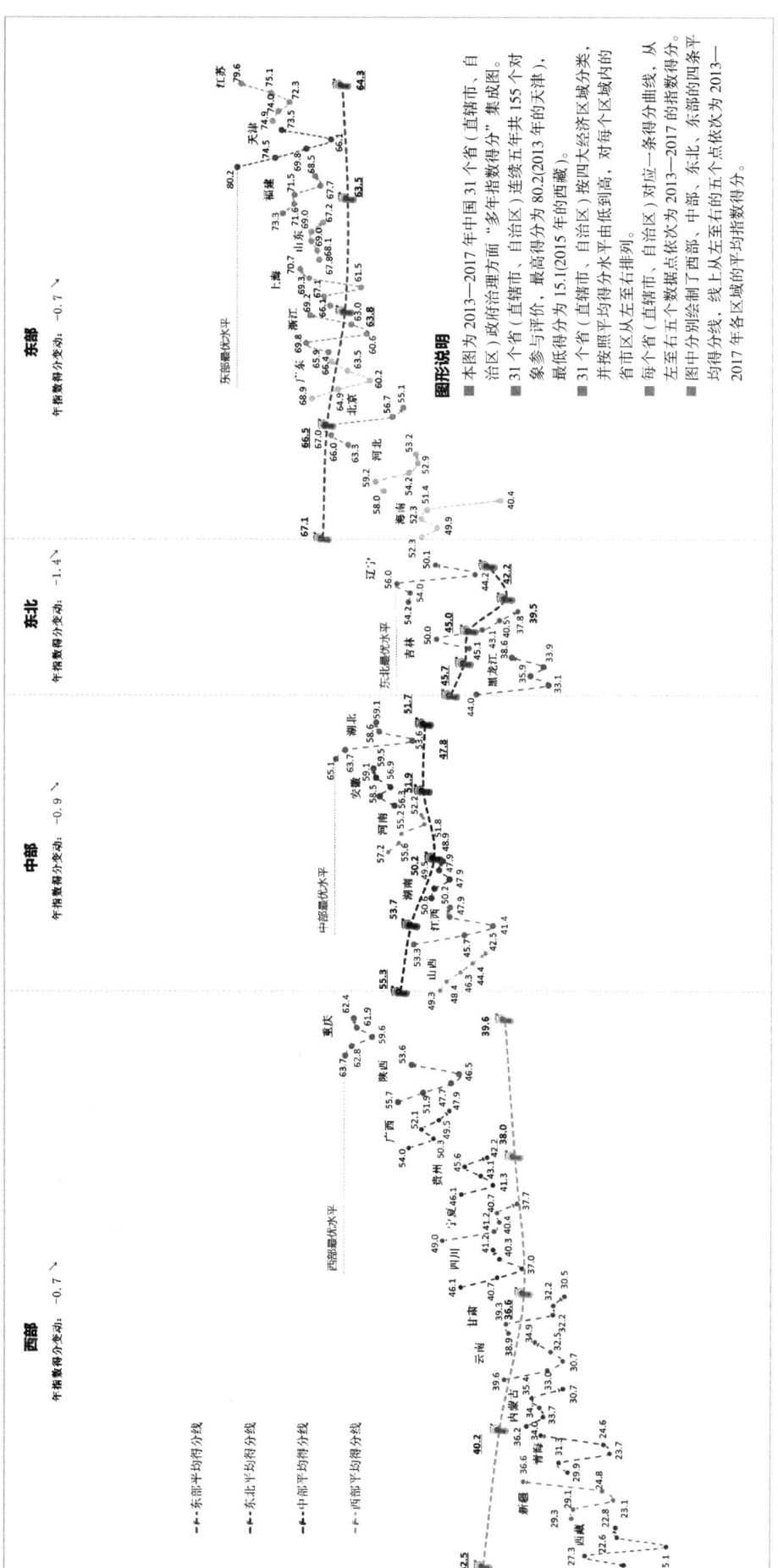

图 2.9 2013—2017 年 31 个省(直辖市、自治区)政府治理指数得分变动情况

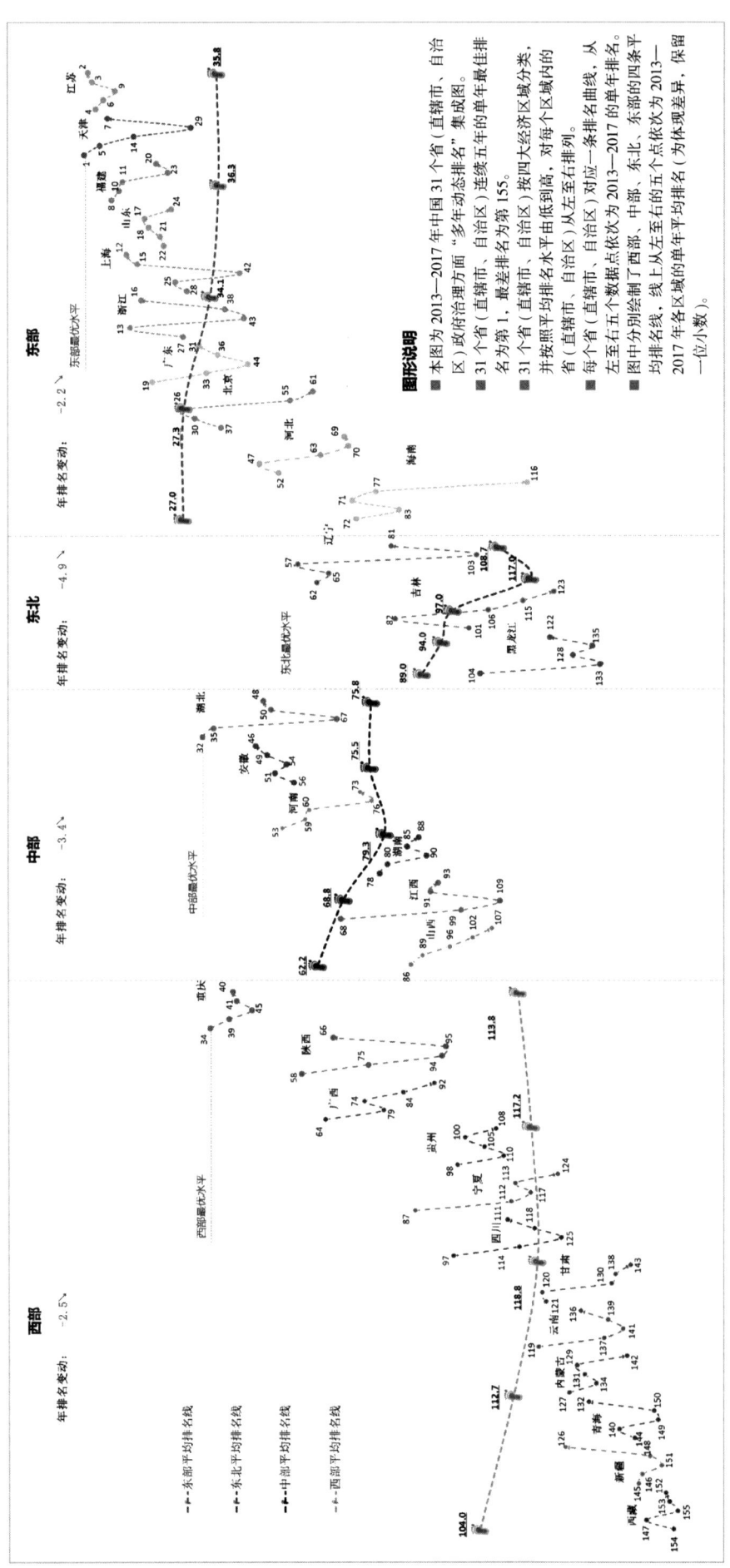

图 2.10 2013—2017 年 31 个省（直辖市、自治区）政府治理多年连续排名变动情况

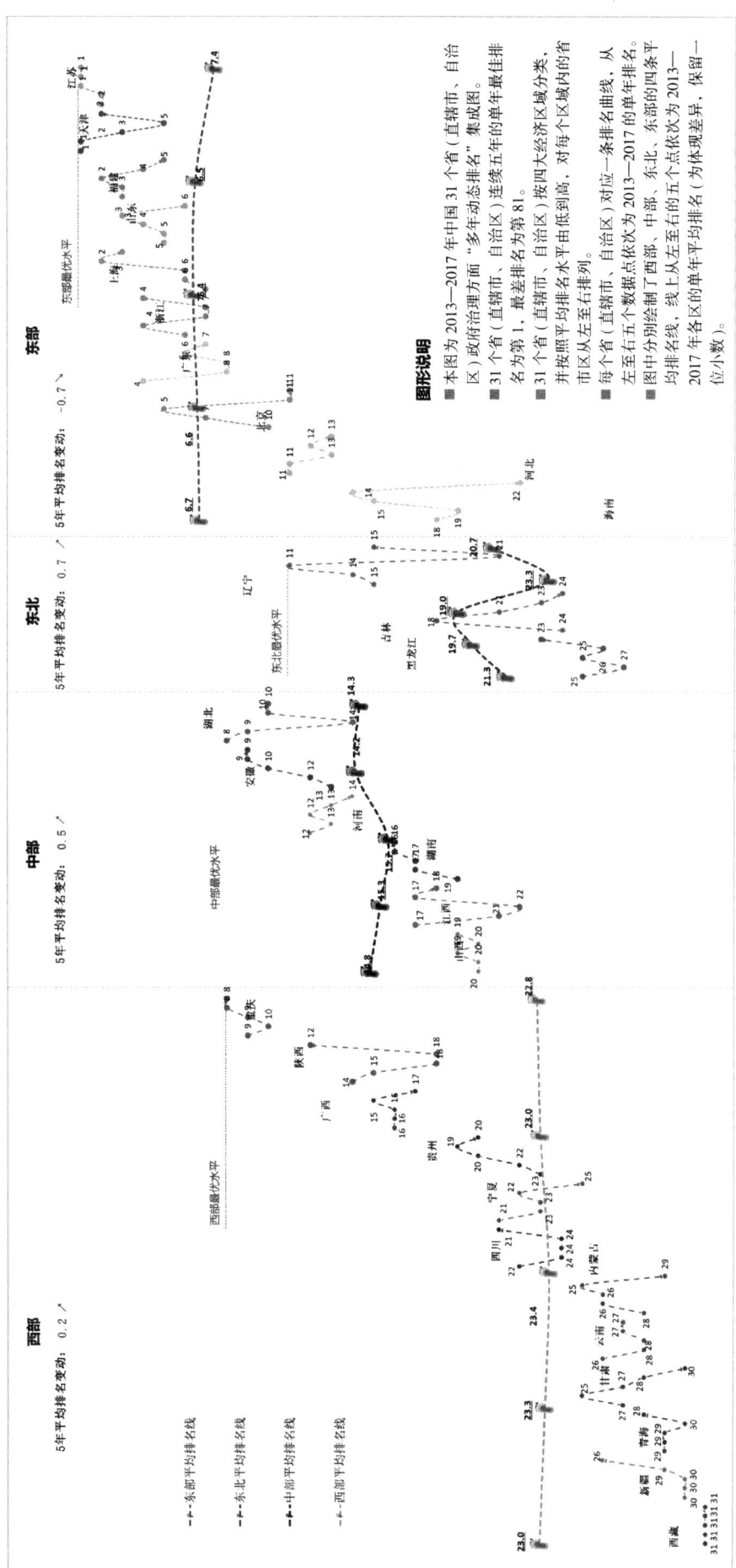

图 2.11　2013—2017 年 31 个省（直辖市、自治区）政府治理单年排名变动情况

3. 政府治理指数分项分析

市场干预和政府规模的平均得分略高于全国平均水平，但低于东南三省的平均水平；简政放权、监管水平和营商环境的平均得分低于东南三省和全国平均水平，表现较弱。东南三省的平均得分雷达图基本将东北三省和全国平均得分雷达图包围，具体如表2.17和图2.12所示。

表2.17 2013—2017年六省政府治理方面分项指数平均得分

	市场干预	政府规模	简政放权	监管水平	营商环境
辽宁	71.49	58.39	56.11	35.49	37.03
吉林	45.10	49.63	38.92	55.49	27.32
黑龙江	38.70	59.36	11.04	45.21	31.15
江苏	89.91	87.67	75.81	55.92	66.59
浙江	88.06	62.87	76.33	37.29	64.50
广东	80.24	77.09	55.94	55.85	54.24
东北三省平均	51.76	55.79	35.36	45.39	31.83
东南三省平均	86.07	75.88	69.36	49.69	61.78
各省平均	50.07	51.53	50.87	50.18	50.63
各省最高	94.44	93.44	97.83	78.74	75.25
各省最低	0.87	3.26	0.13	22.87	21.32

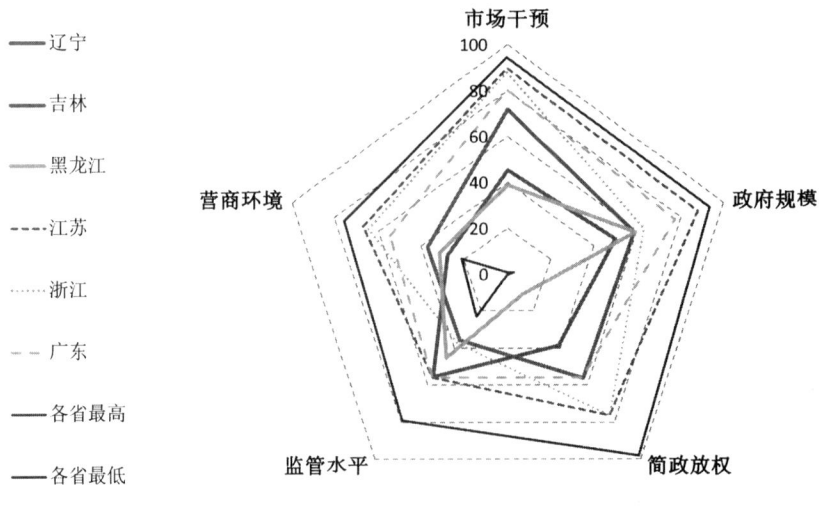

（图A）

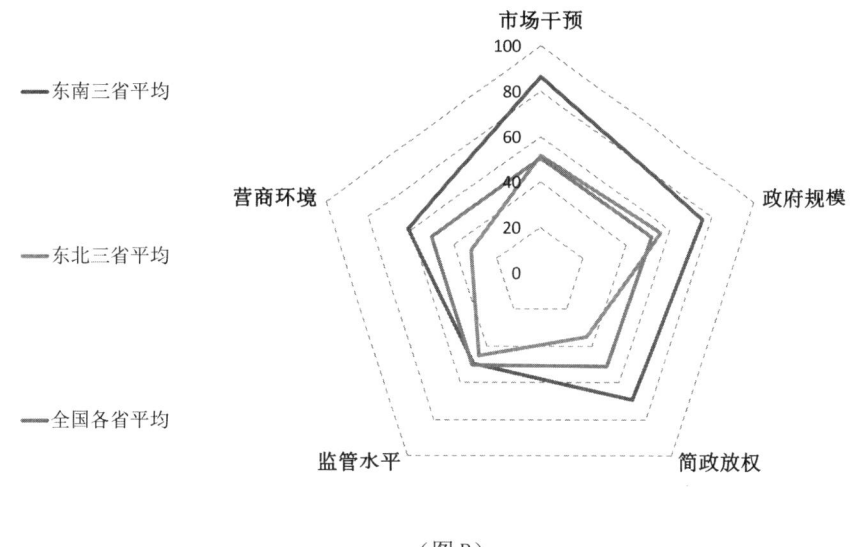

(图B)

图 2.12　2013—2017 年六省政府治理方面分项指数平均得分雷达图

分省看，除浙江省的监管水平和营商环境得分低于全国平均外，东南三省五个分项指数的五年平均得分都超过了全国平均，发展相对均衡。东北三省 2013—2017 年在五个分项指数的发展上较不平衡，其中黑龙江省最为突出，政府规模得分达到 59.36，简政放权的得分仅为 11.04。就东北三省 2013—2017 年政府治理而言，吉林省相对均衡，监管水平相对较强，营商环境相对较弱；辽宁省在市场干预、简政放权和营商环境上相对较强，但营商环境尚未能达到全国平均水平；黑龙江省政府规模较强，市场干预和简政放权均较弱。总体来看，东北三省在监管水平上具有一定优势，在市场干预、简政放权和营商环境上和东南三省的差距较大。

表 2.18　2013—2017 年六省政府治理方面分项指数

分项指数	年份	辽宁 值/序	吉林 值/序	黑龙江 值/序	江苏 值/序	浙江 值/序	广东 值/序	全国平均 值
市场干预	2013	60.98/12	52.03/16	45.68/20	90.12/4	94.72/2	91.43/3	53.38
	2014	71.61/9 ▲	50.21/16 ▽	49.20/18 ▲	90.38/4 ▲	94.33/2 ▽	91.00/3 ▽	53.9 ▲
	2015	87.08/3 ▲	47.90/15 ▽	38.78/22 ▽	87.72/2 ▽	82.93/4 ▽	69.78/8 ▽	49.08 ▽
	2016	74.51/8 ▽	42.37/19 ▽	34.89/23 ▽	91.98/2 ▲	86.35/3 ▲	79.45/5 ▲	50.35 ▲
	2017	63.28/6 ▽	32.99/20 ▽	24.93/22 ▽	89.37/2 ▽	81.97/3 ▽	69.53/5 ▽	43.65 ▽

(续表)

分项指数	年份	辽宁 值/序	吉林 值/序	黑龙江 值/序	江苏 值/序	浙江 值/序	广东 值/序	全国平均 值
政府规模	2013	53.52/16	48.61/18	58.59/11	86.69/2	65.7/8	76.42/5	51.19
	2014	60.74/13▲	53.50/18▲	60.16/14▲	88.16/3▲	66.67/8▲	79.48/5▲	54.17▲
	2015	64.66/9▲	50.69/18▽	59.80/11▽	87.26/2▽	60.70/10▽	78.15/5▽	51.29▽
	2016	55.52/12▽	48.71/18▽	56.37/11▽	87.11/2▽	60.14/9▽	77.23/5▽	50.32▽
	2017	57.49/12▲	46.64/19▽	61.87/9▲	89.16/2▲	61.15/11▲	74.19/6▽	50.69▲
简政放权	2013	55.26/14	36.12/22	10.12/29	75.43/7	76.08/6	49.11/17	48.8
	2014	56.73/14▲	38.16/22▲	10.18/29▲	75.88/7▲	76.31/5▲	54.11/16▲	49.98▲
	2015	57.31/14▲	39.59/22▲	11.84/28▲	76.14/7▲	76.39/6▲	56.13/16▲	51.34▲
	2016	53.90/17▽	40.63/22▲	11.38/28▽	75.81/7▽	76.38/6▽	59.51/14▲	52.02▲
	2017	57.37/15▲	40.12/22▽	11.69/28▲	75.80/7▽	76.46/6▲	60.84/14▲	52.21▲
监管水平	2013	45.46/24	66.42/7	54.85/18	54.78/19	32.92/29	59.87/12	56.36
	2014	36.16/27▽	58.66/9▽	33.66/28▽	50.95/12▽	31.86/29▽	48.87/15▽	48.77▽
	2015	36.21/21▲	54.08/7▽	42.13/18▲	52.84/8▲	31.86/24▽	50.05/11▲	43.85▽
	2016	30.72/26▽	49.16/20▽	49.84/19▲	57.27/11▲	39.39/24▲	57.53/10▲	50.98▲
	2017	28.87/25▽	49.11/18▽	45.56/20▽	63.77/8▲	50.4/16▲	62.93/9▲	50.96▽
营商环境	2013	55.97/21	22.19/30	50.65/22	67.45/11	62.66/15	67.68/9	57.45
	2014	44.59/22▽	49.36/17▲	12.51/31▽	64.57/8▽	79.84/1▲	51.16/15▽	52.23▽
	2015	34.73/26▽	23.20/30▽	26.71/27▲	57.70/10▽	51.25/12▽	46.82/20▽	48.58▽
	2016	6.24/31▲	21.67/28▽	16.89/30▽	63.36/2▲	52.60/7▲	43.65/16▽	41.68▽
	2017	43.60/24▽	20.15/31▽	49.01/20▲	79.87/4▲	76.14/5▲	61.87/7▲	53.22▲

注：表中符号"▲"表示本年的数据相对于前一年是增长的，符号"▽"表示本年的数据相对于前一年是减少的。

由表2.18，2013—2017年，政府治理下五个分项指数的全国年平均值中，除简政放权呈上升趋势外，其他四个分项指数均有所波动；东南三省在市场干预、政府规模和简放政权上处于全国前列；江苏省在各分项上均排名靠前，使得江苏省在政府治理指数平均排名上居于全国第1名（见表2.13）。东北三省2013—2017年五个分项指数的得分均有所起伏。

进一步统计升降符（▲或▽）的数量，对不同地区的发展态势及稳定性进行分析和对比：

2013—2017年，全国五项指数▲的数量均超过半数；东北三省▲的总数量为25个，占东北三省升降符总数的41.7%，东南三省▲的总数量为32个，占53.3%，东南地区总体上具有较高的发展稳定性，东北地区略低；东北三省五个分项指数中只有政府规模▲的总数多于东南三省的总数，简政放权▲的总数与东南三省的总数持平，其余三个分项指数▲的总数均略少于东南三省的总数，东北地区总体发展稳定性低于东南三省。

2013—2017年，辽宁省▲的数量为10个，占50.0%，吉林省▲的数量为5个，占25.0%，黑龙江省▲的数量为10个，占50.0%，江苏省▲的数量为11个，占55.0%，浙江省▲的数量为11个，占55.0%，广东省▲的数量为10个，占50.0%，东北三省的辽宁省和黑龙江省上升势头与东南三省中的广东省相同；就东北三省而言，辽宁省和黑龙江的发展稳定性最好，吉林省较弱。

2013—2017年，就东北三省而言，市场干预、政府规模和简政放权发展态势较好的是辽宁省，监管水平和营商环境发展态势较好的是黑龙江省。

（1）市场干预

市场干预主要使用政府分配资源的比重来予以衡量。政府分配资源的比重（单位:%）反映一个地区对市场资源的支配程度，是衡量地区政府对市场干预程度的核心指标，计算公式为扣除教科文卫和社会保障后的财政支出与地区GDP的比值。该指标为逆向指标，比重越大意味着政府对市场资源分配的干预越多。总体而言，东北地区政府分配资源的比重明显低于全国平均水平，意味着东北地区政府对市场资源分配的干预较少，且这种优势呈进一步扩大趋势，如图2.13所示。

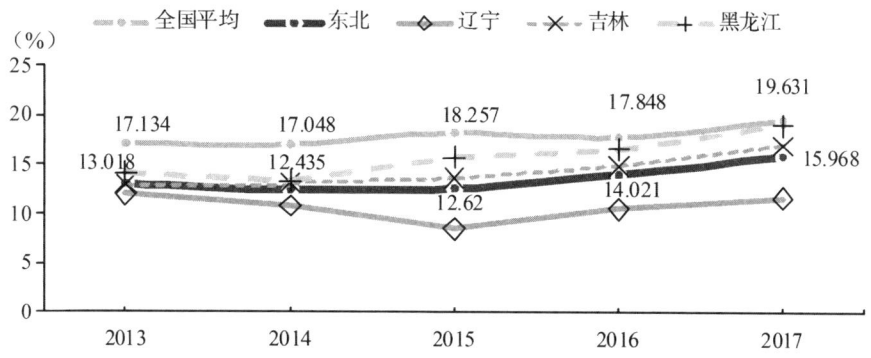

注：①全国平均指31个省（直辖市、自治区）的平均水平；②全国范围内（可采集到的数据），政府分配资源的比重最大值为2015年西藏的98.23%，最小值为2014年山东的6.85%。

图2.13　2013—2017年政府分配资源的比重基本走势

2013—2017年，全国政府分配资源比重呈波动上升趋势（2017年上升幅度较为明显），东北三省呈平稳上升趋势（2016年升幅度较大）；东北三省明显优于全国平均水平；辽宁省呈平稳波动趋势（2015年降幅较大），吉林省呈平稳上升趋势，黑龙江省总体呈上升趋势（2014年略有下降）；相对而言，辽宁省较好，吉林省次之，黑龙江省较弱。

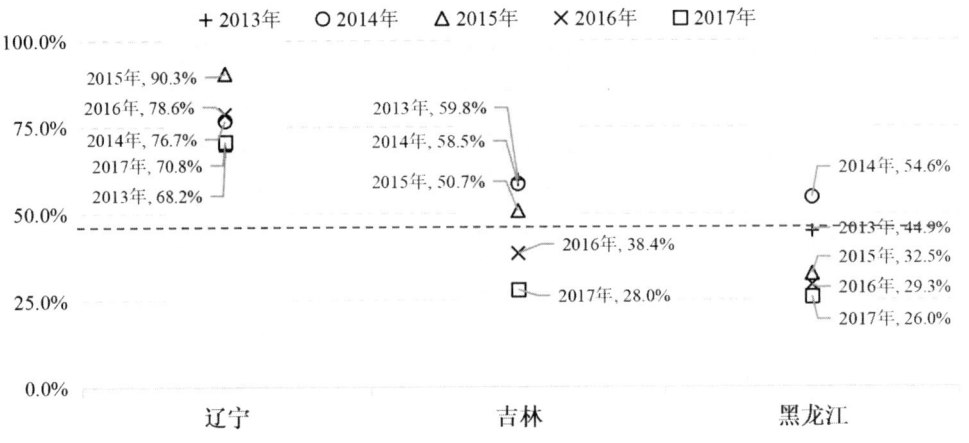

图 2.14 2013—2017 年东北三省政府分配资源的比重百分比排位图

2013—2017 年，东北三省政府分配资源的比重在全国 31 个省（直辖市、自治区）连续五年数据集（共 155 个指标值）中相对位置分布情况如图 2.14 所示。可见，东北三省五年（共 15 个数据）政府分配资源比重的百分比排位处于 50% 以下的有六个；排位的最大值是 2015 年的辽宁省（90.3%），最小值是 2017 年的黑龙江省（26.0%）。

表 2.19 2013—2017 年六省政府分配资源的比重原始值及单年排名

	辽宁	吉林	黑龙江	江苏	浙江	广东	全国平均
	值/序	值/序	值/序	值/序	值/序	值/序	值
2013	11.980/12	12.933/16	14.141/20	8.000/4	7.243/2	7.785/3	17.134
2014	10.847/9	13.127/16	13.333/18	7.957/4	7.308/2	7.855/3	17.048
2015	8.500/3	13.632/15	15.727/22	8.395/2	9.182/4	11.042/8	18.257
2016	10.538/8	14.903/19	16.621/23	7.694/2	8.620/3	9.754/5	17.848
2017	11.735/6	17.058/20	19.110/22	8.124/2	9.340/3	11.068/5	19.631
平均	10.720/7.6	14.330/17.2	15.786/21	8.034/2.8	8.338/2.8	9.501/4.8	17.984

由表 2.19，2013—2017 年，六个省份政府分配资源的比重由低到高排名依次为：江苏、浙江、广东、辽宁、吉林、黑龙江；东南三省呈波动上升趋势；东北三省中辽宁省呈波动下降趋势，吉林省和黑龙江省呈波动上升趋势；东北三省相比于东南三省，仍存

在较明显的差距；政府分配资源比重增幅最大的是广东省（10.54%），降幅最大的是辽宁省（-0.51%），吉林省和黑龙江的增幅分别为7.98%和8.78%。

表2.20 2013—2017年四大经济区域政府分配资源的比重平均值及排名

	东北		东部		西部		中部	
	平均值	年排名	平均值	年排名	平均值	年排名	平均值	年排名
2013	13.018	16.0	10.288	8.0	26.399	23.8	12.073	13.7
2014	12.435	14.3	10.305	8.6	26.343	23.8	12.005	13.7
2015	12.620	13.3	11.878	10.2	27.668	23.1	12.887	12.8
2016	14.021	16.7	11.694	10.4	26.753	22.5	12.208	12.0
2017	15.968	16.0	12.593	9.1	29.243	23.4	13.971	12.7
平均	13.612	15.3	11.351	9.3	27.281	23.3	12.629	13.0

由表2.20，2013—2017年，四个区域政府分配资源的比重由低到高排名依次为：东部、中部、东北、西部；东北地区呈先下降后上升趋势，其他三个区域均呈波动上升趋势；东北地区政府分配资源的比重与东部地区相比，差距较大。

表2.21 2013—2017年七大地理区域政府分配资源的比重平均值及排名

	东北	华北	华东	华南	华中	西北	西南
	值/序	值/序	值/序	值/序	值/序	值/序	值/序
2013	13.018/16	11.982/13	9.502/7.3	13.343/13.7	11.391/11.8	24.294/25	33.625/25.2
2014	12.435/14.3	12.169/14.2	9.434/7.3	13.006/13	11.301/12	24.361/25.2	33.542/25
2015	12.620/13.3	13.495/14.8	10.728/7.8	14.665/15	12.265/11.5	26.769/25.6	33.875/23.2
2016	14.021/16.7	13.953/16.8	9.989/7	14.491/15	11.626/10.5	25.733/25	32.576/21.6
2017	15.968/16	14.990/14.6	11.148/6.8	16.874/16.7	13.458/11.8	28.677/25.2	34.198/22.2
平均	13.612/15.3	13.318/14.7	10.160/7.3	14.476/14.7	12.008/11.5	25.967/25.2	33.563/23.4

由表2.21，2013—2017年，七个区域政府分配资源的比重由低到高排名依次为：华东、华中、华北、东北、华南、西北、西南；西南地区呈波动下降趋势，其他六个地区整体呈波动上升趋势；就七个区域而言，东北地区排名居中，与最优的华东地区相比，差距较大。

（2）政府规模

①政府人员规模（单位:%）。政府人员规模反映了一个地区政府机构的精简情况，

是衡量该地区政府规模的重要指标,计算公式为公共管理部门职工人数与地区人口的比值,是逆向指标。总体而言,东北地区的政府人员规模低于全国平均水平,意味着东北地区的政府人员较为精简,且这种优势呈进一步扩大趋势,如图2.15所示。

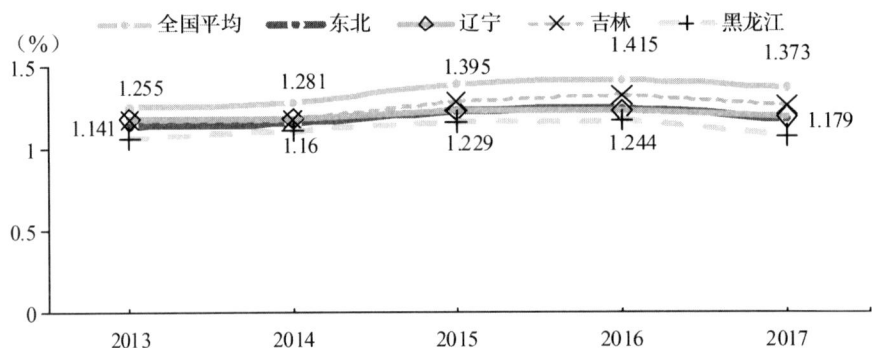

注:①全国平均指31个省(直辖市、自治区)的平均水平;②全国范围内(可采集到的数据),政府人员规模最大值为2015年西藏的4.38%,最小值为2014年安徽的0.72%。

图2.15 2013—2017年政府人员规模基本走势

2013—2017年,全国政府人员规模的平均水平整体呈上升趋势,东北地区亦呈上升趋势;东北三省水平明显优于全国平均水平;东北三省政府人员规模均呈上升趋势,但与全国平均水平的差异呈扩大趋势;相对而言,黑龙江省较好,辽宁省与吉林省在2013—2015年水平相当,辽宁省在2015—2016年存在一定优势。

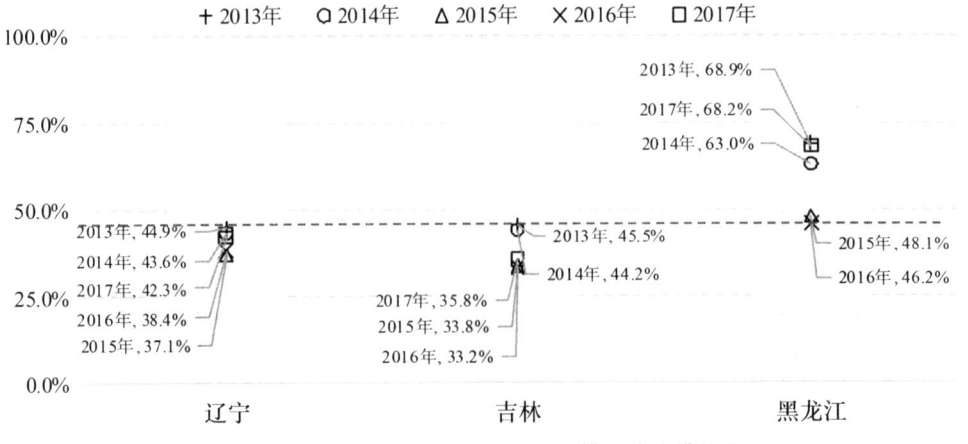

图2.16 2013—2017年政府人员规模百分比排位图

2013—2017年,东北三省政府人员规模在全国31个省(直辖市、自治区)连续五年数据集(共155个指标值)中相对位置分布情况如图2.16所示。可见,东北三省五年(共15个数据)政府人员规模的百分比排位处于50%以下有12个;此外,排位的最大值是2013年的黑龙江省(68.9%),最小值是2016年的吉林省(33.2%)。

表 2.22 2013—2017 年六省政府人员规模的原始值及单年排名

	辽宁	吉林	黑龙江	江苏	浙江	广东	全国平均
	值/序	值/序	值/序	值/序	值/序	值/序	值
2013	1.179/20	1.177/19	1.067/13	0.801/3	1.122/15	0.938/8	1.255
2014	1.186/20	1.182/19	1.112/14	0.824/3	1.155/18	0.955/8	1.281
2015	1.235/18	1.288/20	1.164/16	0.890/3	1.266/19	0.983/4	1.395
2016	1.229/18	1.328/20	1.174/15	0.900/3	1.261/19	0.988/4	1.415
2017	1.195/18	1.263/20	1.078/10	0.859/3	1.200/19	1.001/4	1.373
平均	1.205/18.8	1.248/19.6	1.119/13.6	0.855/3	1.201/18	0.973/5.6	1.344

由表 2.22，2013—2017 年，六个省份的政府人员规模由低到高排名依次为：江苏、广东、黑龙江、浙江、辽宁、吉林；东南三省呈上升趋势，东北三省亦呈上升趋势；东北三省相比于东南三省，仍有一定差距；政府人员规模增幅最大的是吉林省（1.84%），最小的是黑龙江（0.25%），辽宁省增幅为 0.33%。

表 2.23 2013—2017 年四大经济区域政府人员规模的平均值及排名

	东北		东部		西部		中部	
	平均值	年排名	平均值	年排名	平均值	年排名	平均值	年排名
2013	1.141	17.3	1.095	12.3	1.495	19.8	1.097	13.8
2014	1.160	17.7	1.120	12.3	1.543	19.9	1.088	13.5
2015	1.229	18.0	1.202	12.1	1.716	20.3	1.157	13.0
2016	1.244	17.7	1.219	12.0	1.744	20.5	1.171	12.8
2017	1.179	16.0	1.178	12.6	1.710	20.3	1.119	13.0
平均	1.190	17.3	1.163	12.3	1.642	20.2	1.126	13.2

由表 2.23，2013—2017 年，四个区域的政府人员规模由低到高排名依次为：中部、东部、东北、西部；四个区域整体呈波动上升趋势；东北地区的政府人员规模与中部地区相比，有一定差距。

表 2.24　2013—2017 年七大地理区域政府人员规模的平均值及排名

	东北	华北	华东	华南	华中	西北	西南
	值/序	值/序	值/序	值/序	值/序	值/序	值/序
2013	1.141/17.3	1.449/21.4	0.915/7	1.010/11	1.059/13.5	1.549/25.8	1.547/15.8
2014	1.160/17.7	1.453/21	0.921/7	1.088/11.7	1.067/13.5	1.608/25.6	1.575/15.8
2015	1.229/18	1.545/21	0.991/7.3	1.160/10.3	1.144/13	1.747/26	1.820/16
2016	1.244/17.7	1.566/20.8	0.998/7.2	1.197/10.3	1.162/13	1.808/26.2	1.809/16.4
2017	1.179/16	1.511/20.6	0.961/7.7	1.188/11.3	1.108/13.3	1.824/25.8	1.716/16.6
平均	1.190/17.3	1.505/21	0.957/7.2	1.129/10.9	1.108/13.3	1.707/25.9	1.693/16.1

由表 2.24，2013—2017 年，七个区域政府人员规模由低到高排名依次为：华东、华中、华南、东北、华北、西南、西北；七个区域整体呈略微上升趋势；就七个区域而言，东北地区排名居中，与最优的华东地区相比，有一定差距。

②行政成本比重（单位：%）。行政成本比重反映政府地方一般财政支出中公共服务的支出强度，是衡量该地区政府规模的重要指标，计算公式为财政支出中的一般公共服务支出与地区 GDP 的比值，是逆向指标。总体而言，东北地区行政成本比重明显低于全国平均水平，且差距趋于稳定，如图 2.17 所示。

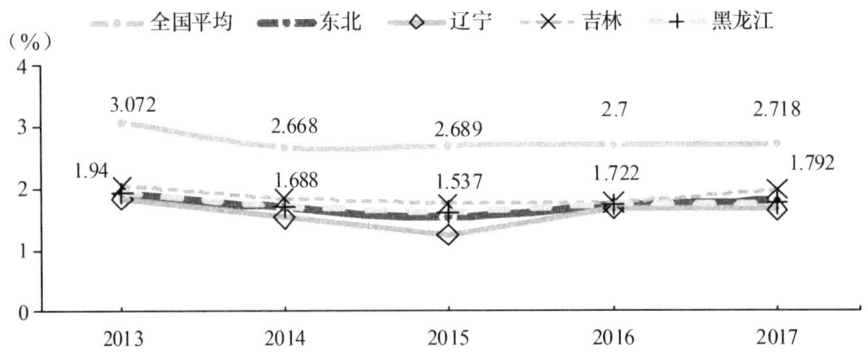

注：①全国平均指 31 个省（直辖市、自治区）的平均水平；②全国范围内（可采集到的数据），行政成本比重最大值为 2013 年西藏的 22.13%，最小值为 2013 年天津的 1.00%。

图 2.17　2013—2017 年行政成本比重基本走势

2013—2017 年，全国行政成本比重的平均水平整体呈波动下降趋势（2014 年下降幅度较为明显），东北三省亦呈先下降后上升趋势；东北三省明显优于全国平均水平；相对而言，辽宁省略好，黑龙江省和吉林省较弱。

图 2.18 2013—2017 年行政成本比重百分比排位图

2013—2017 年，东北三省行政成本比重在全国 31 个省（直辖市、自治区）连续五年数据集（共 155 个指标值）中相对位置分布情况如图 2.18 所示。可见，东北三省五年（共 15 个数据）行政成本比重的百分比排位处于 50%以下有 1 个；排位的最大值是 2015 年的辽宁省（86.4%），最小值是 2013 年的吉林省（45.5%）。

表 2.25 2013—2017 年六省行政成本比重的原始值及单年排名

	辽宁	吉林	黑龙江	江苏	浙江	广东	全国平均
	值/序	值/序	值/序	值/序	值/序	值/序	值
2013	1.842/9	2.049/13	1.929/11	1.438/5	1.427/4	1.595/8	3.072
2014	1.524/9	1.837/13	1.704/12	1.316/7	1.314/6	1.415/8	2.668
2015	1.244/6	1.757/14	1.609/10	1.206/5	1.363/8	1.399/9	2.689
2016	1.667/11	1.766/14	1.733/13	1.190/5	1.397/6	1.419/7	2.700
2017	1.649/9	1.971/17	1.755/11	1.191/5	1.478/6	1.511/7	2.718
平均	1.585/8.8	1.876/14.2	1.746/11.4	1.268/5.4	1.396/6	1.468/7.8	2.769

由表 2.25，2013—2017 年，六个省份行政成本比重由低到高排名依次为：江苏、浙江、广东、辽宁、黑龙江、吉林；东南三省呈下降趋势，江苏省的下降幅度较为明显；东北三省亦呈下降趋势，辽宁省的下降幅度较为明显；东北三省相比于东南三省，仍存在较明显的差距；行政成本比重降幅最大的是江苏省（-4.30%），最小的是浙江省（-0.89%），辽宁省、吉林省和黑龙江的降幅分别为-2.62%、-0.96%和-2.25%。

表 2.26　2013—2017 年四大经济区域行政成本比重的平均值及排名

	东北		东部		西部		中部	
	平均值	年排名	平均值	年排名	平均值	年排名	平均值	年排名
2013	1.940	11.0	1.648	7.2	4.907	23.5	2.343	18.2
2014	1.688	11.3	1.462	7.2	4.198	23.3	2.105	18.3
2015	1.537	10.0	1.449	7.7	4.325	23.0	2.060	18.8
2016	1.722	12.7	1.482	7.3	4.318	23.3	1.984	17.7
2017	1.792	12.3	1.508	7.8	4.275	23.1	2.084	17.2
平均	1.736	11.5	1.510	7.4	4.405	23.2	2.115	18.0

由表 2.26，2013—2017 年，四个区域的行政成本比重由低到高排名依次为：东部、东北、中部、西部；东北、东部、西部和中部地区呈波动下降趋势；东北地区行政成本比重与东部地区相比，有一定差距。

表 2.27　2013—2017 年七大地理区域行政成本比重的平均值及排名

	东北	华北	华东	华南	华中	西北	西南
	值/序	值/序	值/序	值/序	值/序	值/序	值/序
2013	1.940/11	1.717/9.2	1.558/6.7	2.695/19.3	2.343/18.3	3.607/25.6	7.198/23.6
2014	1.688/11.3	1.488/8.2	1.347/6.2	2.396/19.3	2.203/20.3	3.315/24.8	5.907/24.2
2015	1.537/10	1.534/9.8	1.296/6	2.271/19.3	2.155/20.3	3.418/25	6.157/23.4
2016	1.722/12.7	1.611/11.2	1.273/4.8	2.358/18.7	2.052/19.3	3.412/25.4	6.100/22.6
2017	1.792/12.3	1.861/13.4	1.293/4.8	2.235/18.3	2.110/18	3.446/25	5.890/22
平均	1.736/11.5	1.642/10.4	1.354/5.7	2.391/19	2.173/19.2	3.439/25.2	6.250/23.2

由表 2.27，2013—2017 年，七个区域的行政成本比重由低到高排名依次为：华东、华北、东北、华中、华南、西北、西南；华南和华中地区总体呈平稳下降趋势，其他地区呈波动下降趋势；就七个区域而言，东北地区排名靠前，但与最优的华东地区相比，有一定差距。

（3）简政放权

简政放权主要用社会服务机构规模予以衡量。社会服务机构规模［单位：个/(万人×万平方千米)］反映一个地区简政放权背景下，社会服务提供的程度，是衡量简政放权的核心指标，计算公式为地区社会服务机构及设施数与地区人口和地区面积乘积的比值。总体而言，东北三省的社会服务机构规模明显低于全国平均水平，差距基本保持不变，如图2.19所示。

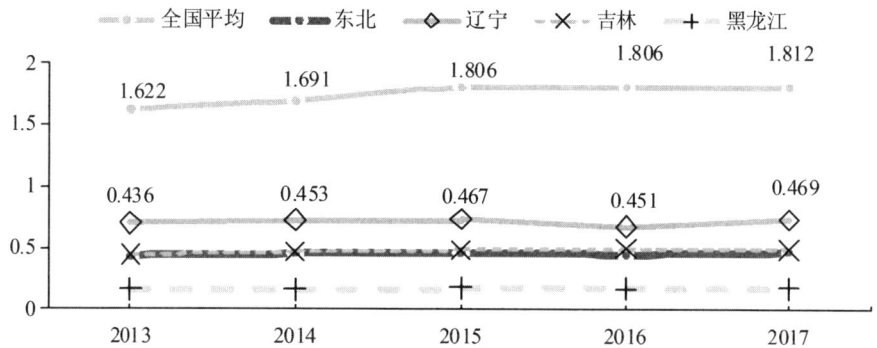

注：①全国平均指31个省（直辖市、自治区）的平均水平；②全国范围内（可采集到的数据），社会服务机构规模最大值为2015年上海的17.50，最小值为2017年新疆的0.06。

图2.19　2013—2017年社会服务机构规模基本走势

2013—2017年，全国社会服务机构规模整体呈上升趋势，东北地区整体呈平稳波动趋势；东北地区社会服务机构规模明显低于全国水平；东北三省均呈平稳波动趋势；相对而言，辽宁省较好，吉林省次之，黑龙江省较弱。

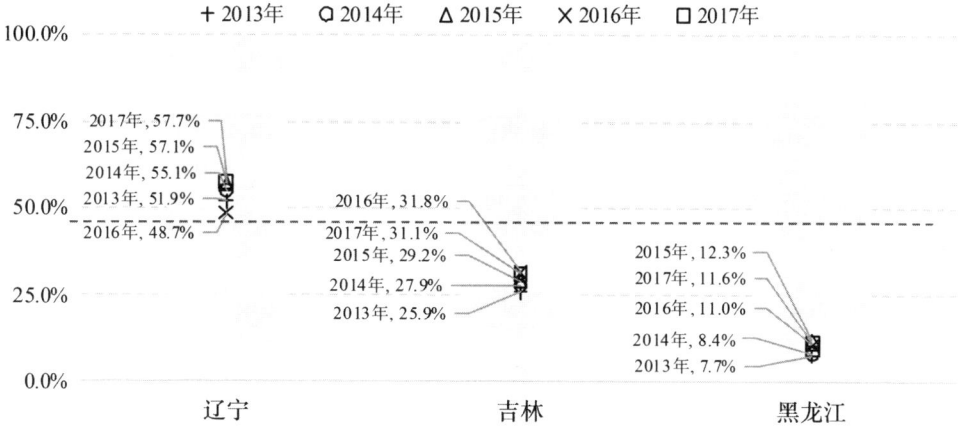

图2.20　2013—2017年东北三省社会服务机构规模百分比排位图

2013—2017年，东北三省社会服务机构规模在全国31个省（直辖市、自治区）连续五年数据集（共155个指标值）中相对位置的分布情况如图2.20所示。可见，东北三省五年（共15个数据）社会服务机构规模百分比排位处于50%以下的数量有11个，其中有5个位于25%以下；此外，排位的最大值是2017年的辽宁省（57.7%），最小值是2013年的黑龙江省（7.7%）。

表 2.28　2013—2017 年六省社会服务机构规模的原始值及单年排名

	辽宁	吉林	黑龙江	江苏	浙江	广东	全国平均
	值/序	值/序	值/序	值/序	值/序	值/序	值
2013	0.701/14	0.444/22	0.163/29	1.322/7	1.751/6	0.602/17	1.622
2014	0.726/14	0.469/22	0.164/29	1.614/7	1.899/5	0.682/16	1.691
2015	0.736/14	0.486/22	0.180/28	1.789/7	1.951/6	0.716/16	1.806
2016	0.678/17	0.499/22	0.175/28	1.572/7	1.948/6	0.774/14	1.806
2017	0.737/15	0.493/22	0.178/28	1.566/7	1.999/6	0.796/14	1.812
平均	0.716/14.8	0.478/22	0.172/28.4	1.572/7	1.910/5.8	0.714/15.4	1.748

由表 2.28，2013—2017 年，六个省份社会服务机构规模由高到低依次为：浙江、江苏、辽宁、广东、吉林、黑龙江；东南三省中，浙江省和广东省呈上升趋势，江苏省呈波动上升趋势，广东省的增幅较大；东北三省中，辽宁省和黑龙江省整体呈波动上升趋势，吉林呈总体平稳上升趋势；东北三省相比于东南三省，仍存在较明显的差距；社会服务机构规模增幅最大的是广东省（8.09%），增幅最小的是辽宁省（1.27%），吉林省和黑龙江省的增幅分别为 2.72% 和 2.37%。

表 2.29　2013—2017 年四大经济区域社会服务机构规模的平均值及排名

	东北		东部		西部		中部	
	平均值	年排名	平均值	年排名	平均值	年排名	平均值	年排名
2013	0.436	21.7	3.906	7.4	0.521	21.0	0.610	17.5
2014	0.453	21.7	4.084	7.2	0.542	21.1	0.622	17.7
2015	0.467	21.3	4.379	7.3	0.580	21.0	0.639	17.8
2016	0.451	22.3	4.345	6.9	0.606	21.2	0.652	17.7
2017	0.469	21.7	4.311	6.9	0.643	21.3	0.658	17.7
平均	0.455	21.7	4.205	7.1	0.578	21.1	0.636	17.7

由表 2.29，2013—2017 年，四个区域社会服务机构规模由高到低依次为：东部、中部、西部、东北；四个区域普遍呈上升趋势，其中西部地区上升幅度最大，东北地区上升幅度最小；东北地区社会服务机构规模与西部地区相比，差距较大。

表 2.30　2013—2017 年七大地理区域社会服务机构规模的平均值及排名

	东北 值/序	华北 值/序	华东 值/序	华南 值/序	华中 值/序	西北 值/序	西南 值/序
2013	0.436/21.7	3.323/12.2	3.380/8.7	1.349/14.7	0.566/18.8	0.620/19.8	0.533/20
2014	0.453/21.7	3.365/12.2	3.606/8.3	1.442/14.3	0.575/19.3	0.642/20	0.554/20
2015	0.467/21.3	3.462/12.4	3.982/8.5	1.536/14.3	0.597/19.3	0.688/19.8	0.591/20
2016	0.451/22.3	3.530/12	3.817/8.5	1.681/14	0.592/19	0.737/20	0.598/20
2017	0.469/21.7	3.547/11.8	3.697/8.7	1.759/13.7	0.613/19	0.831/20.4	0.595/20.2
平均	0.455/21.7	3.446/12.1	3.696/8.5	1.553/14.2	0.589/19.1	0.703/20	0.574/20

由表 2.30，2013—2017 年，七个区域社会服务机构规模由高到低依次为：华东、华北、华南、西北、华中、西南、东北；七个区域普遍呈上升趋势，其中华南的增幅最大；就七个区域而言，东北地区处于末位，与最优的华东地区相比，差距悬殊。

（4）监管水平

①银行不良资产比率（单位:%）。银行不良资产比率反映的是一个地区银行的不良资产情况，是衡量地区政府监管水平的重要指标，计算公式为银行不良资产期末余额与总资产期末余额的比值，是逆向指标。总体而言，东北地区的银行不良资产比率高于全国平均水平（2015 年略低于全国平均水平），说明东北地区的银行不良资产比率较大，但这种差距呈扩大趋势，如图 2.21 所示。

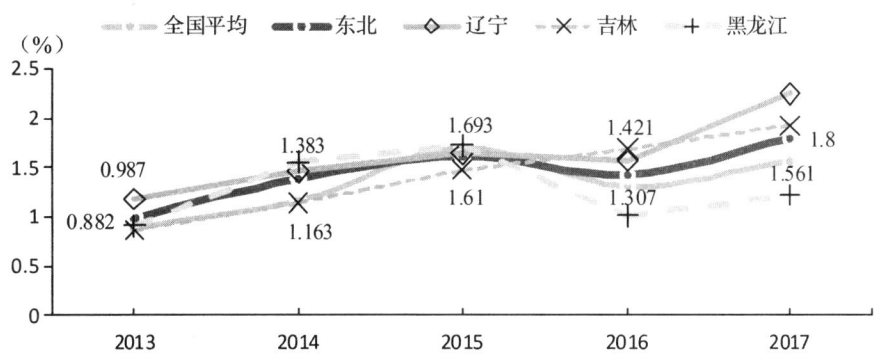

注：①全国平均指 31 个省（直辖市、自治区）的平均水平；②全国范围内（可采集到的数据），银行不良资产比率最大值为 2017 年海南省的 5.49%，最小值为 2016 年西藏的 0.20%。

图 2.21　2013—2017 年银行不良资产比率基本走势

2013—2017年，全国银行不良资产比率均呈先上升后下降趋势（2015年上升幅度较明显）；东北地区落后于全国平均水平；东北三省中，黑龙江省呈先波动上升后下降的趋势，辽宁省和吉林省省呈上升趋势；相对而言，黑龙江省较好（2016年和2017年优于全国平均水平），2015—2016年辽宁省优于吉林省，而2016—2017年吉林省优于辽宁省。

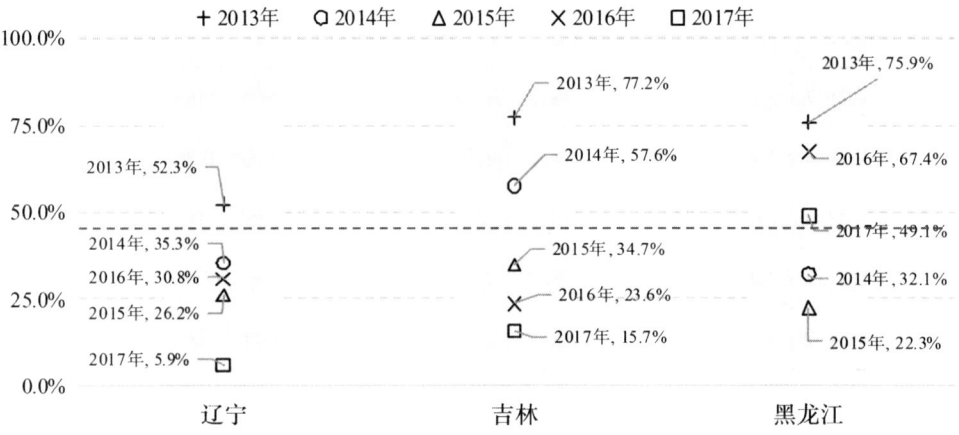

图 2.22　2013—2017 年银行不良资产比率百分比排位图

2013—2017年，东北三省银行不良资产比率在全国31个省（直辖市、自治区）连续五年数据集（共155个指标值）中相对位置分布情况如图2.22所示。可见，东北三省五年（共15个数据）银行不良资产比率的百分比排位处于50%以下有10个，其中有4个位于25%以下；排位的最大值是2013年的吉林省（77.2%），最小值是2017年的辽宁省（5.9%）。

表 2.31　2013—2017 年六省银行不良资产比率的原始值及单年排名

	辽宁	吉林	黑龙江	江苏	浙江	广东	全国平均
	值/序	值/序	值/序	值/序	值/序	值/序	值
2013	1.180/27	0.870/17	0.910/19	1.230/29	1.980/31	0.860/16	0.882
2014	1.460/25	1.140/16	1.550/26	1.310/23	2.040/30	1.150/17	1.163
2015	1.640/17	1.470/10	1.720/19	1.550/12	2.500/29	1.430/9	1.693
2016	1.567/21	1.686/24	1.010/8	1.233/14	1.917/27	1.173/11	1.307
2017	2.249/27	1.928/24	1.221/11	1.104/9	1.447/15	1.073/7	1.561
平均	1.619/23.4	1.419/18.2	1.282/16.6	1.285/17.4	1.977/26.4	1.137/12	1.319

由表2.31，2013—2017年，六个省份的银行不良资产比率由低到高排名依次为：广东、黑龙江、江苏、吉林、辽宁、浙江；东南三省均呈波动下降趋势；东北三省中，辽宁省和黑龙江省呈波动上升趋势，吉林省呈平稳上升趋势；东南三省相比于东北三省，

存在一定优势;银行不良资产比率增幅最大的是吉林省(30.41%),辽宁省和黑龙江省的增幅分别为22.66%和8.55%。

表2.32 2013—2017年四大经济区域银行不良资产比率的平均值及排名

	东北		东部		西部		中部	
	平均值	年排名	平均值	年排名	平均值	年排名	平均值	年排名
2013	0.987	21.0	0.983	17.4	0.697	10.2	1.030	22.3
2014	1.383	22.3	1.230	16.8	0.978	11.6	1.308	20.2
2015	1.610	15.3	1.589	14.1	1.729	16.0	1.835	19.0
2016	1.421	17.7	1.243	15.6	1.267	14.9	1.434	18.0
2017	1.800	20.7	1.705	14.6	1.434	15.1	1.436	15.2
平均	1.440	19.4	1.350	15.7	1.221	13.6	1.408	19.1

由表2.32,2013—2017年,四个区域的银行不良资产比率由低到高排名依次为:西部、东部、中部、东北;四个区域均呈波动上升趋势(2015年上升幅度较为明显);东北地区银行不良资产比率较其他地区略有差距。

表2.33 2013—2017年中国七大地理区域银行不良资产比率的平均值及年平均排名

	东北	华北	华东	华南	华中	西北	西南
	值/序	值/序	值/序	值/序	值/序	值/序	值/序
2013	0.987/21	0.778/12.8	1.257/26	0.680/9.3	1.028/21.8	0.790/13.2	0.568/5.8
2014	1.383/22.3	1.286/16.6	1.555/24	0.943/12	1.213/18	0.918/10.6	0.772/8
2015	1.610/15.3	1.986/17	2.002/20.7	1.433/12	1.703/16.5	1.520/13.6	1.400/13.6
2016	1.421/17.7	1.463/19.6	1.503/19	0.902/8.3	1.358/17.5	1.206/13.6	1.149/13.6
2017	1.800/20.7	1.529/17	1.358/14	2.508/14.3	1.411/14.7	1.404/13.8	1.375/15.6
平均	1.440/19.4	1.408/16.6	1.535/20.7	1.293/11.2	1.339/17.8	1.167/13	1.053/11.3

由表2.33,2013—2017年,七个区域的银行不良资产比率由低到高排名依次为:西南、西北、华南、华中、华北、东北、华东;七个区域均呈波动上升趋势(2015年上升幅度较大);就七个区域而言,东北地区排名靠后,与最优的西南地区相比,差距明显。

②生产安全事故死亡率(单位:人/亿元)。生产安全事故死亡率反映一个地区政府对于生产安全的监管水平,是衡量地区政府监管的重要指标,计算公式为因公死亡人数

与地区 GDP 的比值,是一个逆向指标,比率越大意味着政府的监管水平越差。总体而言,东北三省的生产安全事故死亡率明显低于全国平均水平,且差距逐渐缩小至基本持平,如图 2.23 所示。

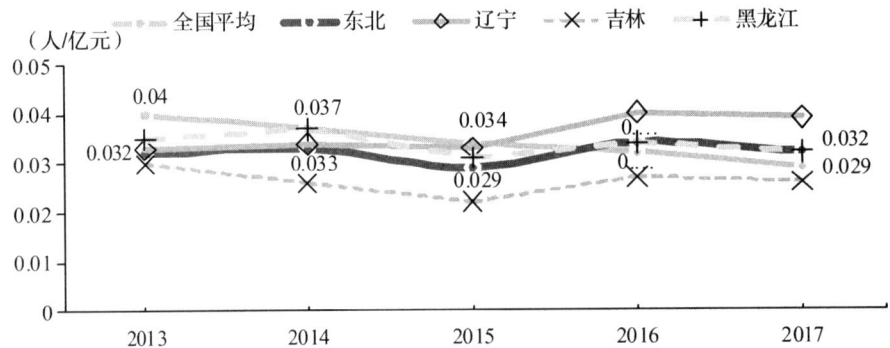

注:①全国平均指 31 个省(直辖市、自治区)的平均水平;②全国范围内(可采集到的数据),生产安全事故死亡率最大值为 2013 年新疆的 0.07,最小值为 2017 年新疆的 0.0004。

图 2.23　2013—2017 年生产安全事故死亡率基本走势

2013—2017 年,全国生产安全事故死亡率整体呈逐步下降趋势,东北地区呈平稳趋势;东北地区生产安全事故死亡率明显低于全国平均水平,2016—2017 年基本持平;辽宁省 2013—2015 年基本保持稳定,2015—2016 年有所上升,2016—2017 年趋于稳定。吉林省 2013—2014 年基本保持稳定,2014—2016 年呈先下降后回升的趋势,2016 年—2017 年趋于稳定。黑龙江省呈先上升后下降逐渐趋于稳定的趋势;2013—2017 年,吉林省和黑龙江省较好,辽宁省较差。

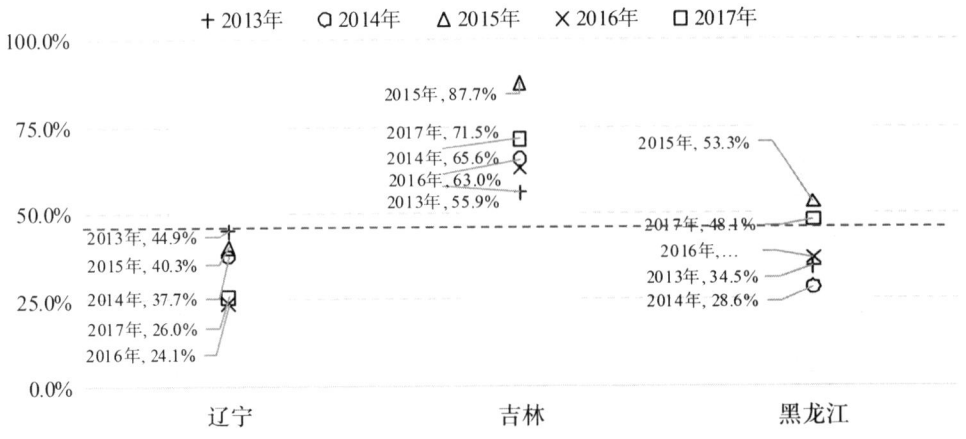

图 2.24　2013—2017 年东北三省生产安全事故死亡率百分比排位图

2013—2017 年,东北三省生产安全事故死亡率在全国 31 个省(直辖市、自治区)连续五年数据集(共 155 个指标值)中相对位置分布情况如图 2.24 所示。可见,东北三省五年（共15个数据）生产安全事故死亡率百分比排位处于50%以下的有9个；排位的最大值是2015年的吉林省（87.7%），最小值是2016年的辽宁省（24.1%）。

表2.34 2013—2017年六省生产安全事故死亡率的原始值及单年排名

	辽宁	吉林	黑龙江	江苏	浙江	广东	全国平均
	值/序	值/序	值/序	值/序	值/序	值/序	值
2013	0.033/15	0.030/8	0.035/19	0.026/6	0.035/20	0.033/16	0.040
2014	0.034/18	0.026/5	0.037/21	0.027/6	0.036/20	0.032/12	0.037
2015	0.033/18	0.022/5	0.031/15	0.023/6	0.034/19	0.027/10	0.034
2016	0.040/25	0.027/17	0.034/22	0.023/6	0.032/19	0.026/14	0.032
2017	0.039/26	0.026/18	0.032/22	0.022/6	0.027/19	0.025/16	0.029
平均	0.036/20.4	0.026/10.6	0.034/19.8	0.024/6	0.033/19.4	0.029/13.6	0.034

由表2.34，2013—2017年，六个省份生产安全事故死亡率由低到高依次为：江苏、吉林、广东、浙江、黑龙江、辽宁；东南三省整体呈下降趋势，广东省下降趋势较为稳定，江苏省和浙江省波动较大；东南三省中水平最高的江苏省略优于东北地区水平最高的吉林省；东北三省中，增幅最大的是辽宁省（4.69%），降幅最大的是吉林省（-3.62%），黑龙江省的降幅为-2.09%。

表2.35 2013—2017年四大经济区域生产安全事故死亡率的平均值及排名

	东北		东部		西部		中部	
	平均值	年排名	平均值	年排名	平均值	年排名	平均值	年排名
2013	0.032	14	0.033	12.9	0.048	20.6	0.036	13
2014	0.033	14.7	0.033	12.4	0.043	19.8	0.035	15
2015	0.029	12.7	0.026	11	0.041	20.5	0.036	17
2016	0.034	21.3	0.027	11.5	0.037	20.6	0.028	11.7
2017	0.032	22	0.025	12.4	0.033	19.2	0.026	12.7
平均	0.032	16.9	0.029	12	0.04	20.1	0.032	13.9

由表2.35，2013—2017年，四个区域生产安全事故死亡率由低到高依次为：东部、中部、东北、西部；东北地区基本保持稳定，其他地区呈逐步下降的发展趋势，其中西部地区降幅最大。

表 2.36　2013—2017 年七大地理区域生产安全事故死亡率的平均值及排名

	东北	华北	华东	华南	华中	西北	西南
	值/序	值/序	值/序	值/序	值/序	值/序	值/序
2013	0.032/14	0.043/15.8	0.032/13.7	0.030/9.7	0.030/9.8	0.055/24.4	0.049/20.6
2014	0.033/14.7	0.039/14.8	0.031/11.5	0.027/7.3	0.031/13.8	0.052/26.2	0.042/20.2
2015	0.029/12.7	0.036/16	0.026/11.5	0.021/5.3	0.031/14.8	0.046/23.4	0.043/23.4
2016	0.034/21.3	0.035/16	0.025/10.3	0.023/7.3	0.024/9.8	0.046/26.6	0.033/19.2
2017	0.032/22	0.034/18.2	0.023/11.7	0.022/9.7	0.022/10	0.038/22	0.030/18
平均	0.032/16.9	0.037/16.2	0.027/11.7	0.025/7.9	0.028/11.6	0.047/24.5	0.039/20.3

由表 2.36，2013—2017 年，七个区域生产安全事故死亡率由低到高依次为：华南、华东、华中、东北、华北、西南、西北；东北地区基本保持稳定，其他区域普遍呈下降趋势；就七个区域而言，东北地区处于前列，与最优的华南地区相比，差距较小。

（5）营商环境

①万人新增企业数（单位：个/万人）。万人新增企业数反映一个地区的企业增加情况，是衡量地区营商环境的重要指标，计算公式为当年新增企业单位数与地区人口（万人）的比值。总体而言，东北地区万人新增企业数明显低于全国平均水平，且差距呈进一步扩大趋势，如图 2.25 所示。

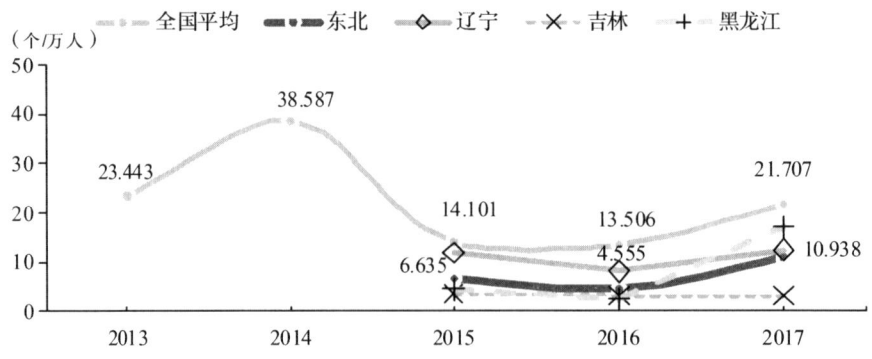

注：①全国平均指 31 个省（直辖市、自治区）的平均水平；②全国范围内（部分省份 2013 及 2014 年数据缺失），万人新增企业数最大值为 2017 年的青海的 58.46，最小值为 2017 年的西藏的 -0.39。

图 2.25　2013—2017 年万人新增企业数基本走势

2013—2017 年，全国万人新增企业数的平均水平呈波动上升趋势，东北三省亦呈波动上升趋势；东北三省明显低于全国平均水平；辽宁省和黑龙江省呈上升趋势，吉林省呈平稳波动趋势；相对而言，辽宁省和黑龙江省较好，吉林省较弱。

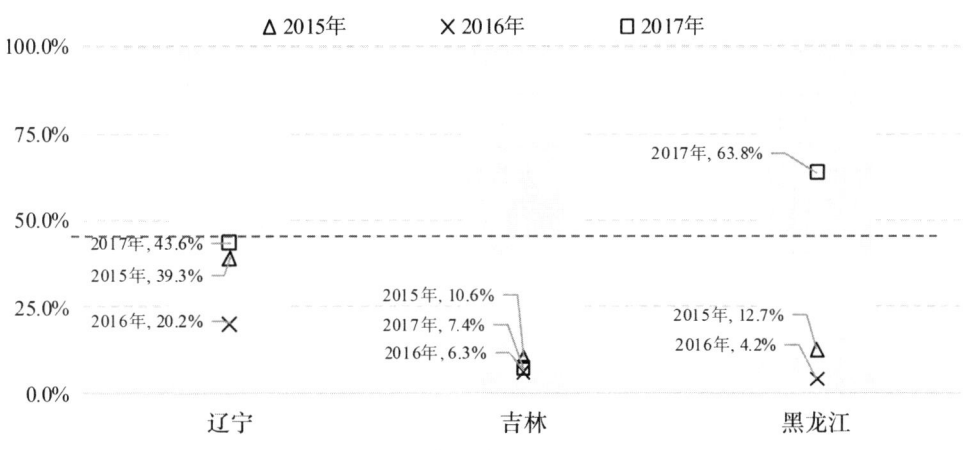

图 2.26　2013—2017 年万人新增企业数百分比排位图

2013—2017 年，东北三省万人新增企业数在全国 31 个省（直辖市、自治区）三年数据集（共 93 个指标值）中相对位置分布情况如图 2.26 所示。可见，东北三省三年（共 9 个数据）万人新增企业数的百分比排位处于 50% 以下有 8 个，其中有 6 个位于 25%以下；排位的最大值是 2017 年的黑龙江省（63.8%），最小值是 2016 年的黑龙江省（4.2%）。

表 2.37　2013—2017 年六省万人新增企业数的原始值及单年排名

	辽宁	吉林	黑龙江	江苏	浙江	广东	全国平均
	值/序	值/序	值/序	值/序	值/序	值/序	值
2013	-	-	-	-	23.443/1	-	23.443
2014	-	-	-	-	38.587/1	-	38.587
2015	11.876/20	3.582/29	4.446/28	25.566/3	19.705/8	9.481/22	14.101
2016	8.078/23	3.165/28	2.421/30	41.116/2	21.153/6	10.942/15	13.506
2017	12.482/20	3.205/29	17.128/16	53.705/2	51.523/3	38.207/5	21.707
平均	10.812/21	3.317/28.7	7.999/24.7	40.129/2.3	30.882/3.8	19.543/14	16.745

由表 2.37，2013—2017 年，六个省份万人新增企业数由高到低排名依次为：江苏、浙江、广东、辽宁、黑龙江、吉林；东南三省中，江苏省和广东省呈明显上升趋势，浙江省呈波动上升趋势；东北三省中，辽宁省和黑龙江省呈波动上升趋势，吉林省呈下降趋势；东北三省相比于东南三省，仍存在较明显的差距。

表 2.38 2013—2017 年四大经济区域万人新增企业数的平均值及排名

	东北		东部		西部		中部	
	平均值	年排名	平均值	年排名	平均值	年排名	平均值	年排名
2013	-	-	23.443	1.0	-	-	-	-
2014	-	-	38.587	1.0	-	-	-	-
2015	6.635	25.7	19.319	10.5	11.717	18.8	13.903	14.7
2016	4.555	27.0	19.989	11.6	10.416	17.8	13.356	14.2
2017	10.938	21.7	31.138	11.1	16.456	19.8	21.876	13.8
平均	7.376	24.8	23.953	10.4	12.863	18.8	16.378	14.2

由表 2.38，2013—2017 年，四个区域的万人新增企业数由高到低排名依次为：东部、中部、西部、东北；四个区域均呈波动上升趋势；东北地区万人新增企业数与东部地区相比，差距明显。

表 2.39 2013—2017 年七大地理区域万人新增企业数的平均值及排名

	东北	华北	华东	华南	华中	西北	西南
	值/序	值/序	值/序	值/序	值/序	值/序	值/序
2013	-	-	23.443/1	-	-	-	-
2014	-	-	38.587/1	-	-	-	-
2015	6.635/25.7	19.667/10.4	19.206/9.5	11.750/18.7	12.211/17.3	11.147/19.6	12.764/17.4
2016	4.555/27	19.551/11.8	21.513/10	10.726/16.3	11.101/15.8	9.581/19.4	10.739/17.4
2017	10.938/21.7	24.654/13.4	34.818/9.3	21.689/15.7	18.222/16.3	18.328/20.2	15.668/19
平均	7.376/24.8	21.291/11.9	25.762/8.8	14.722/16.9	13.845/16.4	13.019/19.7	13.057/17.9

由表 2.39，2013—2017 年，七个区域的万人新增企业数由高到低排名依次为：华东、华北、华南、华中、西南、西北、东北；七个区域均呈波动上升趋势；就七个区域而言，东北地区处于末位，与最优的华东地区相比，差距较大。

②民间固定资产投资增速（单位:%）。民间固定资产投资增速反映一个地区民间投资的发展速度，是反映该地区营商环境的重要指标，计算公式为本年和上年民间固定资产投资额的差值与上年民间固定资产投资额的比值。总体而言，东北地区民间固定资产投资增速低于全国平均水平，且差距较大，如图 2.27 所示。

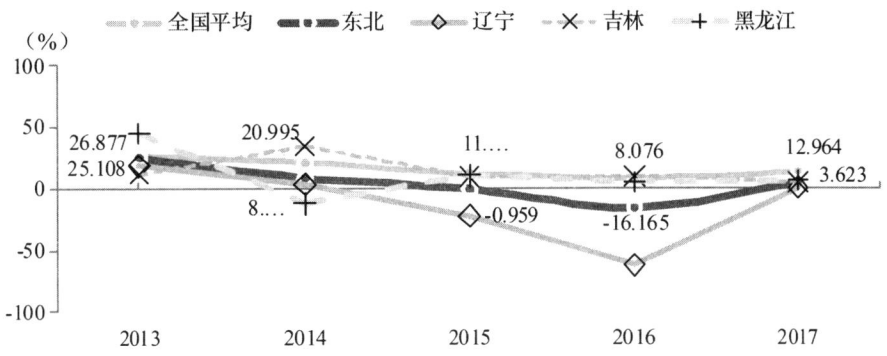

注：①全国平均指31个省（直辖市、自治区）的平均水平；②全国范围内（可采集到的数据），民间固定资产投资增速最大值为2017年陕西的57.46%，最小值为2016年辽宁的-62.65%。

图 2.27　2013—2017 年民间固定资产投资增速基本走势

2013—2017 年，全国民间固定资产投资增速均呈下降趋势，东北地区民间固定资产投资增速呈波动下降趋势，东北地区在 2015 年和 2016 年出现"负增长"；东北地区民间固定资产投资增速落后于全国平均水平，并且差距较大；黑龙江省民间固定资产投资增速在 2013—2014 年大幅下降至负值，2015—2016 年有所回升，2016—2017 年保持稳定；吉林省在 2014 年明显上升，2015—2016 年明显下降，2016—2017 年有所回升；辽宁省 2013—2016 年整体呈下降趋势，并在 2015 年出现"负增长"，2016—2017 年有所回升；相对而言，吉林省较好，黑龙江省次之，辽宁省较弱。

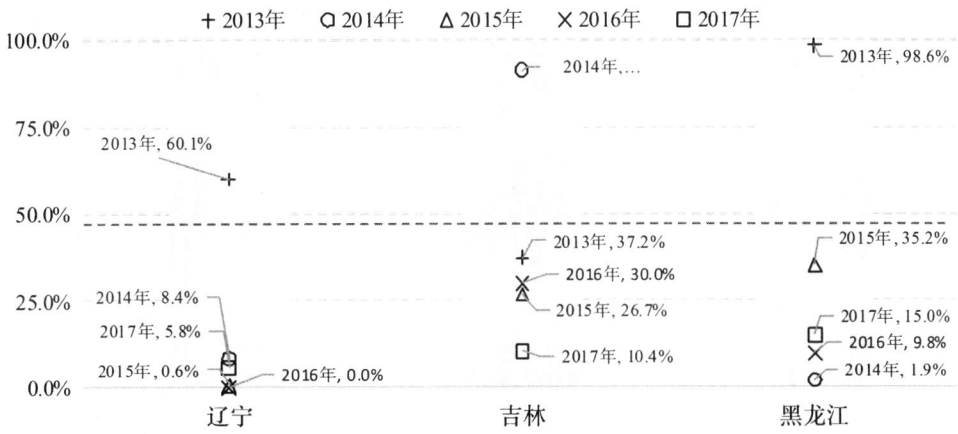

图 2.28　2013—2017 年东北三省民间固定资产投资增速百分比排位图

2013—2017 年，东北三省民间固定资产投资增速在全国 31 个省（直辖市、自治区）连续五年数据集（共 155 个指标值）中相对位置分布情况如图 2.28 所示。可见，东北三省五年（共 15 个数据）民间固定资产投资增速的百分比排位位于 50% 以下的有 12 个，其中有 8 个位于 25% 以下；排位的最大值是 2013 年的黑龙江省（98.6%），最小值是 2016 年的辽宁省（0.0%）。

表 2.40　2013—2017 年六省民间固定资产投资增速的原始值及单年排名

	辽宁	吉林	黑龙江	江苏	浙江	广东	全国平均
	值/序	值/序	值/序	值/序	值/序	值/序	值
2013	18.664/25	11.525/29	45.134/2	22.556/22	18.743/24	33.260/9	26.877
2014	3.124/29	34.410/4	-12.036/31	20.687/18	24.876/12	19.609/21	20.995
2015	-22.417/31	9.049/20	10.492/18	15.550/12	8.916/21	17.081/11	11.671
2016	-62.651/31	9.586/20	4.570/28	7.387/25	10.807/14	9.757/19	8.076
2017	0.232/30	4.594/27	6.045/23	7.277/21	4.690/26	13.386/9	12.964
平均	-12.610/29.2	13.832/20	10.841/20.4	14.691/19.6	13.606/19.4	18.619/13.8	16.137

由表 2.40，2013—2017 年，六个省份民间固定资产投资增速由高到低依次为：广东、江苏、吉林、浙江、黑龙江、辽宁；东南三省中，广东省、浙江省民间固定资产投资增速发展呈波动下降趋势，江苏省呈平稳下降趋势；东北三省均呈波动下降趋势；民间固定资产投资增速降幅最大的是辽宁省（-24.69%），降幅最小的是广东省（-14.94%），黑龙江省和吉林省的降幅分别为-21.65% 和 -15.03%。

表 2.41　2013—2017 年四大经济区域民间固定资产投资增速的平均值及排名

	东北		东部		西部		中部	
	平均值	年排名	平均值	年排名	平均值	年排名	平均值	年排名
2013	25.108	18.7	21.673	20.3	29.699	13.0	30.789	13.5
2014	8.499	21.3	20.132	17.6	22.346	15.6	25.976	11.5
2015	-0.959	23.0	13.575	14.6	10.954	17.3	16.248	12.2
2016	-16.165	26.3	8.828	20.4	12.171	12.4	10.753	10.7
2017	3.623	26.7	10.438	17.8	18.572	11.1	10.163	14.8
平均	4.021	23.2	14.929	18.1	18.749	13.9	19.083	12.4

由表 2.41，2013—2017 年，四个区域民间固定资产投资增速由高到低依次为：中部、西部、东部、东北；四个区域民间固定资产投资增速普遍呈下降趋势，其中东北的降幅最大；东北地区民间固定资产投资增速与中部地区差距较大。

表 2.42 2013—2017 年七大地理区域民间固定资产投资增速的平均值及排名

	东北	华北	华东	华南	华中	西北	西南
	值/序	值/序	值/序	值/序	值/序	值/序	值/序
2013	25.108/18.7	24.569/19.2	21.949/19.8	23.458/18.7	29.268/14.8	35.766/7.4	27.410/14.6
2014	8.499/21.3	18.414/16	21.421/15.2	15.329/24.7	23.429/14.3	31.551/8.2	21.455/17.8
2015	-0.959/23	19.670/9.8	11.972/14.3	16.427/13.3	13.714/15.3	7.201/23.2	10.871/15
2016	-16.165/26.3	6.547/24	9.143/19.2	11.621/12.7	13.196/5.5	7.146/19.2	17.578/5.2
2017	3.623/26.7	12.809/18.5	7.671/20	11.630/12	10.631/13.8	25.295/10.2	15.383/9.8
平均	4.021/23.2	16.551/17.5	14.431/17.7	15.693/16.3	18.048/12.7	21.392/13.6	18.539/12.5

由表 2.42, 2013—2017 年, 七个区域民间固定资产投资增速由高到低依次为: 西北、西南、华中、华北、华南、华东、东北; 华东和华南地区呈下降趋势, 其他区域呈波动下降趋势, 其中东北的降幅最大; 就七个区域而言, 东北地区处于末位, 与最优的西北地区相比, 差距较大。

4. 主要结论

首先, 总体而言, 东北三省的政府治理指数明显低于全国平均水平。在反映政府治理水平的五个方面 (市场干预、政府规模、简政放权、监管水平、营商环境), 东北三省在五个方面均落后于东南三省, 其中, 市场干预和简政放权存在的差距最大。

其次, 动态来看, 2013—2017 年, 东北地区的指数得分呈先下降后回升趋势, 意味着绝对能力在逐年降低中有所波动, 并存在下降的风险。同时, 东北地区的政府治理方面的相对排名靠后, 说明东北地区与政府治理具有优势的地区的差距明显。

再次, 分省来看, 辽宁省政府治理水平较高, 吉林省次之, 黑龙江省较弱。在全国各省相对排名的竞争中, 吉林省均有退步。吉林省在政府治理各分项指数上相对均衡, 监管水平相对较强, 政府规模和营商环境相对较弱; 辽宁省在市场干预、简政放权和营商环境上相对较强, 但营商环境尚未能达到全国平均水平; 黑龙江省政府规模较强, 市场干预和简政放权均较弱。

最后, 单项指标方面, 东北地区的"政府资源分配"和"政府人员规模"优于全国平均水平; "生产安全事故死亡率"的相对优势逐渐减弱至落后于全国平均水平; "行政成本比重""社会服务机构规模""银行不良资产比率""万人新增企业数""民间固定资产投资增速"的发展相对较落后。

（二）企态优化评价报告

1. 企态优化指数总体分析

对企态优化的测度包括国企效率、国企保增值、企业实力、民企规模、民企融资等五个方面，共八项关键指标，汇集中国 31 个省（直辖市、自治区）2013—2017 年企态优化方面的指标信息，得到了连续五年的企态优化指数得分。在此基础上，形成多年连续排名和单年排名。其中，多年连续排名用于反映各省（直辖市、自治区）企态优化的绝对发展水平随时间动态变化的情况 [31 个省（直辖市、自治区）五年共 155 个排位，最高排名为 1，最低排名为 155]，单年排名用于反映各省（直辖市、自治区）在全国范围内某个单年的相对发展水平 [31 个省（直辖市、自治区）每年 31 个排位，最高排名为 1，最低排名为 31]。具体来说，31 个省（直辖市、自治区）政府治理的总体情况见表 2.43。

表 2.43 2013—2017 年 31 个省（直辖市、自治区）企态优化指数得分、连续及单年排名

省市区	2013			2014			2015			2016			2017		
	值	总	年	值	总	年	值	总	年	值	总	年	值	总	年
上海	81.6	9	1	82.6	7	1	83.0	6	1	86.1	4	1	97.1	1	1
浙江	74.2	17	2	74.6	16	2	79.1	12	2	85.0	5	2	91.6	2	2
北京	69.2	26	4	73.7	18	3	76.9	14	3	81.1	10	3	88.0	3	3
江苏	66.0	30	5	64.8	31	5	69.6	24	4	75.6	15	4	82.5	8	4
广东	62.4	43	9	62.2	45	7	66.9	29	5	73.6	20	5	80.4	11	5
天津	63.7	37	6	58.7	58	10	59.2	52	7	62.9	42	7	77.4	13	6
重庆	57.6	61	10	62.3	44	6	64.3	33	6	67.5	28	6	73.7	19	7
新疆	70.6	23	3	68.8	27	4	58.8	57	8	58.9	55	10	71.5	21	8
内蒙古	54.6	74	13	45.5	103	16	45.3	106	20	43.8	113	24	71.0	22	9
福建	53.8	76	14	52.7	79	13	51.1	85	14	59.3	51	8	69.4	25	10
宁夏	63.7	38	7	58.0	60	11	58.0	59	9	59.1	54	9	64.6	32	11
云南	52.2	82	16	49.3	93	15	50.5	87	13	48.0	94	20	64.1	34	12
湖北	44.9	108	18	43.9	112	19	45.4	105	19	57.5	62	12	64.1	35	13

(续表)

省市区	2013 值	2013 总	2013 年	2014 值	2014 总	2014 年	2015 值	2015 总	2015 年	2016 值	2016 总	2016 年	2017 值	2017 总	2017 年
山西	54.9	71	12	57.3	63	12	55.7	69	11	58.9	56	11	63.8	36	14
山东	49.5	92	17	52.1	83	14	51.5	84	13	56.5	65	13	63.0	40	15
青海	63.1	39	8	61.3	47	8	53.1	78	12	56.1	66	14	63.0	41	16
贵州	39.9	128	24	41.9	122	23	44.0	111	22	54.5	75	17	62.1	46	17
安徽	53.5	77	15	44.5	110	18	47.6	95	16	55.9	68	16	60.5	49	18
河北	38.2	132	25	37.0	139	27	38.8	130	24	45.5	102	23	59.9	50	19
广西	40.4	125	22	40.3	126	24	45.2	107	21	52.4	81	18	59.3	53	20
湖南	36.9	140	27	37.2	138	26	38.0	133	25	43.1	114	25	54.7	72	21
四川	40.2	127	23	38.7	131	25	46.3	99	17	46.0	100	22	54.7	73	22
海南	54.9	70	11	60.8	48	9	56.7	64	10	56.1	67	15	52.4	80	23
辽宁	35.2	148	29	36.4	143	29	35.5	147	28	41.3	123	27	50.6	86	24
陕西	42.6	116	19	42.5	118	21	39.3	129	23	42.3	121	26	49.9	88	25
黑龙江	42.6	117	20	44.8	109	17	29.5	151	30	38.0	134	29	49.8	89	26
西藏	37.3	137	26	42.5	119	22	35.7	145	27	47.2	97	21	49.5	91	27
甘肃	42.4	120	21	36.7	141	28	35.9	144	26	40.8	124	28	47.3	96	28
江西	34.2	150	30	35.6	146	30	35.0	149	29	37.9	135	30	46.4	98	29
吉林	36.5	142	28	42.6	115	20	45.4	104	18	49.8	90	19	46.0	101	30
河南	25.6	153	31	24.6	155	31	24.7	154	31	27.0	152	31	37.8	136	31
平均	51.0	87	16	50.8	89	16	50.5	89	16	55.1	75	16	63.4	50	16

注：①对于表中的字段名称，"值"表示各省（直辖市、自治区）对应年份的指数得分，"总"表示各省（直辖市、自治区）2013—2017年多年连续总排名，"年"表示各省（直辖市、自治区）五个单年的排名；②表中31个省（直辖市、自治区）按照2017年的指数得分由高到低（降序）排列。

东北地区的企态优化指数处于全国较靠后的位置，且总体上远落后于东南三省的发展水平。2013—2017年，六个省份企态优化指数由高到低依次为：浙江、江苏、广东、吉林、黑龙江、辽宁；东南三省企态优化指数的发展普遍呈上升趋势，东北三省企态优化指数的发展也普遍呈上升趋势，且上升幅度与东南三省基本相当；东南三省水平较低的广东省依然明显优于东北地区最优的吉林省；六省中，企态优化指数年增幅最大的是辽宁省（10.98%），增幅最小的是黑龙江省（4.22%），吉林省的增幅为 6.53%。就 2017 年而言，辽宁省企态优化相对较好，在 31 个省域中的单年排名为 24，黑龙江省和吉林省相对较差，排名分别为 26 和 30，具体如表 2.43 和 2.44 所示。

表 2.44 2013—2017 年六省企态优化指数值及年排名

	辽宁	吉林	黑龙江	江苏	浙江	广东	全国平均
	值/序	值/序	值/序	值/序	值/序	值/序	值
2013	35.17/29	36.47/28	42.60/20	66.02/5	74.22/2	62.38/9	51.04
2014	36.42/29	42.64/20	44.77/17	64.77/5	74.58/2	62.25/7	50.78
2015	35.46/28	45.37/18	29.55/30	69.56/4	79.09/2	66.86/5	50.51
2016	41.32/27	49.77/19	37.98/29	75.78/4	84.98/2	73.63/5	55.10
2017	50.61/24	46.00/30	49.79/26	82.47/4	91.63/2	80.38/5	63.42
平均	39.80/27.4	44.05/23	40.94/24.4	71.72/4.4	80.90/2	69.10/6.2	54.17

2013—2017 年，全国企态优化指数整体呈平稳上升趋势，东北地区企态优化指数呈波动上升趋势；东北地区企态优化指数明显低于全国平均水平，且这种差异呈逐渐扩大的趋势；就东北三省而言，吉林省在 2013—2016 年保持上升趋势，在 2017 年大幅下降，总体呈波动上升趋势，辽宁省呈上升趋势，黑龙江省呈波动上升趋势，且波动幅度较大，东北三省始终处于全国平均水平之下；就企态优化指数而言，吉林省较好，黑龙江省次之，辽宁省较弱，具体如图 2.29 所示。

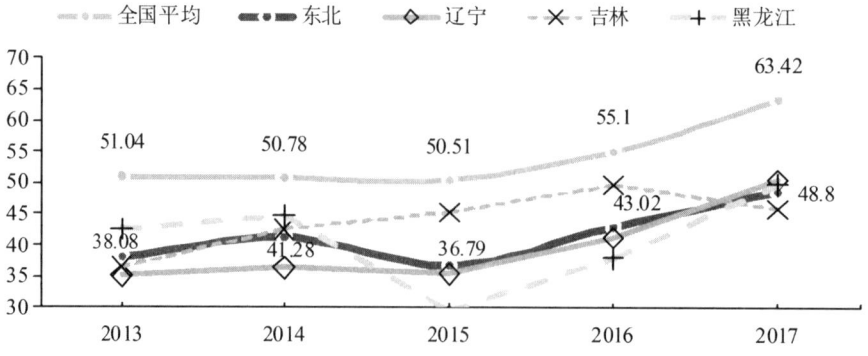

注：①全国平均指 31 个省（直辖市、自治区）的平均水平；②全国范围内（可采集到的数据），企态优化指数最大值为 2017 年上海的 97.1123，最小值为 2014 年河南的 24.5844。

图 2.29 2013—2017 年企态优化指数得分基本走势

2013—2017 年，东北三省企态优化指数在全国 31 个省（直辖市、自治区）连续五年数据集（共 155 个指标值）中相对位置的分布情况如图 2.30 所示。可见，东北三省五年企态优化指数的百分比排位普遍处于 50% 之下；排位的最大值是 2017 年的辽宁省（44.8%），最小值是 2015 年的黑龙江省（2.5%），具体如图 2.30 所示。

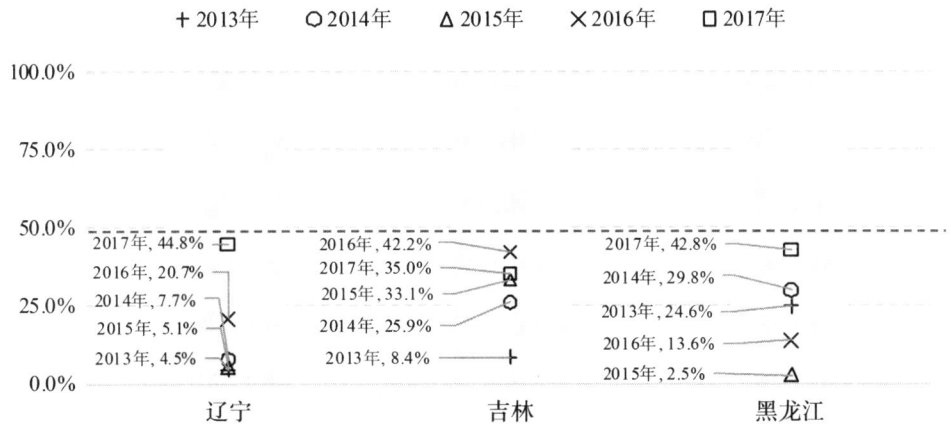

图 2.30 2013—2017 年东北三省企态优化指数百分比排位图

2. 全国视角下东北地区企态优化进展分析

2013—2017 年，四大区域企态优化指数由高到低依次为：东部、西部、中部、东北；东部地区企态优化指数呈上升趋势，东北、西部和中部地区企态优化指数呈波动上升趋势，其中中部地区上升幅度较大；东北地区企态优化指数与东部地区差距较大，如表 2.45 所示。

表 2.45 2013—2017 年四大经济区域企态优化指数平均值及排名

	东北		东部		西部		中部	
	平均值	年排名	平均值	年排名	平均值	年排名	平均值	年排名
2013	38.08	25.7	61.37	9.4	50.38	16.0	41.66	22.2
2014	41.28	22.0	61.92	9.1	48.99	16.9	40.52	22.7
2015	36.79	25.3	63.28	8.3	48.01	17.2	41.07	21.8
2016	43.02	25.0	68.20	8.1	51.39	17.9	46.74	20.8
2017	48.80	26.7	76.17	8.8	60.89	16.8	54.54	21.0
平均	41.59	24.9	66.19	8.7	51.93	17.0	44.90	21.7

注：为确保区分度，对于具有平均意义的排名（序），本研究保留一位小数，以下各表同。

2013—2017年，七大区域企态优化指数由高到低依次为：华东、华北、华南、西北、西南、东北、华中；除西南地区呈上升趋势外，其余六大区域均呈波动上升趋势，其中华中地区上升幅度较大；就企态优化指数而言，东北地区处于七个区域的倒数第二位，与华东地区相比，差距较大，如表2.46所示。

表2.46 2013—2017年七大地理区域企态优化指数的平均值及排名

	东北	华北	华东	华南	华中	西北	西南
	值/序	值/序	值/序	值/序	值/序	值/序	值/序
2013	38.08/25.7	56.13/12.0	63.11/9.0	52.57/14.0	35.39/26.5	56.48/11.6	45.43/19.8
2014	41.28/22.0	54.45/13.6	61.88/8.8	54.46/13.3	35.32/26.5	53.49/14.4	46.92/18.2
2015	36.79/25.3	55.20/13.0	63.64/8.3	56.27/12.0	35.77/26.0	49.03/15.6	48.09/17.4
2016	43.02/25.0	58.48/13.6	69.75/7.3	60.68/12.7	41.41/24.5	51.44/17.4	52.66/17.2
2017	48.80/26.7	72.01/10.2	77.35/8.3	64.01/16.0	50.74/23.5	59.26/17.6	60.84/17.0
平均	41.59/24.9	59.25/12.5	67.15/8.4	57.60/13.6	39.73/25.4	53.94/15.3	50.79/17.9

为便于直观分析，将指数信息按空间分类、时间排列、优劣序化等方式整理后，形成多年指数得分、连续排名及单年排名的可视化集成图（见图2.31-2.33），结合表2.43的信息，以全国四大经济区域为划分标准，对东北三省的企态优化方面的进程评价如下：

第一，东北地区企态优化水平低于全国平均水平，也低于西部和东部地区，与中部地区接近。

从反映西部、中部、东北、东部四大区域的平均得分曲线的变化情况可以看出，东部地区发展相对成熟，基础夯实（2013年为61.4），与其他地区的差距还在进一步拉大（2017年为76.2）。其余三个地区总体水平表现均较为疲弱，地区平均指数得分都没有超过东部地区最低的61.4。其中，西部地区的基础相对较好，指数得分在50—61之间徘徊；中部地区在波动中有所提升；以2013年为基点（得分38.1），东北地区起步条件低于其他地区，在波动中缓慢上升，2017年在四个区域中仍处于最低水平（得分48.8）。

第二，东北地区企态优化水平上升缓慢，趋势不明朗。

在企态优化上，中国整体发展比较平稳，但区域间的发展特征不尽相同，中部地区和东部地区指数得分逐年上升较快（中部地区平均每年指数得分上升3.2，东部地区平均每年指数得分上升3.7）。西部地区和东北地区指数得分逐年上升较慢（西部地区平均每年指数得分上升2.6，东北地区平均每年指数得分上升2.7）。东北地区企态优化水平虽然也呈现上升状态，但上升速度过于缓慢，在与中部地区和东部地区的比较中，趋势不明朗，因而就企态优化而言，东北地区在全国范围内相对能力呈现整体后移的状态。

第三，东北地区企态优化相对水平存在进一步下降风险。

2013—2017年，在相对位次的排名竞争中，表现最佳的是中部地区。因为，中部地区无论是在连续排名上（年均11.4名）还是相对排名上（年均1.2名）都是进步最快的。这个事实说明，众多省份在企态优化上处于50分左右的位置，竞争异常激烈。在中部地区六个省域中，单年排名提升的有3个（占50.00%），排名维持不变的有1个（占16.67%），排名退后的有2个（占33.33%），其中排名上升的包括江西省、湖南省和湖北省，其中江西省相对排名提升了1名，湖南省相对排名提升了6名，湖北省相对排名提升了5名，排名下降的包括安徽省和山西省，分别下降了3名和2名。在西部地区12个省域中，单年排名提升的有6个（占50.00%），排名退后的有6个（占50.00%），其中贵州省相对排名提升7名，青海省下降8名，分别为西部地区上升与下降最快的两个省区。在东部地区10个省域中，单年排名提升的有6个（占60.00%），排名退后的有1个（占10.00%），保持不变的有3个（占30.00%），其中河北省相对排名提升6名，海南省下降12名，分别为东部地区上升与下降最快的省份。东北地区的三个省域中，单年排名提升的有1个（占33.33%），排名退后的有2个（占66.67%），其中辽宁省由29名提升到24名，吉林省由28名退到到30名，黑龙江省由20名退到26名。

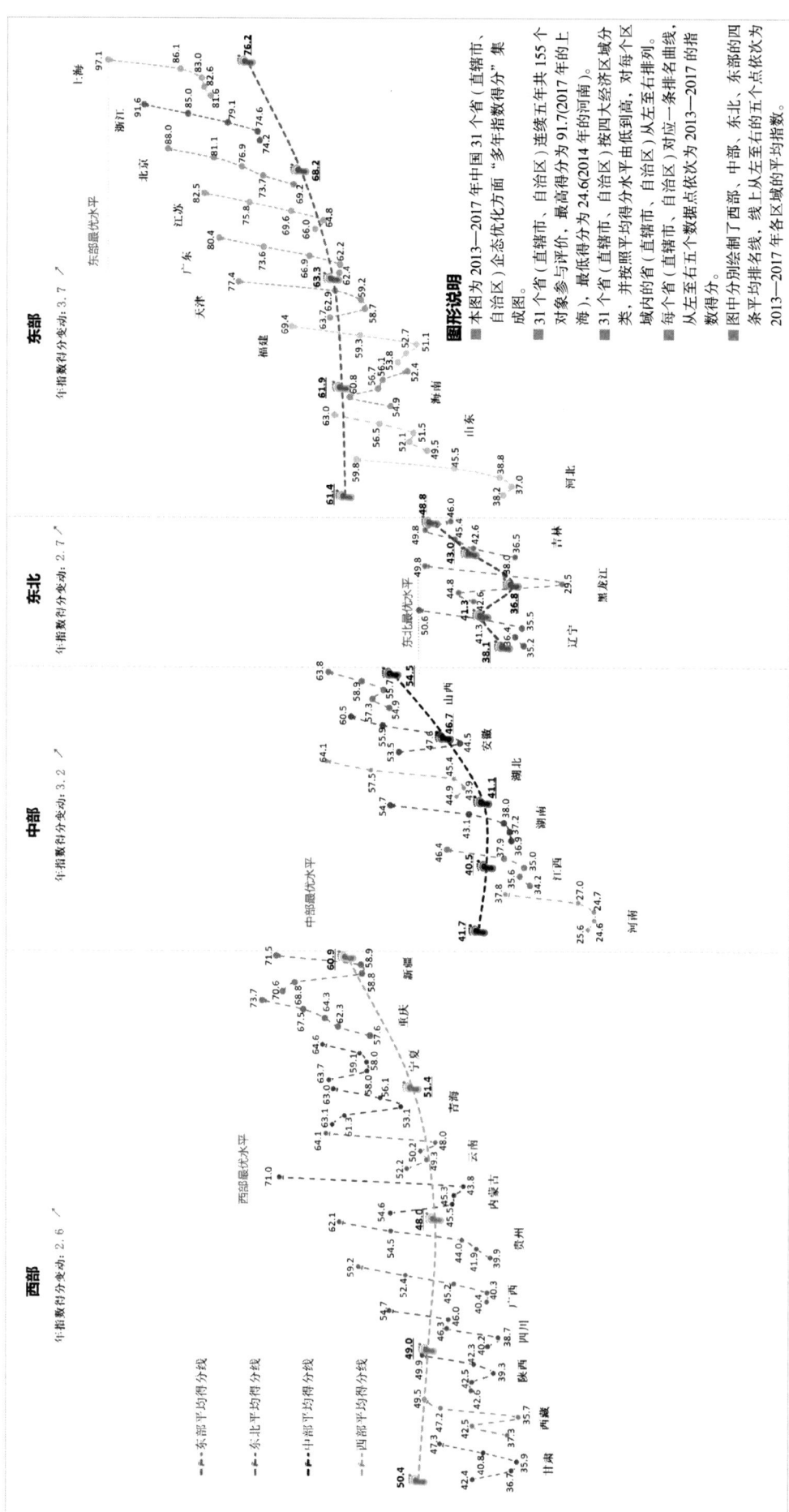

图 2.31 2013—2017 年 31 个省（直辖市、自治区）企态优化指数得分变动情况

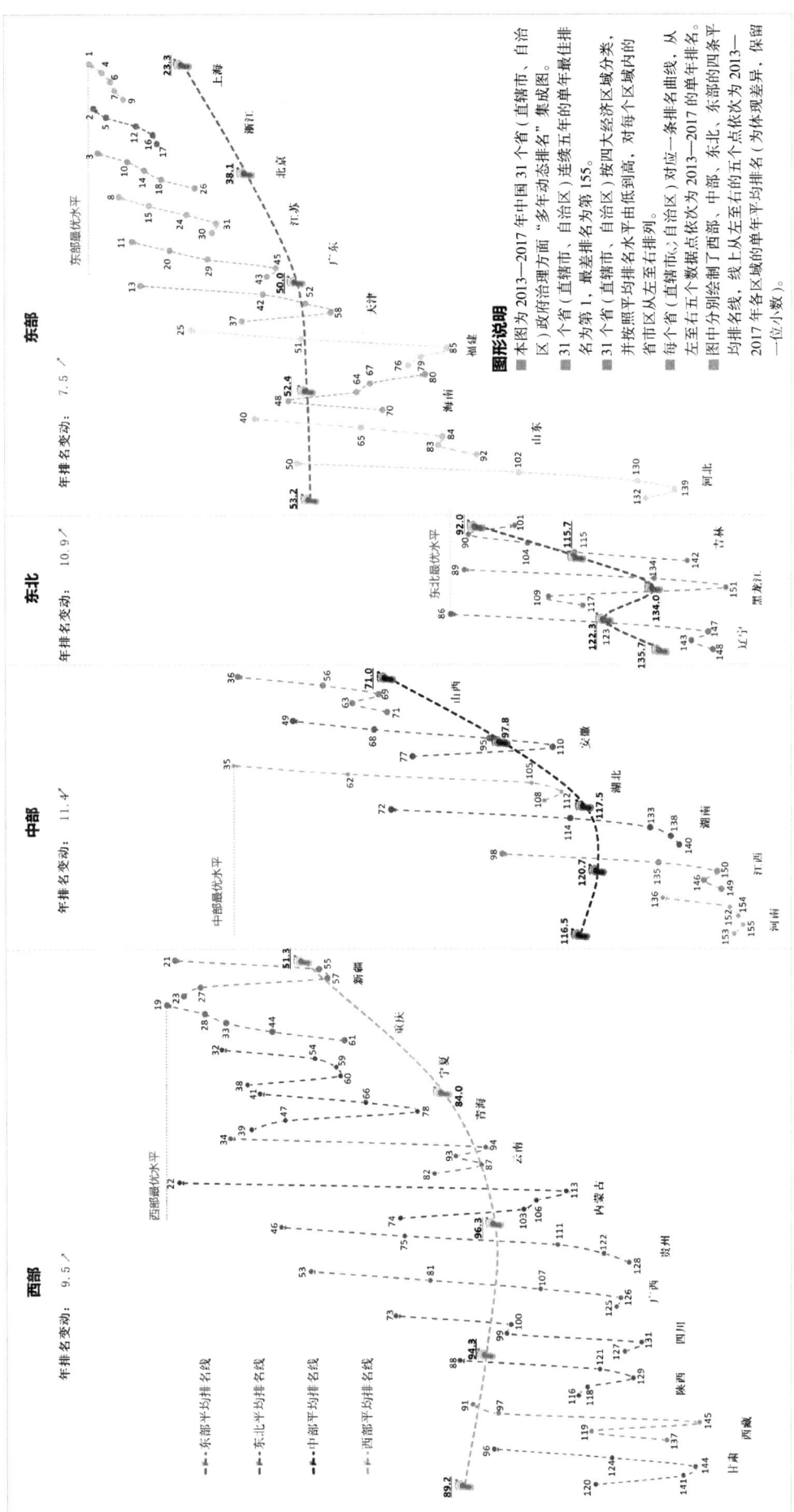

图 2.32　2013—2017 年 31 个省（直辖市、自治区）企态优化多年连续排名变动情况

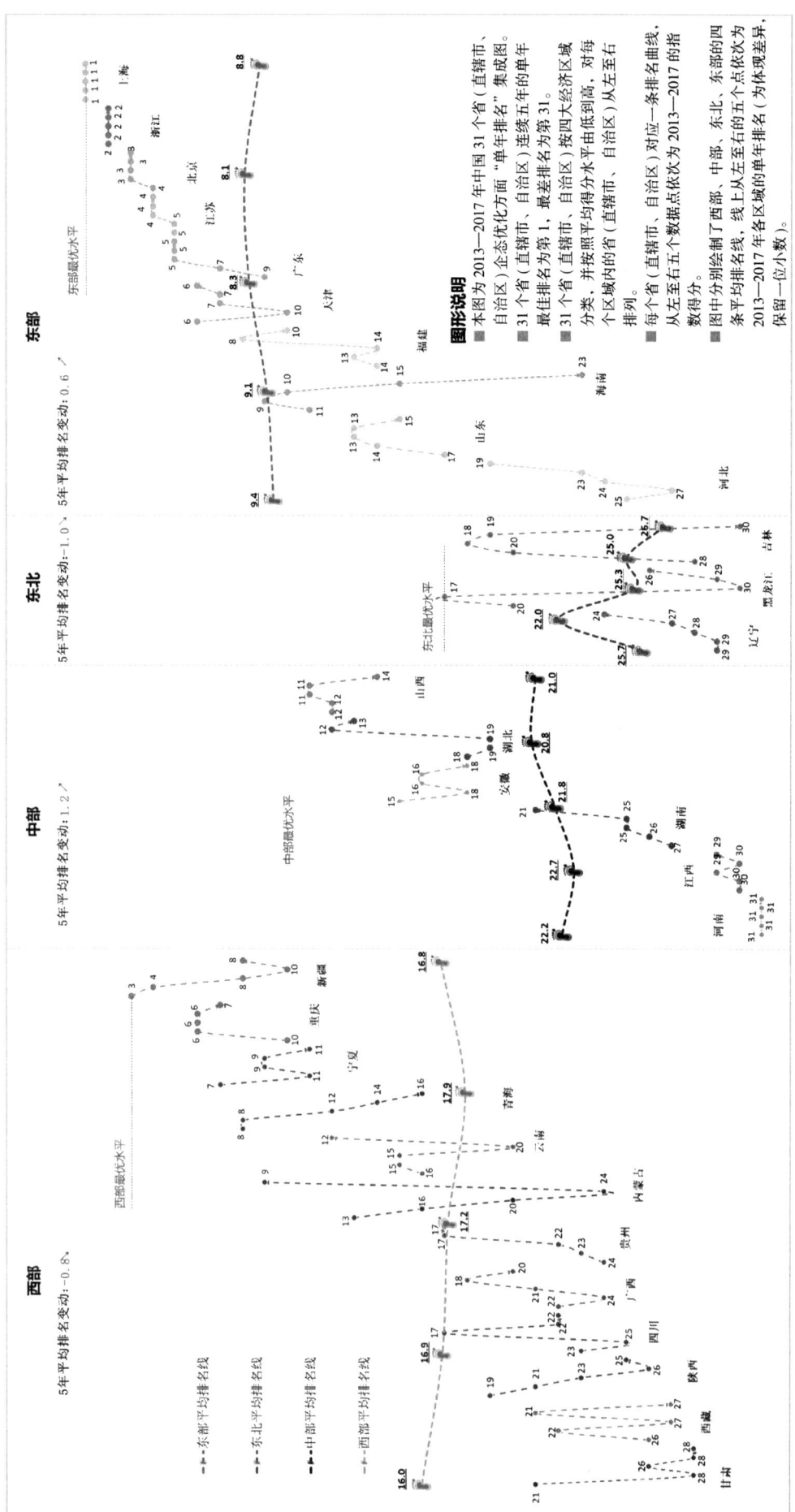

图 2.32　2013—2017 年 31 个省（直辖市、自治区）企态优化单年排名变动情况

3. 企态优化分项指数分析

东北三省的平均得分雷达图完全被全国平均得分雷达图所包围。东南三省的平均得分雷达图将东北三省平均得分雷达图和全国平均得分雷达图均加以包围，说明东南三省平均在企态优化的五个分项上均优于东北三省平均和全国平均。东北三省在国企效率和企业实力上与东南三省的差距最大，分别落后了39.23和34.56，如表2.47和图2.34所示。

表2.47　2013—2017年六省企态优化方面分项指数平均得分

	国企效率	国企保增值	企业实力	民企规模	民企融资
辽宁	44.56	21.30	29.28	69.92	33.92
吉林	45.37	51.99	46.30	48.86	27.72
黑龙江	38.27	44.72	31.02	32.37	58.32
江苏	80.11	59.20	71.90	90.14	57.24
浙江	83.46	64.36	71.19	105.36	80.11
广东	82.32	66.03	67.16	51.57	78.41
东北三省平均	42.73	39.34	35.53	50.38	39.99
东南三省平均	81.96	63.20	70.09	82.36	71.92
各省平均	63.21	46.81	50.45	60.35	50.03
各省最高	110.16	79.79	101.57	105.36	86.12
各省最低	9.89	13.15	10.70	22.52	0.50

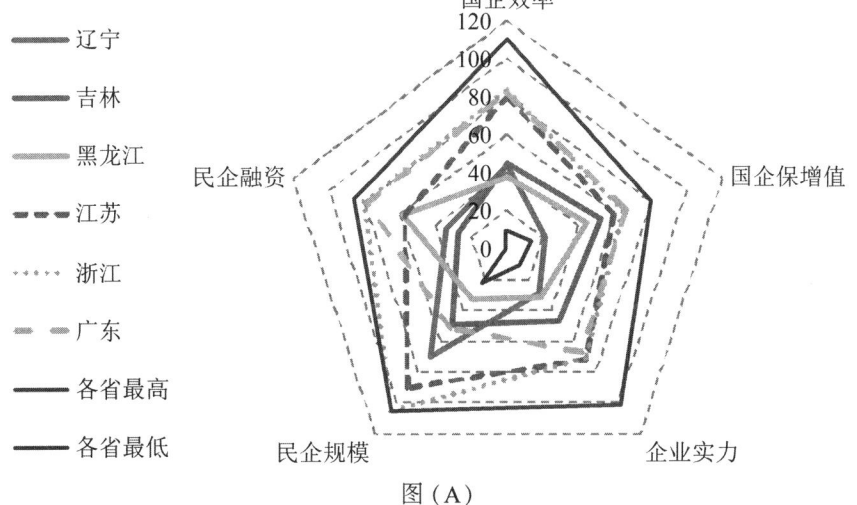

图（A）

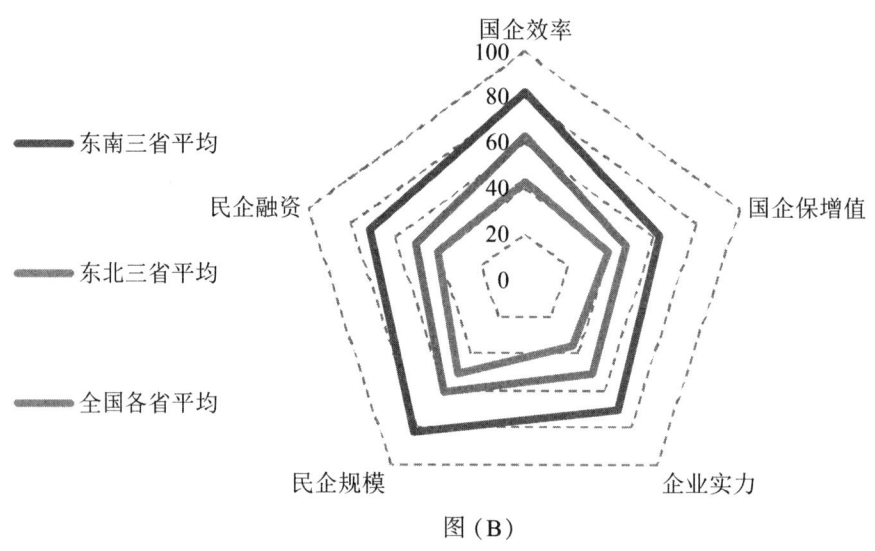

图(B)

图 2.34　2013—2017 年企态优化方面分项指数平均得分雷达图

分省来看，2013—2017 年，东南三省五个分项指数的得分基本都超过了全国平均（2013 年江苏省的国企保增值低于全国平均，2013—2016 年广东省的民企规模低于全国平均），发展相对均衡，仅民企规模优势不太明显；东北三省 2013—2017 年在五个分项指数的发展上非常不平衡，其中辽宁省最为突出，民企规模得分达到 69.92，国企保增值的得分仅为 21.3，吉林省相对均衡，使得该省在企态优化总得分上较高（五年平均为 44.05，但与全国平均水平仍然存在一定的差距，见表 2.44）；就东北三省企态优化分项指数而言，吉林省比较均衡，国企保增值相对较强，民企融资相对较弱，辽宁省民企规模相对较强，国企保增值、企业实力和民企融资相对薄弱，黑龙江省民企融资相对较强，国企效率、民企规模和企业实力均较为薄弱。总体而言，东北三省在所有五个分项指数上全面落后于东南三省，其中，国企效率存在的差距最大。

2013—2017 年，企态优化下五个分项指数的全国年平均值中，国企效率、民企规模和企业实力呈持续上升趋势，国企保增值和民企融资呈波动上升趋势；东南三省在国企效率分项指数上均处于全国前列，浙江省在国企效率、民企规模和民企融资上具有优势，广东省在国企效率上具有优势，江苏省在国企效率和民企规模上具有优势；浙江省的优势项目最多，使得浙江省在企态优化指数排名上居于全国第 2，东北三省五个分项指数的得分中，国企效率、民企规模和民企融资整体呈上升趋势，其他分项指数均有所起伏，具体见表 2.48。

表 2.48 2013—2017 年六省企态优化方面分项指数

分项指数	年份	辽宁 值/序	吉林 值/序	黑龙江 值/序	江苏 值/序	浙江 值/序	广东 值/序	全国平均 值
国企效率	2013	42.46/22	37.26/24	25.59/28	73.55/11	76.36/8	79.03/5	55.77
	2014	45.50/25▲	46.42/24▲	51.44/21▲	76.99/9▲	79.31/6▲	80.65/5▲	60.1▲
	2015	38.13/26▽	41.32/25▽	35.63/27▽	78.97/8▲	86.95/3▲	81.69/6▲	61.42▲
	2016	38.59/26▲	47.73/25▲	36.12/28▲	82.33/7▲	84.70/4▽	80.94/8▽	64.04▲
	2017	58.13/25▲	54.11/26▲	42.54/29▲	88.72/8▲	90.00/6▲	89.28/7▲	74.71▲
国企保增值	2013	22.27/30	58.03/11	80.75/3	47.99/18	57.12/13	57.44/12	50.45
	2014	21.99/29▽	72.09/8▲	78.18/4▽	48.61/15▲	51.80/14▽	54.26/12▽	48.18▽
	2015	18.93/28▽	50.35/11▽	22.37/23▽	65.75/6▲	61.81/7▲	67.10/5▲	41.16▽
	2016	19.84/29▲	51.57/11▲	17.50/30▽	67.01/6▲	75.69/5▲	76.30/4▲	41.82▲
	2017	23.48/28▲	27.94/25▽	24.76/27▲	66.63/11▽	75.39/6▽	75.05/8▽	52.43▲
企业实力	2013	28.11/21	35.69/20	18.80/27	63.24/9	62.98/10	62.55/11	44.96
	2014	29.15/25▲	42.71/17▲	21.55/27▲	67.99/6▲	65.83/9▲	65.93/8▲	47.24▲
	2015	32.23/26▲	49.36/17▲	32.50/25▲	73.58/6▲	69.48/7▲	69.38/8▲	50.63▲
	2016	29.65/27▽	51.47/17▲	38.74/24▲	76.83/4▲	78.15/3▲	65.38/1▽	53.26▲
	2017	27.23/28▽	52.26/18▲	43.48/24▲	77.88/4▲	79.54/3▲	72.55/7▲	56.15▲
民企规模	2013	66.19/6	32.42/25	20.44/29	73.42/4	93.66/1	33.12/23	47.75
	2014	66.99/6▲	30.24/25▽	17.09/30▽	73.57/5▲	94.99/1▲	33.81/24▲	49.65▲
	2015	64.16/10▽	37.38/24▲	11.75/31▽	74.54/5▲	98.17/1▲	38.02/23▲	52.09▲
	2016	77.18/12▲	71.07/16▲	50.78/25▲	105.34/2▽	107.66/1▲	66.91/18▲	70.50▲
	2017	75.05/21▽	73.16/22▲	61.77/25▲	123.83/2▲	132.34/1▲	86.02/14▲	81.79▲
民企融资	2013	16.80/30	18.93/29	67.40/14	71.89/10	81/4	79.74/6	56.29
	2014	18.49/28▲	21.73/25▲	55.59/12▽	56.68/11▽	80.95/4▽	76.58/8▽	48.71▽
	2015	23.86/24▲	48.45/15▲	45.48/16▽	54.96/12▽	79.04/4▽	78.13/6▲	47.24▽
	2016	41.32/18▲	27.00/22▽	46.73/15▲	47.37/14▽	78.70/5▽	78.61/6▲	45.91▽
	2017	69.15/12▲	22.51/27▽	76.40/7▲	55.31/17▲	80.88/2▲	78.99/4▲	52.03▲

注：表中符号"▲"表示本年的数据相对于前一年是增长的，符号"▽"表示本年的数据相对于前一年是减少的。

进一步统计升降符（▲或▽）的数量，对不同地区的发展态势及稳定性进行分析和对比可知，2013—2017年，六个省份的五项指数中▲的数量超过半数以上；东北三省五个分项指数中的一项▲的总数高于东南三省的总数（东北三省和东南三省的民企融资分别为8个和5个▲），四项低于东南三省（东北三省和东南三省的国企效率分别为9个和10个▲、国企保增值分别为5个和7个▲，企业实力分别为10个和11个▲，民企规模分别为7个和10个▲），东北地区总体发展稳定性略低于东南三省；就2017年而言，除国企效率和国企保增值以外，东北三省其余三项得分▲的数量均少于东南三省，2017年的整体发展态势不如东南三省；东北三省▲的总数量为11个，占东北三省升降符总数的73.33%，东南三省▲的总数量为12个，占80%，东北三省与东南三省基本持平。

2013—2017年，辽宁省▲的数量为13个，占65%，吉林省▲的数量为14个，占70%，黑龙江省▲的数量为12个，占60%，江苏省▲的数量为15个，占75%，浙江省▲的数量为13个，占65%，广东省▲的数量为15个，占75%，东北三省最优的吉林省上升势头超过了东南三省中上升较慢的浙江省；就东北三省而言，吉林省的发展稳定性较好，辽宁省次之，黑龙江省较弱。

2013—2017年，就东北三省而言，国企效率在三省发展水平相当，国企保增值发展较好的是辽宁省和吉林省，企业实力发展较好的是吉林省和黑龙江省，民企规模发展较好的是吉林省，民企融资发展较好的是辽宁省。

（1）国企效率

国企效率主要用国企劳均主营业务收入来予以衡量。国企劳均主营业务收入（单位：万元/人）反映一个地区国有控股工业企业单位劳动力的平均主营业务收入状况，是衡量该地区国企效率的核心指标，计算公式为国有控股工业企业主营业务收入与国有单位采矿业、制造业和电力业就业人数总和的比值。2013—2017年，全国平均国企劳均主营业务收入呈上升趋势，东北地区国企劳均主营业务收入在2013—2014年上升，2015年下降，2016—2017年再次上升，整体呈波动上升的趋势；总体而言，东北地区国企劳均主营业务收入明显落后于全国平均水平，并且差距呈进一步扩大趋势；东北三省国企劳均主营业务收入的发展趋势基本持平，均呈波动上升趋势；相对而言，吉林省发展较好，辽宁省次之，黑龙江省较弱；东北三省国企劳均主营业务收入与全国平均水平相差较大，且差距在逐渐扩大，具体如图2.35所示。

2013—2017年，东北三省国企劳均主营业务收入在全国31个省（直辖市、自治区）五年数据集（共155个指标值）中相对位置分布情况如图2.36所示。可见，东北三省五年（共15个数据）国企劳均主营业务收入的百分比排位位于50%以下的有15个，位于25%以下的有11个；此外，排位的最大值是2017年的辽宁省（40.5%），最小值是2013年的黑龙江省（7.1%），具体如图2.36所示。

2013—2017年，六个省份国企劳均主营业务收入由高到低依次为：浙江、广东、江苏、吉林、辽宁、黑龙江；六个省份普遍呈现波动上升趋势；东南三省国企劳均主营业

Ⅱ 评价报告

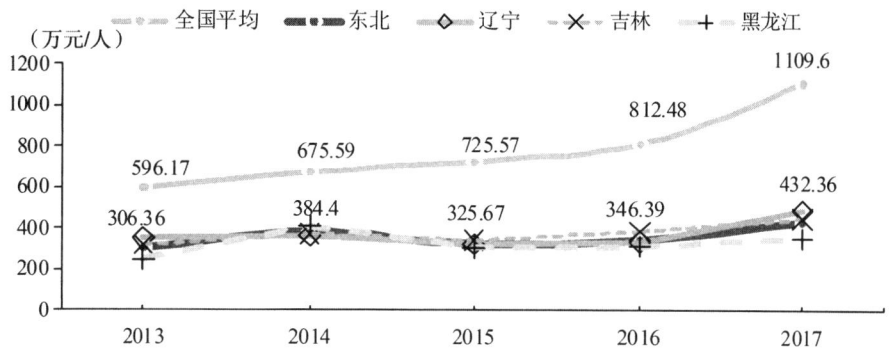

注：①全国平均指31个省（直辖市、自治区）的平均水平；②全国范围内，国企劳均主营业务收入最大值为2017年上海的3799.6141，最小值为2013年西藏的35.3125。

图 2.35 2013—2017 年国企劳均主营业务收入对比

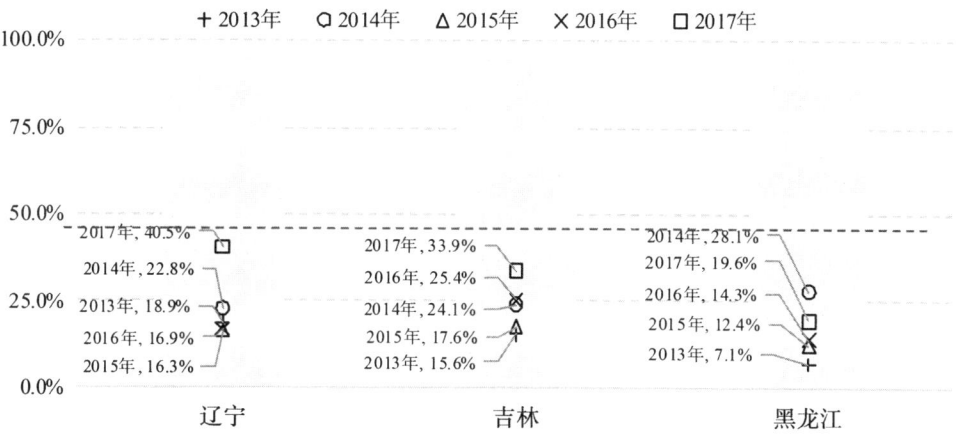

图 2.36 2013—2017 年东北三省国企劳均主营业务收入百分比排位图

务收入的整体发展水平明显高于东北地区，东南三省相对较低的江苏省依然优于东北地区最高的吉林省；国企劳均主营业务收入增幅最大的是江苏省（37.26%），增幅最小的是辽宁省（10.12%），吉林省和黑龙江省的增幅分别为10.29%和10.50%，具体如表2.49所示。

表 2.49 2013—2017 年六省国企劳均主营业务收入原始值及单年排名

	辽宁	吉林	黑龙江	江苏	浙江	广东	全国平均
	值/序	值/序	值/序	值/序	值/序	值/序	值
2013	350.0/22	319.2/24	249.9/28	669.7/11	783.3/8	972.9/5	596.2
2014	368.1/25	373.5/24	411.6/21	828.1/9	992.6/6	1088.3/5	675.6

(续表)

	辽宁 值/序	吉林 值/序	黑龙江 值/序	江苏 值/序	浙江 值/序	广东 值/序	全国平均 值
2015	324.3/26	343.2/25	309.5/27	968.4/8	1535.3/3	1161.8/6	725.6
2016	336.7/26	387.7/25	314.8/28	1213.8/7	1379.4/4	1114.7/8	812.5
2017	491.7/24	450.6/25	354.8/28	1667.8/8	1756.0/6	1706.6/7	1109.6
平均	374.1/24.6	374.8/24.6	328.1/26.4	1069.5/8.6	1289.3/5.4	1208.9/6.2	781.8

2013—2017年，四大区域国企劳均主营业务收入由高到低依次为：东部、西部、中部、东北；东部、西部、中部和东北地区国企劳均主营业务收入整体呈上升趋势，其中东部地区上升幅度最大；东北地区国企劳均主营业务收入与东部地区差距较大，具体如表2.50所示。

表2.50 2013—2017年四大经济区域国企劳均主营业务收入平均值及排名

	东北		东部		西部		中部	
	平均值	年排名	平均值	年排名	平均值	年排名	平均值	年排名
2013	306.36	24.7	905.78	9.5	486.30	18.0	444.79	18.5
2014	384.40	23.3	1063.25	9.0	524.14	18.3	478.02	19.3
2015	325.67	26.0	1167.01	8.9	556.19	18.2	528.57	18.5
2016	346.39	26.3	1374.26	8.6	575.49	18.4	583.21	18.3
2017	432.36	25.7	1881.46	8.8	832.83	17.0	636.50	19.2
平均	359.04	25.2	1278.35	9.0	594.99	18.0	530.69	18.8

2013—2017年，七大区域国企劳均主营业务收入由高到低依次为：华东、华北、华南、西北、西南、华中、东北；东北地区在2015年明显下降后在2016—2017年又恢复上升趋势，西北地区在2013—2016年持续下降后在2017年明显上升，华南、华东、华北、华中和西南地区普遍呈上升趋势，其中华东地区的增幅最大；就七个区域而言，东北地区处于中下水平，与最优的华东地区相比，差距较大，具体如表2.51所示。

表2.51 2013—2017年七大地理区域国企劳均主营业务收入平均值及排名

	东北 值/序	华北 值/序	华东 值/序	华南 值/序	华中 值/序	西北 值/序	西南 值/序
2013	306.4/24.7	820.0/9.8	927.6/8.5	507.0/18.3	346.9/22.0	634.7/13.6	363.0/22.2
2014	384.4/23.3	929.3/9.6	1094.1/7.8	589.8/17.3	390.5/22.8	606.2/15.3	443.4/22.0

（续表）

	东北 值/序	华北 值/序	华东 值/序	华南 值/序	华中 值/序	西北 值/序	西南 值/序
2015	325.7/26.0	970.2/11.0	1246.2/6.5	656.0/17.0	412.1/22.0	595.9/16.6	518.3/20.4
2016	346.4/26.3	1230.0/10.8	1411.3/6.2	667.4/17.0	457.0/21.5	570.3/17.2	569.8/20.6
2017	432.4/25.7	1645.8/9.6	2080.5/6.2	1135.0/15.0	596.5/19.8	734.9/17.6	778.8/19.4
平均	359.0/25.2	1119.1/10.2	1326.8/7.1	711.0/16.9	440.6/21.6	628.4/16.1	534.7/20.9

（2）国企保增值

由于缺乏区域内国家对国企的增资和减资的数据，直接准确计算国企保值增值率存在一定困难。因此，国企保值增值率国企保增值主要用国企利润率来予以衡量。国企利润率（单位：%）反映一个地区国有企业盈利能力，是衡量该地区国有企业保值增值率的核心指标，计算公式为该地区国有及国有控股工业企业利润总额与国有及国有控股工业企业主营业务收入的比值。2013—2017年，全国平均国企利润率呈波动上升趋势，东北地区呈波动下降趋势；东北地区国企利润率落后于全国平均水平；就东北三省而言，黑龙江省国企利润率呈波动下降趋势，自2015年开始，下降幅度增大，从高于全国平均下降到低于全国平均水平并在2016年出现负值，2017年显著上升；吉林省呈波动下降趋势，辽宁省整体呈波动上升趋势；就东北三省而言，吉林省较好，黑龙江省次之，辽宁省较弱，具体如图2.37所示。

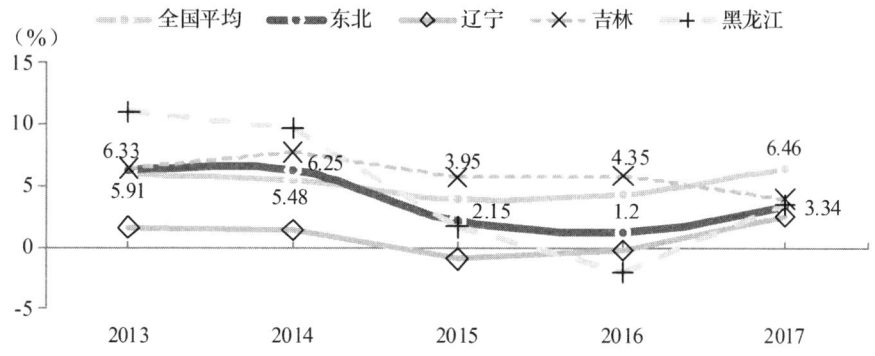

注：①全国平均指31个省（直辖市、自治区）的平均水平；②全国范围内（可采集到的数据），国企利润率最大值为2017年天津的19.83%，最小值为2015年西藏的-15.16%。

图2.37 2013—2017年国企利润率基本走势

2013—2017年，东北三省国企利润率在全国31个省（直辖市、自治区）连续五年数据集（共155个指标值）中相对位置分布情况如图3.10所示。可见，东北三省五年（共15个数据）国企利润率的百分比排位位于50%以下的有9个，位于25%以下的有7

个；排位的最大值是 2013 年的黑龙江省（94.8%），最小值是 2016 年的黑龙江省（3.2%），具体如图 2.38 所示。

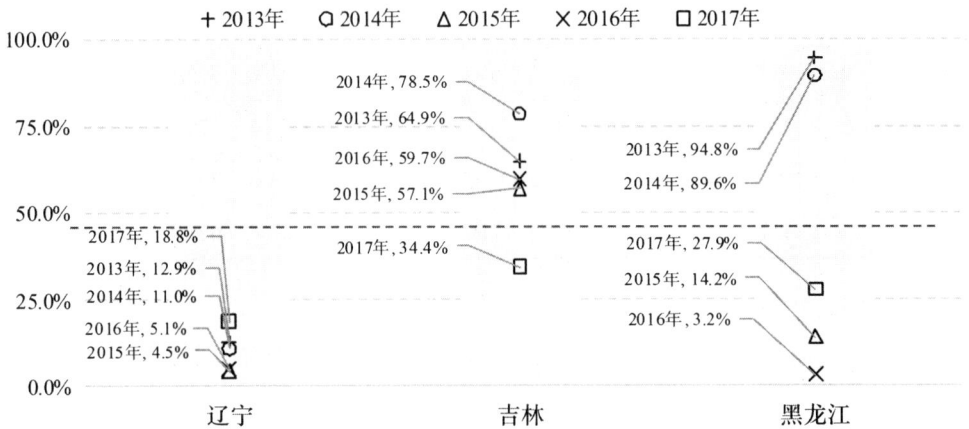

图 2.38 2013—2017 年东北三省国企利润率百分比排位图

2013—2017 年，六个省份国企利润率由高到低依次为：广东、浙江、江苏、吉林、黑龙江、辽宁；东南三省国企利润率发展普遍呈波动上升趋势，吉林省和黑龙江省国企利润率发展均呈波动下降趋势，辽宁省呈波动上升趋势；东南三省国企利润率的整体发展水平明显高于东北地区，东南三省相对较低的江苏省依然优于东北地区最高的吉林省；国企利润率增幅最大的是辽宁省（15.01%），降幅最大的是黑龙江省（-16.99%），吉林省的降幅为-9.60%，具体如表 2.52 所示。

表 2.52 2013—2017 年六省国企利润率原始值及单年排名

	辽宁	吉林	黑龙江	江苏	浙江	广东	全国平均
	值/序	值/序	值/序	值/序	值/序	值/序	值
2013	1.587/30	6.425/11	10.969/3	5.511/18	6.340/13	6.370/12	5.909
2014	1.373/29	7.738/8	9.648/4	5.562/15	5.843/14	6.073/12	5.476
2015	-0.925/28	5.707/11	1.662/23	7.146/6	6.778/7	7.272/5	3.954
2016	-0.224/29	5.837/11	-2.003/30	7.283/6	8.378/5	8.840/4	4.353
2017	2.540/28	3.957/25	3.516/27	7.269/11	8.231/6	8.078/8	6.456
平均	0.870/28.8	5.933/13.2	4.758/17.4	6.554/11.2	7.114/9.0	7.326/8.2	5.230

2013—2017 年，四大区域国企利润率由高到低依次为：东部、西部、东北、中部；东北地区国企利润率呈波动下降趋势，降幅为-11.83%，东部、西部和中部地区呈波动上升趋势，其中东部地区的增幅较大；东北地区国企利润率与东部地区差距较大，具体如表 2.53 所示。

表 2.53 2013—2017 年四大经济区域国企利润率平均值及排名

	东北		东部		西部		中部	
	平均值	年排名	平均值	年排名	平均值	年排名	平均值	年排名
2013	6.33	14.7	6.65	13.8	6.08	14.9	4.12	22.5
2014	6.25	13.7	7.50	12.3	4.58	16.4	3.51	22.5
2015	2.15	20.7	7.21	9.3	2.52	17.5	2.29	21.8
2016	1.20	23.3	7.00	9.1	3.52	18.1	3.19	19.7
2017	3.34	26.7	8.67	10.3	6.38	15.2	4.47	21.8
平均	3.85	19.8	7.41	11.0	4.62	16.4	3.52	21.7

2013—2017 年，七大区域国企利润率由高到低依次为：华南、华东、华北、西北、西南、华中、东北；华东、华北和西南地区呈波动上升趋势，东北、华南、华中和西北地区呈波动下降趋势；就七大区域而言，东北地区处于中下水平，与最优的华南地区相比，差距较大，具体如表 2.54 所示。

表 2.54 2013—2017 年七大地理区域国企利润率平均值及排名

	东北	华北	华东	华南	华中	西北	西南
	值/序	值/序	值/序	值/序	值/序	值/序	值/序
2013	6.33/14.7	5.67/16.2	5.86/16.7	7.06/13.3	4.43/21.5	8.41/10.8	3.94/18.2
2014	6.25/13.7	4.53/19.2	5.80/15.3	9.75/11.7	4.17/20.0	6.39/13.6	3.13/16.8
2015	2.15/20.7	3.50/18.8	5.96/11.7	8.39/7.7	3.11/20.0	2.65/20.0	2.41/13.4
2016	1.20/23.3	4.40/17.2	6.79/10.0	6.70/9.0	3.54/18.3	2.95/20.2	3.91/15.8
2017	3.34/26.7	9.69/10.2	7.10/12.7	6.24/14.7	4.41/21.5	4.85/20.2	7.69/11.6
平均	3.85/19.8	5.56/16.3	6.30/13.3	7.63/11.3	3.93/20.3	5.05/17.0	4.22/15.2

（3）企业实力

①百万人上市公司数（单位：个/百万人）。百万人上市公司数反映一个地区单位人口所占有的上市公司数量，是衡量地区企业实力的重要指标，计算公式为地区当年所有上市公司数量与地区总人口（百万人）的比值。2013—2017 年，全国百万人上市公司数的平均水平呈平稳上升趋势，东北地区在 2013—2015 年呈缓慢上升趋势、在 2016—2017 年下降幅度较为明显、整体呈波动下降趋势；东北三省明显低于全国平均水平，且差距在进一步拉大；就东北三省而言，吉林省和黑龙江省均呈平稳上升趋势，辽宁省在

2016—2017 年急剧下降,导致东北地区整体水平在 2016—2017 年有所下降;相对而言,吉林省优势较明显,辽宁省次之,黑龙江省较弱。总体而言,东北三省的百万人上市公司数与全国平均水平差距较大,且这种差距呈进一步扩大的趋势,具体如图 2.39 所示。

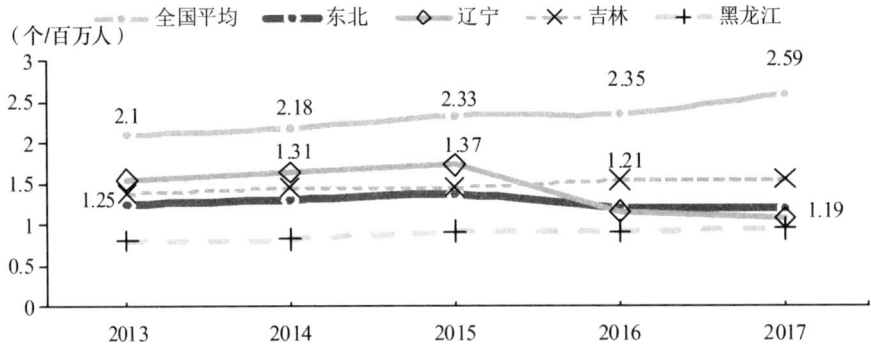

注:①全国平均指 31 个省(直辖市、自治区)的平均水平;②全国范围内(可采集到的数据),百万人上市公司数最大值为 2017 年北京的 14.0949,最小值为 2015 年贵州的 0.5949。

图 2.39　2013—2017 年百万人上市公司数基本走势

2013—2017 年,东北三省百万人上市公司数在全国 31 个省(直辖市、自治区)连续五年数据集(共 155 个指标值)中相对位置分布情况如图 3.12 所示。可见,东北三省五年(共 15 个数据)百万人上市公司数的百分比排位处于 50% 以下的数量为 10 个,其中有 5 个位于 25% 以下;排位的最大值是 2015 年的辽宁省(63.6%),最小值是 2013 年的黑龙江省(18.1%),具体如图 2.40 所示。

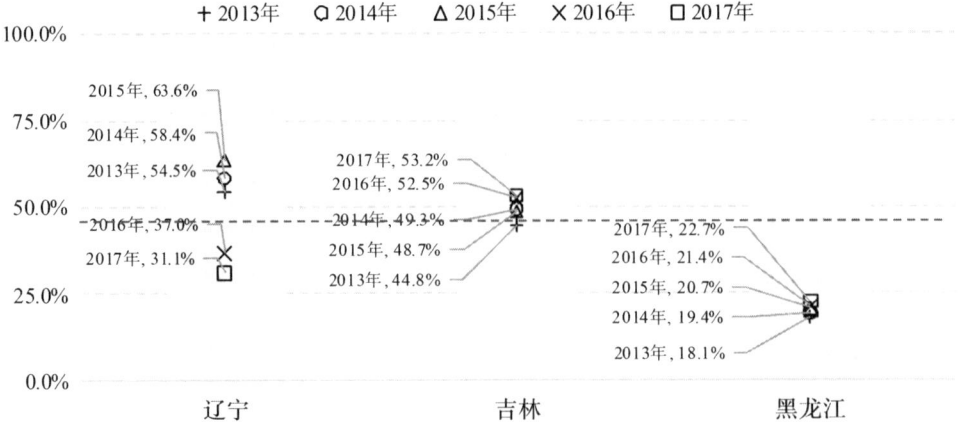

图 2.40　2013—2017 年东北三省百万人上市公司数百分比排位图

2013—2017 年,六个省份百万人上市公司数由高到低依次为:浙江、江苏、广东、吉林、辽宁、黑龙江;辽宁省和广东省呈波动下降趋势,吉林、黑龙江、江苏和浙江省呈波动上升趋势;东南三省较低的广东省依然高于东北地区较高的吉林省;百万人上市公司数增幅最大的是江苏省（15.18%），降幅较大的是辽宁省（-7.64%），黑龙江省和辽宁省的增幅分别为4.38%和2.98%，具体如表2.55所示。

表2.55 2013—2017年六省百万人上市公司数原始值及单年排名

	辽宁	吉林	黑龙江	江苏	浙江	广东	全国平均
	值/序	值/序	值/序	值/序	值/序	值/序	值
2013	1.549/14	1.381/16	0.808/25	2.960/6	4.493/3	3.448/4	2.103
2014	1.640/13	1.453/16	0.835/25	3.204/5	4.829/3	3.637/4	2.179
2015	1.734/12	1.453/16	0.918/25	3.473/5	5.398/3	3.917/4	2.325
2016	1.165/21	1.537/15	0.921/25	3.963/5	5.009/3	2.191/8	2.346
2017	1.076/22	1.546/17	0.950/25	4.758/4	6.046/3	2.668/8	2.590
平均	1.433/16.4	1.474/16	0.887/25	3.671/5	5.155/3	3.172/5.6	2.308

2013—2017年，四个区域百万人上市公司数由高到低依次为：东部、西部、东北、中部；东北区域呈波动下降趋势，东部、西部以及中部地区普遍呈整体上升趋势，其中东部地区增幅最大，中部地区增幅最小；东北地区百万人上市公司数与东部地区差距明显，具体如表2.56所示。

表2.56 2013—2017年四大经济区域百万人上市公司数平均值及排名

	东北		东部		西部		中部	
	平均值	年排名	平均值	年排名	平均值	年排名	平均值	年排名
2013	1.25	18.3	3.96	8.1	1.31	19.3	1.02	21.5
2014	1.31	18.0	4.15	8.1	1.32	19.3	1.05	21.7
2015	1.37	17.7	4.48	8.2	1.38	19.4	1.11	21.3
2016	1.21	20.3	4.41	8.6	1.50	18.7	1.16	20.8
2017	1.19	21.3	5.01	8.2	1.60	18.8	1.24	20.7
平均	1.26	19.1	4.40	8.2	1.42	19.1	1.12	21.2

2013—2017年，七个区域百万人上市公司数由高到低依次为：华东、华北、华南、西北、西南、东北、华中；东北、华东、华南地区在2016年有所下降，东北地区在2017年依旧呈下降趋势，其他四个区域普遍呈平稳上升趋势，其中华东地区的增幅最大；就七个区域而言，东北地区排名靠后，与最优的华东地区相比，差距较大，具体如表2.57所示。

表 2.57 2013—2017 年七大地理区域百万人上市公司数平均值及排名

	东北	华北	华东	华南	华中	西北	西南
	值/序	值/序	值/序	值/序	值/序	值/序	值/序
2013	1.25/18.3	3.11/16.6	3.49/8.3	2.33/13.3	0.98/22.0	1.46/15.4	1.35/20.6
2014	1.31/18.0	3.26/16.8	3.64/8.5	2.43/13.3	1.00/22.0	1.48/15.2	1.36/20.6
2015	1.37/17.7	3.51/17.0	3.97/8.3	2.54/13.0	1.05/22.0	1.50/15.4	1.46/20.8
2016	1.21/20.3	3.72/16.8	3.95/8.5	2.03/14.0	1.11/21.3	1.58/14.6	1.67/20.0
2017	1.19/21.3	4.01/16.8	4.64/7.7	2.21/14.7	1.19/21.3	1.70/14.8	1.78/19.8
平均	1.26/19.1	3.52/16.8	3.94/8.3	2.31/13.7	1.07/21.7	1.54/15.1	1.53/20.4

②上市公司资产比重（单位:%）。上市公司资产比重反映一个地区上市公司资产情况，是衡量该地区企业实力的重要指标，计算公式为地区当年所有上市公司总资产与地区生产总值的比值。2013—2017 年，全国上市公司资产比重的平均水平呈波动上升趋势，东北地区上市公司资产比重的平均水平呈上升趋势；东北地区全面落后于全国平均水平，差距基本保持不变；就东北三省而言，辽宁省、吉林省和黑龙江省整体呈微弱的波动上升趋势，且三省水平基本相当，黑龙江省较好，吉林省次之，辽宁省较弱。总体而言，东北地区的上市公司资产比重显著低于全国平均水平，具体如图 2.41 所示。

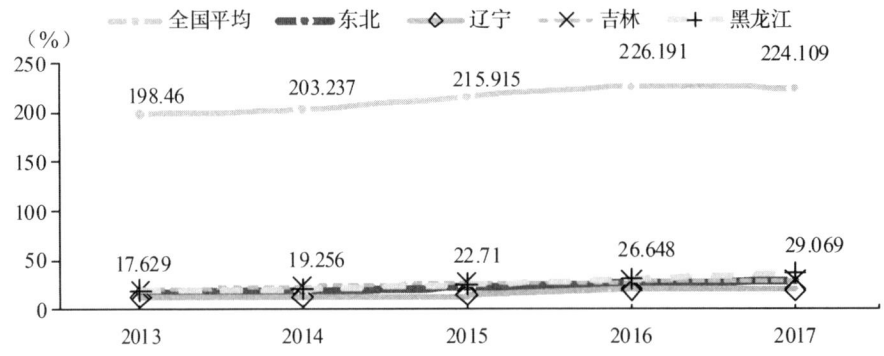

注：①全国平均指 31 个省（直辖市、自治区）的平均水平；②全国范围内（可采集到的数据），上市公司资产比重最大值为 2016 年北京市的 4743.94%，最小值为 2013 年陕西省的 12.39%。

图 2.41 2013—2017 年上市公司资产比重基本走势

2013—2017 年，东北三省上市公司资产比重在全国 31 个省（直辖市、自治区）连续五年数据集（共 155 个指标值）中相对位置分布情况如图 2.42 所示。可见，东北三省五年（共 15 个数据）上市公司资产比重百分比排位处于 50% 以下的有 14 个，其中有 9

个位于25%以下；排位的最大值是2017年的黑龙江省（57.1%），最小值是2013年的辽宁省（0.6%），具体如图2.42所示。

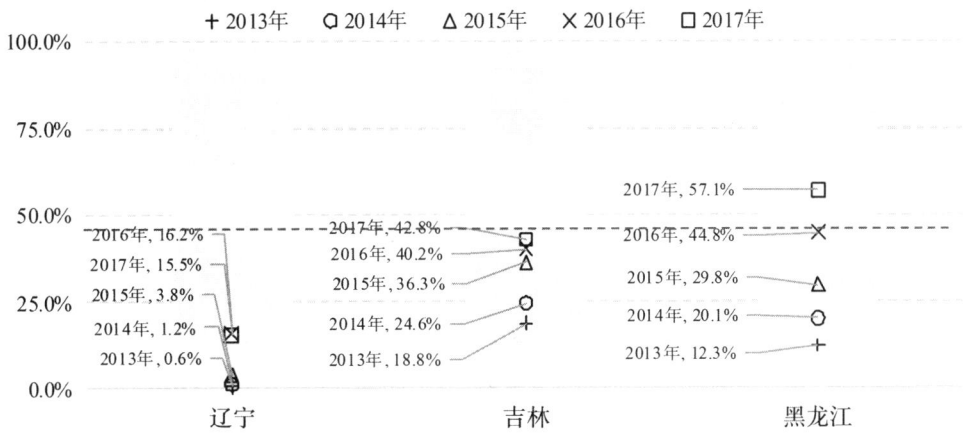

图2.42 2013—2017年东北三省上市公司资产比重百分比排位图

2013—2017年，六个省份上市公司资产比重由高到低依次为：江苏、浙江、广东、黑龙江、吉林、辽宁；2013—2017年，东南三省和东北三省上市公司资产比重普遍呈上升趋势；东南三省上市公司资产比重较低的广东省依然高于东北地区最高的黑龙江省；上市公司资产比重增幅最大的是江苏省（43.01%），增幅最小的是吉林省（11.58%），辽宁省和黑龙江省的增幅分别为13.33%和23.05%，具体如表2.58所示。

表2.58 2013—2017年六省上市公司资产比重原始值及单年排名

| | 辽宁 | 吉林 | 黑龙江 | 江苏 | 浙江 | 广东 | 全国平均 |
	值/序	值/序	值/序	值/序	值/序	值/序	值
2013	13.024/30	20.452/22	19.412/25	28.794/12	27.141/16	27.702/15	198.460
2014	13.102/31	23.847/21	20.820/25	35.887/10	29.002/15	31.672/14	203.237
2015	14.666/31	27.754/20	25.709/22	44.268/10	33.639/16	36.595/11	215.915
2016	20.073/27	28.816/23	31.054/21	76.384/6	54.916/10	40.260/14	226.191
2017	19.969/28	29.928/23	37.309/21	78.329/6	62.784/9	44.467/14	224.109
平均	16.167/29.4	26.159/21.8	26.861/23	52.732/8.8	41.496/13.2	36.139/13.6	213.582

2013—2017年，四个区域上市公司资产比重由高到低依次为：东部、西部、中部、东北；东部地区呈波动上升趋势，东北、西部和中部呈上升趋势，其中东北地区上升幅度最大，东部地区上升幅度最小；东北地区上市公司资产比重与东部地区差距悬殊，具体如表2.59所示。

表 2.59　2013—2017 年四大经济区域上市公司资产比重平均值及排名

	东北		东部		西部		中部	
	平均值	年排名	平均值	年排名	平均值	年排名	平均值	年排名
2013	17.63	25.7	556.51	10.5	31.14	16.9	26.77	18.5
2014	19.26	25.7	566.32	10.0	34.03	17.0	28.51	19.2
2015	22.71	24.3	596.15	10.8	39.46	16.5	31.69	19.5
2016	26.65	23.7	620.89	9.2	43.35	17.5	33.81	20.5
2017	29.07	24.3	610.19	8.7	46.00	17.3	34.38	21.3
平均	23.06	24.7	590.01	9.8	38.80	17.1	31.03	19.8

2013—2017 年，七个区域上市公司资产比重由高到低依次为：华北、华东、西北、华南、西南、华中、东北；其中，华北地区均呈波动上升趋势，其余地区均呈上升趋势；就七个区域而言，东北地区排名处于中下水平，与最优的华北地区相比，差距悬殊，具体如表 2.60 所示。

表 2.60　2013—2017 年七大地理区域上市公司资产比重平均值及排名

	东北	华北	华东	华南	华中	西北	西南
	值/序	值/序	值/序	值/序	值/序	值/序	值/序
2013	17.63/25.7	930.03/11.8	154.35/11.3	34.12/16.0	20.51/22.8	36.93/15.4	30.80/15.2
2014	19.26/25.7	942.27/11.0	160.90/10.8	37.41/16.0	21.23/24.0	42.03/14.6	31.71/16.4
2015	22.71/24.3	971.87/10.6	188.75/11.7	39.73/15.3	23.40/24.3	50.80/14.0	33.32/17.4
2016	26.65/23.7	985.63/10.8	215.90/8.7	50.58/16.7	24.51/25.5	51.18/17.2	40.55/16.2
2017	29.07/24.3	962.38/10.2	216.27/8.8	53.54/16.7	26.23/25.8	53.21/17.0	43.82/16.2
平均	23.06/24.7	958.44/10.9	187.23/10.3	43.08/16.1	23.18/24.5	46.83/15.6	36.04/16.3

（4）民企规模

①民企资产占比（单位:%）。民企资产占比反映一个地区社会总资产中的民企资产情况，是衡量地区民企规模的重要指标，计算公式为地区民企资本与社会总资本的比值。2013—2017 年，全国和东北地区民企资产占比的平均水平均呈波动上升趋势；东北地区落后于全国平均水平，且差距有进一步扩大的趋势；就东北三省而言，辽宁省年呈波动下降趋势，吉林省和黑龙江省呈波动上升趋势；相对而言，辽宁省较好，吉林省次之，黑龙江省较弱；总体而言，东北地区的民企资产占比略低于全国平均水平，但差距在扩

大，具体如图 2.43 所示。

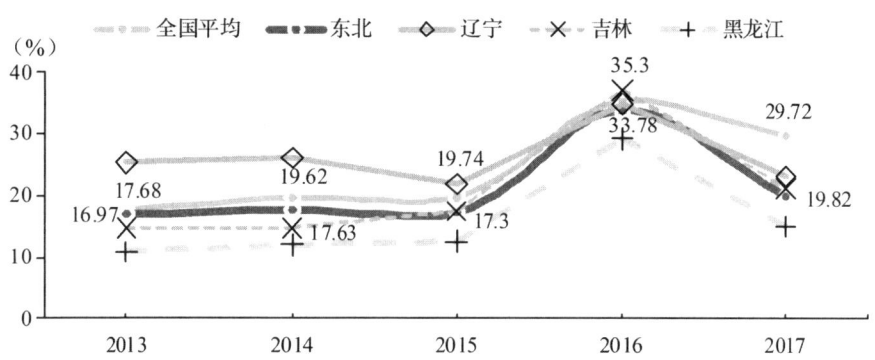

注：①全国平均指 31 个省（直辖市、自治区）的平均水平；②全国范围内（可采集到的数据），民企资产占比最大值为 2016 年江苏的 300.06%，最小值为 2016 年内蒙古的 1.91%。

图 2.43　2013—2017 年民企资产占比基本走势

2013—2017 年，东北三省民企资产占比在全国 31 个省（直辖市、自治区）连续五年数据集（共 155 个指标值）中相对位置分布情况如图 2.44 所示。可见，东北三省五年（共 15 个数据）民企资产占比的百分比排位处于 50% 以下的数量有 7 个，其中有 3 个位于 25% 以下；排位的最大值是 2016 年的吉林省（87.6%），最小值是 2013 年的黑龙江省（15.5%）。

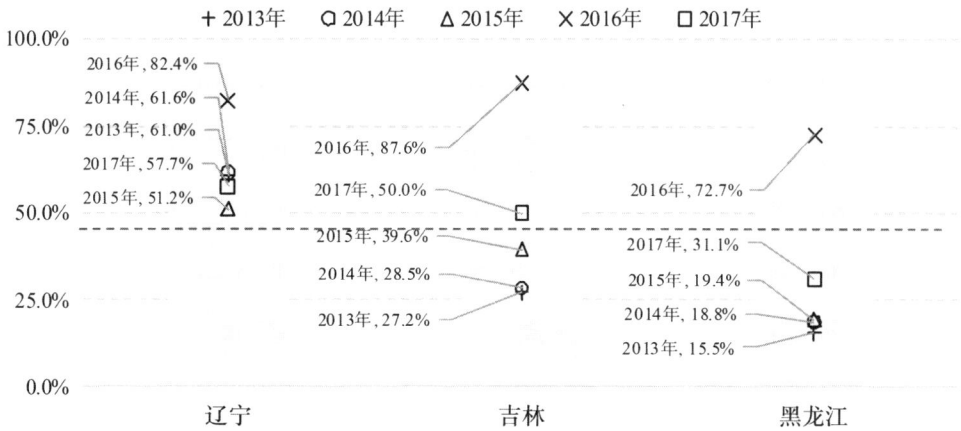

图 2.44　2013—2017 年东北三省民企资产占比百分比排位图

2013—2017 年，六个省份民企资产占比的取值由高到低依次为：浙江、江苏、辽宁、广东、吉林、黑龙江；东南三省整体呈波动上升趋势；东北三省整体呈波动上升趋势，但增幅明显低于东南三省；民企资产占比增幅最大的是广东省（55.72%），降幅最大的是辽宁省（-2.13%），黑龙江省和吉林省的增幅分别为 9.69% 和 11.01%，具体如表 2.61 所示。

表 2.61 2013—2017 年六省民企资产占比原始值及单年排名

	辽宁	吉林	黑龙江	江苏	浙江	广东	全国平均
	值/序	值/序	值/序	值/序	值/序	值/序	值
2013	25.322/7	14.727/18	10.867/24	27.877/4	37.942/1	14.107/21	17.681
2014	26.107/11	14.756/22	12.036/24	30.533/4	36.876/1	15.607/19	19.623
2015	21.842/12	17.518/18	12.539/25	30.450/6	35.580/2	16.381/19	19.744
2016	34.941/11	37.168/6	29.242/15	46.952/2	300.056/1	22.917/20	35.299
2017	23.165/16	21.213/18	15.078/25	62.002/2	66.580/1	45.546/10	29.719
平均	26.275/11.4	21.076/16.4	15.952/22.6	39.563/3.6	95.407/1.2	22.912/17.8	24.413

2013—2017 年，四个区域民企资产占比由高到低依次为：中部、东部、东北、西部；东北和东部地区呈波动上升趋势，西部和中部地区呈上升趋势，其中，东部地区上升幅度最大，东北地区上升幅度最小；东北地区民企资产占比与中部地区差距较大，具体如表 2.62 所示。

表 2.62 2013—2017 年四大经济区域民企资产占比平均值及排名

	东北		东部		西部		中部	
	平均值	年排名	平均值	年排名	平均值	年排名	平均值	年排名
2013	16.97	16.3	17.97	16.5	14.81	18.7	23.29	9.7
2014	17.63	19.0	20.04	15.6	16.34	18.8	26.50	9.5
2015	17.30	18.3	19.86	15.8	16.48	19.0	27.31	9.2
2016	33.78	10.7	54.31	14.8	20.34	21.3	34.29	10.2
2017	19.82	19.7	36.43	13.4	21.86	20.4	39.22	9.7
平均	21.10	16.8	29.72	15.2	17.97	19.6	30.12	9.6

2013—2017 年，七个区域民企资产占比由高到低依次为：华东、华中、东北、华南、华北、西南、西北；七个区域普遍呈上升趋势，其中华南地区的增幅最大；就七个区域而言，东北地区处于中上水平，与最优的华东地区相比，差距明显，具体如表 2.63 所示。

表 2.63 2013—2017 年七大地理区域民企资产占比平均值及排名

	东北	华北	华东	华南	华中	西北	西南
	值/序	值/序	值/序	值/序	值/序	值/序	值/序
2013	16.97/16.3	14.85/19.6	23.89/10.5	12.53/21.7	24.32/8.3	14.00/18.6	14.96/19.0
2014	17.63/19.0	17.44/17.8	26.55/9.8	13.82/20.7	27.46/8.3	15.06/20.4	16.46/18.8
2015	17.30/18.3	16.45/18.6	26.44/10.2	14.32/20.3	29.17/7.5	15.38/20.2	16.54/19.0
2016	33.78/10.7	22.91/17.4	78.55/9.3	23.38/20.0	32.23/12.3	22.28/20.0	19.32/22.4
2017	19.82/19.7	20.77/20.6	47.11/7.7	29.46/17.3	43.88/7.0	20.20/21.6	22.09/20.0
平均	21.10/16.8	18.48/18.8	40.51/9.5	18.70/20	31.41/8.7	17.39/20.2	17.87/19.8

②民企数量占比（单位:%）。民企数量占比反映一个地区的民企数量情况，是衡量地区民企规模的重要指标，计算公式为地区当年私营企业法人单位数与企业法人单位数的比值。2013—2017 年，全国民企数量占比的平均水平在 2014 年大幅度下降之后又平稳上升，东北地区呈平稳上升趋势；东北地区略微落后于全国平均水平，且差距在逐渐缩小；相对而言，辽宁省较好（除 2017 年之外均高于全国平均水平），吉林省次之，黑龙江省较弱。总体而言，东北地区的民企数量占比以较小差距低于于全国平均水平，且差距呈缩小趋势，具体如图 2.45 所示。

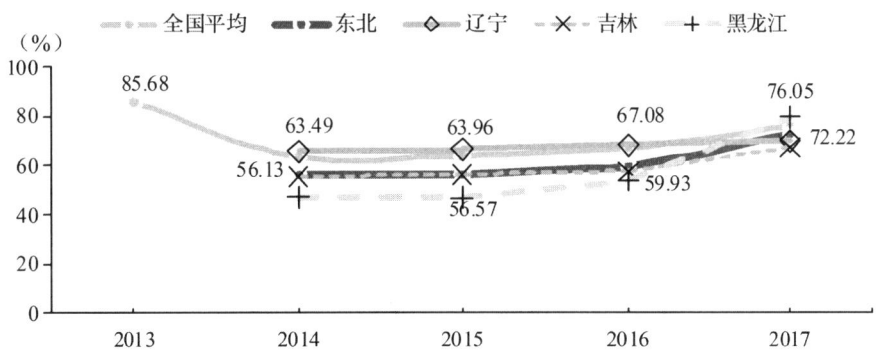

注：①全国平均指 31 个省（直辖市、自治区）的平均水平；②全国范围内（2013 年数据缺失），民企数量占比最大值为 2017 年浙江的 92.33%，最小值为 2015 年海南的 42.17%。③东北三省民企数量占比 2013 年未收集到数据。

图 2.45 2013—2017 年民企数量占比基本走势

2013—2017 年，东北三省民企数量占比在全国 31 个省（直辖市、自治区）连续四年数据集（共 124 个指标值）中相对位置分布情况如图 2.46 所示。可见，东北三省四年（共 12 个数据）民企数量占比的百分比排位处于 50% 以下的数量有 9 个，其中有 6 个位于 25% 以下；排位的最大值是 2017 年的黑龙江省（79.8%），最小值是 2015 年的黑龙江省（3.2%）。

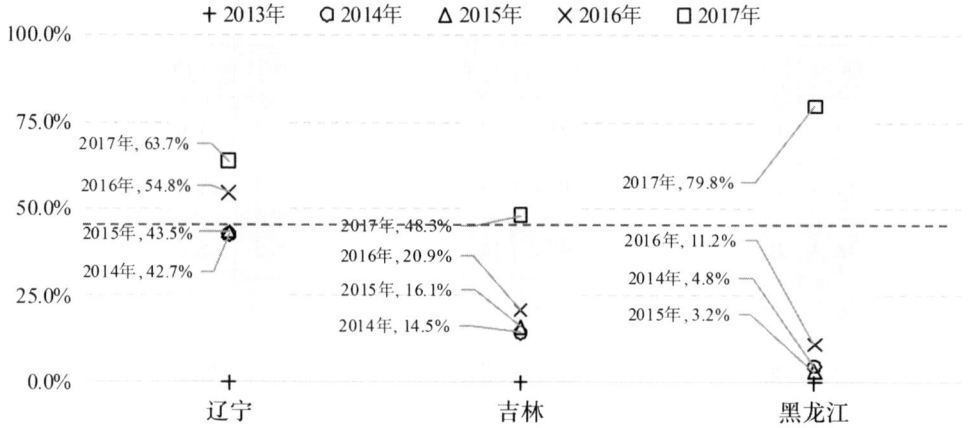

图 2.46　2013—2017 年东北三省民企数量占比百分比排位图

2013—2017 年，六个省份民企数量占比由高到低依次为：浙江、江苏、辽宁、广东、吉林、黑龙江；东南三省整体呈上升趋势；东北三省整体呈上升趋势；民企数量占比增幅最大的是黑龙江省（22.91%），增幅最小的是广东省（0.29%），辽宁省和吉林省的增幅分别为 2.09% 和 7.08%，具体如表 2.64 所示。

表 2.64　2013—2017 年六省民企数量占比原始值及单年排名

	辽宁	吉林	黑龙江	江苏	浙江	广东	全国平均
	值/序	值/序	值/序	值/序	值/序	值/序	值
2013	#N/A	#N/A	#N/A	#N/A	85.678/1	#N/A	85.678
2014	65.793/13	55.496/25	47.102/30	82.420/2	86.781/1	63.073/16	63.485
2015	66.516/13	56.431/24	46.748/30	82.865/2	87.526/1	63.949/17	63.964
2016	68.201/16	57.733/25	53.843/28	84.637/2	90.978/1	63.944/21	67.082
2017	69.910/19	67.278/25	79.470/14	89.312/6	92.329/1	63.618/28	76.053
平均	67.605/15.3	59.235/24.8	56.791/25.5	84.808/3	88.659/1	63.646/20.5	67.790

2013—2017 年，四个区域民企数量占比由高到低依次为：东部、中部、西部、东北；在不考虑有缺失值的 2013 年的情况下，四个区域普遍呈上升趋势，其中，东北地区上升幅度最大，东部地区下降幅度最大；东北地区民企数量占比与东部地区存在一定差距，具体如表 2.65 所示。

表 2.65 2013—2017 年四大经济区域民企数量占比平均值及排名

	东北		东部		西部		中部	
	平均值	年排名	平均值	年排名	平均值	年排名	平均值	年排名
2013	#N/A	0.0	85.68	1.0	#N/A	0.0	#N/A	0.0
2014	56.13	22.7	68.67	11.8	61.35	17.8	62.79	16.2
2015	56.57	22.3	68.96	11.7	62.63	17.3	61.99	17.5
2016	59.93	23.0	71.00	13.1	65.85	17.2	66.60	15.0
2017	72.22	19.3	75.42	16.1	76.95	15.6	77.24	15.0
平均	61.21	21.8	71.37	12.9	66.70	16.9	67.15	15.9

2013—2017 年，七个区域民企数量占比由高到低依次为：华东、华北、西南、西北、华南、华中、东北；七个区域普遍呈现上升趋势；就七个区域而言，东北地区排名处于末位，与最优的华东地区相比，差距明显，具体如表 2.66 所示。

表 2.66 2013—2017 年七大地理区域民企数量占比平均值及排名

	东北	华北	华东	华南	华中	西北	西南
	值/序	值/序	值/序	值/序	值/序	值/序	值/序
2013	#N/A	#N/A	85.68/1	#N/A	#N/A	#N/A	#N/A
2014	56.13/22.7	63.94/15.2	75.31/6.2	61.24/17.3	59.15/20.3	59.17/18.8	62.38/17.6
2015	56.57/22.3	65.48/14.6	75.75/6.5	60.98/17.7	57.12/22.0	59.90/18.4	64.06/16.8
2016	59.93/23.0	69.36/14.6	78.25/7.3	62.20/19.3	61.05/19.0	62.62/19.2	67.91/16.0
2017	72.22/19.3	77.73/14.8	82.99/10.5	66.93/20.7	73.72/18.3	75.21/17.2	76.53/16.0
平均	61.21/21.8	69.13/14.8	78.38/7.4	62.84/18.8	62.76/19.9	64.23/18.4	67.72/16.6

③民企就业占比（单位:%）。民企就业占比反映一个地区民营企业创造就业机会的情况，是衡量地区民企规模的重要指标，计算公式为地区民企就业人数与总就业人数的比值。2013—2017 年，全国民企就业占比的平均水平呈上升趋势，东北地区呈平稳提升趋势（2015 年略有下降）；东北地区落后于全国平均水平；就东北三省而言，辽宁省呈整体上升趋势，吉林省呈平稳上升趋势，黑龙江省呈波动上升趋势；相对而言，吉林省最优，辽宁省次之，黑龙江省较弱。总体而言，东北地区的民企就业占比略低于全国平均水平，差距基本保持不变，具体如图 2.47 所示。

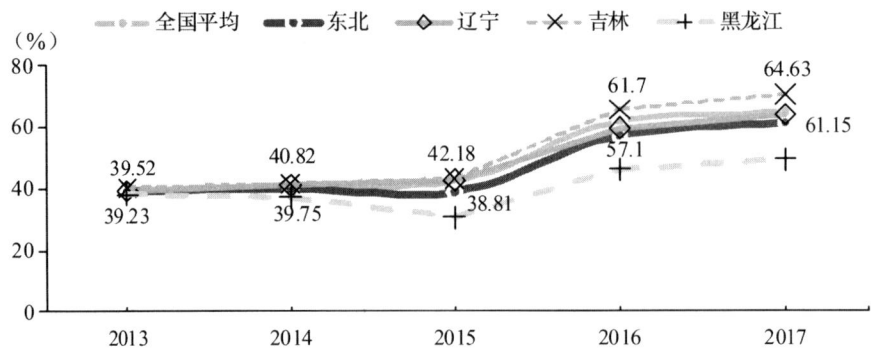

注：①全国平均指31个省（直辖市、自治区）的平均水平；②全国范围内（可采集到的数据），民企就业占比最大值为2017年西藏的75.06%，最小值为2013年天津的25.94%。

图 2.47　2013—2017年民企就业占比基本走势

2013—2017年，东北三省民企就业占比在全国31个省（直辖市、自治区）连续五年数据集（共155个指标值）中相对位置的分布情况如图2.48所示。可见，东北三省五年（共15个数据）民企就业占比的百分比排位处于50%以下的数量有9个，其中有5个位于25%以下；排位的最大值是2017年的吉林省（94.1%），最小值是2015年的黑龙江省（1.9%）。

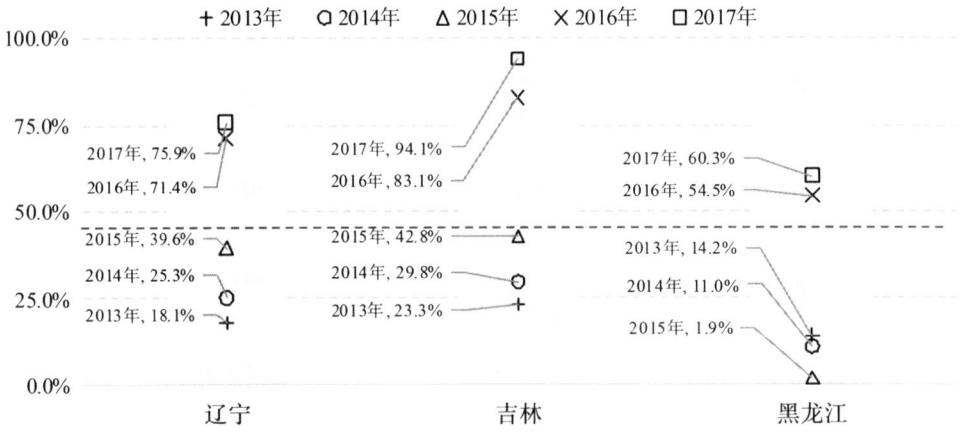

图 2.48　2013—2017年东北三省民企就业占比百分比排位图

2013—2017年，六个省份民企就业占比由高到低依次为：浙江、江苏、吉林、广东、辽宁、黑龙江；东南三省整体呈上升趋势；东北三省整体呈上升趋势，但增幅明显低于东南三省；民企就业占比增幅最大的是广东省（22.33%），增幅最小的是黑龙江省（7.33%），辽宁省和吉林省的增幅分别为15.7%和18.56%，具体如表2.67所示。

表 2.67 2013—2017 年六省民企就业占比原始值及单年排名

	辽宁	吉林	黑龙江	江苏	浙江	广东	全国平均
	值/序	值/序	值/序	值/序	值/序	值/序	值
2013	39.174/18	40.346/16	38.185/21	44.421/4	45.841/2	35.941/26	39.520
2014	40.893/17	41.363/14	37.004/28	43.629/8	46.026/3	38.247/25	40.822
2015	42.695/15	43.101/13	30.634/30	44.157/11	48.390/5	40.169/25	42.185
2016	59.620/22	65.635/9	46.038/30	67.530/6	70.747/3	65.014/13	61.703
2017	63.775/22	70.300/7	49.387/30	69.570/8	71.882/3	68.042/10	64.627
平均	49.231/18.8	52.149/11.8	40.249/27.8	53.861/7.4	56.577/3.2	49.482/19.8	49.771

2013—2017 年，四个区域民企就业占比由高到低依次为：西部、中部、东部、东北；四个区域普遍呈上升趋势，其中，东部地区增幅最大，东北地区增幅最小；东北地区民企就业占比与西部地区差距较大，具体如表 2.68 所示。

表 2.68 2013—2017 年四大经济区域民企就业占比平均值及排名

	东北		东部		西部		中部	
	平均值	年排名	平均值	年排名	平均值	年排名	平均值	年排名
2013	39.23	18.3	38.55	17.2	40.05	14.8	40.21	15.2
2014	39.75	19.7	40.13	16.8	41.17	15.2	41.81	14.5
2015	38.81	19.3	42.30	16.1	42.72	15.1	42.61	16.0
2016	57.10	20.3	62.17	15.2	62.94	15.3	60.75	16.7
2017	61.15	19.7	65.13	14.8	65.69	15.5	63.41	17.2
平均	47.21	19.5	49.66	16.0	50.51	15.2	49.76	15.9

2013—2017 年，七个区域民企就业占比由高到低依次为：西南、华东、华南、华中、东北、西北、华北；七个区域普遍呈上升趋势，其中西北地区增幅最大；就七个区域而言，东北地区排名偏中后，与最优的西南地区相比，有一定差距，具体如表 2.69 所示。

2018 东北老工业基地全面振兴进程评价报告

表 2.69 2013—2017 年七大地理区域民企就业占比平均值及排名

	东北	华北	华东	华南	华中	西北	西南
	值/序	值/序	值/序	值/序	值/序	值/序	值/序
2013	39.24/18.3	35.37/23.8	41.97/10.3	39.73/17.0	40.76/13.0	37.28/20.8	42.03/10.6
2014	39.75/19.7	37.43/21.6	43.13/10.5	40.48/18.3	42.42/13.0	38.38/21.4	43.47/10.4
2015	38.81/19.3	38.96/22.0	45.18/11.0	42.38/17.0	43.13/14.3	38.89/20.8	46.27/10.0
2016	57.10/20.3	56.04/23.0	66.72/9.0	64.14/16.0	60.28/16.8	57.52/21.0	67.96/9.2
2017	61.15/19.7	59.72/21.8	69.22/9.2	66.66/15.3	62.99/17.8	63.32/18.6	67.50/12.6
平均	47.21/19.5	45.50/22.4	53.24/10	50.68/16.7	49.92/15	47.08/20.5	53.45/10.6

（5）民企融资

民企融资主要运用民企与国企资产负债率比来予以衡量。民企与国企资产负债率比反映一个地区民营企业与国有企业资产负债率的对比情况，是衡量该地区民营企业融资难易的核心指标，计算公式为该地区民企资产负债率与国企资产负债率的比值。2013—2017 年，全国民企与国企资产负债率比呈波动下降趋势，东北地区呈波动上升趋势；东北地区民企与国企资产负债率比在 2017 年由原来的低于全国平均水平变为高于全国平均水平；就东北三省而言，黑龙江省民企与国企资产负债率比整体基本保持不变，2013—2016 年呈轻微下降趋势，2017 年小幅回升；吉林省整体基本保持不变，2013—2015 年小幅上升，2013—2017 年小幅下降；辽宁省整体呈平稳上升趋势；就东北三省而言，黑龙江省相对较好，辽宁省次之，吉林省较弱。总体而言，东北三省的民企与国企资产负债率比与全国平均水平差距较小，具体如图 2.49 所示。

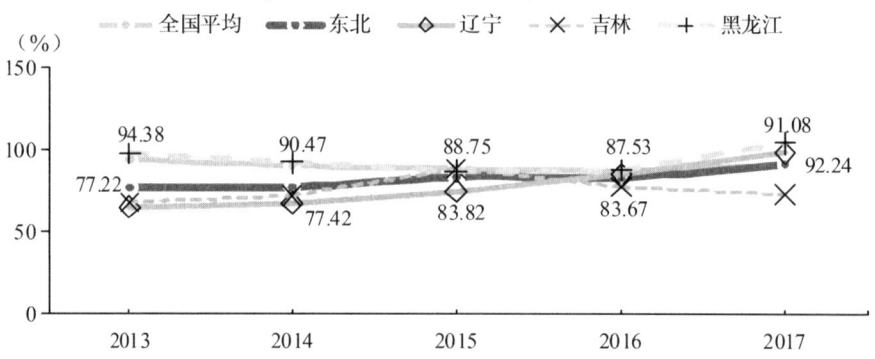

注：①全国平均指 31 个省（直辖市、自治区）的平均水平；②全国范围内（可采集到的数据），民企与国企资产负债率比最大值为 2014 年海南的 156.52，最小值为 2016 年河南的 40.94。

图 2.49 2013—2017 年民企与国企资产负债率比基本走势

2013—2017年，东北三省民企与国企资产负债率比在全国31个省（直辖市、自治区）连续五年数据集（共155个指标值）中相对位置分布情况如图2.50所示。可见，东北三省五年（共15个数据）民企与国企资产负债率比的百分比排位位于50%以下的有11个，其中有七个位于25%以下；排位的最大值是2017年的黑龙江省（77.9%），最小值是2013年的辽宁省（4.1%）。

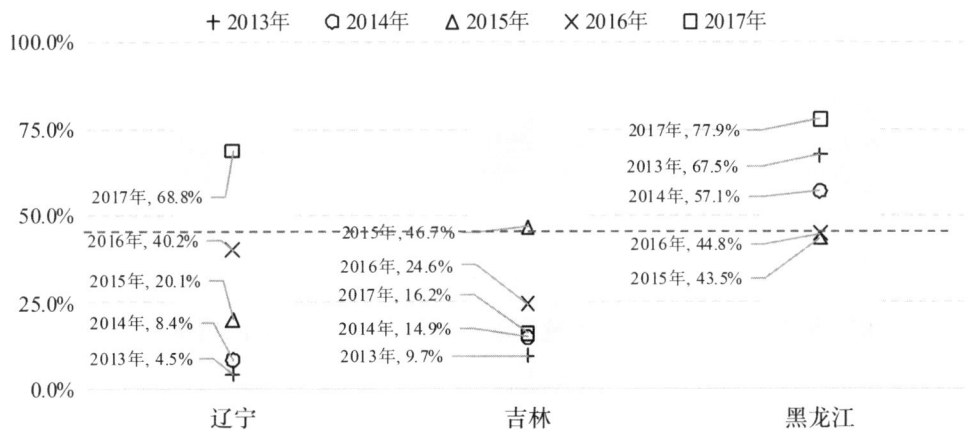

图2.50 2013—2017年东北三省民企与国企资产负债率比百分比排位图

2013—2017年，六个省份民企与国企资产负债率比由高到低依次为：浙江、广东、黑龙江、江苏、辽宁、吉林；东北三省整体呈上升趋势，东南三省整体呈下降趋势；民企与国企资产负债率比增幅最大的是辽宁省（12.79%），降幅最大的是江苏省（-1.96%），吉林省和黑龙江省的增幅分别为1.81%和1.71%，具体如表2.70所示。

表2.70 2013—2017年六省民企与国企资产负债率比原始值及单年排名

	辽宁	吉林	黑龙江	江苏	浙江	广东	全国平均
	值/序	值/序	值/序	值/序	值/序	值/序	值
2013	65.365/30	68.315/29	97.973/14	100.100/10	114.766/4	111.995/6	94.375
2014	67.700/28	72.196/25	92.377/12	92.892/11	114.659/4	105.045/8	90.471
2015	75.150/24	88.922/15	87.377/16	92.077/12	110.461/4	108.442/6	88.750
2016	85.212/18	77.764/22	88.028/15	88.358/14	109.696/5	109.517/6	87.527
2017	98.801/12	73.274/27	104.659/7	92.242/17	114.485/2	110.349/4	91.079
平均	78.446/22.4	76.094/23.6	94.083/12.8	93.134/12.8	112.813/3.8	109.070/6	90.441

2013—2017年，四大区域民企与国企资产负债率比由高到低依次为：东部、西部、东北、中部；东北地区民企与国企资产负债率比整体呈上升趋势，且增幅最大，西部地区、东部地区、中部地区略呈波动下降趋势；东北地区民企与国企资产负债率比与东部地区差距较大，具体如表2.71所示。

表 2.71 2013—2017 年四大经济区域民企与国企资产负债率比平均值及排名

	东北		东部		西部		中部	
	平均值	年排名	平均值	年排名	平均值	年排名	平均值	年排名
2013	77.22	24.3	104.59	11.4	96.98	15.1	80.71	21.3
2014	77.42	21.7	101.76	12.0	93.89	13.7	71.34	24.5
2015	83.82	18.3	99.75	11.7	89.20	15.1	71.98	23.8
2016	83.67	18.3	95.80	12.9	90.11	14.0	70.50	24.0
2017	92.24	15.3	98.74	12.6	93.34	14.7	73.21	24.7
平均	82.87	19.6	100.13	12.1	92.71	14.5	73.55	23.7

2013—2017 年，七大区域民企与国企资产负债率比由高到低依次为：华南、华北、西北、华东、西南、东北、华中；东北地区呈上升趋势，且增幅最大，华北地区呈波动上升趋势，华东、华中、西南和西北地区呈波动下降趋势，华南地区呈下降趋势；就七个区域而言，东北地区处于中下水平，与最优的华南地区相比，差距较大，具体如表 2.72 所示。

表 2.72 2013—2017 年七大地理区域民企与国企资产负债率比平均值及排名

	东北	华北	华东	华南	华中	西北	西南
	值/序	值/序	值/序	值/序	值/序	值/序	值/序
2013	77.22/24.3	100.29/12.8	101.75/13	112.38/6.3	69.63/26.8	100.75/12.8	92.53/18.2
2014	77.42/21.7	92.70/14.0	93.59/14.5	116.74/8.7	62.72/28.5	94.78/12.8	94.47/14.0
2015	83.82/18.3	96.24/12.0	91.73/15.7	107.80/7.3	63.60/27.8	91.77/14.2	86.32/16.6
2016	83.67/18.3	92.01/14.4	88.83/16.3	104.22/7.0	62.85/27.8	90.60/13.4	90.45/14.4
2017	92.25/15.3	100.40/12.2	91.24/16.8	102.99/9.0	65.20/28.0	94.77/13.6	90.75/16.2
平均	82.87/19.6	96.32/13.1	93.43/15.3	108.83/7.7	64.80/27.8	94.53/13.4	90.90/15.9

4. 主要结论

首先，总体而言，东北三省的企态优化指数明显低于全国平均水平。在反映企态优化水平的五个方面（国企效率、国企保增值、企业实力、民企规模、民企融资），东北三省全面落后于东南三省，其中，国企效率和企业实力存在的差距最大。尤其值得关注的是，东北三省的企业实力、民企规模和民企融资与东南三省的差距在进一步拉大，这成为东北地区企态优化方面最显著的问题。

其次,动态来看,2013—2017年,东北地区的指数得分的增长速度相较于中部地区和东部地区较慢,意味着相对能力的不断下降。然而,东北地区的企态优化方面的连续排名变动情况在全国四大区域来看仅次于中部地区,说明东北地区企态优化状况发展还算理想。

再次,分省来看,吉林省企态优化水平较高,黑龙江省次之,辽宁较弱。在全国各省相对排名的竞争中,辽宁省排名有所提升,黑龙江省和吉林省有所下降。吉林省国企保增值相对较强,民企融资相对较弱,辽宁省民企规模相对较强,国企保增值、企业实力和民企融资相对薄弱,黑龙江省民企融资相对较强,国企效率、民企规模和企业实力均较为薄弱。

最后,单项指标方面,东北地区仅有"民企数量占比""民企就业占比"和"民企融资"接近全国平均水平;其他各项指标,特别是"国企劳均主营业务收入""上市公司资产比重"等指标的发展均比较落后。

(三)区域开放评价报告

1. 区域开放指数总体分析

对区域开放的测度涵盖了贸易开放、投资开放、生产开放、市场开放、区位支撑五个方面,共11项关键指标。汇集中国31个省(直辖市、自治区)2013—2017年区域开放的指标信息,得到连续五年的指数得分。在此基础上,形成多年连续排名和单年排名。其中,多年连续排名用于反映各区域开放的绝对发展水平随时间动态变化的情况[31个省(直辖市、自治区)五年共155个排位,最高排名为1,最低排名为155],单年排名用于反映各省(直辖市、自治区)在全国范围内某单年的相对发展水平[31个省(直辖市、自治区)每年31个排位,最高排名为1,最低排名为31]。31个省(直辖市、自治区)区域开放的总体情况见表2.73。

表2.73 2013—2017年31个省(直辖市、自治区)区域开放指数得分、连续及单年排名

省市区	2013			2014			2015			2016			2017		
	值	总	年	值	总	年	值	总	年	值	总	年	值	总	年
上海	93.3	5	1	93.9	2	1	93.7	3	1	93.4	4	1	94.3	1	1

(续表)

省市区	2013			2014			2015			2016			2017		
	值	总	年	值	总	年	值	总	年	值	总	年	值	总	年
北京	82.6	8	2	82.0	10	3	81.3	14	3	81.4	13	3	82.6	7	2
天津	79.1	18	4	78.2	20	4	79.6	16	4	84.7	6	2	79.6	17	3
广东	81.8	11	3	82.2	9	2	81.4	12	2	80.5	15	4	78.8	19	4
江苏	77.7	24	5	77.8	23	5	77.9	21	5	77.8	22	5	76.3	25	5
福建	73.1	32	7	73.0	33	7	73.4	29	6	73.4	28	6	73.4	30	6
浙江	74.0	26	6	73.8	27	6	73.3	31	7	71.0	34	7	69.9	35	7
重庆	68.6	37	8	67.6	39	8	66.6	41	8	68.4	38	8	69.1	36	8
辽宁	65.3	42	9	63.9	45	9	65.1	44	9	65.2	43	9	66.9	40	9
山东	60.1	50	11	59.7	52	11	60.0	51	10	60.3	49	10	60.6	47	10
安徽	53.6	64	13	54.9	58	13	54.8	59	12	54.6	60	11	56.2	55	11
湖北	51.7	68	14	51.2	69	14	51.1	70	14	52.5	66	13	55.7	56	12
海南	60.5	48	10	62.2	46	10	59.0	53	11	52.4	67	14	55.4	57	13
江西	54.3	62	12	56.4	54	12	54.6	61	13	53.9	63	12	53.5	65	14
陕西	42.3	89	18	44.6	81	16	45.9	79	16	45.7	80	16	50.1	71	15
四川	47.4	74	15	46.0	78	15	46.8	76	15	46.5	77	15	49.5	72	16
河南	44.1	83	16	43.8	85	17	43.8	84	17	43.5	86	17	48.6	73	17
广西	37.6	104	20	38.3	101	20	40.2	96	18	39.5	100	21	47.0	75	18
湖南	37.3	107	21	37.5	105	21	38.2	102	20	40.5	93	19	44.4	82	19
吉林	40.4	94	19	40.1	97	19	37.3	106	21	42.6	88	18	42.1	90	20
河北	42.9	87	17	41.6	91	18	39.8	98	19	39.7	99	20	41.0	92	21
山西	34.5	110	22	34.2	113	23	35.6	109	22	37.9	103	22	40.3	95	22
黑龙江	34.3	112	23	34.4	111	22	30.1	115	23	30.1	116	23	36.9	108	23
内蒙古	27.0	122	25	26.6	123	24	24.4	126	25	28.7	118	24	30.8	114	24
宁夏	17.5	138	27	21.4	130	26	20.5	132	26	21.5	129	26	29.8	117	25
云南	28.0	120	24	26.3	124	25	25.2	125	24	22.6	127	25	28.5	119	26
贵州	17.2	139	28	16.9	140	28	18.2	136	27	18.3	135	27	27.4	121	27
西藏	22.5	128	26	19.8	133	27	13.6	147	28	15.7	144	29	21.0	131	28

(续表)

省市区	2013			2014			2015			2016			2017		
	值	总	年	值	总	年	值	总	年	值	总	年	值	总	年
新疆	14.9	145	30	13.5	148	30	13.4	149	29	16.2	142	28	19.3	134	29
青海	10.2	153	31	8.5	155	31	9.6	154	31	12.3	152	31	18.2	137	30
甘肃	16.2	143	29	14.8	146	29	13.3	150	30	13.0	151	30	16.8	141	31
平均	48.1	79	16	47.9	79	16	47.3	80	16	47.9	79	16	50.5	73	16

注：①对于表中的字段名称，"值"表示各省（直辖市、自治区）对应年份的指数得分，"总"表示各省（直辖市、自治区）2013—2017年多年连续总排名，"年"表示各省（直辖市、自治区）五个单年的排名；②表中31个省（直辖市、自治区）按照2017年单年的指数得分由高到低（降序）排列。

辽宁省的区域开放发展指数处于全国中等偏上位置，吉林省和黑龙江省处于中等偏下位置，均落后于东南三省。2013—2017年，六个省份区域开放指数由高到低依次为：广东、江苏、浙江、辽宁、吉林、黑龙江；东南三省整体均呈下降趋势；东南三省水平较低的浙江省持续优于东北三省最优的辽宁省；区域开放指数年均增幅最大的是黑龙江省（1.84%），降幅最大的是浙江省（-1.36%），辽宁省的增幅为0.61%，吉林省的增幅为1.04%。就2017年而言，辽宁省的区域开放发展相对较好，在31个省域中的单年排名为9；吉林省次之，排名为20，黑龙江省相对较差，排名为23，具体如表2.73和2.74所示。

表2.74 2013—2017年六省区域开放指数的值及单年排名

	辽宁	吉林	黑龙江	江苏	浙江	广东	全国平均
	值/序	值/序	值/序	值/序	值/序	值/序	值
2013	65.29/9	40.41/19	34.33/23	77.75/5	73.95/6	81.79/3	48.07
2014	63.94/9	40.06/19	34.37/22	77.78/5	73.77/6	82.22/2	47.91
2015	65.11/9	37.28/21	30.08/23	77.86/5	73.30/7	81.43/2	47.35
2016	65.22/9	42.60/18	30.05/23	77.80/5	71.03/7	80.48/4	47.87
2017	66.90/9	42.09/20	36.85/23	76.32/5	69.92/7	78.75/4	50.45
平均	65.29/9	40.49/19.4	33.14/22.8	77.50/5	72.39/6.6	80.94/3	48.33

2013—2017年，全国区域开放整体呈缓慢波动上升趋势，东北地区亦呈缓慢波动上升态势，且低于全国平均水平；辽宁省的区域开放明显高于全国平均水平，整体呈缓慢波动上升态势，黑龙江省呈波动上升趋势，2014—2015年明显下降，2016—2017年又明

显回升，吉林省整体呈波动上升态势。就东北三省而言，辽宁省区域开放较好，吉林省次之，黑龙江省较弱，如图 2.51 所示。

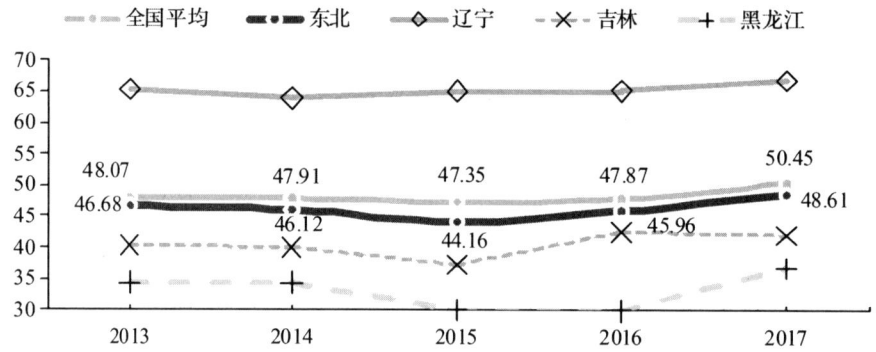

注：①全国平均指 31 个省（直辖市、自治区）的平均水平；②全国范围内（可采集到的数据），区域开放指数最大值为 2017 年上海的 94.251，最小值为 2014 年青海的 8.5266。

图 2.51　2013—2017 年区域开放指数基本走势

2013—2017 年，东北三省区域开放指数在全国 31 个省（直辖市、自治区）连续五年数据集（共 155 个指标值）中相对位置分布情况如图 2.52 所示。可见，东北三省五年（共 15 个数据）区域开放指数的百分比排位处于 50% 以下的有 10 个；此外，排位的最大值是 2017 年的辽宁省（74.6%），最小值是 2016 年的黑龙江省（25.3%）。

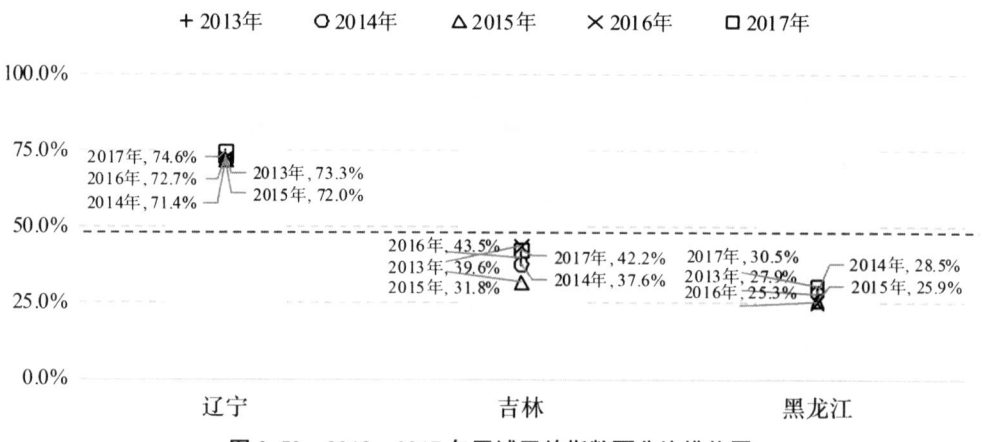

图 2.52　2013—2017 年区域开放指数百分比排位图

2. 全国视角下东北地区区域开放进展分析

2013—2017 年，四大区域区域开放指数由高到低依次为：东部、中部、东北、西部；东部地区整体呈下降趋势，其他地区整体呈上升态势，西部地区增幅最大（4.16%），东北地区增幅为 1.04%；东北地区持续低于东部地区，且与东部地区的差距较大，如表

2.75 所示。

表 2.75　2013—2017 年四大经济区域区域开放指数的平均值及排名

	东北		东部		西部		中部	
	平均值	年排名	平均值	年排名	平均值	年排名	平均值	年排名
2013	46.68	17	72.51	7	29.11	23.4	45.93	16.3
2014	46.12	16.7	72.44	6.7	28.7	23.3	46.34	16.7
2015	44.16	17.7	71.94	6.8	28.14	23.1	46.36	16.3
2016	45.96	16.7	71.45	7.2	29.04	23.3	47.16	15.7
2017	48.61	17.3	71.18	7.2	33.96	23.1	49.77	15.8
平均	46.31	17.1	71.91	6.9	29.79	23.2	47.11	16.2

注：为确保区分度，对于具有平均意义的排名（序），本研究保留一位小数，以下各表同。

2013—2017 年，七大区域区域开放指数由高到低依次为：华东、华南、华北、华中、东北、西南、西北；华东地区呈波动下降趋势，其他区域整体均呈上升趋势，其中西北地区的增幅最大（8.21%）；就七个区域而言，东北地区处于中下水平，与华东地区相比，差距明显，如表 2.76 所示。

表 2.76　2013—2017 年七大地理区域区域开放的平均值及排名

	东北	华北	华东	华南	华中	西北	西南
	值/序	值/序	值/序	值/序	值/序	值/序	值/序
2013	46.68/17.0	53.22/14.0	71.97/7.2	59.96/11.0	46.86/15.8	20.20/27.0	36.75/20.2
2014	46.12/16.7	52.52/14.4	72.19/7.2	60.90/10.7	47.23/16.0	20.58/26.4	35.33/20.6
2015	44.16/17.7	52.16/14.6	72.18/6.8	60.20/10.3	46.93/16.0	20.54/26.4	34.08/20.4
2016	45.96/16.7	54.48/14.2	71.76/6.7	57.46/13.0	47.60/15.3	21.76/26.2	34.29/20.8
2017	48.61/17.3	54.88/14.4	71.77/6.7	60.38/11.7	50.55/15.5	26.84/26.0	39.10/21.0
平均	46.31/17.1	53.45/14.3	71.97/6.9	59.78/11.3	47.83/15.7	21.98/26.4	35.91/20.6

为便于直观分析，将指数信息按空间分类、时间排列、优劣序化等方式整理后，形成多年连续排名及单年排名的可视化集成图（见图 2.53 至图 2.55），结合表 2.73 的信息，以全国四大经济区为划分标准，对东北三省的区域开放的进程评价如下：

第一，东北地区区域开放指数得分呈波动上升趋势，上升速度居四大区域第三位。

从四大区域平均得分曲线的变化情况可以看出，中国在区域开放上成效显著，仅东部地区整体水平有所下降，西部、东部和东北的得分均在上升。具体而言，中部呈持续上升态势，2017 年的增幅最大；西部先退后进，在 2016 年开始回升，并在 2017 年升至新高；东部连续出现倒退现象，以每年一个跨度（年均下降 0.3 分，为四个区域之首）的速度下滑，有进一步下滑的趋势；东北 2013—2015 年显著下降，2016—2017 年有较大幅度的回升，2017 年的指数得分接近中部 2017 年的水平，但总体与东部地区的差距巨大。

第二，东北地区区域开放绝对水平呈缓慢上升趋势，上升速度居四大区域第三位。

从四大区域连续排名曲线的变化情况可以看出，仅东部地区整体呈下降趋势，下降速度为年均下降 0.5 名，其他地区均呈上升趋势，上升速度最快的是中部地区，连续排名年均上升 2.8 名，西部地区上升 2.6 名，东北地区上升 0.8 名。东北地区 2017 年的连续排名接近中部 2016 年的排名。具体来说，东北三省中，黑龙江省从 2013 年的 112 名升至 2014 年的 111 名后，先退后进，2017 年回升至 108 名，吉林省从 2013 年的 94 名跌至 2015 年的 106 名后，奋力追赶，2017 年更是升至排名新高（88 名），辽宁省从 2013 年的 42 名降至 2014 年的 45 名后开始回升，在 2017 年回升至 40 名。

第三，东北地区区域开放相对水平呈波动下降趋势，但下降幅度较小。

从四大区域单年排名曲线的变化情况可以看出，在相对位次的排名竞争中，东北和东部地区呈下降趋势，东北地区 2017 年较 2013 年下降 0.3 名，东部地区的下降幅度较大，下降 0.6 名，而中部和西部的提升幅度分别为 0.5 名和 0.3 名。东北 2017 年的单年排名与中部 2014 年相近。就东北三省而言，辽宁省单年排名维持不变，黑龙江省整体维持不变，吉林省由 19 名退到 20 名，为东北地区唯一下降的省份。

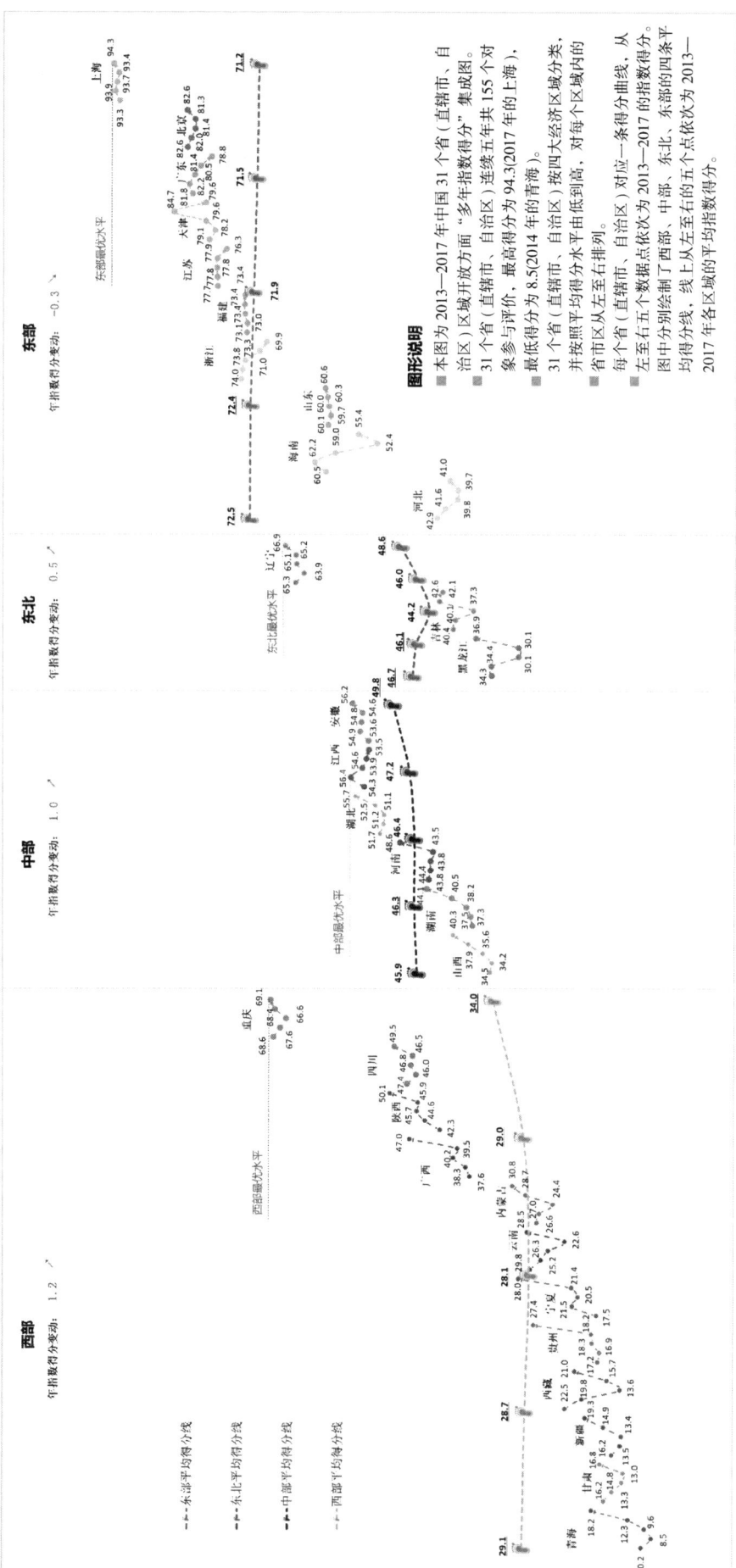

图 2.53 2013—2017 年 31 个省(直辖市、自治区)区域开放指数得分变动情况

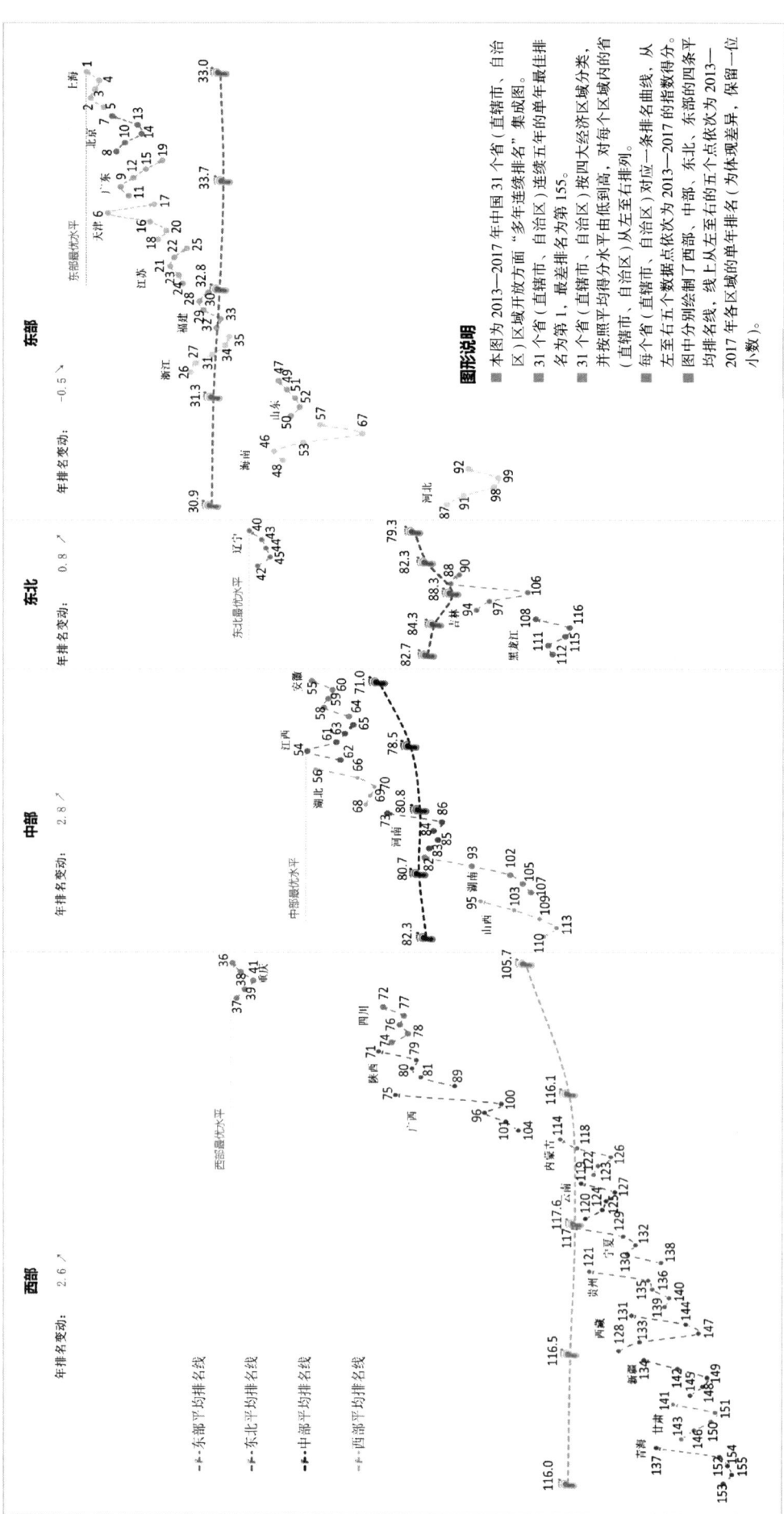

图 2.54 2013—2017 年 31 个省（直辖市、自治区）区域开放多年连续排名变动情况

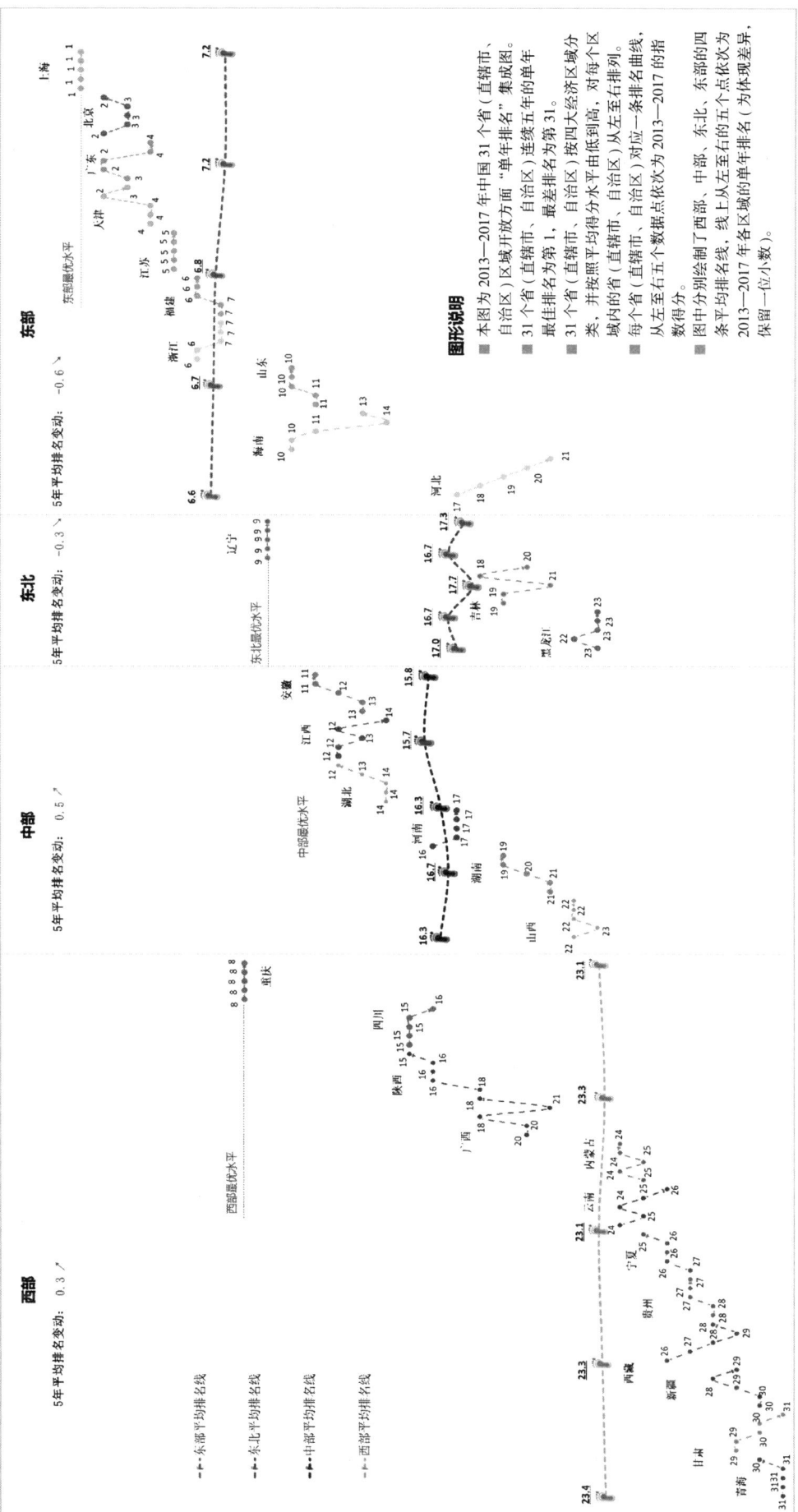

图 2.55　2013—2017 年 31 个省（直辖市、自治区）区域开放单年排名变动情况

3. 区域开放分项指数分析

2013—2017 年，东北三省五个分项指标均低于东南三省平均水平，辽宁省五个分项指数均高于全国平均水平，表现相对较好，吉林省仅投资开放高于全国平均水平，黑龙江省均低于全国平均水平，表现较弱。东南三省的平均得分显著高于全国平均和东北三省，优势明显。分省看，东南三省五个分项指数的发展相对均衡，江苏省的区位支撑、浙江省和广东省的投资开放略低，广东省的贸易开放为全国最优水平；东北三省中，辽宁省五个分项指数的发展相对均衡，吉林省和黑龙江省差距较大。就东北三省而言，辽宁省的生产开放相对较强，投资开放相对较弱，吉林省投资开放相对较强，市场开放较为薄弱，黑龙江省区位支撑相对较强，市场开放最为薄弱。总体来看，东北三省五个分项指数与东南三省的差距明显，具体表 2.77 和图 2.56 所示。

表 2.77 2013—2017 年六省区域开放方面分项指数平均得分

	贸易开放	投资开放	生产开放	市场开放	区位支撑
辽宁	68.98	58.18	70.52	68.09	60.69
吉林	37.74	54.55	36.45	31.42	42.28
黑龙江	34.19	33.98	35.41	24.76	37.35
江苏	82.39	78.38	82.69	75.77	68.27
浙江	83.07	57.87	73.70	74.99	72.35
广东	86.80	69.60	87.91	79.36	81.01
东北三省平均	46.97	48.90	47.46	41.42	46.77
东南三省平均	84.08	68.62	81.43	76.71	73.88
各省平均	49.98	48.68	47.21	44.49	51.28
各省最高	86.80	89.47	99.46	99.62	95.19
各省最低	9.90	1.70	2.12	6.26	12.29

Ⅱ 评价报告

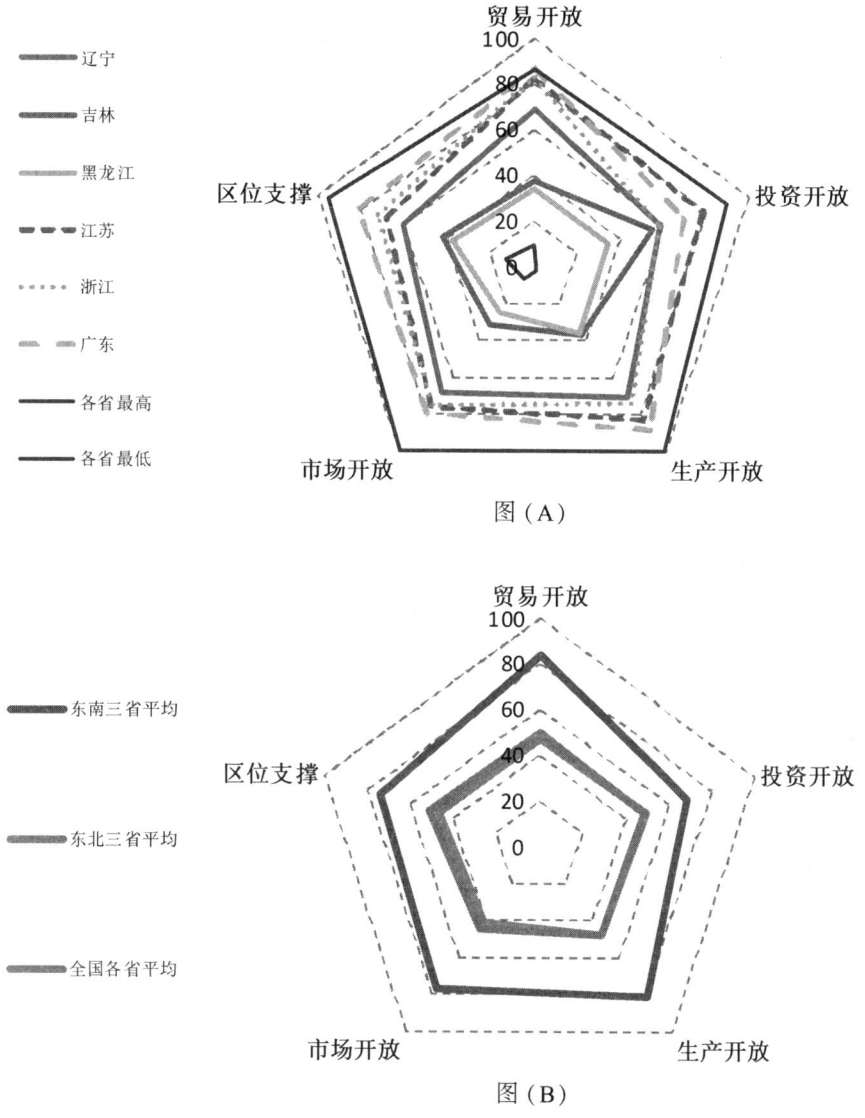

图2.56 2013—2017年六省区域开放方面分项指数平均得分雷达图

2013—2017年,全国在反映区域开放五个方面的整体进展良好,其中"贸易开放""投资开放""区位支撑"呈波动上升趋势,"贸易开放"的增幅相对较高,"生产开放""市场开放"呈缓慢下降趋势。除浙江省的"投资开放"以外,东南三省各分项指数均处于全国前列(从年排名得出),尤其是广东省"贸易开放"连续四年均位于全国首位;东南三省"贸易开放""投资开放""生产开放"和"市场开放"整体均呈下降趋势,只有广东省的"市场开放"呈缓慢上升趋势,"区位支撑"方面,江苏省和广东省呈上升趋势,浙江省呈下降趋势;就东北三省五个分项指数而言,仅辽宁省五个分项指数的排名相对靠前(2016年和2017年的投资开放相对靠后),吉林省和黑龙江省的排名相对靠后,其中吉林省"投资开放"在2016年处于前列,增长迅速;东北三省中,除辽宁省的"投资开放"和"区位支撑"、吉林省的"生产开放"和"市场开放"、黑龙江省的"市场开放"和"区域支撑"整体呈下降趋势外,其余整体均呈上升趋势,具体如表 2.78 所示。

表 2.78　2013—2017 年六省区域开放方面分项指数

分项指数	年份	辽宁 值/序	吉林 值/序	黑龙江 值/序	江苏 值/序	浙江 值/序	广东 值/序	全国平均 值
贸易开放	2013	64.29/10	36.92/21	40.47/17	85.08/4	85.17/3	89.59/1	49.85
	2014	63.66/10▽	38.25/20▲	39.14/18▽	84.13/4▽	85.26/3▲	89.83/1▲	50.07▲
	2015	78.43/6▲	27.50/22▽	23.78/24▽	83.54/4▽	84.58/3▽	88.38/1▽	46.51▽
	2016	66.08/10▽	37.86/18▲	20.44/25▽	82.78/4▽	83.60/3▽	86.77/1▽	44.90▽
	2017	72.44/8▲	48.17/23▲	47.10/24▲	76.42/5▽	76.72/4▽	79.40/3▽	58.56▲
投资开放	2013	69.37/8	44.35/20	29.35/23	78.62/4	59.38/12	70.25/6	48.12
	2014	69.97/8▲	47.37/19▲	30.74/23▲	78.04/4▽	58.73/15▽	71.15/7▲	48.19▲
	2015	51.31/16▽	48.92/19▲	35.47/22▲	77.83/4▽	57.73/14▽	70.62/7▽	48.28▲
	2016	48.74/19▽	72.91/7▲	33.84/23▽	78.84/4▲	56.98/15▽	68.90/9▽	49.68▲
	2017	51.49/18▲	59.19/13▽	40.51/20▲	78.55/4▽	56.51/16▽	67.08/10▽	49.12▽
生产开放	2013	61.58/9	46.47/18	32.42/19	83.6/6	76.07/8	90.82/2	47.59
	2014	62.78/10▲	42.13/16▽	34.74/19▲	83.05/6▽	75.46/8▽	89.31/2▽	47.04▽
	2015	71.11/9▲	34.24/20▽	34.96/18▲	82.60/6▽	73.30/8▽	87.61/2▽	47.18▲
	2016	78.56/7▲	29.71/20▽	37.46/18▲	82.11/4▽	71.82/8▽	85.90/2▽	47.12▽
	2017	78.56/7▽	29.71/20▽	37.46/18▽	82.11/4▽	71.82/8▽	85.90/2▽	47.12▽
市场开放	2013	67.11/7	36.17/18	30.99/24	76.6/5	75.43/6	78.34/4	45.72
	2014	66.28/8▽	33.75/19▽	29.61/24▽	76.51/5▽	75.32/6▽	80.14/2▲	45.35▽
	2015	66.37/8▲	33.1/20▽	20.71/25▽	76.31/5▽	75.33/6▲	79.32/2▽	43.84▽
	2016	70.78/7▲	26.8/22▽	21.15/25▲	75.31/5▽	74.46/6▽	79.28/2▽	44.67▲
	2017	69.92/7▽	27.28/22▲	21.33/25▲	74.13/6▽	74.42/5▽	79.70/2▲	42.87▽

（续表）

分项指数	年份	辽宁 值/序	吉林 值/序	黑龙江 值/序	江苏 值/序	浙江 值/序	广东 值/序	全国平均 值
区位支撑	2013	64.11/9	38.12/22	38.44/21	64.83/8	73.71/5	79.95/4	49.04
	2014	57.00/10▽	38.79/20▲	37.61/22▽	67.16/8▲	74.06/5▲	80.67/4▲	48.91▽
	2015	58.34/12▲	42.65/17▲	35.47/24▽	69.02/8▲	75.57/5▲	81.20/4▲	50.93▲
	2016	61.91/12▲	45.73/17▲	37.36/25▲	69.94/7▲	68.29/8▽	81.56/4▲	52.95▲
	2017	62.09/14▲	46.10/20▲	37.87/25▲	70.40/7▲	70.13/8▲	81.69/4▲	54.57▲

注：表中符号"▲"表示本年的数据相对于前一年是增长的，符号"▽"表示本年的数据相对于前一年是减少的。

进一步统计升降符（▲或▽）的数量，对不同地区的发展态势进行分析和对比可知，2013—2017年，全国五项指数▲的数量等于▽的数量，但上升分项指数的个数大于下降分项指数个数；除"区位支撑"外，东北地区▲的数量均多于东南三省，其中"投资开放""生产开放"的差距最大（均为6个），发展势头优于东南三省，而"区位支撑"▲的数量仅比东南三省少两个；总体而言，东北三省▲的总数量明显多于东南三省，东北地区为34个，占东北三省升降符总数的56.7%，东南三省为18个，占30.0%。

2013—2017年，辽宁省▲的数量为12个，占辽宁省升降符总数的60.0%，吉林省▲的数量为11个，占55.0%，黑龙江省▲的数量为11个，占55.0%，江苏省▲的数量为5个，占25.0%，浙江省▲的数量为5个，占25.0%，广东省▲的数量为8个，占40.0%；就东北三省而言，辽宁省的发展态势相对较好，吉林省次之，黑龙江省较弱。2013—2017年，东北三省中，"贸易开放""区位支撑"发展态势较好的是吉林省，"市场开放""生产开放"发展态势较好的是辽宁省，"投资开放"发展态势较好的是黑龙江省。

（1）贸易开放

①对外贸易依存度。对外贸易依存度反映一个地区对国际市场的依赖程度，是衡量地区对外开放程度的重要指标，计算公式是进出口总额与地区GDP之比。2013—2017年，全国对外贸易依存度平均水平呈下行态势，东北地区亦呈下行态势，其中2015年之后略有回升，但仍低于全国平均水平；2013—2015年，东北三省对外贸易依存度平稳下降，黑龙江省尤为明显，2015年之后辽宁省对外贸易依存度明显上升，吉林省和黑龙江省基本不变；就东北三省而言，辽宁省发展较好，黑龙江省次之，吉林省较弱。总体而言，东北地区对外贸易依存度与全国平均水平差距较大，如图2.57所示。

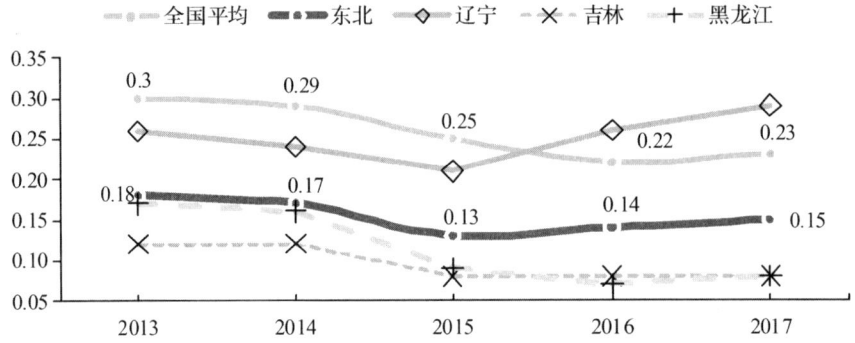

注：①全国平均指31个省（直辖市、自治区）的平均水平；②全国范围内（可采集到的数据），对外贸易依存度最大值为2013年北京的1.3625，最小值为2017年青海省的0.0169。

图2.57　2013—2017年对外贸易依存度基本走势

2013—2017年，东北三省对外贸易依存度在全国31个省（直辖市、自治区）连续五年数据集（共155个指标值）中相对位置分布情况如图2.58所示。可见，东北三省五年（共15个数据）对外贸易依存度的百分比排位位于50%以下的有8个，其中位于25%以下的有3个；此外，排位的最大值是2017年的辽宁省（74.0%），最小值是2016年的黑龙江省（14.9%）。

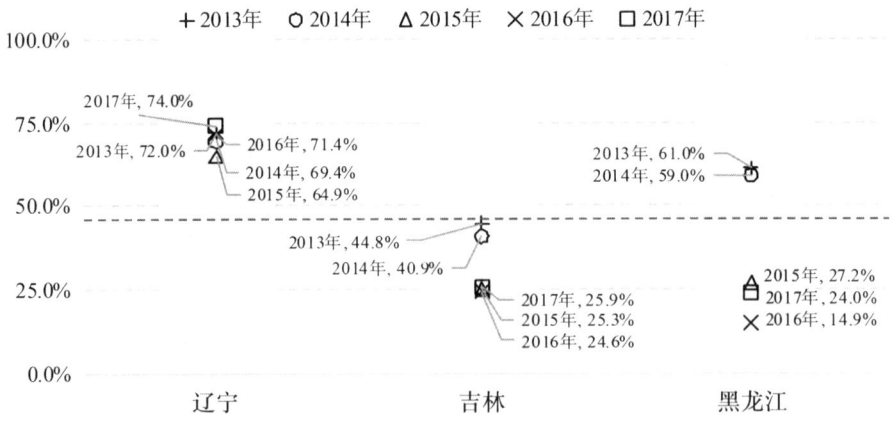

图2.58　2013—2017年东北三省对外贸易依存度百分比排位图

2013—2017年，六个省份对外贸易依存度由高到低依次为：广东、浙江、江苏、辽宁、黑龙江、吉林；东南三省对外贸易依存度虽呈下降趋势，但明显高于东北三省和全国平均水平；东北三省中对外贸易依存度较高的辽宁省持续低于东南三省中较低的江苏省；对外贸易依存度降幅最大的是黑龙江省（-12.96%），增幅最大的是辽宁省（2.53%），吉林省的降幅为-7.96%，如表2.79所示。

表 2.79　2013—2017 年六省对外贸易依存度的原始值及单年排名

	辽宁	吉林	黑龙江	江苏	浙江	广东	全国平均
	值/序	值/序	值/序	值/序	值/序	值/序	值
2013	0.26/11	0.12/20	0.17/14	0.58/4	0.55/6	1.09/3	0.30
2014	0.24/11	0.12/22	0.16/15	0.53/5	0.54/4	0.98/3	0.29
2015	0.21/11	0.08/23	0.09/22	0.48/5	0.50/4	0.87/2	0.25
2016	0.26/8	0.08/22	0.07/24	0.43/5	0.47/4	0.78/2	0.22
2017	0.29/8	0.08/23	0.08/24	0.47/5	0.49/4	0.76/3	0.23
平均	0.25/9.8	0.10/22	0.11/19.8	0.50/4.8	0.51/4.4	0.90/2.6	0.26

2013—2017 年，四个区域对外贸易依存度由高到低依次为：东部、东北、西部、中部；东部地区呈稳定下降趋势且降幅最大，其他三地区呈波动下降趋势且中部地区降幅最小；东北地区的对外贸易依存度与东部地区差距明显，如表 2.80 所示。

表 2.80　2013—2017 年四大经济区域对外贸易依存度的平均值及排名

	东北		东部		西部		中部	
	平均值	年排名	平均值	年排名	平均值	年排名	平均值	年排名
2013	0.18	15.0	0.66	6.8	0.14	20.8	0.11	22.3
2014	0.17	16.0	0.61	6.7	0.14	20.7	0.11	22.2
2015	0.13	18.7	0.53	6.5	0.11	21.3	0.11	19.8
2016	0.14	18.0	0.47	6.8	0.09	21.6	0.10	19.2
2017	0.15	18.3	0.48	6.8	0.10	21.3	0.11	19.7
平均	0.15	17.2	0.55	6.7	0.12	21.1	0.11	20.6

2013—2017 年，七个区域对外贸易依存度由高到低依次为：华东、华南、华北、东北、西南、华中、西北；华中地区整体较为平稳，西南、华北地区波动较为明显，东北地区整体呈下降趋势，2016 年之后略有上升，其他地区普遍呈下降趋势，其中西南地区降幅最大；就七个区域而言，东北地区排名居中，与最优的华东地区相比，差距较大，如表 2.81 所示。

表2.81 2013—2017年七大地理区域对外贸易依存度的平均值及排名

	东北	华北	华东	华南	华中	西北	西南
	值/序	值/序	值/序	值/序	值/序	值/序	值/序
2013	0.18/15.0	0.43/16.8	0.55/7.5	0.51/10.3	0.11/22.5	0.10/23.6	0.19/16.6
2014	0.17/16.0	0.39/16.8	0.53/7.3	0.47/9.0	0.11/22.3	0.10/23.2	0.19/17.6
2015	0.13/18.7	0.30/17.0	0.48/6.7	0.43/8.0	0.11/19.5	0.09/22.8	0.13/19.8
2016	0.14/18.0	0.27/15.6	0.44/7.0	0.38/8.3	0.10/19.8	0.08/22.4	0.10/21.2
2017	0.15/18.3	0.29/15.8	0.46/6.7	0.38/8.7	0.11/19.8	0.08/22.4	0.11/21.0
平均	0.15/17.2	0.34/16.4	0.49/7.0	0.43/8.9	0.11/20.8	0.09/22.9	0.14/19.2

②净出口贡献率（单位:%）。净出口贡献率反映的是商品和服务在国际市场的竞争能力，是衡量地区贸易开放的重要指标，计算公式为净出口（地区GDP与资本形式总额及最终消费支出的差值）与地区GDP的比值。2013—2017年，全国净出口贡献率平均水平呈缓慢下降趋势且持续为负值；东北地区净出口贡献率高于全国平均水平，且2013—2015年上升趋势明显；辽宁省和吉林省呈波动上升态势，且2014—2016年波动幅度较大，黑龙江省整体呈上升趋势；就东北三省而言，辽宁省发展较好，吉林省次之，黑龙江省较弱。总体而言，东北地区的净出口贡献率略高于全国平均水平，但优势在未来呈减弱的趋势，如图2.59所示。

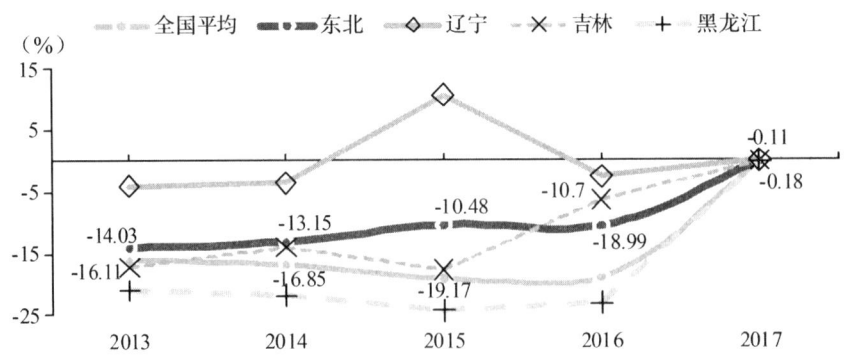

注：①全国平均指31个省（直辖市、自治区）的平均水平；②全国范围内（可采集到的数据），净出口贡献率最大值为2015年辽宁的10.62%，最小值为2016年青海的-103.77%。

图2.59 2013—2017年净出口贡献率基本走势

2013—2017年，东北三省净出口贡献率在全国31个省（直辖市、自治区）连续五年数据集（共155个指标值）中相对位置分布情况如图2.60所示。可见，东北三省五年（共15个数据）净出口贡献率的百分比排位位于50%以下的有11个；此外，排位的最大值是2015年的辽宁省（100%），最小值是2015年的黑龙江省（21.4%），具体如图2.60所示。

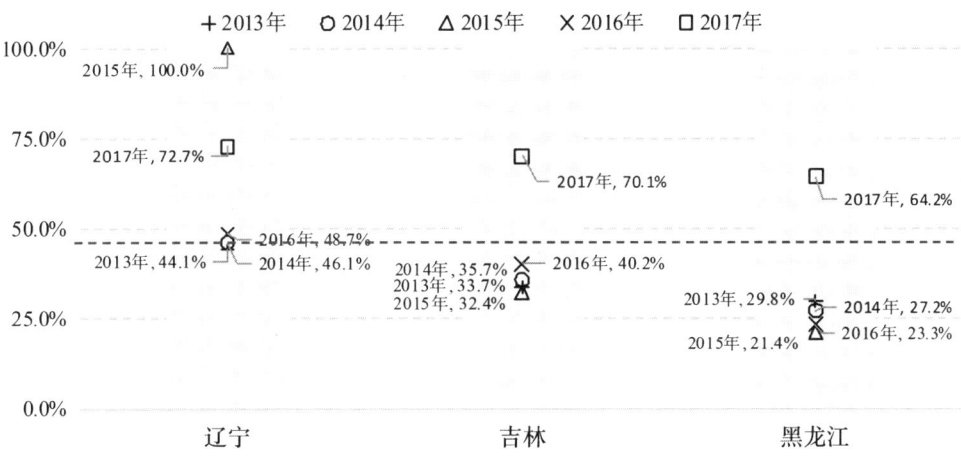

图2.60　2013—2017年东北三省净出口贡献率百分比排位图

2013—2017年，六个省份净出口贡献率由高到低依次为：浙江、广东、江苏、辽宁、吉林、黑龙江；东南三省普遍呈下降趋势，但均在全国平均水平之上；2013—2014年东北三省明显低于东南三省，2015年辽宁省有较大涨幅，且跃居全国第一，2016年明显下降；净出口贡献率东南三省和东北三省降幅均较大，最大的是吉林省（-24.92%），其次为辽宁省（-24.87%）黑龙江省的降幅为-24.70%，如表2.82所示。

表2.82　2013—2017年六省净出口贡献率的原始值及单年排名

	辽宁	吉林	黑龙江	江苏	浙江	广东	全国平均
	值/序	值/序	值/序	值/序	值/序	值/序	值
2013	-4.00/15	-17.16/18	-20.95/20	6.94/2	7.24/1	6.30/3	-16.11
2014	-3.62/13	-14.02/17	-21.81/22	6.49/4	7.42/3	7.56/2	-16.85
2015	10.62/1	-17.74/18	-24.32/22	6.38/4	7.16/3	7.18/2	-19.17
2016	-2.63/12	-6.38/17	-23.10/21	6.16/3	6.57/2	6.58/1	-18.99
2017	-0.02/13	-0.06/17	-0.25/25	0.06/2	0.07/1	0.05/3	-0.18
平均	0.07/10.8	-11.07/17.4	-18.08/22	5.21/3	5.69/2	5.54/2.2	-14.26

2013—2017年，四个区域净出口贡献率由高到低依次为：东部、中部、东北、西部；四东部和东北呈上升趋势，中部和西部呈先下降后上升的态势；东北地区相比于东部地区差距明显，但在2017年差距有所减小，如表2.83所示。

表 2.83 2013—2017 年四大经济区域净出口贡献率的平均值及排名

	东北		东部		西部		中部	
	平均值	年排名	平均值	年排名	平均值	年排名	平均值	年排名
2013	-14.03	17.7	-1.36	8.0	-32.64	22.8	-8.70	14.8
2014	-13.15	17.3	-1.24	9.0	-35.09	22.3	-8.25	14.5
2015	-10.48	13.7	-0.78	8.5	-40.64	22.8	-11.22	16.2
2016	-10.70	16.7	-0.62	7.8	-40.53	22.8	-10.69	15.8
2017	-0.11	18.3	-0.01	8.1	-0.40	22.6	-0.06	14.8
平均	-9.69	16.7	-0.80	8.3	-29.86	22.6	-7.78	15.2

2013—2017 年,七个区域净出口贡献率由高到低依次为:华东、华中、东北、华北、华南、西南、西北;其中,东北、华北和华南整体呈上升趋势,华东呈下降趋势,华中、西北和西南呈先下降后上升的态势;就七个区域而言,东北地区排名靠前,与最优的华东地区相比,差距较大,如表 2.84 所示。

表 2.84 2013—2017 年七大地理区域净出口贡献率的平均值及排名

	东北	华北	华东	华南	华中	西北	西南
	值/序	值/序	值/序	值/序	值/序	值/序	值/序
2013	-14.03/17.7	-14.76/16.4	3.64/4.5	-13.39/16.3	-7.50/14.8	-37.17/24.0	-29.89/21.2
2014	-13.15/17.3	-11.87/16.0	3.64/5.5	-12.33/16.0	-6.55/14.0	-44.37/24.6	-32.08/20.8
2015	-10.48/13.7	-12.24/16.2	3.19/5.5	-12.32/14.3	-9.39/15.5	-56.12/26.2	-33.12/20.6
2016	-10.70/16.7	-10.04/15.6	3.01/4.7	-13.20/14.7	-8.41/15.5	-56.69/26.4	-33.57/20.4
2017	-0.11/18.3	-0.05/13.8	0.03/4.3	-0.09/16.0	-0.09/16.8	-0.57/26.0	-0.34/20.2
平均	-9.69/16.7	-9.79/15.6	2.70/5.0	-10.27/15.5	-6.39/15.3	-38.98/25.4	-25.80/20.6

(2) 投资开放

① 人均实际利用外资额(单位:美元/人)。人均实际利用外资额是指国外商业公司在一个地区的投资项目中,已经到账并投入到商业运作应用的资金在该地区的人均分配情况,它反映了地区人口吸收并有效利用外资的平均水平,是衡量区域开放的重要指标,计算公式为实际利用外资额与地区常住人口的比值。2013—2017 年,全国人均实际利用外资额的平均水平呈小幅上升态势,东北地区呈波动下降趋势;2013—2014 年东北地区高于全国平均水平,2015—2017 年低于全国平均水平;2013—2017 年吉林省整体呈上升

趋势，黑龙江省整体平稳，辽宁省呈明显下降趋势；就东北三省而言，辽宁省发展较好，黑龙江省次之，吉林省较弱。总体而言，东北地区的人均实际利用外资额与全国平均水平相比已失去优势，如图2.61所示。

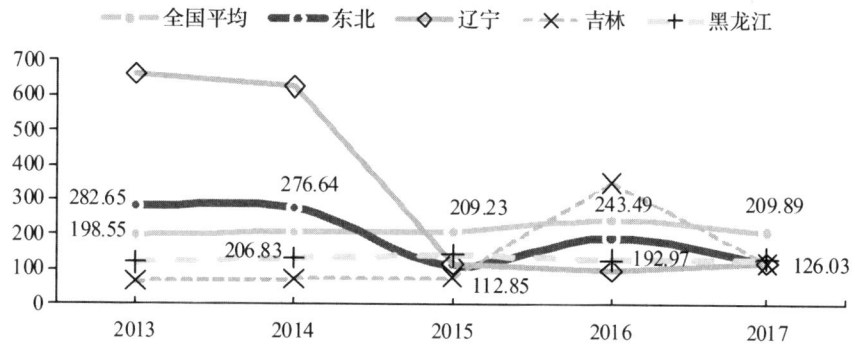

注：①全国平均指31个省（直辖市、自治区）的平均水平；②全国范围内（缺少2015年宁夏、2016和2017年西藏数据），人均实际利用外资额最大值为2016年天津的1973.47，最小值为2017年新疆的0.42495。

图2.61　2013—2017年人均实际利用外资额基本走势

2013—2017年，东北三省人均实际利用外资额在全国31个省（直辖市、自治区）连续五年数据集（共152个指标值）中相对位置分布情况如图2.62所示。可见，东北三省五年（共15个数据）人均实际利用外资额的百分比排位位于50%以下的数量有11个，其中有三个位于30%以下；此外，排位的最大值是2013年的辽宁省（92.7%），最小值是2013年的吉林省（26.4%）。

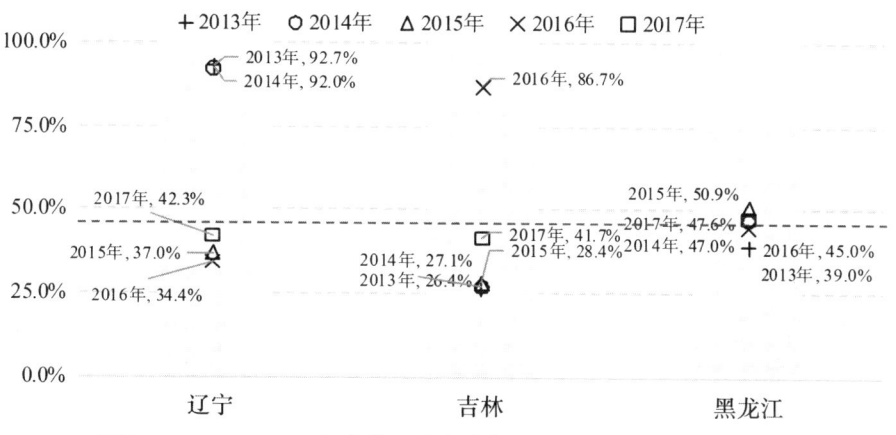

图2.62　2013—2017年东北三省人均实际利用外资额百分比排位图

2013—2017年，六个省份人均实际利用外资额由高到低依次为：江苏、辽宁、浙江、广东、吉林、黑龙江；东南三省中浙江省呈逐年上升趋势，广东省和江苏省总体呈下滑趋势；东北地区相对较弱的黑龙江省持续低于东南三省中较弱的广东省；人均实际利用外资额增幅最大的是吉林省（21.13%），降幅最大的是辽宁省（-20.39%），黑龙江省的增幅是2.84%，如表2.85所示。

表2.85　2013—2017年六省人均实际利用外资额的原始值及单年排名

	辽宁	吉林	黑龙江	江苏	浙江	广东	全国平均
	值/序	值/序	值/序	值/序	值/序	值/序	值
2013	661.50/3	66.14/23	120.29/18	418.93/4	257.53/6	234.42/7	198.55
2014	624.54/3	72.65/23	132.74/18	353.95/5	286.81/6	250.57/7	206.83
2015	118.33/20	77.28/23	142.94/15	304.35/5	306.20/4	247.72/6	209.23
2016	98.27/20	350.91/5	129.73/17	325.74/6	315.43/7	212.30/10	243.49
2017	122.11/18	122.04/19	133.94/16	317.01/5	316.46/6	205.09/12	209.89
平均	324.95/12.8	137.80/18.6	131.93/16.8	343.99/5	296.48/5.8	230.02/8.4	213.45

2013—2017年，四大区域人均实际利用外资额由高到低依次为：东部、东北、中部、西部；西部与中部呈稳定增长趋势，东部呈波动上升趋势，但上升幅度较小，东北地区呈波动下降趋势，；东北地区人均实际利用外资额持续低于东部地区，且差距较大，如表2.86所示。

表2.86　2013—2017年四大经济区域人均实际利用外资额的平均值及排名

	东北		东部		西部		中部	
	平均值	年排名	平均值	年排名	平均值	年排名	平均值	年排名
2013	282.65	14.7	376.36	7.8	60.86	23.4	135.56	15.5
2014	276.64	14.7	394.15	7.8	60.29	23.9	152.79	14.5
2015	112.85	19.3	426.98	7.2	60.73	23.6	166.75	12.7
2016	192.97	14.0	470.49	9.9	84.36	22.2	182.14	13.3
2017	126.03	17.7	386.69	10.0	81.04	21.7	193.37	12.2
平均	198.23	16.1	410.93	8.5	69.14	23.0	166.12	13.6

2013—2017年，七个区域人均实际利用外资额由高到低依次为：华北、华东、东北、华中、华南、西南、西北；华东和华中普遍呈逐年上升趋势，华北、西北和西南地区呈波动上升趋势，华南和东北呈波动下降趋势；就七个区域而言，东北地区处于中上水平，但与最优的华北地区相比，差距较大，如表2.87所示。

表 2.87 2013—2017 年七大地理区域人均实际利用外资额的平均值及排名

	东北	华北	华东	华南	华中	西北	西南
	值/序	值/序	值/序	值/序	值/序	值/序	值/序
2013	282.65/14.7	379.50/11.6	311.65/7.7	150.52/15	139.71/15.3	32.12/26.6	73.78/21.8
2014	276.64/14.7	397.96/12	322.43/7.7	160.26/13.7	158.24/14	31.04/27.2	77.69/22.6
2015	112.85/19.3	452.08/12.6	329.26/6.7	167.93/13	175.12/11.8	38.65/26.3	68.690/22.6
2016	192.97/14	588.51/11.6	337.13/8.3	85.76/20	197.56/12.5	34.95/26.4	134.52/18.3
2017	126.03/17.7	416.57/13.6	331.11/7.2	81.81/21.3	215.03/10.5	37.53/25.2	138.95/17.3
平均	198.23/16.1	446.92/12.3	326.31/7.5	129.26/16.6	177.13/12.8	34.70/26.3	95.420/20.7

②外商投资企业货物进出口占比（单位:%）。外商投资货物进出口占比反映的是地区企业的对外贸易吸引外商投资的能力，是衡量地区投资开放程度的重要指标，计算公式为外商投资货物进出口总额与货物进出口总额（按境内目的地和货源地分）的比值。2013—2016 年，全国外商投资货物进出口占比的平均水平整体呈缓慢下降趋势，2017 年略有回升；东北地区整体低于全国平均水平，在 2013—2017 年间呈缓慢上升趋势，2017 年赶超全国平均水平，吉林省和辽宁省高于全国平均水平，黑龙江省与全国平均水平差距较大。总体而言，东北地区外商投资货物进出口占比低于全国平均水平，但两者之间的差距呈现缩小趋势，如图 2.63 所示。

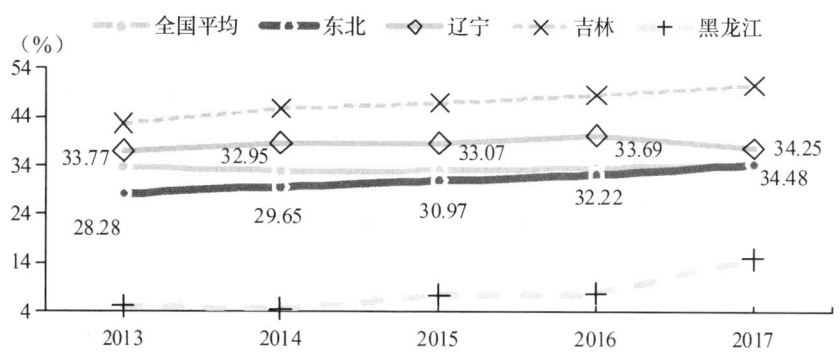

注：①全国平均指 31 个省（直辖市、自治区）的平均水平；②全国范围内（可采集到的数据），外商投资企业货物进出口占比最大值为 2014 年海南的 74.93%，最小值为 2013 年西藏的 0.0067%。

图 2.63 2013—2017 年外商投资企业货物进出口占比基本走势

2013—2017 年，东北三省外商投资企业货物进出口占比在全国 31 个省（直辖市、自治区）连续五年数据集（共 155 个指标值）中相对位置分布情况如图 2.64 所示。可见，东北三省五年（共 15 个数据）外商投资企业货物进出口占比的百分比排位位于 50%

以下的有五个,且都位于 30% 以下;此外,排位的最大值是 2017 年的吉林省(71.8%),最小值是 2014 年的黑龙江省(15.6%)。

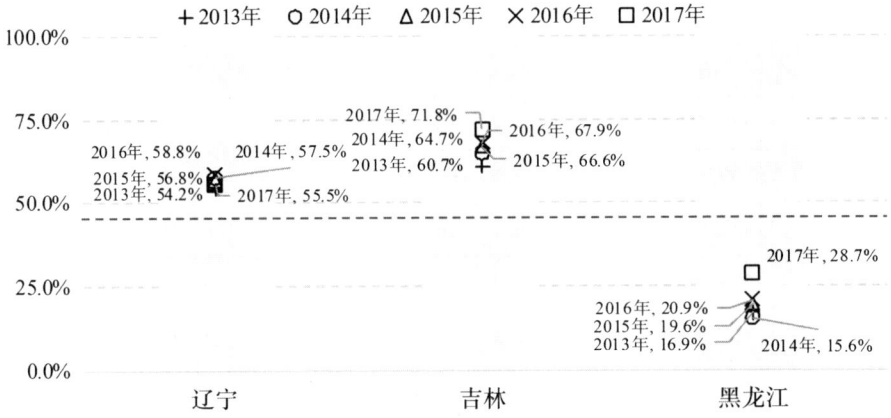

图 2.64 2013—2017 年东北三省外商投资企业货物进出口占比百分比排位图

2013—2017 年,六个省份外商投资企业货物进出口占比由高到低依次为:江苏、吉林、广东、辽宁、浙江、黑龙江;东南三省中,广东省和浙江省整体呈下降趋势,江苏省呈上升趋势;东北三省中,吉林省和黑龙江省整体呈上升趋势,辽宁省 2013—2016 年呈上升趋势,2017 年显著下降;东北三省中表现较好的吉林省与东南三省中最优的江苏省差距明显;外商投资企业货物进出口占比增幅最大的是黑龙江省(47.91%),降幅最大的是浙江省(-5.71%),辽宁省与吉林省的增幅分别为 0.47% 和 4.70%,如表 2.88 所示。

表 2.88 2013—2017 年六省外商投资企业货物进出口占比的原始值及单年排名

	辽宁 值/序	吉林 值/序	黑龙江 值/序	江苏 值/序	浙江 值/序	广东 值/序	全国平均 值
2013	37.07/15	42.60/12	5.16/27	57.19/6	27.30/19	46.21/11	33.77
2014	38.74/13	45.67/11	4.52/25	57.43/5	25.58/19	47.41/10	32.95
2015	38.60/14	46.86/10	7.44/25	58.06/6	23.43/19	46.58/11	34.17
2016	40.31/14	48.53/11	7.81/24	59.58/6	21.92/21	44.36/12	33.69
2017	37.77/14	50.60/8	15.06/23	59.20/6	21.06/22	42.32/12	34.25
平均	38.50/14	46.85/10.4	8.00/24.8	58.29/5.8	23.86/20	45.38/11.2	33.76

2013—2017 年,四个区域外商投资企业货物进出口占比从高到低依次为:东部、中部、东北、西部;东部呈下降趋势,东北、西部总体呈上升态势,中部呈波动上升态势;东北地区外商投资企业货物进出口占比与东部地区差距较大,具体如表 2.89 所示。

表 2.89　2013—2017 年四大经济区域外商投资企业货物进出口占比的平均值及排名

	东北		东部		西部		中部	
	平均值	年排名	平均值	年排名	平均值	年排名	平均值	年排名
2013	28.28	18.0	48.62	10.0	20.54	21.3	38.22	14.3
2014	29.65	16.3	47.83	10.3	18.96	21.4	37.77	14.5
2015	30.97	16.3	46.92	10.6	21.95	20.1	36.93	14.8
2016	32.22	16.3	44.96	11.9	21.46	20.8	40.11	13.2
2017	34.48	15.0	42.85	12.5	24.43	20.0	39.44	14.3
平均	31.12	16.4	46.23	11.1	21.46	20.7	38.49	14.2

2013—2017 年，七个区域外商投资企业货物进出口占比由高到低依次为：华南、华东、华中、华北、东北、西南、西北；华东、华南、华中呈下降趋势，西北、东北、西南总体呈现上升态势，华北 2013—2016 年为上升态势，2017 年显著下降；就七个区域而言，东北地区处于中下水平，与最优的华南地区差距明显，如表 2.90 所示。

表 2.90　2013—2017 年七大地理区域外商投资企业货物进出口占比的平均值及排名

	东北	华北	华东	华南	华中	西北	西南
	值/序	值/序	值/序	值/序	值/序	值/序	值/序
2013	28.28/18.0	35.36/15.2	43.76/11.8	48.29/11.0	41.76/12.8	15.96/23.2	26.18/19.0
2014	29.65/16.3	34.90/14.8	43.62/12.2	48.65/10.7	39.26/13.8	15.61/22.8	23.04/19.8
2015	30.97/16.3	35.37/15.2	43.50/11.7	45.64/11.3	36.99/14.8	17.01/22.4	31.12/16.3
2016	32.22/16.3	36.46/14.8	42.94/12.5	41.96/13.0	38.53/13.8	17.97/22.2	27.58/18.6
2017	34.48/15.0	34.38/15.8	42.21/13	39.68/13.3	38.60/14.8	17.50/22.8	34.44/16.2
平均	31.12/16.4	35.29/15.2	43.21/12.2	44.85/11.9	39.03/14	16.81/22.7	28.36/18

（3）生产开放

生产开放主要用外资工业企业产值占比来予以衡量。外资工业企业产值占比（单位:%）反映一个地区生产开放的水平，是衡量地区生产开放程度的核心指标，计算公式为地区外商投资工业企业产值（包括外商及港澳台商投资工业企业产值）与地区工业总产值的比值。2013—2016 年，全国外资工业企业产值占比平均水平呈缓慢下降趋势，东北地区呈缓慢上升趋势；东北地区落后于全国平均水平，但差距在逐年缩小；就东北三省，辽宁省整体呈上升趋势，吉林省呈现下降趋势，黑龙江省略有提升；相对而言，辽宁省发展较好，吉林省和黑龙江省发展较弱。东北三省外资工业企业产值占比与全国平均水平相差较大，但差距在渐渐缩小，如图2.65所示。

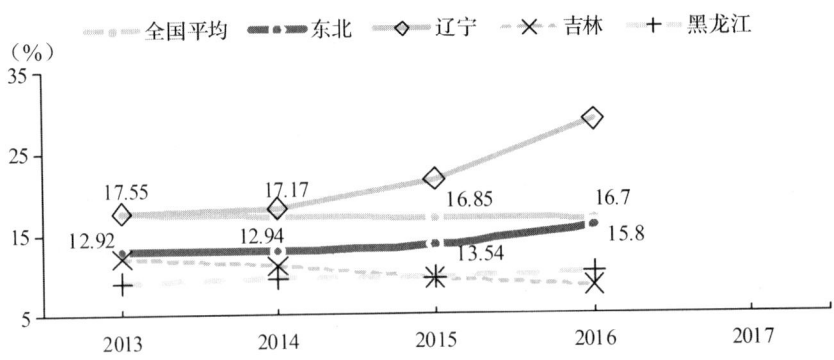

注：①全国平均指31个省（直辖市、自治区）的平均水平；②全国范围内（可采集到的数据），外资工业企业产值占比最大值为2013年上海的62.50%，最小值为2014年新疆的1.07%；③外资工业企业产值占比2017年未收集到数据。

图2.65 2013—2017年外资工业企业产值占比基本走势

2013—2016年，东北三省外资工业企业产值占比在全国31个省（直辖市、自治区）连续四年数据集（共124个指标值）中相对位置分布情况如图2.66所示。可见，东北三省四年（共12个数据）外资工业企业产值占比的百分比排位位于50%以下的有8个；此外，排位的最大值是2016年的辽宁省（79.8%），最小值是2016年的吉林省（36.3%）。

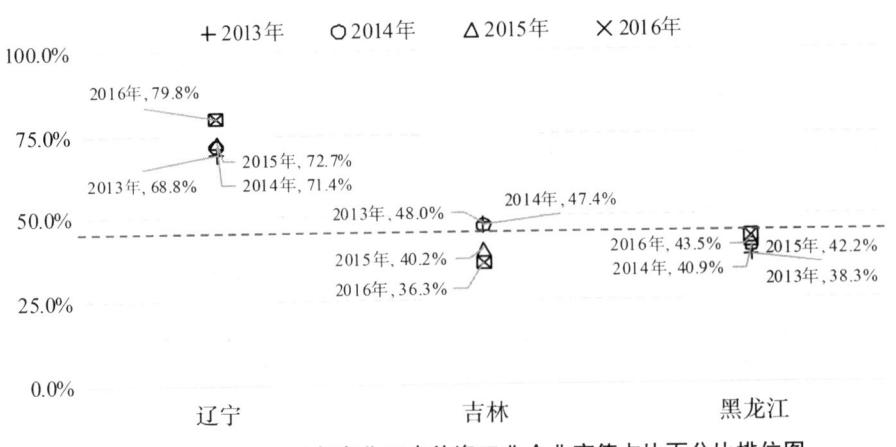

图2.66 2013—2016年东北三省外资工业企业产值占比百分比排位图

2013—2016年，六个省份外资工业企业产值占比由高到低依次为：广东、江苏、浙江、辽宁、吉林、黑龙江；广东省、江苏省、浙江省、吉林省均呈下降趋势，辽宁省、黑龙江省呈上升趋势；东南三省的整体发展水平明显高于东北地区，东南三省中最优的广东省是辽宁省发展水平的近两倍；外资工业企业产值占比降幅最大的是吉林省(-10.03%)，增幅最大的是辽宁省（21.12%），黑龙江省的增幅为4.03%，如表2.91所示。

表2.91 2013—2016年六省外资工业企业产值占比的原始值及单年排名

	辽宁	吉林	黑龙江	江苏	浙江	广东	全国平均
	值/序	值/序	值/序	值/序	值/序	值/序	值
2013	17.66/9	12.07/18	9.03/19	36.75/6	24.94/8	48.09/2	17.55
2014	18.16/10	11.13/16	9.53/19	35.89/6	23.98/8	45.72/2	17.17
2015	21.63/9	9.42/20	9.58/18	35.18/6	22.55/8	43.06/2	16.85
2016	28.85/7	8.44/20	10.12/18	34.42/4	21.93/8	40.36/2	16.70
平均	21.58/8.8	10.27/18.5	9.56/18.5	35.56/5.5	23.35/8	44.30/2	17.07

2013—2016年，四个区域外资工业企业产值占比由高到低依次为：东部、东北、中部、西部；东部和中部总体呈下降趋势，西部在2014年下降后回升，整体趋势平缓，东北地区呈现上升趋势，增幅为7.44%；东北地区外资工业企业产值占比与东部地区差距较大，如表2.92所示。

表2.92 2013—2016年四大经济区域外资工业企业产值占比的平均值及排名

	东北		东部		西部		中部	
	平均值	年排名	平均值	年排名	平均值	年排名	平均值	年排名
2013	12.92	15.3	33.66	7.1	8.35	22.7	11.42	17.8
2014	12.94	15.0	32.80	7.0	8.09	23.2	11.42	17.2
2015	13.54	15.7	31.26	7.2	8.39	22.8	11.39	17.2
2016	15.80	15.0	30.26	7.2	8.35	23.0	11.23	17.2
平均	13.80	15.3	32.00	7.1	8.30	22.9	11.37	17.3

2013—2016年，七个区域外资工业企业产值占比由高到低依次为：华东、华南、华北、东北、华中、西南、西北；西北和东北呈上升趋势，其他区域普遍呈下降趋势；就七个区域而言，东北地区排名居中，与最优的华东地区差距明显，如表2.93所示。

表 2.93　2013—2016 年七大地理区域外资工业企业产值占比的平均值及排名

	东北	华北	华东	华南	华中	西北	西南
	值/序	值/序	值/序	值/序	值/序	值/序	值/序
2013	12.92/15.3	21.47/14.4	31.99/8.2	27.66/7.7	12.09/16.5	3.47/28.2	11.47/19.8
2014	12.94/15.0	20.84/14.0	31.23/8.2	27.50/7.3	11.67/17.0	4.31/27	10.24/21.4
2015	13.54/15.7	20.49/13.6	30.03/8.5	25.53/7.7	11.49/17.0	4.89/26.8	10.42/21.0
2016	15.80/15.0	19.55/14.2	29.60/7.8	24.70/7.7	11.22/17.5	5.11/27.2	10.07/20.8
平均	13.80/15.3	20.59/14.1	30.71/8.2	26.35/7.6	11.62/17.0	4.44/27.3	10.55/20.8

（4）市场开放

①单位 GDP 外商投资企业数（单位：户/亿元）。单位 GDP 外商投资企业数反映地区吸引外商投资的能力，是衡量地区市场开放程度的重要指标，计算公式为地区外商投资企业数与地区 GDP 的比值。2013—2017 年，全国单位 GDP 外商投资企业数平均水平呈缓慢下降趋势，东北地区亦呈缓慢波动下降趋势，持续低于全国平均水平；辽宁省总体呈上升趋势，2017 年有所回落，吉林省和黑龙江省呈下降态势；就东北三省而言，辽宁省发展较好，吉林省和黑龙江省次之。总体而言，东北地区单位 GDP 外商投资企业数与全国平均水平相比存在一定的差距，如图 2.67 所示。

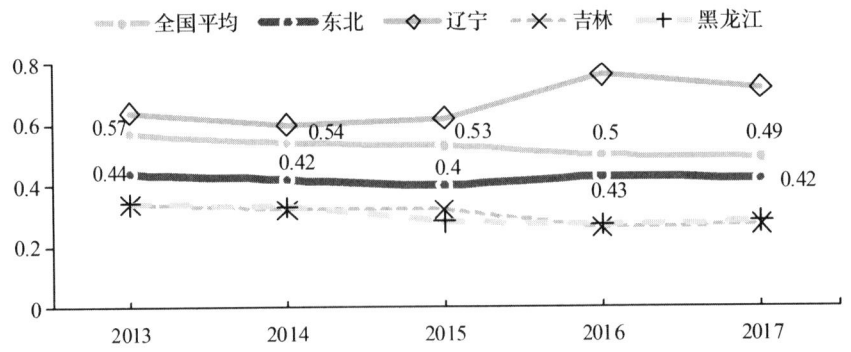

注：①全国平均指 31 个省（直辖市、自治区）的平均水平；②全国范围内（可采集到的数据），单位 GDP 外商投资企业数最大值为 2013 年上海的 2.9817，最小值为 2017 年贵州的 0.1234。

图 2.67　2013—2017 年单位 GDP 外商投资企业数基本走势

2013—2017 年，东北三省单位 GDP 外商投资企业数在全国 31 个省（直辖市、自治区）连续五年数据集（共 155 个指标值）中相对位置分布情况如图 2.68 所示。可见，东北三省五年中（共 15 个数据）单位 GDP 外商投资企业数的百分比排位位于 50% 以下的有 5 个；此外，排位的最大值是 2016 年的辽宁省（80.5%），最小值是 2016 年的吉林省（33.1%）。

图 2.68　2013—2017 年东北三省单位 GDP 外商投资企业数百分比排位图

2013—2017 年，六个省份单位 GDP 外商投资企业数由高到低依次为：广东、浙江、江苏、辽宁、黑龙江、吉林；东南三省均呈下降趋势，但仍优于全国平均水平；东北三省中水平较高的辽宁省低于东南三省中较低的江苏省和浙江省；单位 GDP 外商投资企业数降幅最大的是江苏省（-5.03%），增幅最大的是辽宁省（3.30%），吉林省和黑龙江省的降幅分别为 -4.81% 和 -4.59%，如表 2.94 所示。

表 2.94　2013—2017 年六省单位 GDP 外商投资企业数的原始值及单年排名

	辽宁	吉林	黑龙江	江苏	浙江	广东	全国平均
	值/序	值/序	值/序	值/序	值/序	值/序	值
2013	0.64/9	0.34/18	0.34/17	0.85/6	0.82/7	1.62/2	0.57
2014	0.60/9	0.32/17	0.33/16	0.79/6	0.77/7	1.54/2	0.54
2015	0.62/9	0.32/15	0.28/20	0.76/7	0.76/6	1.53/2	0.53
2016	0.76/5	0.26/20	0.27/19	0.72/8	0.73/7	1.48/2	0.50
2017	0.72/7	0.27/17	0.28/15	0.68/8	0.72/6	1.51/2	0.49
平均	0.67/7.8	0.30/17.4	0.30/17.4	0.76/7.0	0.76/6.6	1.54/2.0	0.53

2013—2017 年，四个区域单位 GDP 外商投资企业数由高到低依次为：东部、东北、中部、西部；四个区域普遍呈下降趋势，中部降幅最大（-4.73%），东北降幅最小（-0.82%）；东北地区单位 GDP 外商投资企业数与东部地区差距较大，如表 2.95 所示。

表 2.95 2013—2017 年四大经济区域单位 GDP 外商投资企业数平均值及排名

	东北		东部		西部		中部	
	平均值	年排名	平均值	年排名	平均值	年排名	平均值	年排名
2013	0.44	15.0	1.12	7.0	0.28	21.6	0.30	20.5
2014	0.42	14.0	1.06	7.1	0.26	21.8	0.29	20.3
2015	0.40	14.7	1.06	6.8	0.24	22.0	0.28	20.0
2016	0.43	14.7	1.00	7.3	0.23	21.8	0.26	19.7
2017	0.42	13.0	0.96	6.9	0.23	22.1	0.24	20.5
平均	0.42	14.2	1.04	7.00	0.25	21.8	0.27	20.2

2013—2017 年,七个区域单位 GDP 外商投资企业数由高到低依次为:华东、华南、华北、东北、华中、西南、西北;七大区域普遍呈下降趋势,其中,降幅最大的是西南地区(-6.54%),最小的是东北地区(-0.82%);就七个区域而言,东北地区排名居中,与最优的华东地区相比,差距明显,如表 2.96 所示。

表 2.96 2013—2017 年七大地理区域单位 GDP 外商投资企业数的平均值及排名

	东北	华北	华东	华南	华中	西北	西南
	值/序	值/序	值/序	值/序	值/序	值/序	值/序
2013	0.44/14.7	0.58/17.2	1.07/8.8	0.96/10.0	0.32/19.0	0.26/22.8	0.32/18.6
2014	0.42/14.0	0.55/17.0	1.03/9.0	0.89/10.0	0.31/18.8	0.24/23.0	0.30/19.0
2015	0.40/14.7	0.54/16.2	1.03/8.5	0.87/9.3	0.29/19.5	0.23/23.0	0.27/19.8
2016	0.43/14.7	0.53/15.2	0.98/8.7	0.79/10.7	0.26/20.0	0.22/22.6	0.25/19.8
2017	0.42/13.0	0.51/15.6	0.94/8.7	0.77/10.0	0.25/19.0	0.22/24.0	0.24/20.2
平均	0.42/14.2	0.54/16.2	1.01/8.7	0.86/10.0	0.29/19.3	0.23/23.1	0.27/19.5

②货运活跃度(单位:亿吨公里/平方公里)。货运活跃度反映一个地区的市场开放水平,是衡量区域开放的必要指标,计算公式为货物周转量与地区面积的比值,其中货物周转量是实际运送货物吨数与货物平均运距的乘积。2013—2017 年,全国货运活跃度的平均水平总体上呈波动上升的趋势,东北地区总体较为平稳,但明显低于全国平均水平;东北三省均呈缓慢上升的趋势;就东北三省而言,辽宁省发展较好,吉林省次之,黑龙江省较差。总体而言,东北地区的货运活跃度明显低于全国平均水平,且差距呈现进一步扩大的趋势,具体如图 2.69 所示。

Ⅱ 评价报告

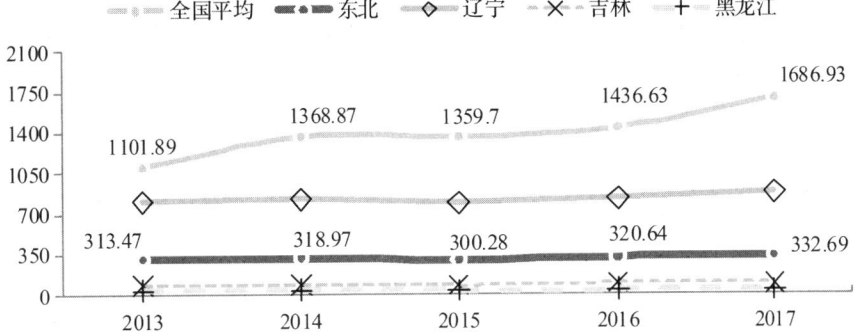

注：①全国平均指31个省（直辖市、自治区）的平均水平；②全国范围内（可采集到的数据），货运活跃度最大值为2017年上海的39680，最小值为2013年西藏的0.8419。

图 2.69　2013—2017 年货运活跃度基本走势

2013—2017年，东北三省货运活跃度在全国31个省（直辖市、自治区）连续五年数据集（共155个指标值）中相对位置分布情况如图2.70所示。可见，东北三省五年（共15个数据）货运活跃度的百分比排位处于50%以下的有10个，其中位于25%以下有6个；此外，排位的最大值是2017年的辽宁省（85.7%），最小值是2015年的黑龙江省（7.7%），如图2.70所示。

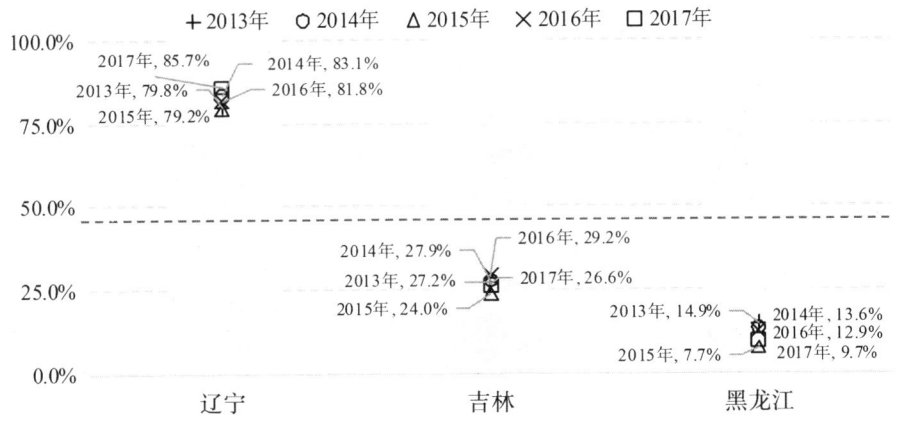

图 2.70　2013—2017 年东北三省货运活跃度百分比排位图

2013—2017年，六个省份货运活跃度由高到低依次为：广东、浙江、江苏、辽宁、吉林、黑龙江；东南三省明显优于吉林省和黑龙江省，辽宁省呈上升趋势，黑龙江省呈下降趋势，吉林省表现较为波动；东南三省水平较低的江苏省总体上优于东北地区较低的黑龙江省；货运活跃度增幅最大的是广东省（50.51%），降幅最大的是黑龙江省（-3.53%），辽宁省的和吉林省的增（降）幅分别为2.05%和-0.69%，具体如表2.97所示。

表 2.97　2013—2017 年六省货运活跃度的原始值及单年排名

	辽宁	吉林	黑龙江	江苏	浙江	广东	全国平均
	值/序	值/序	值/序	值/序	值/序	值/序	值
2013	808.26/6	89.72/22	42.44/26	974.91/3	848.46/5	513.55/10	1101.89
2014	826.18/6	90.92/22	39.82/26	1023.37/3	904.24/5	823.65/7	1368.87
2015	790.81/6	76.06/23	33.98/28	812.40/5	935.52/3	828.17/4	1359.70
2016	822.61/7	100.04/26	39.26/31	722.91/9	937.14/5	1212.89/4	1436.63
2017	874.38/6	87.23/23	36.45/28	882.81/5	990.81/4	1551.10/3	1686.93
平均	824.45/6.2	88.79/23.2	38.39/27.8	883.28/5	923.23/4.4	985.87/5.6	1390.80

2013—2017 年，四个区域货运活跃度由高到低依次为：东部、中部、东北、西部；东部呈上升趋势，西部、中部、东北总体呈波动上升的态势，东部的上升幅度最大（14.70%），东北的上升幅度最小（1.53%）；东北地区货运活跃度与东部地区差距显著，具体如表 2.98 所示。

表 2.98　2013—2017 年四大经济区货运活跃度的平均值及排名

	东北		东部		西部		中部	
	平均值	年排名	平均值	年排名	平均值	年排名	平均值	年排名
2013	313.47	18.0	3002.72	7.5	82.61	24.2	366.62	12.8
2014	318.97	18.0	3804.61	7.0	88.91	24.3	394.19	13.5
2015	300.28	19.0	3810.70	6.6	87.52	24.0	348.76	14.2
2016	320.64	21.3	3887.15	7.0	201.85	22.4	379.95	15.5
2017	332.69	19.0	4768.55	6.9	102.97	23.9	395.93	13.8
平均	317.21	19.1	3854.75	7.0	112.77	23.8	377.09	14.0

2013—2017 年，七个区域货运活跃度由高到低依次为：华东、华北、华南、东北、华中、西北、西南；华东呈上升趋势，华北呈下降趋势，华南、东北、华中、西南呈波动上升态势，西北呈波动下降态势；就七个区域而言，东北地区排名居中，与表现最优的华东地区相比，差距显著，具体如表 2.99 所示。

表 2.99　2013—2017 年七大地理区域货运活跃度的平均值及排名

	东北	华北	华东	华南	华中	西北	西南
	值/序	值/序	值/序	值/序	值/序	值/序	值/序
2013	313.47/18.0	868.10/11.8	4357.6/5.7	284.0/15.7	272.3/14.5	71.23/24.8	86.90/24.0
2014	318.97/18.0	970.67/12.4	5531.3/6.0	472.3/12.7	291.0/15.3	74.19/24.8	97.09/24.2
2015	300.28/19.0	746.34/12.6	5701.9/6.2	444.5/12.0	282.5/15.3	69.51/25.0	99.13/23.4
2016	320.64/21.3	677.88/14.2	5658.2/7.8	927.1/9.3	318.9/16.5	283.82/19.8	151.69/24.2
2017	332.69/19.0	690.51/12.4	7259.5/6.2	666.9/13.0	322.4/15.3	77.57/24.8	121.77/23.2
平均	317.21/19.1	790.70/12.7	5701.7/6.4	559.0/12.5	297.4/15.4	115.26/23.8	111.32/23.8

③客运活跃度（单位：亿人公里/平方公里）。客运活跃度反映一个地区的市场开放水平，是衡量区域开放的必要指标，计算公式为客运周转量与地区面积的比值，其中客运周转量是指在一定时期内运送旅客数量与平均运距的乘积。2013—2017 年，全国客运活跃度的平均水平呈波动上升趋势，东北地区呈平稳波动上升趋势，且明显低于全国平均水平；东北三省中吉林省和黑龙江省趋势变化不明显；就东北三省而言，辽宁省发展较好，吉林省次之，黑龙江省较弱。总体而言，东北地区的客运活跃度明显低于全国平均水平，差距较大，具体如图 2.71 所示。

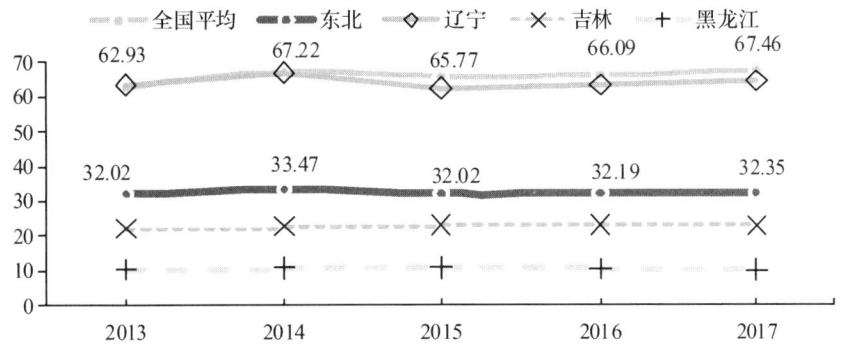

注：①全国平均指 31 个省（直辖市、自治区）的平均水平；②全国范围内（可采集到的数据），客运活跃度最大值为 2017 年上海的 356.83，最小值为 2015 年西藏的 0.3116。

图 2.71　2013—2017 年客运活跃度基本走势

2013—2017 年，东北三省客运活跃度在全国 31 个省（直辖市、自治区）连续五年数据集（共 155 个指标值）中相对位置分布情况如图 2.72 所示。可见，东北三省五年（共 15 个数据）客运活跃度的百分比排位处于 50% 以下的有 10 个，其中位于 25% 以下有

5个；此外，排位的最大值是2014年的辽宁省（65.5%），最小值是2017年的黑龙江省（12.9%）。

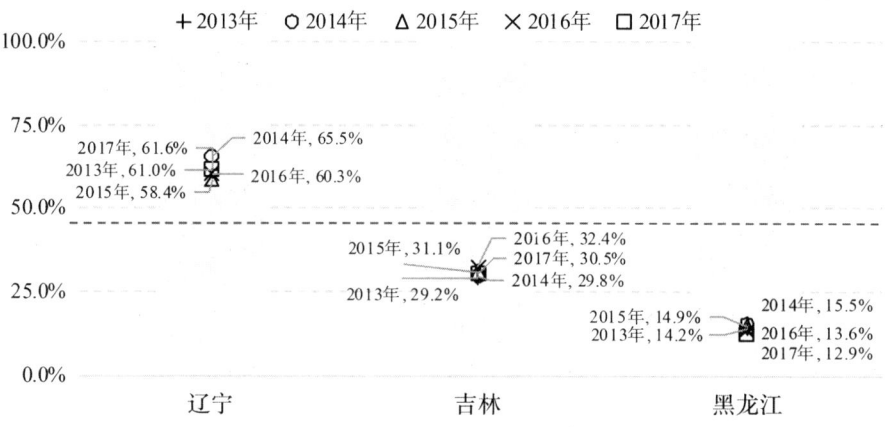

图 2.72 2013—2017 年东北三省客运活跃度百分比排位图

2013—2017年，六个省份客运活跃度由高到低依次为：江苏、广东、浙江、辽宁、吉林、黑龙江；东南三省均呈波动上升趋势；东南三省明显优于东北三省，且东南三省水平相对较低的浙江省优于东北地区较高的辽宁省；客运活跃度降幅最大的是黑龙江省（-1.12%），广东省的增幅最大（3.20%），辽宁省和吉林省的增幅分别为0.33%和0.70%，具体如表2.100所示。

表 2.100 2013—2017 年六省的客运活跃度的原始值及单年排名

	辽宁	吉林	黑龙江	江苏	浙江	广东	全国平均
	值/序	值/序	值/序	值/序	值/序	值/序	值
2013	63.58/11	22.08/22	10.41/27	134.11/4	97.17/6	99.11/5	62.93
2014	66.93/12	22.65/22	10.84/27	142.95/4	102.06/7	128.85/5	67.22
2015	62.37/14	22.96/22	10.72/27	142.80/4	103.56/5	99.97/6	65.77
2016	63.21/13	23.01/21	10.36/27	144.25/4	101.89/6	105.03/5	66.09
2017	64.42/12	22.70/22	9.94/27	147.69/4	107.45/6	111.80/5	67.46
平均	64.10/12.4	22.68/21.8	10.45/27	142.36/4	102.43/6	108.95/5.2	65.89

2013—2017年，四个区域客运活跃度由高到低依次为：东部、中部、东北、西部；东部、西部呈平缓上升趋势，东北、中部呈波动下降态势；东北地区客运活跃度与东部地区差距较大，具体如表2.101所示。

表 2.101 2013—2017 年四大经济区域客运活跃度的平均值及排名

	东北		东部		西部		中部	
	平均值	年排名	平均值	年排名	平均值	年排名	平均值	年排名
2013	32.02	20.0	123.91	7.8	18.22	23.8	66.18	12.2
2014	33.47	20.3	131.80	7.8	19.47	23.8	72.00	12.0
2015	32.02	21.0	129.81	7.6	20.08	23.7	67.29	12.2
2016	32.19	20.3	131.15	7.6	19.73	23.8	67.33	12.3
2017	32.35	20.3	134.12	7.8	20.11	23.8	68.58	12.0
平均	32.41	20.4	130.16	7.7	19.52	23.7	68.28	12.1

2013—2017 年，七个区域客运活跃度由高到低依次为：华东、华北、华中、华南、东北、西南、西北；华北、东北呈波动下降趋势，其余地区均呈波动上升趋势；就七个区域而言，东北地区处于中下水平，与表现最优的华东地区相比，差距较大，具体如表 2.102 所示。

表 2.102 2013—2017 年七大地理区域客运活跃度的平均值及排名

	东北	华北	华东	华南	华中	西北	西南
	值/序	值/序	值/序	值/序	值/序	值/序	值/序
2013	32.02/20	96.95/13.4	123.84/7.5	52.23/14.7	70.14/11	13.89/24.8	24.07/22.4
2014	33.47/20.3	96.82/13	133.31/7.7	63.48/14.7	76.55/10.8	14.82/25	25.77/22.4
2015	32.02/21	97.75/13	131.97/7.2	54.26/15	73.12/11	14.49/25.2	26.89/22
2016	32.19/20.3	98.25/13.2	132.04/7.3	56.82/14.7	74.04/11	14.25/25.2	26.18/22.2
2017	32.35/20.3	95.25/13.4	137.45/7.3	60.94/14.7	76.25/10.8	14.72/25.2	26.35/22.2
平均	32.41/20.4	97.00/13.2	131.72/7.4	57.55/14.7	74.02/10.9	14.43/25.1	25.85/22.2

(5) 区位支撑

①城市化水平（单位:%）。城市化水平反映一个地区的城市化发展程度，是衡量区域开放的重要指标，计算公式为地区城镇人口与总人口的比值。2013—2017 年，全国城市化水平的平均表现整体呈上升趋势，东北地区呈缓慢上升趋势且明显高于全国平均水平，但这种优势呈进一步缩小的趋势；就东北三省而言，辽宁省发展较好，黑龙江省次之，吉林省较弱。总体而言，东北地区城市化水平明显高于全国平均水平，但优势逐步缩小，具体如图 2.73 所示。

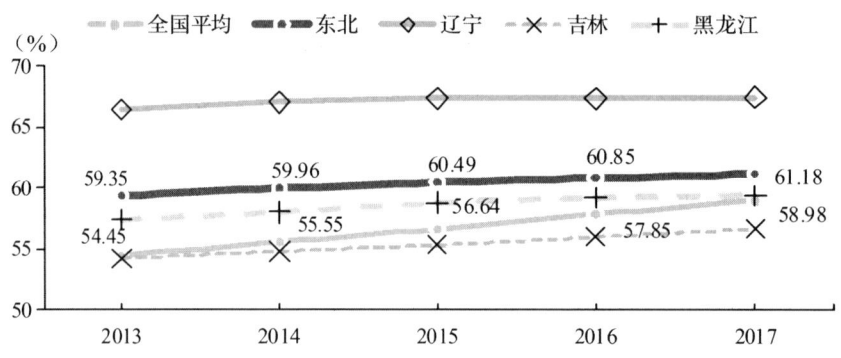

注：①全国平均指31个省（直辖市、自治区）的平均水平；②全国范围内（可采集到的数据），城市化水平最大值为2013年上海的89.60%，最小值为2013年西藏的23.71%。

图 2.73　2013—2017年城市化水平基本走势

2013—2017年，东北三省城市化水平在全国31个省（直辖市、自治区）连续五年数据集（共155个指标值）中相对位置分布情况如图2.74所示。可见，东北三省2013—2017年（共15个数据）城市化水平的百分比排位位于50%以上的有13个，其中位于50%以下的有2个；此外，排位的最大值是2017年的辽宁省（85.0%），最小值是2013年的吉林省（46.7%）。

图 2.74　2013—2017年东北三省城市化水平百分比排位图

2013—2017年，六个省份城市化水平由高到低依次为：广东、辽宁、江苏、浙江、黑龙江、吉林；东南三省呈平稳上升态势，其中江苏省增幅较大；吉林省和黑龙江省的城市化水平低于东南三省中较低的浙江省；城市化水平增幅最大的是江苏省（1.81%），最小的是辽宁省（0.39%），黑龙江省和吉林省的增幅分别为0.87%和1.13%，具体如表2.103所示。

表 2.103 2013—2017 年六省城市化水平的原始值及单年排名

	辽宁	吉林	黑龙江	江苏	浙江	广东	全国平均
	值/序	值/序	值/序	值/序	值/序	值/序	值
2013	66.45/5	54.20/13	57.40/11	64.11/6	64.00/7	67.76/4	54.45
2014	67.05/5	54.81/14	58.01/11	65.21/6	64.87/7	68.00/4	55.55
2015	67.35/5	55.31/14	58.80/11	66.52/6	65.80/7	68.71/4	56.64
2016	67.36/6	55.98/17	59.20/11	67.72/5	66.99/7	69.20/4	57.85
2017	67.49/7	56.65/18	59.40/12	68.76/5	68.00/6	69.85/4	58.98
平均	67.14/5.6	55.39/15.2	58.56/11.2	66.46/5.6	65.93/6.8	68.70/4	56.70

2013—2017 年，四个区域城市化水平由高到低依次为：东部、东北、中部、西部；四个区域普遍呈上升趋势，其中西部上升幅度最大（3.12%），东北上升幅度最小（0.77%）；东北地区城市化水平与东部地区差距较大，具体如表 2.104 所示。

表 2.104 2013—2017 年四大经济区域城市化水平的平均值及排名

	东北		东部		西部		中部	
	平均值	年排名	平均值	年排名	平均值	年排名	平均值	年排名
2013	59.35	9.7	66.92	8.1	45.43	22.3	49.26	19.8
2014	59.96	10.0	67.62	8.1	46.89	22.3	50.55	19.7
2015	60.49	10.0	68.38	7.9	48.25	22.3	51.96	19.8
2016	60.85	11.3	69.40	7.5	49.68	22.5	53.44	19.5
2017	61.18	12.3	70.22	7.3	51.11	22.4	54.92	19.5
平均	60.36	10.7	68.51	7.8	48.27	22.4	52.03	19.7

2013—2017 年，七个区域城市化水平由高到低依次为：华北、华东、东北、华南、华中、西北、西南；七个区域普遍呈平稳上升态势，西南地区增幅最大；就七个区域而言，东北地区处于中上水平，与最优的华北地区相比差距较大，具体如表 2.105 所示。

表 2.105 2013—2017 年七大地理区域城市化水平的平均值及排名

	东北	华北	华东	华南	华中	西北	西南
	值/序	值/序	值/序	值/序	值/序	值/序	值/序
2013	59.35/9.7	65.54/10.2	63.35/9.8	55.10/14.7	48.79/20.0	47.29/22.0	41.05/24.6
2014	59.96/10.0	66.25/10.2	64.27/9.7	55.92/15.3	50.09/20.0	48.74/21.8	42.68/24.4

(续表)

	东北 值/序	华北 值/序	华东 值/序	华南 值/序	华中 值/序	西北 值/序	西南 值/序
2015	60.49/10.0	67.16/10.4	65.01/9.3	56.96/15.3	51.55/20.0	49.97/22.0	44.34/24.4
2016	60.85/11.3	68.03/10.0	66.20/9.2	58.03/15.0	53.11/19.8	51.25/22.2	46.12/24.4
2017	61.18/12.3	68.76/10.0	67.22/8.8	59.03/15.0	54.67/19.8	52.72/22.0	47.69/24.4
平均	60.36/10.7	67.15/10.2	65.21/9.4	57.01/15.1	51.64/19.9	49.99/22.0	44.38/24.4

②运网密度（单位：千米/平方千米）。运网密度反映一个地区交通运输的发展水平，是衡量区域开放程度的重要指标，计算公式为地区交通线路总长度与地区总面积的比值。2013—2017年，全国运网密度的平均水平呈上升态势，东北地区亦呈缓慢上升趋势；东北地区整体水平明显低于全国平均水平；东北三省均呈上升趋势；就东北三省而言，辽宁省发展较好，吉林省次之，黑龙江省较弱。总体而言，东北地区的运网密度明显低于全国平均水平，且这种差距有缓慢扩大的趋势，具体如图2.75所示。

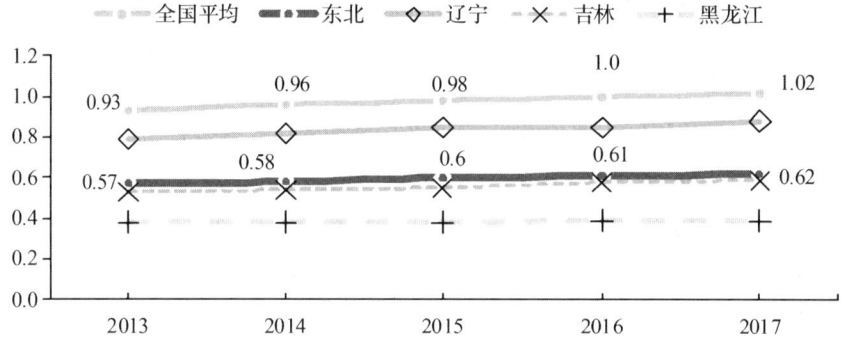

注：①全国平均指31个省（直辖市、自治区）的平均水平；②全国范围内（可采集到的数据），运网密度最大值为2017年上海的2.5284，最小值为2013年西藏的0.0579。

图2.75 2013—2017年运网密度基本走势

2013—2017年，东北三省运网密度在全国31个省（直辖市、自治区）连续五年数据集（共155个指标值）中相对位置分布情况如图2.76所示。可见，东北三省五年（共15个数据）运网密度的百分比排位均位于50%以下，其中有6个位于25%以下；此外，排位最大值为2017年的辽宁省（44.8%），最小值是2013年的黑龙江省（16.2%）。

2013—2017年，六个省份运网密度由高到低依次为：江苏、广东、浙江、辽宁、吉林、黑龙江；东南三省中江苏省呈波动缓慢上升趋势，其他两省呈平稳上升趋势；东南三省中水平较低的浙江省优于东北地区较高的辽宁省；运网密度增幅最大的是辽宁省（3.11%），增幅最小的是江苏省（0.16%），黑龙江省和吉林省的增幅分别为0.87%和

2.59%，具体如表 2.106 所示。

图 2.76　2013—2017 年东北三省运网密度百分比排位图

表 2.106　2013—2017 年六省运网密度的原始值及单年排名

	辽宁	吉林	黑龙江	江苏	浙江	广东	全国平均
	值/序	值/序	值/序	值/序	值/序	值/序	值
2013	0.79/19	0.53/23	0.38/26	1.80/2	1.21/11	1.22/10	0.93
2014	0.82/19	0.54/23	0.38/26	1.81/2	1.22/11	1.27/10	0.96
2015	0.85/18	0.55/23	0.38/26	1.83/2	1.24/11	1.29/10	0.98
2016	0.85/19	0.58/23	0.39/26	1.81/3	1.25/11	1.30/10	1.00
2017	0.88/20	0.59/23	0.39/26	1.81/3	1.30/11	1.31/10	1.02
平均	0.84/19	0.56/23	0.38/26	1.81/2.4	1.24/11	1.28/10	0.98

2013—2017 年，四个区域运网密度由高到低依次为：东部、中部、东北、西部；四个区域均呈平稳上升的趋势，西部地区上升幅度最大，幅度为 3.76%；东北地区运网密度与东部地区相比差距较大，具体如表 2.107 所示。

表 2.107　2013—2017 年四大经济区域运网密度的平均值及排名

	东北		东部		西部		中部	
	平均值	年排名	平均值	年排名	平均值	年排名	平均值	年排名
2013	0.57	23.0	1.37	9.1	0.53	22.7	1.2	10.8
2014	0.58	22.7	1.40	9.0	0.55	22.7	1.22	11.0
2015	0.60	22.3	1.43	9.3	0.57	22.7	1.25	10.7

(续表)

	东北		东部		西部		中部	
	平均值	年排名	平均值	年排名	平均值	年排名	平均值	年排名
2016	0.61	22.7	1.44	9.5	0.59	22.5	1.29	10.5
2017	0.62	23.0	1.46	9.6	0.61	22.3	1.31	10.5
平均	0.59	22.7	1.42	9.3	0.57	22.6	1.25	10.7

2013—2017年，七个区域运网密度由高到低依次为：华东、华中、华北、华南、西南、东北、西北；七个区域除华北地区呈波动上升趋势之外，其他区域普遍呈平稳上升趋势，其中西南地区增幅最大，增幅为3.83%；就七大区域而言，东北地区排名靠后，与最优的华东地区相比，差距较大，具体如表2.108所示。

表2.108　2013—2017年七大地理区域运网密度的平均值及排名

	东北	华北	华东	华南	华中	西北	西南
	值/序	值/序	值/序	值/序	值/序	值/序	值/序
2013	0.57/22.7	0.99/14.2	1.54/7.0	0.82/18.0	1.24/10.3	0.36/25.8	0.77/18.2
2014	0.58/22.7	1.01/14.0	1.56/7.2	0.85/18.0	1.26/10.3	0.37/25.8	0.80/18.2
2015	0.60/22.3	1.02/14.4	1.59/7.2	0.88/18.0	1.29/10.0	0.38/26.0	0.85/18.0
2016	0.61/22.7	1.04/14.6	1.61/7.2	0.90/18.0	1.33/10.0	0.39/25.8	0.87/17.8
2017	0.62/23.0	1.01/15.0	1.65/7.3	0.94/17.7	1.35/9.80	0.41/25.4	0.89/17.8
平均	0.59/22.7	1.01/14.4	1.59/7.2	0.88/17.9	1.30/10.1	0.38/25.8	0.84/18.0

③国际旅游收入占比（单位:%）。国际旅游收入占比反映一个地区的对外开放程度，是衡量地区区域开放程度的重要指标，计算公式为地区向国际旅游者提供商品和各种服务所得外汇收入与GDP的比值。2013—2017年，全国国际旅游收入占比的平均水平整体呈缓慢波动增长态势，东北地区的平均水平整体呈波动下降趋势；东北地区明显低于全国平均水平，且这种差距有扩大的趋势；辽宁省和黑龙江省呈波动下降趋势，吉林省整体呈上升趋势；就东北三省而言，辽宁省发展较好，吉林省次之，黑龙江省较弱。总体而言，东北地区国际旅游收入占比与全国平均水平的差距明显，具体如图2.77所示。

Ⅱ 评价报告

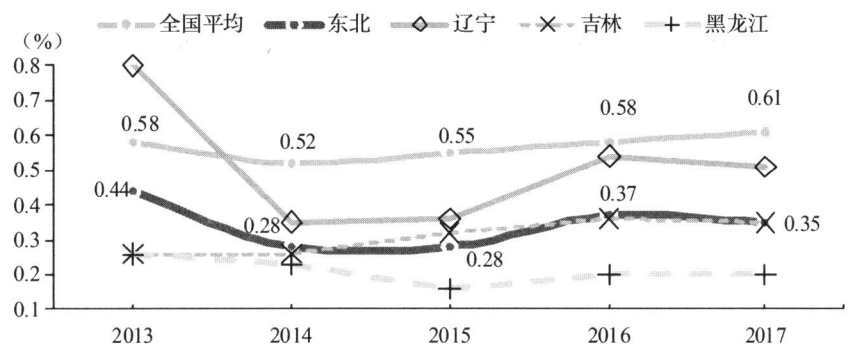

注：①全国平均指31个省（直辖市、自治区）的平均水平；②全国范围内（可采集到的数据），国际旅游收入占比最大值为2013年广东的1.6217%，最小值为2014年甘肃的0.0091%。

图2.77　2013—2017年国际旅游收入占比基本走势

2013—2017年，东北三省国际旅游收入占比在全国31个省（直辖市、自治区）连续五年数据集（共155个指标值）中相对位置分布情况如图2.78所示。可见，东北三省五年（共15个数据）国际旅游收入占比的百分比排位处于50%以下的有11个，其中有1个位于25%以下；此外，排位的最大值是2013年的辽宁省（72.7%），最小值是2015年的黑龙江省（22.0%）。

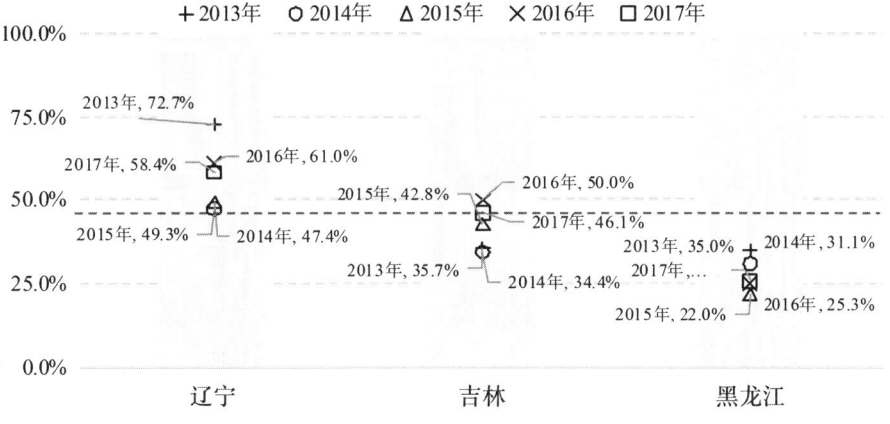

图2.78　2013—2017年东北三省国际旅游收入占比百分比排位图

2013—2017年，六个省份国际旅游收入占比由高到低依次为：广东、浙江、辽宁、吉林、江苏、黑龙江；东南三省除了江苏省外其他两省普遍呈下降趋势；东北地区水平较高的辽宁省与东南三省中较高的广东省差距较大；国际旅游收入占比增幅最大的是江苏省（8.10%），降幅最大的是浙江省（-11.85%），吉林省的增幅为7.82%，辽宁省和黑龙江省的降幅分别为-8.88%和-5.44%；具体如表2.109所示。

表 2.109　2013—2017 年六省国际旅游收入占比的原始值及单年排名

	辽宁	吉林	黑龙江	江苏	浙江	广东	全国平均
	值/序	值/序	值/序	值/序	值/序	值/序	值
2013	0.80/9	0.26/20	0.26/21	0.25/22	0.89/8	1.62/1	0.58
2014	0.35/14	0.26/19	0.23/21	0.29/17	0.88/8	1.55/1	0.52
2015	0.36/15	0.32/18	0.16/24	0.31/19	0.99/8	1.53/1	0.55
2016	0.54/13	0.36/18	0.20/24	0.33/19	0.44/14	1.53/2	0.58
2017	0.51/14	0.35/18	0.20/24	0.33/19	0.47/16	1.50/2	0.61
平均	0.51/13	0.31/18.6	0.21/22.8	0.30/19.2	0.73/10.8	1.55/1.4	0.57

2013—2017 年，四个区域国际旅游收入占比由高到低依次为：东部、西部、东北、中部；其中，东北总体呈波动下降趋势，东部、西部、中部三个区域总体呈波动上升趋势；东北地区国际旅游收入占比与东部地区相比，差距较大，具体如表 2.110 所示。

表 2.110　2013—2017 年四大经济区域国际旅游收入占比的平均值及排名

	东北		东部		西部		中部	
	平均值	年排名	平均值	年排名	平均值	年排名	平均值	年排名
2013	0.44	17.0	0.93	10.2	0.45	18.3	0.30	20.7
2014	0.28	18.0	0.87	10.0	0.42	17.8	0.24	21.5
2015	0.28	19.0	0.89	10.5	0.47	17.5	0.27	20.7
2016	0.37	18.3	0.90	11.0	0.51	17.2	0.29	20.8
2017	0.35	18.7	0.94	10.6	0.54	17.3	0.31	21.0
平均	0.34	18.1	0.91	10.5	0.48	17.6	0.28	20.9

2013—2017 年，七个区域国际旅游收入占比由高到低依次为：华南、华东、西南、华北、东北、西北、华中；除东北、华北地区呈波动下降趋势外，其余区域总体均呈波动上升态势，东北地区下降幅度最大，降幅为 -4.86%；就七个区域而言，东北地区处于中下水平，与最优的华南地区相比，差距较大，具体如表 2.111 所示。

表 2.111 2013—2017 年七大地理区域国际旅游收入占比的平均值及排名

	东北	华北	华东	华南	华中	西北	西南
	值/序	值/序	值/序	值/序	值/序	值/序	值/序
2013	0.44/16.7	0.71/13.6	0.80/11.5	0.98/7.3	0.22/23.5	0.24/23.4	0.64/15.2
2014	0.28/18.0	0.62/15.0	0.78/10.5	0.88/7.7	0.19/23.0	0.21/23.2	0.60/14.6
2015	0.28/19.0	0.61/16.2	0.84/10.5	0.89/7.7	0.21/22.0	0.24/22.8	0.67/14.0
2016	0.37/18.3	0.67/15.6	0.80/11.3	0.96/7.7	0.23/22.5	0.27/22.8	0.72/13.6
2017	0.35/18.7	0.68/15.2	0.81/11.7	1.14/6.0	0.24/22.5	0.31/23.0	0.71/14.2
平均	0.34/18.1	0.66/15.1	0.80/11.1	0.97/7.3	0.22/22.7	0.25/23.0	0.67/14.3

4. 主要结论

首先，总体而言，东北三省的区域开放指数低于全国平均水平，但差距相对不大。在反映区域开放的五个方面（贸易开放、投资开放、生产开放、市场开放、区位支撑），东北三省五个方面整体均落后于东南三省，尤其值得关注的是，东北三省的贸易开放、市场开放、生产开放与东南三省差距明显，成为东北地区区域开放方面最显著的问题。

其次，动态来看，2013—2017 年，东北地区的指数得分呈波动上升趋势，意味着绝对能力进步，但是，东北地区的区域开放方面的相对排名小幅下降（下降 0.3 名），意味着全国范围内相对优势缓慢退失。

再次，分省来看，辽宁省的区域开放水平较高，吉林省次之，黑龙江省较弱。在全国各省相对排名的竞争中，辽宁省长期持平，黑龙江省总体持平，吉林省小幅下降。辽宁省在区域开放各分项指数上发展比较均衡，生产开放相对较好，投资开放相对较弱，吉林省和黑龙江省关于各分项指数呈不均衡发展，吉林省投资开放与贸易开放较好，生产开放较薄弱，黑龙江省投资开放相对较好，市场开放较弱。

最后，单项指标方面，东北三省仅"净出口贡献率""城市化水平"相对于全国平均水平有一定的优势；其他各项指标，尤其"对外贸易依存度""货运活跃度""客运活跃度""国际旅游收入占比"的发展比较落后。

(四)产业发展评价报告

1. 产业发展指数总体分析

对产业发展的测度包括产业均衡、服务业发展、重化工调整、金融深化、现代农业五个方面,共10项关键指标,汇集中国31个省(直辖市、自治区)2013—2017年产业发展方面的指标信息,得到了连续五年的产业发展指数得分。在此基础上,形成多年连续排名和单年排名。其中,多年连续排名用于反映各产业发展的绝对发展水平随时间动态变化的情况[31个省(直辖市、自治区)5年共155个排位,最高排名为1,最低排名为155],单年排名用于反映各省(直辖市、自治区)在全国范围内某个单年的相对发展水平[31个省(直辖市、自治区)每年31个排位,最高排名为1,最低排名为31]。具体而言,31个省(直辖市、自治区)产业发展的总体情况见表2.112。

表2.112 2013—2017年31个省(直辖市、自治区)产业发展指数得分、连续及单年排名

省市区	2013			2014			2015			2016			2017		
	值	总	年	值	总	年	值	总	年	值	总	年	值	总	年
广东	69.3	32	6	67.9	35	6	71.7	28	6	82.4	5	2	85.1	2	1
上海	80.2	10	1	81.0	8	1	81.8	7	1	85.8	1	1	84.3	3	2
江苏	75.7	17	3	76.2	14	2	77.3	11	2	82.4	6	3	82.6	4	3
浙江	75.1	19	4	72.4	26	4	73.7	21	4	76.2	13	4	80.6	9	4
福建	63.9	44	7	59.9	59	9	66.1	41	8	70.7	31	8	73.4	22	5
北京	76.6	12	2	75.3	18	3	75.9	15	3	75.0	20	6	72.7	24	6
天津	72.9	23	5	71.2	29	5	72.3	27	5	75.9	16	5	70.8	30	7
黑龙江	60.8	55	9	62.6	48	7	67.0	39	7	72.5	25	7	69.1	33	8
安徽	51.2	87	14	52.4	83	14	59.7	61	12	67.2	37	9	69.1	34	9
四川	51.2	86	13	54.1	78	12	59.2	64	13	64.0	43	11	67.3	36	10

(续表)

省市区	2013 值	总	年	2014 值	总	年	2015 值	总	年	2016 值	总	年	2017 值	总	年
湖北	49.5	93	15	52.2	84	15	56.1	74	15	63.0	47	12	67.1	38	11
重庆	63.2	46	8	61.1	54	8	60.6	56	10	65.5	42	10	66.4	40	12
山东	58.5	65	11	57.8	67	11	60.2	58	11	61.6	53	14	62.2	50	13
辽宁	59.6	63	10	58.2	66	10	63.5	45	9	59.7	62	16	62.0	51	14
江西	41.8	119	21	41.8	118	21	51.3	85	19	59.8	60	15	61.7	52	15
河北	47.4	103	19	48.5	98	17	53.4	79	17	57.8	68	17	60.5	57	16
河南	49.1	96	17	48.0	100	18	53.3	81	18	55.5	75	18	56.9	70	17
海南	57.2	69	12	53.2	82	13	54.6	77	16	42.3	117	24	56.6	71	18
吉林	49.2	95	16	50.2	90	16	56.2	72	14	62.3	49	13	56.2	73	19
湖南	43.7	112	20	44.3	111	20	47.5	102	22	53.4	80	19	55.0	76	20
新疆	48.6	97	18	45.3	109	19	49.2	94	21	47.8	101	21	50.6	88	21
广西	34.6	144	27	34.3	145	27	37.8	134	26	40.8	124	27	50.2	89	22
陕西	38.6	131	25	39.9	128	24	43.6	113	24	43.6	114	23	48.3	99	23
内蒙古	33.7	147	28	37.0	135	25	35.7	139	28	40.9	122	25	46.5	104	24
西藏	40.4	126	23	40.7	125	23	46.4	106	23	44.8	110	22	46.5	105	25
青海	38.7	130	24	36.4	136	26	42.8	116	25	40.9	123	26	46.2	107	26
山西	41.6	120	22	41.4	121	22	49.8	91	20	49.6	92	20	45.8	108	27
贵州	29.8	152	30	28.6	155	31	36.0	137	27	37.8	133	28	43.0	115	28
宁夏	33.1	149	29	33.4	148	28	34.8	142	29	35.8	138	29	40.1	127	29
云南	35.5	140	26	31.5	151	29	33.0	150	31	34.1	146	31	38.9	129	30
甘肃	29.5	153	31	29.2	154	30	34.7	143	30	35.2	141	30	38.0	132	31
平均	51.6	88	16	51.2	90	16	55.0	78	16	57.6	71	16	59.8	64	16

注：①对于表中的字段名称，"值"表示各省（直辖市、自治区）对应年份的指数得分，"总"表示各省（直辖市、自治区）2013—2017年多年连续总排名，"年"表示各省（直辖市、自治区）五个单年的排名；②表中31个省（直辖市、自治区）按照2017年的指数得分由高到低（降序）排列。

东北地区的产业发展指数处于全国中等偏上的位置，但总体上还落后于东南三省的发展水平。2013—2017年，六个省份产业发展平均指数由高到低依次为：江苏、浙江、广东、黑龙江、辽宁、吉林；六省整体呈上升趋势，辽宁、吉林、黑龙江和浙江省呈波动上升趋势；东南三省水平较低的省份广东省平均得分也优于东北三省最优的黑龙江省；六省中，产业发展指数年均增幅最大的是广东省（5.70%），最低的是辽宁省（1.01%），吉林省和黑龙江省的增幅分别为3.53%和3.44%。就2017年而言，黑龙江省产业发展相对较好，在31个省域中的单年排名为8，辽宁省和吉林省相对较差，排名分别为14和19，具体如表2.112和表2.113所示。

表2.113 2013—2017年六省产业发展指数的值及单年排名

	辽宁	吉林	黑龙江	江苏	浙江	广东	全国平均
	值/序	值/序	值/序	值/序	值/序	值/序	值
2013	59.59/10	49.22/16	60.78/9	75.69/3	75.14/4	69.31/6	51.62
2014	58.20/10	50.22/16	62.64/7	76.18/2	72.38/4	67.93/6	51.16
2015	63.54/9	56.23/14	67.00/7	77.27/2	73.69/4	71.74/6	55.01
2016	59.65/16	62.29/13	72.55/7	82.44/3	76.20/4	82.45/2	57.56
2017	62.00/14	56.16/19	69.15/8	82.63/3	80.64/4	85.12/1	59.80
平均	60.59/11.8	54.82/15.6	66.42/7.6	78.84/2.6	75.61/4	75.31/4.2	55.03

2013—2017年，全国产业发展呈波动上升趋势，东北地区亦呈波动上升趋势，且高于全国平均水平；东北三省均呈波动上升趋势；相对而言，黑龙江省较好，辽宁省次之，吉林省较弱，具体如图2.79。

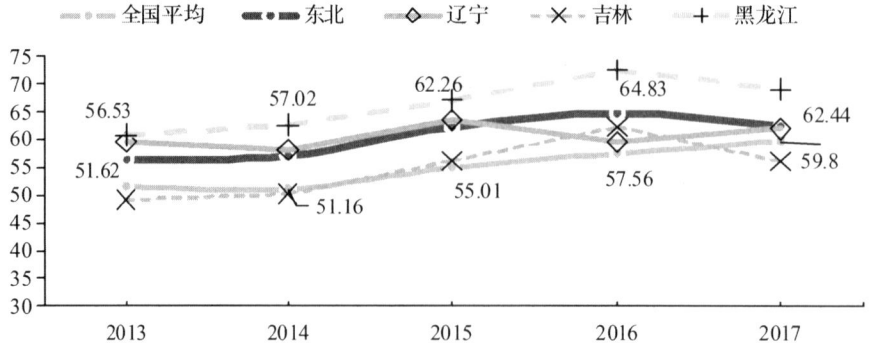

注：①全国平均指31个省（直辖市、自治区）的平均水平；②全国范围内（可采集到的数据），产业发展指数最大值为2016年上海的85.83，最小值为2014年贵州的28.63。

图2.79 2013—2017年产业发展指数基本走势

2013—2017年，东北三省产业发展指数在全国31个省（直辖市、自治区）连续五年数据集（共155个指标值）中相对位置分布情况如图2.80所示。可见，东北三省五年（共15个数据）产业发展总指数的百分比排位处于50%以下的数量有2个；排位的最大值是2016年的黑龙江省（84.4%），最小值是2013年的吉林省（38.9%）。

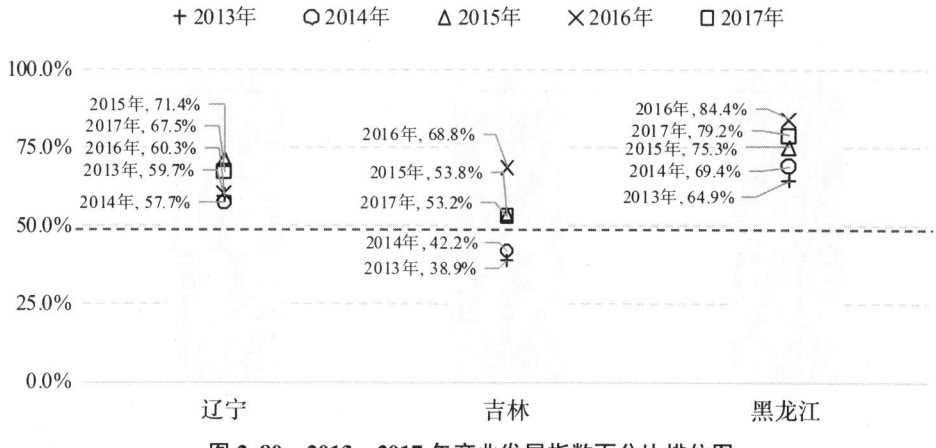

图2.80　2013—2017年产业发展指数百分比排位图

2. 全国视角下东北地区产业发展进展分析

2013—2017年，四个区域产业发展总指数由高到低依次为：东部、东北、中部、西部；四个区域普遍呈上升趋势，其中中部地区上升幅度最大，东部地区上升幅度最小；东北地区产业发展指数与东部地区相比，存在一定差距，具体如表2.114所示。

表2.114　2013—2017年四大经济区域产业发展平均值及排名

	东北		东部		西部		中部	
	平均值	年排名	平均值	年排名	平均值	年排名	平均值	年排名
2013	56.53	11.7	67.69	7.0	39.74	23.5	46.13	18.2
2014	57.02	11.0	66.34	7.1	39.30	23.5	46.68	18.3
2015	62.26	10.0	68.71	7.3	42.84	23.9	52.91	17.7
2016	64.83	12.0	71.02	8.4	44.27	23.6	58.07	15.5
2017	62.44	13.7	72.88	7.5	48.50	23.4	59.26	16.5
平均	60.61	11.7	69.33	7.5	42.93	23.6	52.61	17.2

注：为确保区分度，对于具有平均意义的排名（序），本研究保留一位小数，以下各表同。

2013—2017年,七个区域产业发展由高到低依次为:华东、东北、华北、华南、华中、西南、西北;七个区域整体呈上升趋势,其中华中地区的增幅最大;就七个区域而言,东北地区排名靠前,但与最优的华东地区相比,存在较大差距,具体如表2.115所示。

表2.115 2013—2017年七大地理区域产业发展指数的平均值及排名

	东北	华北	华东	华南	华中	西北	西南
	值/序	值/序	值/序	值/序	值/序	值/序	值/序
2013	56.53/11.7	54.42/15.2	67.44/6.7	53.71/15.0	46.02/18.3	37.70/25.4	44.02/20.0
2014	57.02/11.0	54.68/14.4	66.60/6.8	51.81/15.3	46.57/18.5	36.84/25.4	43.21/20.6
2015	62.26/10.0	57.42/14.6	69.79/6.3	54.72/16.0	52.01/18.5	41.10/25.8	47.02/20.8
2016	64.83/12.0	59.83/14.6	74.00/6.5	55.17/17.7	57.92/16.0	40.66/25.8	49.25/20.4
2017	62.44/13.7	59.26/16.0	75.35/6.0	63.98/13.7	60.17/15.8	44.64/26.0	52.43/21.0
平均	60.61/11.7	57.12/15.0	70.64/6.5	55.88/15.5	52.54/17.4	40.19/25.7	47.19/20.6

为便于直观分析,将指数信息按空间分类、时间排列、优劣序化等方式整理后,形成多年连续排名及单年排名的可视化集成图(见图2.81至图2.83),结合表2.112的信息,以全国四大经济区为划分标准,对东北三省的产业发展方面的进程评价如下:

第一,东北地区产业发展水平高于全国平均,但低于东部地区。

从反映西部、中部、东北、东部4大区域的平均得分曲线的变化情况可以看出,东部地区发展相对成熟,基础夯实(2013年为67.69),但与其他地区的差距在缩小(2017年为72.88)。其余三个地区平均水平都较低,但上升势头都较猛,五年的发展并没有改变三个地区的相对水平。其中,西部地区的基础最差(2013年为39.74),尽管经过五年的快速发展,但指数得分仍然没有超过50;中部地区在波动中有所提升,指数得分在2015年成功超过50;以2013年为基点(得分56.53),东北地区拥有优于全国平均水平的起步条件,并将这种优势保持到了2017年(得分62.44)。

第二,东北地区产业发展连续排名提升明显,高于西部和东部地区。

四个区域中上升最快的为中部地区,连续排名年均提高41.5名。中部地区上升最快的是湖北省(从2013年的93名发展至2016年的38名),上升最慢的是山西省(由2013年的120名发展至2017年的108名)。西部地区上升最快的是广西壮族自治区(从2013年的144名发展至2017年的89名),上升最慢的是重庆市(由2013年的46名发展至2017年的40名)。东部地区上升最快的是河北省(由2013年的103名发展至2017年的57名),上升最慢的是上海市(由2013年的10名发展至2017年的3名)。东北地区连续排名的上升速度高于东部地区，但低于中部和西部地区。在东北三省中，黑龙江省和吉林省上升更快，分别从2013年的55名、95名发展至2017年的33名、73名，辽宁省的升幅较低，平均每年有2.75名的升幅。

第三，东北三省在产业发展上出现分化。

2013—2017年，在相对位次的排名竞争中，东北和东部地区总体呈下降趋势。在东部地区的10个省域中，单年排名不变的有两个（占20.00%），排名退后的有5个（占50.00%），排名提升的有3个（占30.00%），其中广东省相对排名提升5名，海南省退后6名，分别为东部地区上升与为下降最快的省区。上升最快的是中部地区，在中部地区六个省域中，单年排名提升的有3个（占50.00%），其中江西省提升6名，山西省相对排名退后5名，分别为中部地区上升与为下降最快的省区。

在西部地区12个省域中，单年排名提升的有五个（占41.66%），排名退后的有五个（占41.66%），其中广西壮族自治区相对排名提升5名，云南省、重庆市下降4名，分别为西部地区上升与下降最快的省区。东北地区的三个省域中，黑龙江省排名提升，由9名提升至8名，吉林省和辽宁省排名下降，吉林省由16名下降至19名，辽宁省由10名下降至14名。

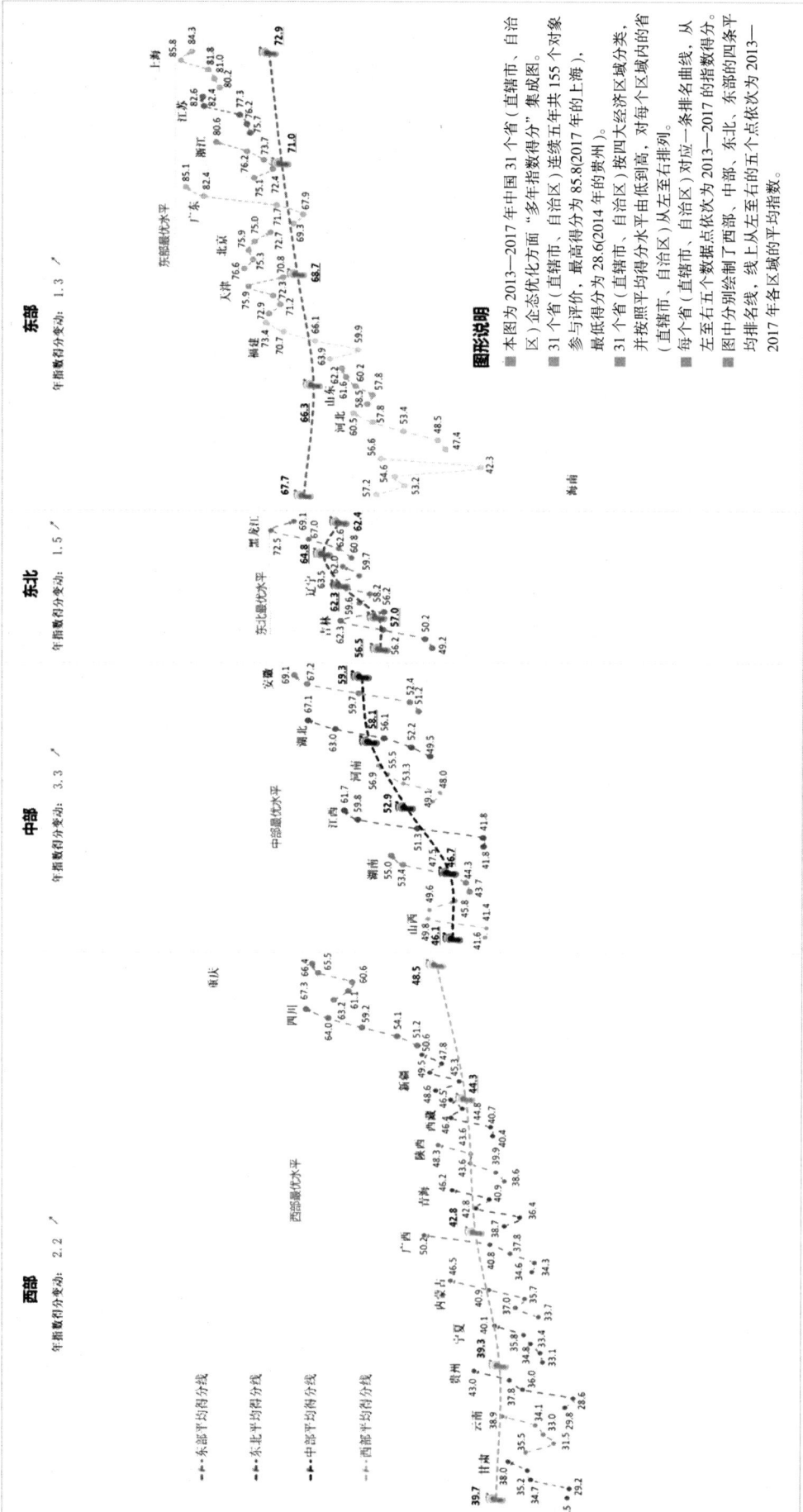

图 2.81 2013—2017 年 31 个省（直辖市、自治区）产业发展指数得分变动情况

图 2.82　2013—2017 年 31 个省（直辖市、自治区）产业发展多年连续排名变动情况

图 2.83 2013—2017 年 31 个省（直辖市、自治区）产业发展单年排名变动情况

3. 产业发展分项指数分析

2013—2017年，东北三省现代农业的平均水平超过了全国平均水平和东南三省平均水平，表现出较强的竞争力；产业均衡、重化工调整的平均水平超过了全国平均水平，但低于东南三省的平均水平；服务业发展、金融深化的平均水平低于东南三省和全国平均水平，表现较弱。东南三省的平均得分雷达图基本包围东北三省平均得分雷达图和全国平均得分雷达图，只在现代农业上低于东北三省。东北三省在五个分项指数的发展上非常不平衡，其中黑龙江省最为突出，黑龙江省现代农业得分达到95，金融深化的得分仅为33.1。就东北三省而言，辽宁省的金融深化相对较好，且超过全国平均水平；黑龙江省的产业均衡和现代农业相对较好，且超越全国平均水平；吉林省重化工调整相对较好，其他指数均较弱。总体来看，东北三省在现代农业上具有一定优势，在产业均衡、服务业发展和金融深化上和东南三省的差距较大，具体如表2.116和图2.84所示。

表2.116 2013—2017年六省产业发展方面分项指数平均得分

	产业均衡	服务业发展	重化工调整	金融深化	现代农业
辽宁	66.87	47.28	43.55	65.08	80.20
吉林	45.92	31.83	88.72	32.58	75.07
黑龙江	80.61	48.25	75.16	33.10	95.00
江苏	86.40	64.13	79.05	76.37	88.26
浙江	91.42	62.86	80.86	82.86	60.04
广东	75.18	64.91	94.49	91.54	50.42
东北三省平均	64.47	42.45	69.14	43.59	83.42
东南三省平均	84.33	63.97	84.80	83.59	66.24
全国各省平均	56.30	54.38	52.65	56.97	54.85
各省最高	98.92	74.72	94.49	94.34	95.00
各省最低	15.43	31.83	10.88	30.20	14.63

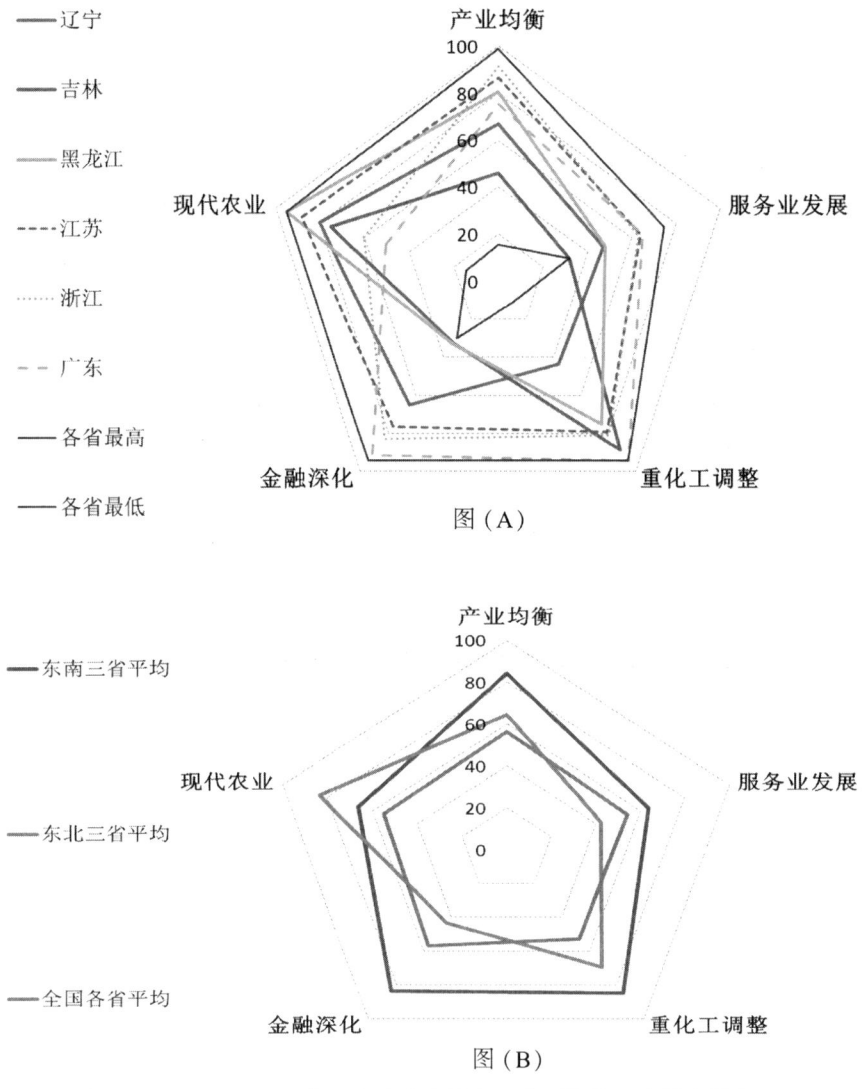

图 2.84 2013—2017 年六省产业发展方面分项指数平均得分雷达图

2013—2017 年,产业发展下五个分项指数的全国年平均值中,金融深化和现代农业呈上升趋势,产业均衡、服务业发展和重化工调整有所波动;东南三省在各分项上均排名靠前,因此在产业发展排名上居于全国前六。在东北三省,五个分项指数均有所波动,具体如表 2.117 所示。

表 2.117 2013—2017 年六省产业发展方面分项指数

分项指数	年份	辽宁 值/序	吉林 值/序	黑龙江 值/序	江苏 值/序	浙江 值/序	广东 值/序	全国平均 值
产业均衡	2013	65.09/13	35.83/22	74.94/8	84.88/5	91.13/4	73.44/9	52.68
	2014	64.64/13▽	41.65/20▲	74.94/9▽	85.54/5▲	90.91/4▽	75.10/8▲	54.20▲
	2015	67.14/13▲	48.80/19▲	80.15/8▲	87.25/5▲	90.97/4▲	74.96/11▽	57.05▲
	2016	72.91/12▲	62.83/16▲	88.31/5▲	87.02/6▽	92.28/4▲	79.11/9▲	59.71▲
	2017	64.55/16▽	40.50/22▽	84.71/6▽	87.31/5▲	91.83/4▽	73.27/10▽	57.84▽
服务业发展	2013	49.63/19	26.93/29	35.18/27	68.31/8	68.76/7	69.16/6	54.21
	2014	38.42/23▽	16.21/31▽	47.57/15▲	63.07/3▽	54.77/9▽	55.84/7▽	46.33▽
	2015	56.03/16▲	26.48/31▲	52.91/21▲	60.38/9▽	59.13/11▲	60.11/10▲	54.53▲
	2016	34.56/30▽	48.01/24▲	52.57/19▽	67.25/7▲	63.24/8▲	69.22/5▲	55.90▲
	2017	57.74/21▲	41.53/31▽	53.04/26▲	61.62/15▽	68.40/8▲	70.24/4▲	60.93▲
重化工调整	2013	48.21/17	87.34/2	75.81/8	76.63/7	78.17/6	88.93/1	50.76
	2014	48.67/17▲	87.03/2▽	74.32/8▽	77.25/7▲	77.84/5▽	88.45/1▽	50.08▽
	2015	41.33/20▽	88.27/4▲	75.83/8▲	79.18/7▲	81.06/5▲	90.78/1▲	53.24▲
	2016	40.29/20▽	90.57/4▲	75.95/10▲	80.91/6▲	83.45/5▲	101.57/1▲	54.58▲
	2017	39.24/20▽	90.39/4▽	73.90/10▽	81.27/6▲	83.76/5▲	102.74/1▲	54.61▲
金融深化	2013	55.14/11	19.81/31	27.11/29	67.02/6	81.08/3	73.12/4	50.81
	2014	58.32/9▲	27.43/29▲	24.76/30▽	70.97/5▲	81.12/3▲	74.67/4▲	52.36▲
	2015	70.62/6▲	36.82/27▲	33.90/30▲	71.13/5▲	79.60/4▽	84.11/3▲	55.38▲
	2016	69.62/9▽	40.85/27▲	36.74/30▲	84.79/4▲	80.68/5▲	107.09/1▲	59.54▲
	2017	71.70/11▲	38.01/31▽	42.99/30▲	87.96/5▲	91.81/4▲	118.72/1▲	66.76▲
现代农业	2013	79.88/3	76.19/6	90.86/1	81.62/2	56.54/12	41.9/20	49.62
	2014	80.93/3▲	78.78/7▲	91.62/1▲	84.08/2▲	57.24/12▲	45.57/21▲	52.84▲
	2015	82.57/4▲	80.76/6▲	92.22/1▲	88.39/2▲	57.69/12▲	48.75/19▲	54.87▲
	2016	80.89/4▽	69.22/10▽	109.18/1▽	92.21/2▲	61.35/13▲	55.26/17▲	58.08▲
	2017	76.75/5▽	70.38/8▲	91.11/2▲	94.99/1▲	67.39/10▲	60.63/15▲	58.85▲

注：表中符号"▲"表示本年的数据相对于前一年是增长的，符号"▽"表示本年的数据相对于前一年是减少的。

进一步统计升降符（▲或▽）的数量，对不同地区的发展态势及稳定性进行分析和对比可知，2013—2017 年，全国五个分项指数▲的数量均超过半数，表现出较稳定的上升趋势；除产业均衡和服务业发展外，东北地区的五个分项指数的▲总数均小于东南三省的总数，东南地区总体发展的稳定性高于东北三省；东北三省▲的总数量为 36 个，占东北三省升降符总数（60）的 60.0%，东南三省▲的总数量为 45 个，占东北三省升降符总数（60）的 75.0%，两个地区的发展均具有较高稳定性。

2013—2017 年，黑龙江省▲的数量为 13 个，总数为 20，占 65.0%，辽宁省▲的数量 10 个，总数为 20，占 50.0%，吉林省▲的数量为 13 个，总数为 20，占 65.0%，江苏省▲的数量均为 16 个，总数为 20，占 80.0%，浙江省▲的数量为 15 个，总数为 20，占 75.0%，广东省▲的数量为 14 个，总数为 20，占 70.0%，东北三省最优的黑龙江省与吉林省上升态势低于东南三省中上升最慢的广东省；就东北三省而言，黑龙江省和吉林省发展的稳定性相对较好，辽宁省相对较弱。2013—2017 年，就东北三省而言，产业均衡发展态势相对较好的是黑龙江省，服务业发展态势较好的是辽宁省和黑龙江省，重化工调整发展态势较好的是吉林省，金融深化发展态势较好的是辽宁省，三省的现代农业发展态势均比较好。

（1）产业均衡

产业均衡主要用产业分布泰尔指数来予以衡量。产业分布泰尔指数是衡量一个地区产业结构失衡的核心指标，是一个逆向指标，指标值越大意味着地区产业结构越不合理。2013—2017 年，全国和东北地区的产业分布泰尔指数均呈波动下降趋势；由于黑龙江省 2013—2014 年的数据缺失，考虑到黑龙江省 2014—2017 年的较低取值和数据延续性，东北地区的产业分布泰尔指数总体上应该略低于全国平均水平；吉林省、辽宁省产业分布泰尔指数均呈波动下降趋势，且吉林省的下降趋势比辽宁省更加明显；相对而言，黑龙江省较好，辽宁省次之，吉林省较弱。总体而言，东北三省的产业分布泰尔指数略低于全国平均水平，呈波动下降的发展趋势，如图 2.85 所示。

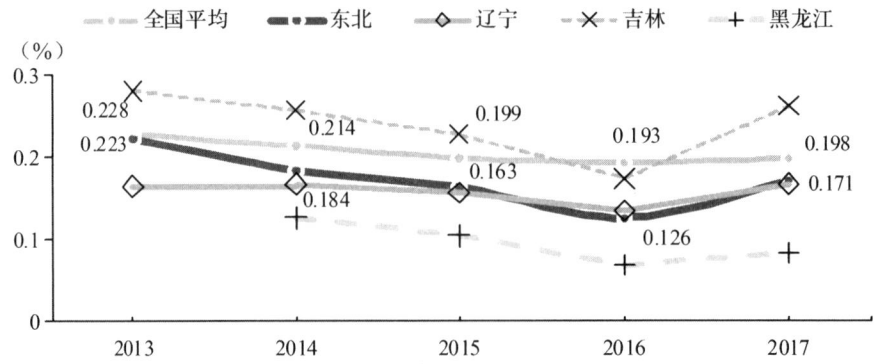

注：①全国平均指 31 个省（直辖市、自治区）的平均水平；②全国范围内（黑龙江省 2013—2014 年的数据缺失），产业分布泰尔指数最大值为 2013 年贵州的 0.571%，最小值为 2014 年上海的 0.018%。

图 2.85　2013—2017 年产业分布泰尔指数基本走势

2013—2017年，东北三省产业分布泰尔指数在全国31个省（直辖市、自治区）连续五年数据集（共153个指标值）中相对位置分布情况如图2.86所示。可见，东北三省五年（共14个数据）产业分布泰尔指数的百分比排位处于50%以下的有4个；排位的最大值是2013年的吉林省（26.0%），最小值是2016年的黑龙江省（86.7%）。

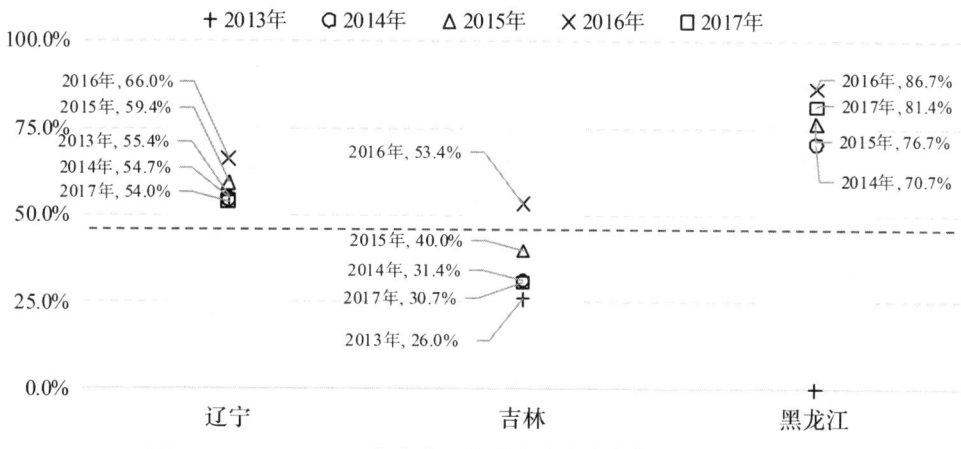

图2.86　2013—2017年东北三省产业分布泰尔指数百分比排位图

2013—2017年，六个省份产业分布泰尔指数由低到高依次为：浙江、江苏、黑龙江、广东、辽宁、吉林；江苏省、广东省、浙江省产业分布泰尔指数呈波动下降趋势，东南三省明显优于东北三省；东南三省中产业分布泰尔指数相对较低的浙江省优于东北地区较低的黑龙江省；产业分布泰尔指数降幅最大的是黑龙江省（-8.44%），降幅最小的是浙江省（-1.38%），辽宁省和吉林省的降幅分别为0.31%和-1.71%，具体如表2.118所示。

表2.118　2013—2017年六省产业分布泰尔指数的原始值及单年排名

	辽宁	吉林	黑龙江	江苏	浙江	广东	全国平均
	值/序	值/序	值/序	值/序	值/序	值/序	值
2013	0.165/12	0.281/21	—	0.084/5	0.056/4	0.133/8	0.228
2014	0.167/13	0.257/20	0.127/9	0.081/5	0.057/4	0.127/8	0.214
2015	0.157/13	0.228/19	0.105/8	0.073/4	0.057/4	0.127/11	0.199
2016	0.135/12	0.174/16	0.069/5	0.074/4	0.051/4	0.109/9	0.193
2017	0.167/16	0.262/22	0.084/6	0.073/5	0.053/4	0.134/10	0.198
平均	0.158/13.2	0.240/19.6	0.096/7	0.077/5.2	0.055/4	0.126/9.2	0.206

2013—2017年，四个区域产业分布泰尔指数由低到高依次为：东部、东北、中部、西部；四个区域产业分布泰尔指数均呈波动下降趋势，其中东北地区降幅最大，东部地

区降幅最小；东北地区产业分布泰尔指数与东部地区相比，差距较大，具体如表2.119所示。

表 2.119 2013—2017 年四大经济区域产业分布泰尔指数的平均值及排名

	东北		东部		西部		中部	
	平均值	年排名	平均值	年排名	平均值	年排名	平均值	年排名
2013	0.223	16.5	0.087	5.6	0.362	23.0	0.222	15.5
2014	0.184	14.0	0.084	5.8	0.340	24.0	0.215	16.8
2015	0.163	13.3	0.081	6.1	0.318	24.0	0.196	16.7
2016	0.126	11.0	0.078	6.4	0.308	24.7	0.187	17.0
2017	0.171	14.7	0.085	6.3	0.297	24.0	0.204	16.8
平均	0.170	13.7	0.083	6.0	0.324	23.9	0.205	16.6

2013—2017 年，七个区域产业分布泰尔指数由低到高依次为：华东、华北、东北、华南、华中、西南、西北；七个区域普遍呈下降趋势，其中西南地区降幅最大，华中地区降幅最小；就七个区域而言，东北地区排名居中，与表现最优的华东地区相比，差距较大，具体如表 2.120 所示。

表 2.120 2013—2017 年七大地理区域产业分布泰尔指数的平均值及排名

	东北	华北	华东	华南	华中	西北	西南
	值/序	值/序	值/序	值/序	值/序	值/序	值/序
2013	0.223/16.5	0.178/11.8	0.102/6.8	0.194/13	0.213/14.8	0.373/23.8	0.350/21.8
2014	0.184/14	0.171/12.6	0.096/7	0.187/13.3	0.207/16.3	0.357/25.3	0.324/22.4
2015	0.163/13.3	0.168/12.6	0.089/7	0.182/14.3	0.193/16	0.325/25	0.299/22.6
2016	0.126/11	0.166/13	0.088/7.5	0.173/14	0.181/16.5	0.333/27	0.267/21.8
2017	0.171/14.7	0.164/13.2	0.090/6.8	0.173/14.3	0.197/16.3	0.336/26.6	0.258/20.8
平均	0.170/13.7	0.169/12.6	0.093/7	0.182/13.8	0.198/16	0.344/25.6	0.300/21.9

（2）服务业发展

①服务业增加值比重（单位:%）。服务业增加值比重反映了一个地区的服务业发展程度，是衡量经济发展和现代化水平的必要指标，计算公式为地区服务业增加值与 GDP 的比值。2013—2017 年，全国服务业增加值比重呈稳步上升趋势，东北地区亦呈上升趋势；东北地区服务业增加值比重明显低于全国平均水平，但差距逐步变小且开始反超；

东北三省服务业增加值比重均呈上升趋势，且上升趋势较为明显；相对而言，黑龙江省较好，辽宁省次之，吉林省相对较弱。总体而言，东北地区的服务业增加值比重低于全国平均水平，呈平稳上升的发展趋势，具体如图2.87所示。

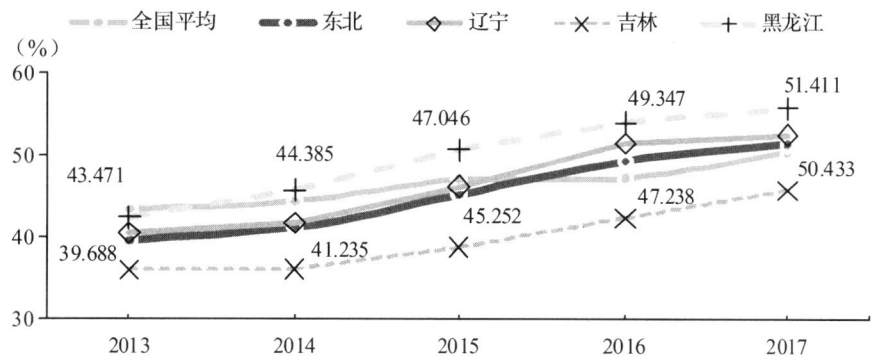

注：①全国平均指31个省（直辖市、自治区）的平均水平；②全国范围内（可采集到的数据），服务业增加值比重最大值为2017年北京的80.55%，最小值为2016年海南的5.42%。

图2.87　2013—2017年服务业增加值比重基本走势

2013—2017年，东北三省服务业增加值比重在全国31个省（直辖市、自治区）连续五年数据集（共155个指标值）中相对位置分布情况如图2.88所示。可见，东北三省五年（共15个数据）服务业增加值比重的百分比排位处于50%以下的有7个，其中，有4个处于25%以下；排位的最大值是2017年的黑龙江省（91.5%），最小值是2013年的吉林省（3.8%）。

图2.88　2013—2017年东北三省服务业增加值比重百分比排位图

2013—2017年，六个省份服务业增加值比重由高到低依次为：广东、浙江、黑龙江、江苏、辽宁、吉林；东南三省服务业增加值比重整体呈上升趋势，且相对于东北三省而言，水平较高；2015—2017年，黑龙江省的服务业增加值比重要高于东南三省；服务业增加值比重增幅最大的是黑龙江省（7.88%），最小的是广东省（2.45%），吉林省和辽宁省的增幅分别为 6.76% 和 7.42%，具体如表 2.121 所示。

表 2.121 2013—2017 年六省服务业增加值比重的原始值及单年排名

	辽宁	吉林	黑龙江	江苏	浙江	广东	全国平均
	值/序	值/序	值/序	值/序	值/序	值/序	值
2013	40.543/19	36.084/27	42.436/14	45.516/10	47.538/7	48.825/5	43.471
2014	41.766/18	36.170/30	45.771/10	47.012/8	47.845/7	48.995/6	44.385
2015	46.193/13	38.833/30	50.731/7	48.613/11	49.764/9	50.614/8	47.046
2016	51.546/8	42.454/24	54.042/5	49.997/11	50.986/10	52.008/7	47.238
2017	52.574/9	45.841/23	55.820/5	50.273/12	53.319/8	53.604/7	50.433
平均	46.524/13.4	39.876/26.8	49.760/8.2	48.28/10.4	49.890/8.2	50.809/6.6	46.514

2013—2017 年，四个区域服务业增加值比重由高到低依次为：东部、东北、西部、中部；四个区域服务业增加值比重均呈现稳步增长的趋势，其中东北地区增幅最大；东北地区服务业增加值与东部地区相比，差距较大，具体如表 2.122 所示。

表 2.122 2013—2017 年四大经济区域服务业增加值比重的原始值及排名

	东北		东部		西部		中部	
	平均值	年排名	平均值	年排名	平均值	年排名	平均值	年排名
2013	39.688	20	50.045	9.6	41.641	16.4	38.063	23.8
2014	41.235	19.3	50.837	9.3	42.201	17.6	39.572	22.3
2015	45.252	16.7	52.886	10.4	44.582	17.8	43.137	21.3
2016	49.347	12.3	49.596	13	45.818	17.3	45.094	20.3
2017	51.411	12.3	55.879	10.5	47.772	18.4	46.19	22.2
平均	45.387	16.1	51.849	10.6	44.403	17.5	42.411	22

2013—2017 年，七个区域服务业增加值比重由高到低依次为：华北、华东、西南、东北、华南、西北、华中；七个区域普遍呈现稳步增长的趋势，东北地区增幅最大；就七个区域而言，东北地区排名居中，与表现最佳的华北地区相比，差距较大，具体如表 2.123 所示。

表 2.123 2013—2017 年七大地理区域服务业增加值比重的原始值及排名

	东北	华北	华东	华南	华中	西北	西南
	值/序	值/序	值/序	值/序	值/序	值/序	值/序
2013	39.688/20	48.15/14.2	45.34/14.3	46.04/10.3	38.066/24	39.801/19	45.25/11.4
2014	41.23/19.3	49.757/13	46.35/13.8	46.23/11.3	39.38/22.8	40.45/20.6	45.35/12.4
2015	45.25/16.7	53.12/12.8	48.68/14.5	47.56/14.3	41.63/23.5	44.10/18.4	47.04/13.2
2016	49.34/12.3	55.48/11.4	50.22/14.8	32.33/22.7	43.51/22.3	45.41/18.4	47.87/12.8
2017	51.41/12.3	56.92/10.8	51.51/15.5	51.31/12.3	45.62/23.3	47.17/19.6	48.63/16.8
平均	45.38/16.1	52.69/12.4	48.42/14.6	44.69/14.2	41.64/23.2	43.39/19.2	46.83/13.3

②服务业增长率（单位:%）。服务业增长率反映一个地区第三产业增加值的变动情况，是衡量该地区服务业发展的必要指标，计算公式为本年与上年第三产业增加值的差值与上年第三产业增加值的比值。2013—2017 年，全国平均和东北地区服务业增长率均呈波动下降趋势；东北地区服务业增长率低于全国平均水平；黑龙江省服务业增长率整体呈波动下降趋势，2014 年小幅上升；吉林省整体呈波动下降趋势，在 2015 和 2016 年小幅上升；辽宁省整体呈波动下降趋势，在 2016 年出现大幅下降；就东北三省而言，吉林省较好，黑龙江省次之，辽宁省较弱。总体而言，东北三省的服务业增长率与全国平均水平差距较小，均呈波动下降的趋势，具体如图 2.89 所示。

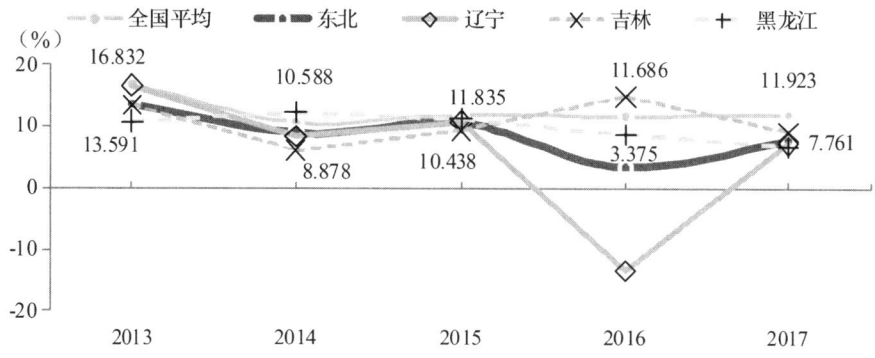

注：①全国平均指 31 个省（直辖市、自治区）的平均水平；②全国范围内（可采集到的数据），服务业增长率最大值为 2013 年重庆的 32.79%，最小值为 2016 年辽宁的 -13.41%。

图 2.89 2013—2017 年服务业增长率基本走势

2013—2017 年间，东北三省服务业增长率在全国 31 个省（直辖市、自治区）连续五年数据集（共 155 个指标值）中相对位置分布情况如图 2.90 所示。可见，东北三省五年（共15个数据）服务业增长率的百分比排位位于50%以下的有12个，其中有8个位于25%以下；排位的最大值是2013年的辽宁省（88.3%），最小值是2016年的辽宁省（0.0%）。

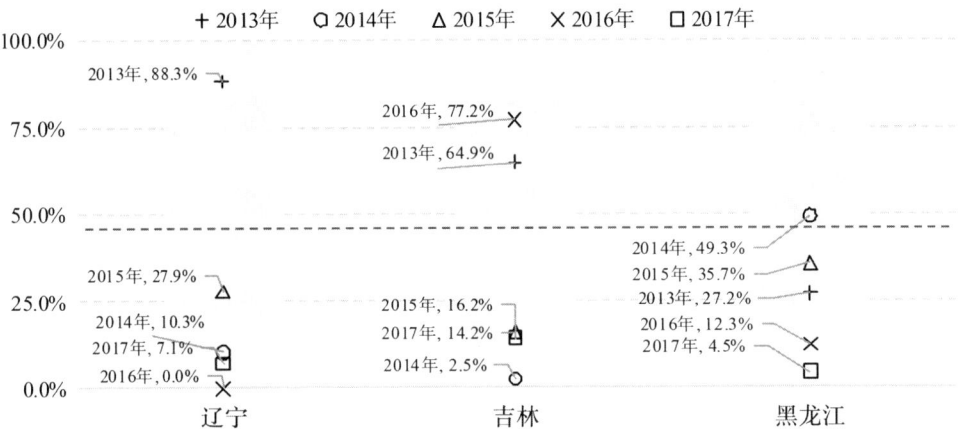

图2.90　2013—2017年东北三省服务业增长率百分比排位图

2013—2017年，六个省份服务业增长率由高到低依次为：江苏、广东、浙江、吉林、黑龙江、辽宁；辽宁省、黑龙江省及吉林省服务业增长率均呈波动下降趋势；服务业增长率降幅最大的是辽宁省（-13.99%），增幅最大的是浙江省（0.19%），吉林省的增幅为-7.87%，黑龙江省的降幅为-9.24%，具体如表2.124所示。

表2.124　2013—2017年六省服务业增长率的原始值及单年排名

	辽宁	吉林	黑龙江	江苏	浙江	广东	全国平均
	值/序	值/序	值/序	值/序	值/序	值/序	值
2013	16.628/11	13.429/23	10.718/30	15.645/18	14.461/21	15.022/20	16.832
2014	8.366/24	6.051/31	12.218/11	12.509/7	7.087/28	8.917/23	10.588
2015	10.763/21	9.386/27	11.164/16	11.394/15	11.036/17	10.927/19	11.835
2016	-13.409/31	14.872/6	8.662/28	13.512/12	12.884/13	14.103/9	11.686
2017	7.324/28	9.203/25	6.758/30	11.574/18	14.572/7	14.351/9	11.923
平均	5.934/23	10.588/22.4	9.904/23	12.927/14	12.008/17.2	12.664/16	12.573

2013—2017年，四大区域服务业增长率由高到低依次为：中部、西部、东部、东北；四大区域服务业增长率普遍呈波动下降趋势，其中东北地区降幅最大；东北地区服务业增长率与中部地区差距较大，具体如表2.125所示。

表 2.125　2013—2017 年四大经济区域服务业增长率平均值及排名

	东北		东部		西部		中部	
	平均值	年排名	平均值	年排名	平均值	年排名	平均值	年排名
2013	13.591	21.3	14.601	20.7	18.962	12.3	17.913	12.8
2014	8.878	22.0	9.759	19.4	10.975	15.3	12.052	8.7
2015	10.438	21.3	10.742	19.8	11.675	16.1	14.676	6.8
2016	3.375	21.7	13.375	12.5	11.296	20.0	13.805	11.0
2017	7.761	27.7	11.954	16.3	12.083	15.3	13.630	11.2
平均	8.809	22.8	12.086	17.7	12.998	15.8	14.415	10.1

2013—2017 年，七大区域服务业增长率由高到低依次为：华中、西南、华东、华南、西北、华北、东北；七大区域服务业增长率普遍呈波动下降趋势，其中东北地区的降幅最大；就七大区域而言，东北地区排名靠后，与最优的华中地区相比，差距较大，具体如表 2.126 所示。

表 2.126　2013—2017 年七大地理区域服务业增长率平均值及排名

	东北	华北	华东	华南	华中	西北	西南
	值/序	值/序	值/序	值/序	值/序	值/序	值/序
2013	13.59/21.3	12.239/26	14.666/19.3	18.456/11	19.32/10.8	19.92/10.6	19.91/11.4
2014	8.878/22	9.233/20.6	10.649/15.8	9.552/20.7	13.281/3.5	10.304/18	11.65/13.2
2015	10.43/21.3	10.49/21.2	12.372/13.3	9.815/24.7	12.981/9	11.80/17.6	13.697/9.6
2016	3.375/21.7	11.43/18.8	14.009/10.3	12.24/16.7	14.943/8.3	9.653/23.8	13.22/14.6
2017	7.761/27.7	8.340/24	12.959/13.2	13.754/11	13.76/10.5	12.01/16.8	14.100/11
平均	8.809/22.8	10.349/22.1	12.931/14.4	12.76/16.8	14.858/8.4	12.73/17.4	14.516/12

③金融业增加值比重（单位:%）。金融业增加值比重反映了金融业的相对规模，是衡量金融业在国民经济中的地位和金融业发育程度的重要指标，尤其代表了生产性服务业发展水平，计算公式为地区金融业增加值与 GDP 的比值。2013—2017 年，全国金融业增加值比重呈上升趋势，东北地区亦呈上升趋势，但低于全国平均水平；东北三省金融业增加值比重均呈上升趋势，2013—2014 年，东北三省上升趋势大致相同，2014—2016 年，辽宁省的上升趋势比吉林省、黑龙江省更加显著；相对而言，辽宁省较好，黑龙江省次之，吉林省较弱；2016 年，辽宁省的金融业增加值比重赶超全国平均水平，并在

2017 年保持。总体而言，东北三省的金融业增加值比重明显低于全国平均水平，呈平稳上升的发展趋势，具体如图 2.91 所示。

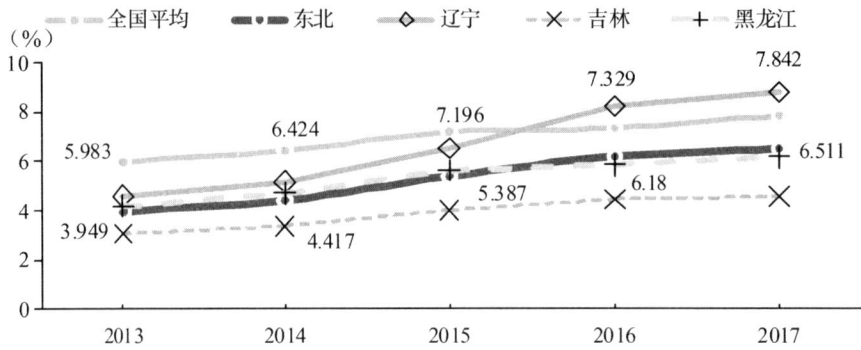

注：①全国平均指 31 个省（直辖市、自治区）的平均水平；②全国范围内（可采集到的数据），金融业增加值比重最大值为 2017 年上海的 17.40%，最小值为 2016 年海南的 0.69%。

图 2.91　2013—2017 年金融业增加值比重基本走势

2013—2017 年，东北三省金融业增加值比重在全国 31 个省（直辖市、自治区）连续五年数据集（共 155 个指标值）中相对位置分布情况如图 2.92 所示。可见，东北三省五年（共 15 个数据）金融业增加值比重的百分比排位处于 50% 以下的有 11 个，其中有 9 个处于 25% 以下；排位的最大值是 2016 年的辽宁省（82.8%），最小值是 2013 年的吉林省（0.6%），吉林省也成为五年间金融增加值比重最低的省份。

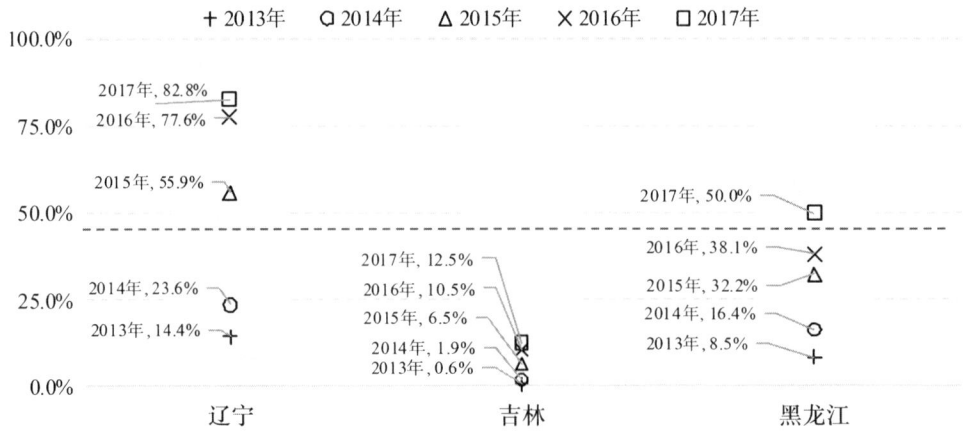

图 2.92　2013—2017 年东北三省金融业增加值比重百分比排位图

2013—2017 年，六个省份金融业增加值比重由高到低依次为：江苏、广东、浙江、辽宁、黑龙江、吉林；江苏省、广东省的金融业增加值比重呈增长态势，浙江省缓慢下降，相对于东北三省而言，东南三省水平较高；东南三省中水平较低的浙江省优于东北三省中水平较高的辽宁省；金融业增加值比重增幅最大的是辽宁省（22.88%），吉林省和黑龙江省次之，分别为12.31%和11.77%，降幅最大的是浙江省（-3.20%），具体如表2.127所示。

表2.127　2013—2017年六省金融业增加值比重的原始值及单年排名

	辽宁	吉林	黑龙江	江苏	浙江	广东	全国平均
	值/序	值/序	值/序	值/序	值/序	值/序	值
2013	4.592/22	3.062/31	4.194/25	6.625/8	7.403/6	6.599/9	5.983
2014	5.178/21	3.369/31	4.704/25	7.257/7	6.889/9	6.559/11	6.424
2015	6.521/16	4.020/30	5.620/24	7.563/9	6.816/12	7.907/8	7.196
2016	8.222/9	4.463/29	5.855/22	7.767/11	6.456/17	7.578/12	7.329
2017	8.796/8	4.570/29	6.168/19	7.903/11	—	7.637/12	7.842
平均	6.662/15.2	3.897/30	5.308/23	7.423/9.2	6.891/11	7.256/10.4	6.943

2013—2017年，四个区域金融业增加值比重由高到低依次为：东部、西部、中部、东北；四个区域金融业增加值比重均呈增长趋势，其中东北地区增幅最大，东部地区增幅最小；东北地区金融业增加值比重与东部地区相比，差距较大，具体如表2.128所示。

表2.128　2013—2017年四大经济区域金融业增加值比重的原始值及排名

	东北		东部		西部		中部	
	平均值	年排名	平均值	年排名	平均值	年排名	平均值	年排名
2013	3.949	26.0	7.698	10.6	5.828	14.8	4.455	22.3
2014	4.417	25.7	8.110	11.5	6.265	14.1	4.934	22.5
2015	5.387	23.3	8.836	12.1	6.929	14.7	5.903	21.5
2016	6.180	20.0	8.290	14.8	7.346	14.0	6.266	20.0
2017	6.511	18.7	9.407	12.3	7.720	13.5	6.384	20.0
平均	5.289	22.7	8.449	12.3	6.802	14.2	5.588	21.3

2013—2017年，七个区域金融业增加值比重由高到低依次为：华北、华东、西南、西北、华南、东北、华中；七个区域服务业增加值比重普遍呈稳步增长趋势，其中东北地区增幅最大，华东地区增幅最小；就七个区域而言，东北排名靠后，与表现最佳的华北地区相比，差距较大，具体如表2.129所示。

表 2.129　2013—2017 年七大地理区域金融业增加值比重的原始值及排名

	东北	华北	华东	华南	华中	西北	西南
	值/序	值/序	值/序	值/序	值/序	值/序	值/序
2013	3.949/26	7.502/13.8	6.969/12.3	5.957/13	3.897/26	5.932/14.2	6.238/12.2
2014	4.417/25.7	8.094/13.4	7.364/13.5	6.056/14.3	4.388/26.3	6.492/12.8	6.611/11.8
2015	5.387/23.3	9.061/13.2	7.969/15.2	6.841/13.7	5.210/25	7.304/13.4	7.184/12.2
2016	6.180/20	9.358/12.8	8.081/15.7	4.827/20.3	5.605/23.3	7.520/13	7.774/11.8
2017	6.511/18.7	9.686/10.4	8.591/15.4	7.384/14	5.911/22.8	7.658/13.8	7.958/12.4
平均	5.289/22.7	8.740/12.7	7.767/14.4	6.129/15.1	5.002/24.7	6.981/13.4	7.153/12.1

（3）重化工调整

①重化工业比重（单位:%）。重化工业比重是衡量一个地区重化工业发展程度的重要指标，是一个逆向指标，指标值愈小，效果愈佳，计算公式为地区重化工业总产值占规模以上工业总产值的比重。2013—2017 年，全国重化工业比重呈波动下降趋势，东北地区基本平稳；辽宁省和黑龙江省重化工业比重呈上升趋势，吉林省重化工业比重基本稳定；相对而言，吉林省较好，黑龙江省次之，辽宁省较弱。总体而言，东北地区重化工业比重低于全国平均水平，呈上升趋势，具体如图 2.93 所示。

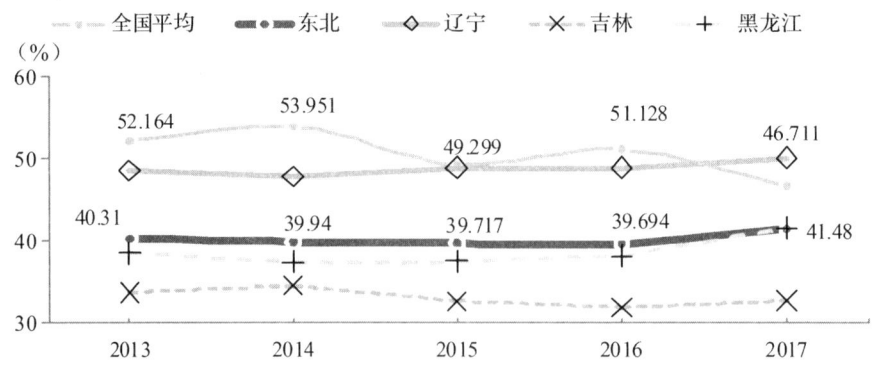

注：①全国平均指 31 个省（直辖市、自治区）的平均水平；②全国范围内（可采集到的数据），重化工业比重最大值为 2015 年山西的 86.66，最小值为 2017 年广东的 25.73。

图 2.93　2013—2017 年重化工业比重基本走势

2013—2017 年，东北三省重化工业比重在全国 31 个省（直辖市、自治区）连续五年数据集（共 155 个指标值）中相对位置分布情况如图 2.94 所示。可见，东北三省五年（共 15 个数据）重化工业比重的百分比排位处于 50% 以下的有五个；排位的最大值是

2016 年的吉林省（89.2%），最小值是 2017 年的辽宁省（37.9%）。

图 2.94　2013—2017 年东北三省重化工业比重百分比排位图

2013—2017 年，六个省份重化工业比重由低到高依次为广东、浙江、吉林、江苏、黑龙江、辽宁；东南三省均呈下降趋势，相对于东北三省而言，重化工业比重较低；东南三省中表现较好的广东省优于东北三省中表现较佳的辽宁省；重化工业比重降幅最大的是广东省（-2.80%），最小的是吉林省（-0.77%），辽宁省的增幅为 0.79%，黑龙江省的增幅为 1.94%，具体如表 2.130 所示。

表 2.130　2013—2017 年六省重化工业比重的原始值及单年排名

	辽宁	吉林	黑龙江	江苏	浙江	广东	全国平均
	值/序	值/序	值/序	值/序	值/序	值/序	值
2013	48.574/16	33.784/4	38.572/7	34.999/5	30.283/3	28.984/1	52.164
2014	47.841/17	34.547/5	37.432/6	34.362/4	30.793/3	28.401/1	51.661
2015	48.916/18	32.713/4	37.524/7	33.478/5	30.008/3	27.795/2	50.942
2016	48.929/18	31.916/4	38.237/7	33.103/5	29.875/3	27.163/1	51.128
2017	50.119/18	32.750/6	41.571/10	32.535/5	28.846/3	25.738/1	49.933
平均	48.876/17.4	33.142/4.6	38.667/7.4	33.696/4.8	29.961/3	27.616/1.2	51.174

2013—2017 年，四个区域重化工业比重由低到高依次为：东部、东北、中部、西部；东部、中部、西部区域重化工业比重整体呈下降趋势，2017 年东北地区的重化工业比重略有上升，其中西部地区降幅最大（-2.90%），东北地区增幅为 0.73%；东北地区重化工业比重与东部地区相比，差距不大，具体如表 2.131 所示。

表 2.131 2013—2017 年四大经济区域重化工业比重的平均值及排名

	东北		东部		西部		中部	
	平均值	年排名	平均值	年排名	平均值	年排名	平均值	年排名
2013	40.310	9.0	40.524	9.2	63.146	21.2	53.589	16.8
2014	39.940	9.3	40.705	9.5	63.567	22.2	52.033	15.2
2015	39.717	9.7	40.747	10.6	63.548	21.8	50.437	15.0
2016	39.694	9.7	40.848	10.2	64.633	22.9	49.216	13.7
2017	41.480	11.3	40.311	10.4	60.884	20.6	48.513	13.3
平均	40.228	9.8	40.636	10.0	63.163	21.7	50.714	14.8

2013—2017 年，七个区域重化工业比重由低到高依次为：华东、东北、华南、华中、西南、华北、西北；华东、华中、西南、华北区域呈现波动下降趋势，东北、华南、西北地区呈现波动上升趋势；就七个区域而言，东北地区排名较靠前，与重化工业比重最低的西北地区相比，差距较大，具体如表 2.132 所示。

表 2.132 2013—2017 年七大地理区域重化工业比重的平均值及排名

	东北	华北	华东	华南	华中	西北	西南
	值/序	值/序	值/序	值/序	值/序	值/序	值/序
2013	40.310/9	64.656/22	37.598/7.2	39.361/10	46.88/14.3	70.502/25	55.2/16.6
2014	39.940/9.3	64.140/22.2	37.183/6.5	40.805/11	42.84/11.3	71.40/25.4	55.6/18.6
2015	39.717/9.7	63.903/22	36.546/7	42.057/12.3	43.02/12.3	70.79/25.4	54.5/17.8
2016	39.694/9.7	63.662/21.8	36.502/6.8	43.127/12.3	41.72/10.5	70.95/25.2	56.5/20.3
2017	41.480/11.3	58.431/19.5	35.088/6.8	42.582/12.3	41.27/10.5	71.907/25	52.412/17
平均	40.228/9.8	63.147/21.6	36.635/6.9	41.746/11.7	43.16/11.8	71.11/25.2	54.832/18

②产能过剩产业比重（单位:%）。产能过剩产业比重是衡量一个地区重化工业内部结构的重要指标，是一个逆向指标，指标值愈小，效果愈佳，计算公式为地区产能过剩产业主营业务收入占重化工业主营业务收入的比重。2013—2016 年，全国产能过剩产业比重整体呈下降趋势；东北地区产能过剩产业比重低于全国平均水平，且差距逐渐缩小；吉林省和黑龙江省产能过剩产业比重均呈下降趋势，且吉林省下降趋势较为明显，辽宁省产能过剩产业比重先下降后上升；相对而言，吉林省较好，黑龙江省次之，辽宁省较

弱。总体而言,东北地区产能过剩产业比重低于全国平均水平,且呈上升趋势,具体如图2.95所示。

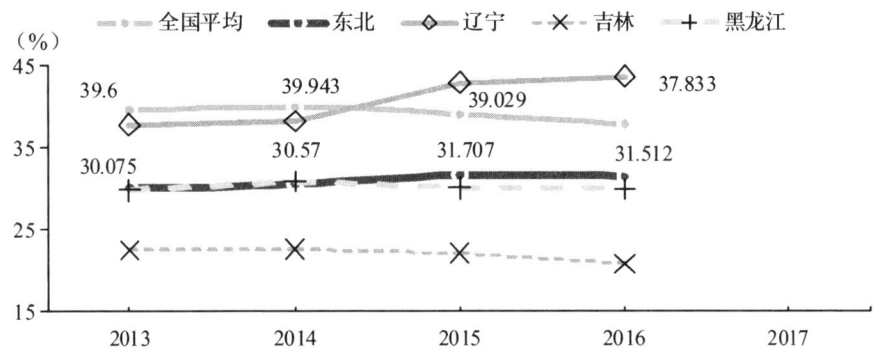

注:①全国平均指31个省(直辖市、自治区)的平均水平;②全国范围内(可采集到的数据),产能过剩产业比重最大值为2015年甘肃的77.10%,最小值为2016年重庆的18.44%;③产能过剩产业比重2017年未收集到数据。

图2.95　2013—2016年产能过剩产业比重基本走势

2013—2016年,东北三省产能过剩产业比重在全国31个省(直辖市、自治区)连续五年数据集(共155个指标值)中相对位置分布情况如图2.96所示。可见,东北三省四年(共12个数据)产能过剩产业比重的百分比排位处于50%以下的有4个;排位的最大值是2016年的吉林省(98.8%),最小值是2016年的辽宁省(26.7%)。

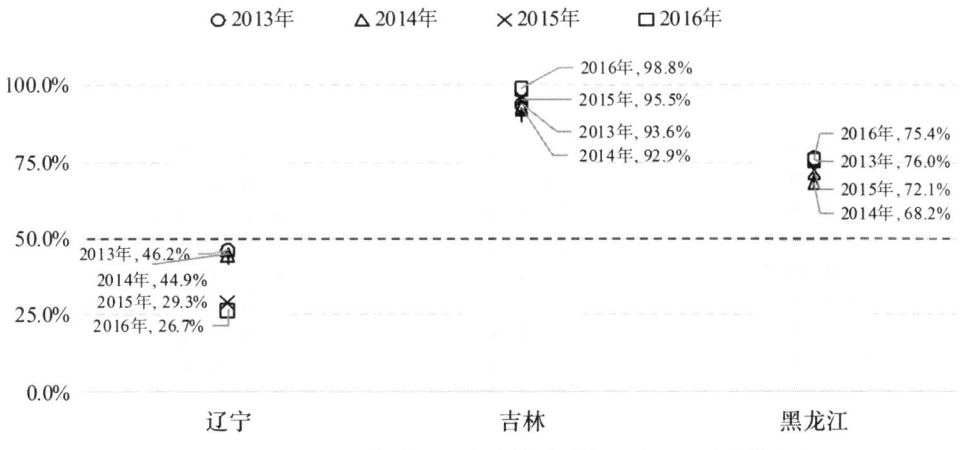

图2.96　2013—2016年东北三省产能过剩产业比重百分比排位图

2013—2016年,六个省份产能过剩产业比重由低到高依次为广东、吉林、浙江、江苏、黑龙江、辽宁;东南三省均呈下降趋势,相对于东北三省而言,产能过剩产业比重较低;东南三省中表现较好的广东省优于东北三省中表现较佳的吉林省;产能过剩产业比重年均降幅最大的是广东省(-3.22%)增幅最大的是辽宁省(3.38%),吉林省和黑龙江省的降幅分别为-2.73%和-0.71%,具体如表2.133所示。

表 2.133 2013—2016 年六个省产能过剩产业比重的原始值及单年排名

	辽宁	吉林	黑龙江	江苏	浙江	广东	全国平均
	值/序	值/序	值/序	值/序	值/序	值/序	值
2013	37.770/17	22.560/2	29.900/7	30.100/9	30.050/8	22.480/1	39.600
2014	38.200/17	22.610/2	30.900/9	29.800/6	30.150/7	22.960/3	39.940
2015	42.890/21	22.120/3	30.110/9	28.590/7	28.000/6	21.400/2	39.030
2016	43.680/24	20.880/3	29.970/11	27.620/9	26.360/6	19.630/2	37.830
平均	40.210/19.4	22.320/2.4	30.350/9.2	29.23/8.0	28.730/6.6	21.800/1.8	39.310

2013—2016 年，四个区域产能过剩产业比重由低到高依次为：东北、东部、中部、西部；四个区域产能过剩产业比重普遍呈下降的趋势，东北地区略有上升，其中中部地区降幅最大，西部地区降幅最小；东北地区排名靠前，东部地区产能过剩产业比重与东北地区相比，差距较小，具体如表 2.134 所示。

表 2.134 2013—2016 年四大经济区域产能过剩产业比重的原始值及排名

	东北		东部		西部		中部	
	平均值	年排名	平均值	年排名	平均值	年排名	平均值	年排名
2013	30.080	8.7	33.120	11.1	48.130	21.4	38.110	17.0
2014	30.570	9.3	34.160	11.5	48.560	21.3	37.040	16.2
2015	31.710	11.0	32.610	11.6	48.120	21.5	35.200	14.7
2016	31.510	12.7	31.660	12.0	46.730	21.1	33.490	14.2
平均	30.960	10.3	33.060	11.4	47.970	21.3	36.560	15.9

2013—2016 年，七个区域产能过剩产业比重由低到高依次为：华东、东北、华中、西南、华北、华南、西北；七个区域普遍呈现下降趋势，东北地区略有上升，其中华中地区降幅最大，西北地区降幅最小；就七个区域而言，东北地区排名靠前，与产能过剩产业比重最低的华东地区相比，差距较小，具体如表 2.135 所示。

表 2.135　2013—2016 年七大地理区域产能过剩产业比重的原始值及排名

	东北	华北	华东	华南	华中	西北	西南
	值/序	值/序	值/序	值/序	值/序	值/序	值/序
2013	30.080/8.7	39.040/17.8	29.750/8.2	38.770/15.7	38.250/17.3	60.570/27.4	38.290/15.8
2014	30.570/9.3	39.380/18.4	29.800/7.5	40.910/17.0	37.170/16.5	61.160/27.2	38.730/15.6
2015	31.710/11.0	38.210/18.0	28.180/7.2	38.820/15.7	35.240/15.3	61.440/27.0	38.010/17.2
2016	31.510/12.7	37.500/17.8	26.790/7.8	37.620/16.0	33.510/14.8	60.090/26.8	36.530/16.2
平均	30.960/10.3	38.600/17.7	28.920/7.7	39.350/16.3	36.750/16.4	60.720/27.1	38.090/16.0

(4) 金融深化

① 银行信贷占比（单位:%）。银行信贷占比反映一个地区的银行信贷规模，是衡量该地区产业发展的重要指标，计算公式为银行信贷与地区 GDP 比值的百分数。2013—2017 年，全国和东北地区的银行信贷占比均呈平稳上升趋势；东北地区银行信贷占比明显低于全国平均水平；东北三省银行信贷占比均呈平稳上升趋势，且吉林省和黑龙江省的上升趋势大致相同；相对而言，辽宁省较好，吉林省和黑龙江省较弱。总体而言，东北三省的平均银行信贷占比明显低于全国平均水平，差距有缩小的趋势，具体如图 2.97 所示。

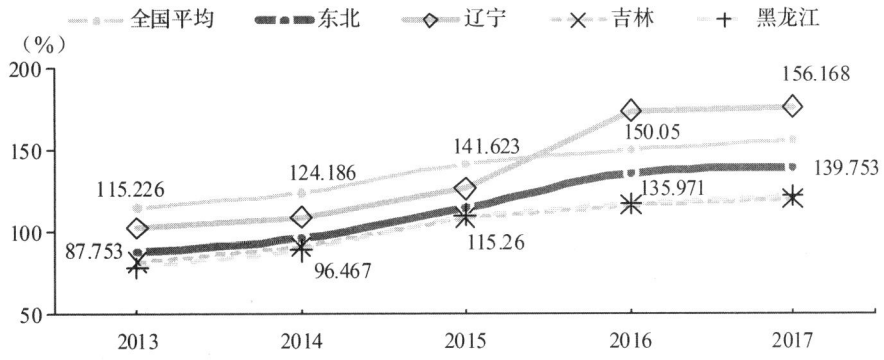

注：①全国平均指 31 个省（直辖市、自治区）的平均水平；②全国范围内（可采集到的数据），银行信贷占比最大值为 2017 年西藏的 308.46%，最小值为 2013 年河南的 71.762%。

图 2.97　2013—2017 年银行信贷占比基本走势

2013—2017 年间，东北三省银行信贷占比在全国 31 个省（直辖市、自治区）连续五年数据集（共 155 个指标值）中相对位置分布情况如图 2.98 所示。可见，东北三省五年（共 15 个数据）银行信贷占比的百分比排位处于 50% 以下的有 13 个，其中，有 5 个处于25%以下；排位的最大值是2017年的辽宁省（82.4%），最小值是2013年的黑龙江省（3.2%）。

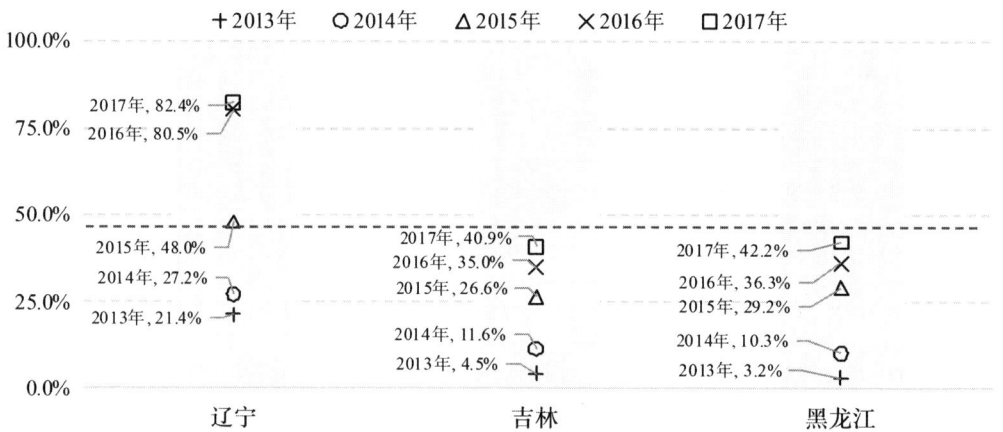

图2.98 2013—2017年东北三省银行信贷占比百分比排位图

2013—2017年，六个省份银行信贷占比由高到低依次为：浙江、辽宁、广东、江苏、吉林、黑龙江；东南三省银行信贷占比普遍呈上升趋势，浙江在2016年省略有下降，江苏省和广东省均有较大幅度的提升；银行信贷占比增幅最大的是辽宁省（17.93%），最小的是浙江省（1.28%），黑龙江省和吉林省的增幅分别为13.94%和11.75%，具体如表2.136所示。

表2.136 2013—2017年六省银行信贷占比的原始值及单年排名

	辽宁	吉林	黑龙江	江苏	浙江	广东	全国平均
	值/序	值/序	值/序	值/序	值/序	值/序	值
2013	102.685/19	81.992/26	78.582/28	103.487/18	165.794/3	109.633/17	115.226
2014	109.166/18	91.192/25	89.044/26	106.890/19	170.677/5	114.865/17	124.186
2015	126.558/18	108.85/25	110.364/23	112.479/21	178.299/7	131.380/15	141.623
2016	173.894/8	116.47/24	117.549/23	120.118/21	173.126/9	137.194/16	150.050
2017	176.336/8	120.51/27	122.408/25	121.122/26	174.302/9	140.496/15	156.168
平均	137.72/14.2	103.8/25.4	103.589/25	112.819/21	172.44/6.6	126.714/16	137.451

2013—2017年，四个区域银行信贷占比由高到低依次为：西部、东部、东北、中部；四大区域整体呈平稳上升趋势，且东北地区增幅最大；东北地区银行信贷占比与西部地区相比，差距较大，具体如表2.137所示。

表 2.137　2013—2017 年四大经济区域银行信贷占比的平均值及年排名

	东北		东部		西部		中部	
	平均值	年排名	平均值	年排名	平均值	年排名	平均值	年排名
2013	87.753	24.3	130.319	12.5	122.585	12.9	89.091	23.8
2014	96.467	23.0	135.701	13.3	135.706	12.4	95.815	24.2
2015	115.260	22.0	155.874	13.0	153.405	13.1	107.486	23.8
2016	135.971	18.3	158.559	14.1	164.429	13.1	114.151	23.8
2017	139.753	20.0	161.856	14.3	174.787	12.4	117.659	24.0
平均	115.041	21.5	148.462	13.4	150.183	12.8	104.840	23.9

2013—2017 年，七个区域银行信贷占比由高到低依次为：西北、西南、华北、华东、华南、东北、华中；七个区域普遍呈上升趋势，其中东北地区增幅最大；就七个区域而言，东北地区排名靠后，与最优的西北地区相比，差距较大，具体如表 2.138 所示。

表 2.138　2013—2017 年七大地理区域银行信贷占比的平均值及年排名

	东北	华北	华东	华南	华中	西北	西南
	值/序	值/序	值/序	值/序	值/序	值/序	值/序
2013	87.75/24.3	123.5/14.8	123.9/14.3	109.8/16.7	79.43/27.3	132.3/10.4	127.6/10.4
2014	96.467/23	131.5/15.4	128.2/15.2	116.0/16.7	85.04/27.8	147.212/10	141.77/9.6
2015	115.260/22	152.669/15	140.9/15.8	139.6/15.7	95.15/27.5	170.88/9.4	156.3/11.2
2016	135.9/18.3	157.7/15.4	143.2/16.8	146.514/16	100.7/27.8	180.04/9.2	170.5/11.6
2017	139.753/20	165.0/12.8	145.442/18	151.8/14.7	107.6/27.5	190.12/9.8	177.5/12.2
平均	115.0/21.5	146.1/14.7	136.350/16	132.7/15.9	93.59/27.6	164.11/9.8	154.780/11

② 社会融资规模增量（单位：亿元）。社会融资规模增量指一定时期内（每月、每季或每年）实体经济从金融体系获得的全部资金总额，是衡量地区金融深化程度的重要指标，计算公式为当年社会融资总额与上一年社会融资总额的差值。2013—2017 年，全国社会融资规模增量整体呈波动上升趋势，东北地区社会融资规模增量整体呈波动下降趋势；东北地区社会融资规模增量明显低于全国平均水平；辽宁省和黑龙江省整体呈下降趋势，吉林省整体变化较小，其中辽宁省在 2015 年略有上升；相对而言，辽宁省较好，吉林省和黑龙江省较弱。总体而言，东北三省的社会融资规模增量明显低于全国平均水平，具体如图 2.99 所示。

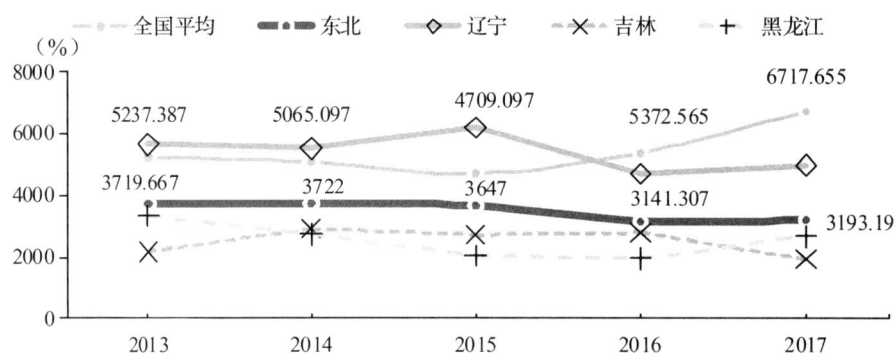

注：①全国平均指31个省（直辖市、自治区）的平均水平；②全国范围内（可采集到的数据），社会融资规模增量最大值为2017年广东的24507，最小值为2015年宁夏的503。

图2.99 2013—2017年社会融资规模增量基本走势

2013—2017年，东北三省社会融资规模增量在全国31个省（直辖市、自治区）连续四年数据集（共124个指标值）中相对位置分布情况如图2.100所示。可见，东北三省五年（共15个数据）社会融资规模增量的百分比排位处于50%以下的有10个，其中，有7个处于25%以下；排位的最大值是2015年的辽宁省（68.1%），最小值是2017年的吉林省（16.2%）。

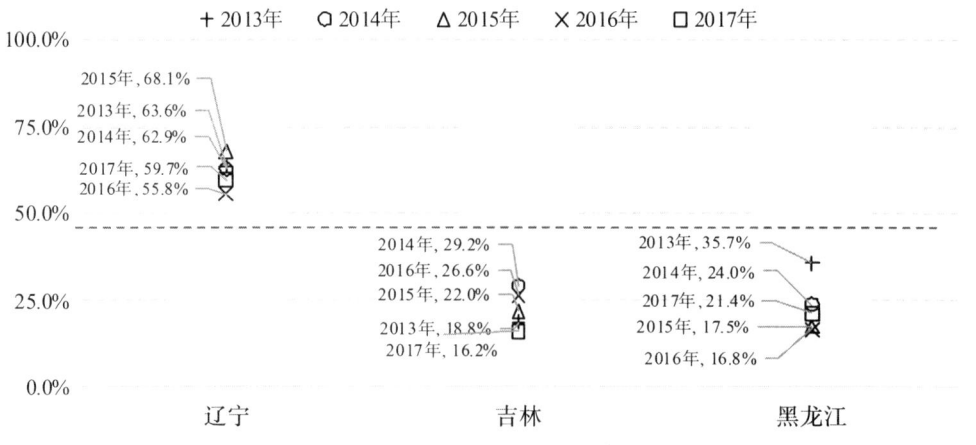

图2.100 2013—2017年东北三省社会融资规模增量百分比排位图

2013—2017年，六个省份社会融资规模增量由高到低依次为：广东、江苏、浙江、辽宁、黑龙江、吉林；东南三省呈上升趋势；东南三省中水平较低的浙江省优于东北地区水平较高的辽宁省；社会融资规模增量降幅最大的是黑龙江省（-4.94%），升幅最大的是浙江省（21.28%），辽宁省的降幅为-2.96%，吉林省的降幅为-2.90%，具体如表2.139所示。

表 2.139 2013—2017 年六省社会融资规模增量的原始值及单年排名

	辽宁	吉林	黑龙江	江苏	浙江	广东	全国平均
	值/序	值/序	值/序	值/序	值/序	值/序	值
2013	3719.6/20.3	6028.8/14.2	8518.16/6.7	5903.66/18	4967./14.5	2323.60/25	4150/17.4
2014	3722.0/20.3	5740.4/15.4	7706.83/8.3	5785.3/17.3	5148/12.5	2597.8/23.4	3994/17.8
2015	3647.0/18.7	5904.8/13.6	6944.167/8	6233.6/17.7	4305/14.5	2286.4/23.2	3299/19.4
2016	3141.30/19	5467.3/15.8	9477.14/6.2	8557.17/16	5261/12.3	1811.8/25.6	3429/19.6
2017	3193.19/23	5824.2/16.4	11805.7/6.5	9969.8/16.3	7473/11.5	3072.3/23.8	4709/18.4
平均	3484.6/20.3	5793.1/15.1	8890.41/7.1	7289.9/17.1	5431/13.1	2418.4/24.2	3916/18.5

2013—2017 年，四大区域社会融资规模增量由高到低依次为：东部、中部、东北、西部；东北区域呈波动下降趋势，东部、西部和中部区域呈波动上升趋势，其中中部地区升幅最大；东北地区社会融资规模增量与东部地区相比，差距较大，具体如表 2.140 所示。

表 2.140 2013—2017 年四大经济区域社会融资规模增量平均值及排名

	东北		东部		西部		中部	
	平均值	年排名	平均值	年排名	平均值	年排名	平均值	年排名
2013	3719.667	20.3	8476.300	8.2	3158.250	21.8	4756.333	15.3
2014	3722.000	20.3	7909.900	9.5	3237.000	21.0	4651.500	14.7
2015	3647.000	18.7	7866.100	8.4	2711.417	21.8	3973.833	15.7
2016	3141.307	19.0	9700.190	8.2	2580.223	22.6	4860.171	14.3
2017	3193.190	23.0	11116.969	9.3	3824.734	21.3	6933.540	13.0
平均	3484.633	20.3	9013.892	8.7	3102.325	21.7	5035.076	14.6

2013—2017 年，七个区域社会融资规模增量由高到低依次为：华东、华南、华北、华中、西南、东北、西北；东北、华北地区均呈波动下降趋势，华东、华南、西北和西南和华中呈波动上升趋势；就七个区域而言，东北地区排名靠后，与最优的华东地区相比，差距较大，具体如表 2.141 所示。

表 2.141　2013—2017 年七大地理区域社会融资规模增量的平均值及排名

	东北	华北	华东	华南	华中	西北	西南
	值/序	值/序	值/序	值/序	值/序	值/序	值/序
2013	3719/20.3	6028/14.2	8518/6.7	5903.66/18	4967/14.5	2323.60/25	4150/17.4
2014	3722/20.3	5740.4/15	7706.8/8	5785/17.3	5148/12.5	2597/23.4	3994/17.8
2015	3647/18.7	5904/13.6	6944.16/8	6233/17.7	4305/14.5	2286/23.2	3299/19.4
2016	3141.30/19	5467/15.8	9477/6.2	8557.17/16	5261/12.3	1811/25.6	3429/19.6
2017	3193.19/23	5824/16.4	11805/6.5	9969/16.3	7473/11.5	3072/23.8	4709/18.4
平均	3484/20.3	5793/15.1	8890/7.1	7289/17.1	5431/13.1	2418/24.2	3916/18.5

（5）现代农业

①农业综合机械化水平。农业综合机械化水平是对机器（装备）在农业中使用程度、作用大小和使用效果的一种表达和度量，是衡量该地区现代农业发展的重要指标，计算公式为 0.4 倍机耕面积加 0.3 倍机播面积加 0.3 倍机收面积与农作物播种面积的比值。2013—2017 年，全国平均农业综合机械化水平呈平稳上升趋势，东北地区农业综合机械化水平波动下降；东北地区农业综合机械化水平明显高于全国平均水平；吉林省、辽宁省的农业综合机械化水平均呈平稳上升趋势，黑龙江省农业综合机械化水平 2017 年明显下降；相对而言，黑龙江省较好，吉林省次之，辽宁省较弱。总体而言，东北三省的农业综合机械化水平明显高于全国平均水平，差距保持稳定，具体如图 2.101 所示。

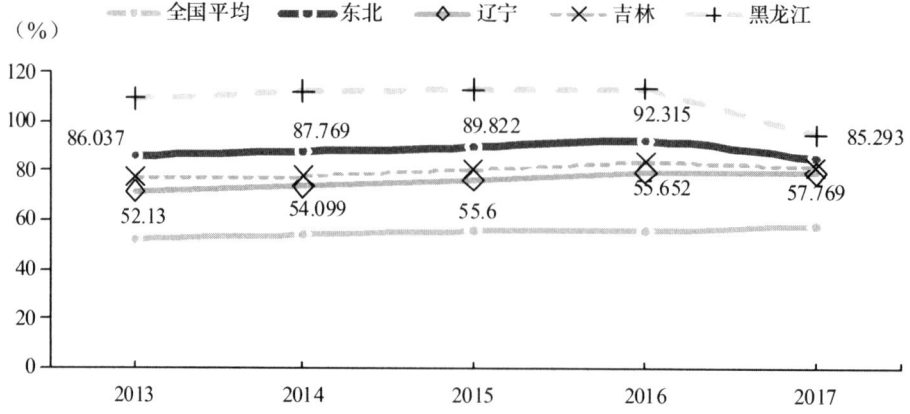

注：①全国平均指 31 个省（直辖市、自治区）的平均水平；②全国范围内（可采集到的数据），农业综合机械化水平最大值为 2016 年黑龙江的 113.51，最小值为 2013 年贵州的 11.389。

图 2.101　2013—2017 年农业综合机械化水平基本走势

2013—2017年，东北三省农业综合机械化水平在全国31个省（直辖市、自治区）连续五年数据集（共155个指标值）中相对位置分布情况如图2.102所示。可见，东北三省五年（共15个数据）农业综合机械化水平的百分比排位均处于75%以上；排位的最大值是2016年的黑龙江省（100%），黑龙江省也成为五年间农业机械化水平最高的省份，最小值是2013年的辽宁省（81.1%）。

图2.102　2013—2017年东北三省农业综合机械化水平百分比排位图

2013—2017年，六个省份农业综合机械化水平由高到低依次为：黑龙江、吉林、辽宁、江苏、广东、浙江；东南三省整体呈上升趋势，其中浙江省在2015年略有下降；2013—2017年，东北地区中水平较低的辽宁省优于东南地区水平较高的江苏省；农业综合机械化水平增幅最大的是广东省（7.25%），降幅最大的是黑龙江省（-3.26%），吉林省和辽宁省的增幅分别为1.42%和2.65%，具体如表2.142所示。

表2.142　2013—2017年六省农业综合机械化水平原始值及单年排名

	辽宁	吉林	黑龙江	江苏	浙江	广东	全国平均
	值/序	值/序	值/序	值/序	值/序	值/序	值
2013	71.686/5	77.259/4	109.167/1	68.002/6	40.149/23	41.215/21	52.130
2014	73.478/6	77.798/4	112.032/1	68.542/8	40.400/25	42.285/23	54.099
2015	76.085/6	80.400/5	112.983/1	68.975/8	39.448/24	43.317/23	55.600
2016	79.789/3	83.648/2	113.508/1	69.491/8	39.659/24	45.839/23	55.652
2017	79.294/3	81.637/2	94.948/1	69.557/8	46.001/24	53.165/23	57.769
平均	76.06/4.6	80.149/3.4	108.528/1	68.913/7.6	41.131/24	45.164/22.6	55.050

2013—2017年，四个区域农业综合机械化水平取值由高到低依次为：东北、中部、东部、西部；中部、东部、西部区域普遍呈上升趋势，其中西部地区增幅最大，东部地

区增幅最小，东北地区在2017年明显下降；西部地区与东北地区相比，差距较大，具体如表2.143所示。

表2.143 2013—2017年四大经济区域农业综合机械化水平的平均值及排名

	东北		东部		西部		中部	
	平均值	年排名	平均值	年排名	平均值	年排名	平均值	年排名
2013	86.037	3.3	51.928	16.0	42.622	19.8	54.529	14.7
2014	87.769	3.7	52.805	16.9	45.222	19.2	57.176	14.3
2015	89.822	4.0	51.769	17.4	48.057	19.1	59.962	13.5
2016	92.315	2.0	51.798	17.5	46.964	19.6	61.118	13.3
2017	85.293	2.0	54.754	17.6	50.552	19.3	63.466	13.8
平均	88.248	3.0	52.611	17.1	46.683	19.4	59.250	13.9

2013—2017年，七个区域农业综合机械化水平由高到低依次为：东北、华北、西北、华东、华中、华南、西南；除东北、华北区域外，其他区域普遍呈上升趋势，其中西南地区增幅最大，东北地区在2016—2017年明显下降，华北地区在2013—2017年中波动下降；就七大区域而言，东北排名首位，农业综合机械化水平排名第二的华北地区与东北地区相比，差距较大，具体如表2.144所示。

表2.144 2013—2017年七大地理区域的农业综合机械化水平的平均值及排名

	东北	华北	华东	华南	华中	西北	西南
	值/序	值/序	值/序	值/序	值/序	值/序	值/序
2013	86.03/3.3	65.299/9.4	53.68/14.5	38.53/23.7	49.66/17.3	52.970/16	26.04/26.4
2014	87.76/3.7	66.787/9.6	54.54/15.5	41.04/23.7	52.47/16.8	56.61/14.6	27.28/26.6
2015	89.822/4	65.695/11	55.16/15.5	40.732/23	55.78/15.5	61.338/14	28.539/27
2016	92.315/2	62.95/11.6	56.407/15	42.90/22.7	56.94/15.8	57.74/15.2	29.969/27
2017	85.293/2	63.33/12.6	59.709/15	46.41/24.3	58.99/16.8	63.39/12.6	33.55/26.8
平均	88.248/3	64.81/10.8	55.90/15.1	41.92/23.5	54.77/16.4	58.41/14.5	29.07/26.8

②农业劳动生产率（单位：万元/人）。农业劳动生产率是指单位农业劳动者在单位时间内（一般指一年内）生产的产品价值，是衡量该地区农业发展的重要指标，计算公式为地区第一产业增加值与第一产业从业人员数的比值。2013—2017年，全国平均农业劳动生产率呈平稳上升趋势，东北地区农业劳动生产率在2016—2017年有所下降；东北

地区农业劳动生产率明显高于全国平均水平;2013—2015 年,东北三省的农业劳动生产率均呈平稳上升趋势;2015—2017 年,吉林省和辽宁省的农业劳动生产率呈下降趋势,黑龙江省在 2016 年有明显提高,2017 年出现下降;相对而言,黑龙江省较好,辽宁省次之,吉林省较弱。总体而言,东北三省的农业劳动生产率高于全国平均水平,具体如图 2.103 所示。

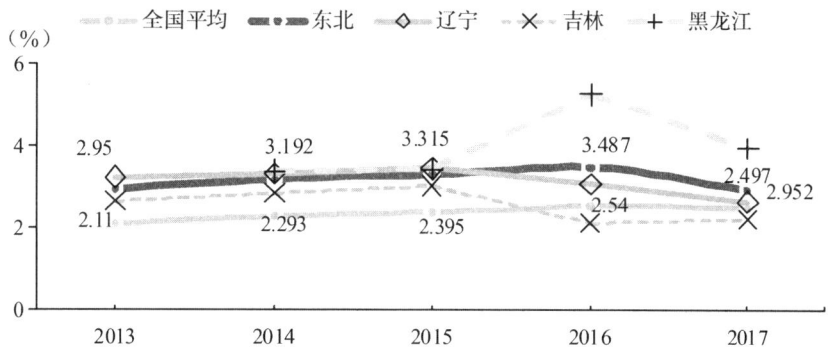

注:①全国平均指 31 个省(直辖市、自治区)的平均水平;②全国范围内(黑龙江省 2013 年数据缺失),农业劳动生产率最大值为 2016 年黑龙江的 5.25,最小值为 2013 年贵州的 0.84。

图 2.103　2013—2017 年农业劳动生产率基本走势

2013—2017 年,东北三省农业劳动生产率在全国 31 个省(直辖市、自治区)连续五年数据集(共 153 个指标值)中相对位置分布情况如图 2.104 所示。可见,东北三省五年(共 14 个数据)农业劳动生产率的百分比排位处于 50% 以下的有 2 个;排位的最大值是 2016 年的黑龙江省(100.0%),最小值是 2016 年的吉林省(44.0%)。

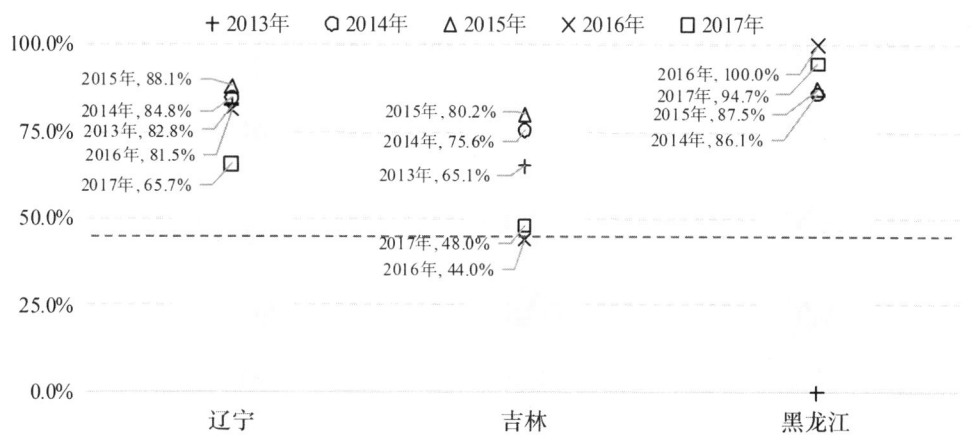

图 2.104　2013—2017 年东北三省农业劳动生产率百分比排位图

2013—2017 年,六个省份农业劳动生产率由高到低依次为:江苏、黑龙江、浙江、辽宁、吉林、广东;东南三省普遍呈平稳上升趋势;东南三省农业劳动生产率相对较高的江苏省优于东北地区较高的黑龙江省；农业劳动生产率增幅最大的是江苏省（9.89%），降幅最大的是辽宁省（-4.47%），吉林省的降幅为-4.05%，黑龙江省的增幅为4.17%，具体如表2.145所示。

表2.145 2013—2017年六省农业劳动生产率的原始值及年排名

	辽宁	吉林	黑龙江	江苏	浙江	广东	全国平均
	值/序	值/序	值/序	值/序	值/序	值/序	值
2013	3.241/4	2.660/10	—	3.627/1	3.472/2	2.119/14	2.110
2014	3.323/5	2.856/10	3.398/4	3.955/1	3.542/2	2.291/15	2.293
2015	3.458/4	3.039/8	3.447/5	4.553/1	3.720/2	2.434/14	2.395
2016	3.081/7	2.124/19	5.257/1	4.843/2	4.215/3	2.706/10	2.540
2017	2.661/11	2.229/19	3.965/4	5.061/1	4.318/2	2.657/12	2.497
平均	3.153/6.2	2.582/13.2	4.016/3.5	4.408/1.2	3.853/2.2	2.441/13.0	2.368

2013—2017年，四个区域农业劳动生产率由高到低依次为：东北、东部、中部、西部；东部、中部、西部区域的农业劳动生产率均呈上升趋势，其中西部地区增幅最大，东部地区增幅最小，东北地区在2017年出现下降；西部地区农业劳动生产率与东北地区相比，仍存在差距，具体如表2.146所示。

表2.146 2013—2017年四大经济区域农业劳动生产率的平均值及排名

	东北		东部		西部		中部	
	平均值	年排名	平均值	年排名	平均值	年排名	平均值	年排名
2013	2.950	7.0	2.822	7.6	1.608	21.1	1.648	20.3
2014	3.192	6.3	3.015	8.2	1.729	22.2	1.766	21.5
2015	3.315	5.7	3.120	8.4	1.823	22.1	1.872	21.7
2016	3.487	9.0	3.322	8.5	1.854	21.5	2.023	19.5
2017	2.952	11.3	3.243	9.2	2.026	20.3	1.967	21.2
平均	3.196	7.9	3.104	8.4	1.807	21.4	1.855	20.8

2013—2017年，七个区域农业劳动生产率由高到低依次为：东北、华东、华南、华北、华中、西北、西南；华东、华南、西南区域普遍呈平稳上升趋势，其中西南地区增幅最大，西北、华中地区波动上升，东北和华北地区波动下降，具体如表2.147所示。

表 2.147 2013—2017 年七大地理区域的农业劳动生产率的平均值及排名

	东北	华北	华东	华南	华中	西北	西南
	值/序	值/序	值/序	值/序	值/序	值/序	值/序
2013	2.950/7	2.370/12.4	2.723/9.3	2.326/13.3	1.802/17.8	1.735/19.2	1.272/25.2
2014	3.192/6.3	2.486/13.6	2.934/9.7	2.486/14	1.928/19.5	1.841/20.6	1.417/25.6
2015	3.315/5.7	2.485/14	3.064/10	2.650/13.3	2.075/19.3	1.875/21.4	1.576/25
2016	3.487/9	2.495/13.8	3.285/10.3	2.935/11.7	2.278/16.3	1.678/24	1.788/22.2
2017	2.95/11.3	2.265/15.8	3.354/9.8	2.927/12.3	2.209/18.3	1.965/21	1.931/21.8
平均	3.196/7.9	2.420/13.9	3.072/9.8	2.665/12.9	2.058/18.2	1.825/21.1	1.597/24

4. 主要结论

首先，总体而言，东北地区的产业发展指数高于全国平均水平。在反映产业发展水平的五个方面（产业均衡、服务业发展、重化工调整、金融深化、现代农业），东北三省在现代农业上具有一定优势，但在其他四个方面均较东南三省存在一定差距，尤其在服务业发展和金融深化上和东南三省的差距较大，且低于全国平均水平。

其次，动态来看，2013—2017 年，东北地区的指数得分波动上升，在 2013—2016 年稳步上升，在 2017 年略有下降，意味着绝对能力的相对提高。东北地区的产业发展方面的相对排名也有所降低，说明东北地区产业发展状况相对于全国其他地区有所下降。

再次，分省来看，黑龙江省产业发展水平最高，辽宁省次之，吉林省最低。在全国各省相对排名的竞争中，黑龙江省有所进步，辽宁省和吉林省有所退步。辽宁省金融深化相对较好，黑龙江省的产业均衡和现代农业相对较好，吉林省重化工调整相对较好，服务业发展方面，辽宁省和黑龙江省较为接近，吉林省明显相对较弱。

最后，单项指标方面，东北地区"农业综合机械化水平""农业劳动生产率"相对于全国平均水平具有一定优势；其他各项指标，特别是"金融业增加值比重""银行信贷占比""社会融资规模增量"等指标的发展均比较落后。

（五）创新创业评价报告

1. 创新创业指数总体分析

对创新创业的测度涵括了研发基础、人才基础、技术转化、技术产出、创业成效五个方面，共11项关键指标。汇集中国31个省（直辖市、自治区）2013—2017年创新创业的指标信息，得到连续五年的指数得分。在此基础上，形成多年连续排名和单年排名。其中，多年连续排名用于反映各省（直辖市、自治区）创新创业的绝对发展水平随时间动态变化的情况［31个省（直辖市、自治区）五年共155个排位，最高排名为1，最低排名为155］，单年排名用于反映各省（直辖市、自治区）在全国范围内某个单年的相对发展水平［31个省（直辖市、自治区）每年31个排位，最高排名为1，最低排名为31］。具体而言，31个省（直辖市、自治区）创新创业的总体情况见表2.148。

表2.148　2013—2017年31个省（直辖市、自治区）创新创业指数得分、连续及单年排名

省市区	2013			2014			2015			2016			2017		
	值	总	年	值	总	年	值	总	年	值	总	年	值	总	年
北京	88.5	5	1	91.7	4	1	92.4	3	1	93.3	2	1	96.3	1	1
浙江	78.7	27	4	78.9	25	4	81.4	19	5	84.6	10	3	87.8	6	2
广东	78.7	28	5	78.8	26	5	83.0	12	2	85.4	9	2	87.1	7	3
江苏	81.6	18	2	81.1	21	2	82.1	16	3	83.4	11	4	85.9	8	4
天津	80.1	22	3	79.6	23	3	81.8	17	4	82.8	14	5	83.0	13	5
上海	77.7	30	6	77.7	29	6	79.6	24	6	81.2	20	6	82.2	15	6
山东	66.6	48	7	67.9	46	7	71.6	38	7	72.5	36	9	75.0	31	7
福建	63.5	56	8	63.1	57	9	70.5	39	8	72.7	35	8	74.9	32	8
安徽	62.3	59	9	64.4	54	8	70.2	40	9	73.7	34	7	74.3	33	9
湖北	57.5	71	12	60.9	61	10	65.8	50	11	68.6	44	11	71.7	37	10
重庆	57.9	69	11	60.5	64	11	69.2	43	10	70.0	41	10	69.7	42	11
陕西	52.2	81	14	55.0	73	14	61.7	60	13	65.5	51	12	68.4	45	12
湖南	51.6	82	15	52.6	79	15	57.4	72	15	59.9	66	15	67.2	47	13

(续表)

省市区	2013			2014			2015			2016			2017		
	值	总	年	值	总	年	值	总	年	值	总	年	值	总	年
四川	54.2	74	13	57.9	70	13	62.6	58	12	64.0	55	14	66.4	49	14
辽宁	60.4	65	10	58.5	68	12	60.5	63	14	65.4	52	13	64.8	53	15
河南	44.5	95	16	46.3	92	16	52.6	78	16	53.8	75	16	60.8	62	16
江西	36.7	124	21	42.9	103	17	49.0	84	17	53.6	76	17	58.5	67	17
宁夏	32.8	136	25	35.5	128	24	41.3	110	24	48.7	87	19	53.0	77	18
吉林	40.1	115	18	40.7	113	19	43.3	100	19	48.1	89	20	52.4	80	19
河北	31.6	138	26	35.0	130	25	41.9	108	23	48.9	85	18	50.6	83	20
贵州	35.2	129	22	38.9	117	21	40.9	111	25	41.9	107	25	48.7	86	21
广西	36.7	123	20	39.0	116	20	42.1	106	22	44.4	96	23	48.3	88	22
甘肃	32.8	135	24	34.8	132	26	42.4	105	21	45.0	94	22	47.3	90	23
黑龙江	41.7	109	17	40.8	112	18	42.8	104	20	44.1	97	24	47.1	91	24
新疆	34.1	133	23	35.7	126	23	43.6	99	18	45.7	93	21	43.9	98	25
云南	29.7	142	27	31.7	137	27	36.8	122	27	40.1	114	26	43.2	101	26
山西	36.9	121	19	36.4	125	22	37.0	120	26	37.3	119	27	43.1	102	27
青海	19.2	154	31	22.0	149	29	30.2	140	28	35.5	127	28	38.1	118	28
海南	29.0	143	28	28.3	144	28	29.7	141	29	33.5	134	29	34.8	131	29
内蒙古	22.0	148	29	20.4	151	30	23.9	147	30	28.2	145	30	31.5	139	30
西藏	20.4	150	30	19.8	153	31	15.4	155	31	20.2	152	31	25.0	146	31
平均	49.5	91	16	50.9	88	16	54.9	77	16	57.8	70	16	60.7	64	16

注： ①对于表中的字段名称，"值"表示各省（直辖市、自治区）对应年份的指数得分，"总"表示各省（直辖市、自治区）2013—2017年多年连续总排名，"年"表示各省（直辖市、自治区）五个单年的排名；②表中31个省（直辖市、自治区）按照2017年单年指数得分由高到低（降序）排列。

辽宁省创新创业发展指数处于全国中等偏上的位置，吉林省和黑龙江省处于中等偏下的位置，总体上落后于东南三省。2013—2017年，六个省份创新创业指数由高到低依次为：江苏、广东、浙江、辽宁、吉林、黑龙江；东南三省普遍呈上升趋势；东南三省发展水平较弱的浙江省明显优于东北地区较优的辽宁省；创新创业指数增幅最大的是吉林省（7.71%），最小的是江苏省（1.32%），辽宁省和黑龙江省的增幅分别为1.81%和

3.26%。就 2017 年而言，辽宁省的创新创业发展相对较好，在 31 个省域中的单年排名为 15，吉林省次之，排名为 19，黑龙江省相对较差，排名为 24，具体如表 2.148 和 2.149 所示。

表 2.149　2013—2017 年六省创新创业指数的值及单年排名

	辽宁	吉林	黑龙江	江苏	浙江	广东	全国平均
	值/序	值/序	值/序	值/序	值/序	值/序	值
2013	60.40/10	40.06/18	41.71/17	81.62/2	78.67/4	78.67/5	49.51
2014	58.48/12	40.75/19	40.78/18	81.08/2	78.92/4	78.83/5	50.87
2015	60.55/14	43.28/19	42.84/20	82.14/3	81.38/5	82.98/2	54.92
2016	65.37/13	48.08/20	44.07/24	83.43/4	84.57/3	85.37/2	57.80
2017	64.78/15	52.42/19	47.14/24	85.93/4	87.80/2	87.07/3	60.68
平均	61.91/12.8	44.92/19	43.31/20.6	82.84/3	82.27/3.6	82.58/3.4	54.76

2013—2017 年，全国创新创业的平均水平呈平稳上升趋势，东北地区整体呈上升趋势，仅 2014 年略有下降；东北地区创新创业低于全国平均水平，且差距呈进一步扩大的趋势；东北三省整体均呈上升趋势；就东北三省而言，辽宁省优于全国平均水平，发展较好，吉林省和黑龙江省均低于全国平均水平，相对较差，具体如图 2.105 所示。

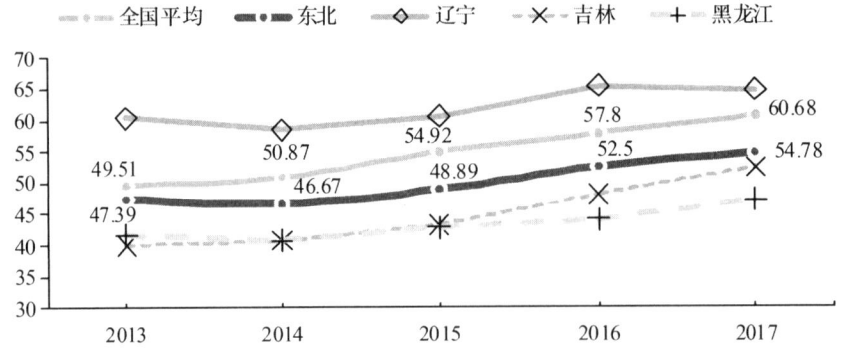

注：①全国平均指 31 个省（直辖市、自治区）的平均水平；②全国范围内（可采集到的数据），创新创业指数占比最大值为 2017 年北京的 96.33，最小值为 2015 年西藏的 15.41。

图 2.105　2013—2017 年创新创业指数基本走势

2013—2017 年，东北三省创新创业指数在全国 31 个省（直辖市、自治区）连续五年数据集（共 155 个指标值）中相对位置分布情况如图 2.106 所示。可见，东北三省五年（共 15 个数据）创新创业指数的百分比排位位于 50% 以下的有 10 个；此外，排位的最大值是 2016 年的辽宁省（66.8%），最小值是 2013 年的吉林省（25.9%）。

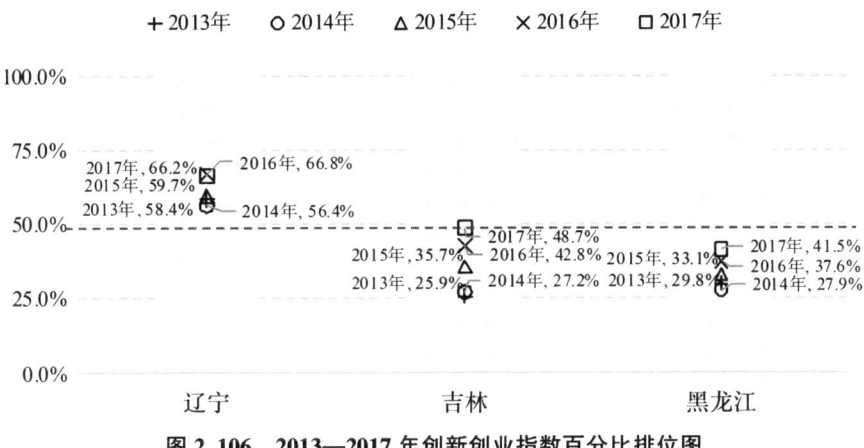

图 2.106　2013—2017 年创新创业指数百分比排位图

2. 全国视角下东北地区创新创业进展分析

2013—2017 年，四大区域创新创业指数由高到低依次为：东部、中部、东北、西部；四大区域普遍呈上升趋势，其中西部地区增幅最大（9.14%）；东北地区的创新创业与东部地区的差距较大，具体如表 2.150 所示。

表 2.150　2013—2017 年四大经济区域创新创业指数的平均值及排名

	东北		东部		西部		中部	
	平均值	年排名	平均值	年排名	平均值	年排名	平均值	年排名
2013	47.39	15.0	67.58	9.0	35.61	22.4	48.25	15.3
2014	46.67	16.3	68.21	9.0	37.59	22.4	50.63	14.7
2015	48.89	17.7	71.39	8.8	42.50	21.8	55.33	15.7
2016	52.50	19.0	73.83	8.5	45.77	21.8	57.80	15.5
2017	54.78	19.3	75.75	8.5	48.63	21.8	62.62	15.3
平均	50.05	17.5	71.35	8.8	42.02	22.0	54.92	15.3

注：为确保区分度，对于具有平均意义的排名（序），本研究保留一位小数，以下各表同。

2013—2017 年，七大区域创新创业指数由高到低依次为：华东、华北、华中、华南、东北、西南、西北；七大区域整体均呈上升趋势，其中西北地区上升幅度最大（11.62%）；就七大区域而言，东北地区处于中下水平，与最优的华东地区相比，差距明显，具体如表 2.151 所示。

表 2.151 2013—2017 年七大地理区域创新创业指数的平均值及排名

	东北	华北	华东	华南	华中	西北	西南
	值/序	值/序	值/序	值/序	值/序	值/序	值/序
2013	47.39/15.0	51.81/15.6	71.71/6.0	48.14/17.7	47.57/16.0	34.25/23.4	39.47/20.6
2014	46.67/16.3	52.62/16.2	72.23/6.0	48.72/17.7	50.67/14.5	36.58/23.2	41.76/20.6
2015	48.89/17.7	55.38/16.8	75.90/6.3	51.61/17.7	56.20/14.8	43.82/20.8	44.98/21.0
2016	52.50/19.0	58.10/16.2	78.01/6.2	54.41/18.0	58.95/14.8	48.06/20.4	47.27/21.2
2017	54.78/19.3	60.91/16.6	80.02/6.0	56.72/18.0	64.55/14.0	50.16/21.2	50.60/20.6
平均	50.05/17.5	55.76/16.3	75.57/6.1	51.92/17.8	55.59/14.8	42.57/21.8	44.82/20.8

为便于直观分析，将指数信息按空间分类、时间排列、优劣序化等方式整理后，形成多年指数得分、连续排名及单年排名的可视化集成图（见图 2.107 至图 2.109），结合表 2.148 的信息，以全国四大经济区为划分标准，对东北三省的创新创业方面的进程评价如下：

第一，东北地区创新创业指数得分有所提升，但增幅落后于其他三个区域。

从四大区域平均得分曲线的变化情况可以看出，中国的创新创业有一定成效，四大区域均呈现上升趋势，其中上升幅度最大的为中部地区，年均提升 3.6 分，东部、西部和东北地区的年均提升幅度分别为 2.0 分、3.3 分和 1.8 分，可以看出东北地区的提升幅度最小。此外，虽然四个区域的创新创业有所提升，但除东部地区和中部地区 2017 年外，其他地区的年份指数得分均未达到 60 分，尤其东北地区以 2013 年为基点（47.4 分），与中部地区 2013 年基点得分为 48.6 分相比，明显表现乏力，发展后劲不足，与中部地区差距逐渐增大。

第二，东北地区创新创业绝对水平提升不明显，为四个区域中最低。

从四大区域连续排名曲线的变化情况可以看出，四大区域的连续排名均呈现上升趋势，其中提升最大的是中部，年均提升 8.5 名，东部、西部和东北地区的年均提升幅度分别为 4.7 名、8.2 名和 5.4 名，可以看出东北地区增幅最小。具体而言，东北三省中，辽宁省表现较好，从 2013 年的 65 名下降至 2014 年的 68 名后，强势反弹，2017 年升至 53 名（12 名的位次改进，增速居全国 26 位），吉林省次之，但发展势头最好，从 2013 年的 115 名持续升至 2017 年的 80 位（35 名的位次改进，增速居全国 12 位），黑龙江省相对较差，从 2013 年的 109 名升至 2017 年的 91 名（18 名的位次改进，增速居全国 22 位），呈较为明显的上升趋势，但排名依然靠后。

第三，东北地区创新创业相对水平出现倒退，且倒退幅度较大。

从四大区域单年排名曲线的变化情况可以看出,在相对位次的排名竞争中,只有东北地区总体呈下降趋势,2017年较2013年下降4.3名,而东部、西部的排名提升幅度分别为0.5名、0.7名,中部的排名不增不减。对东北三省而言,黑龙江省的下降幅度最大(由17名退到24名,倒退7名),辽宁省倒退5名,吉林省倒退1名,呈现出"倒退范围广、倒退幅度大"的特征。

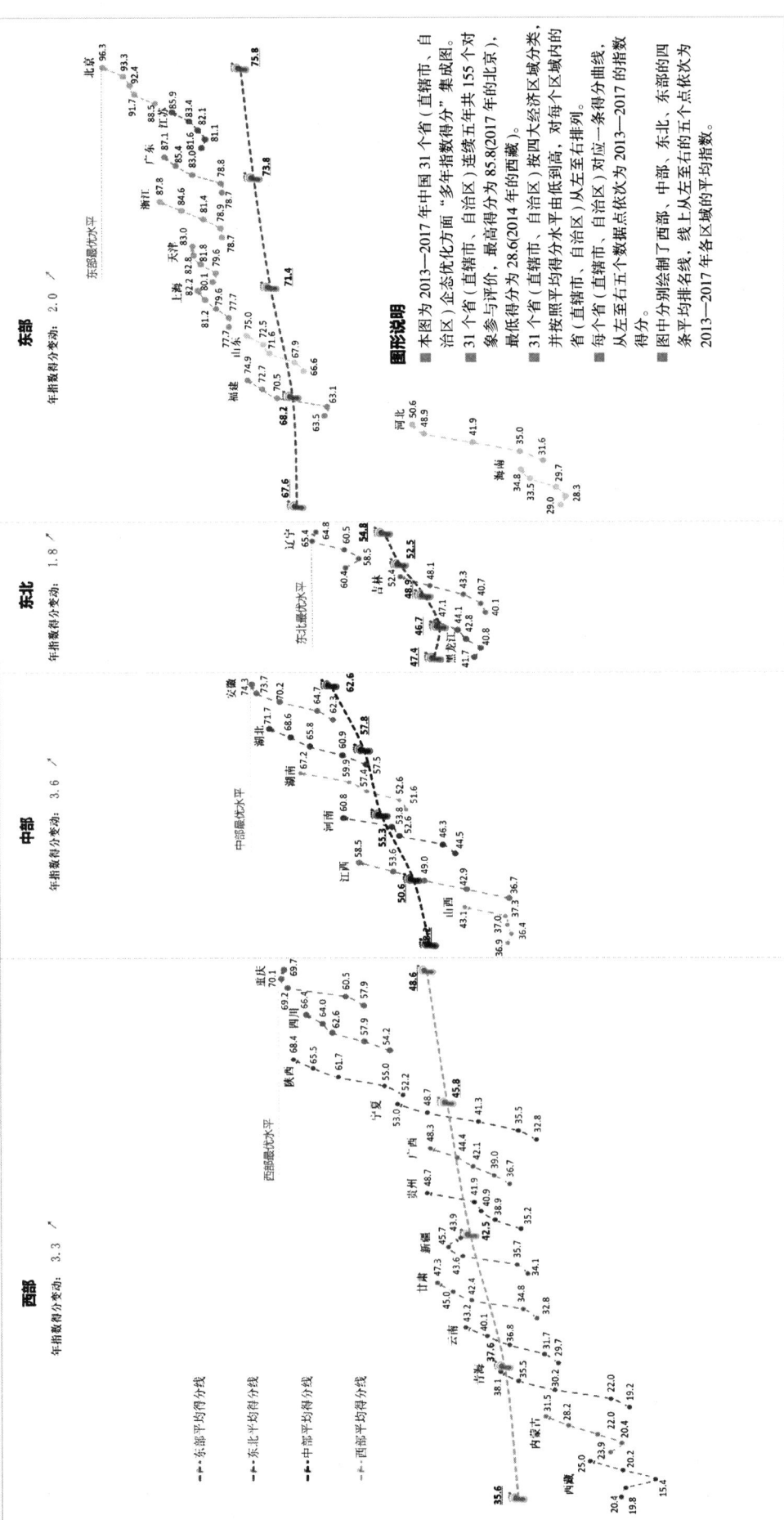

图 2.107　2013—2017 年 31 个省（直辖市、自治区）创新创业指数得分变动情况

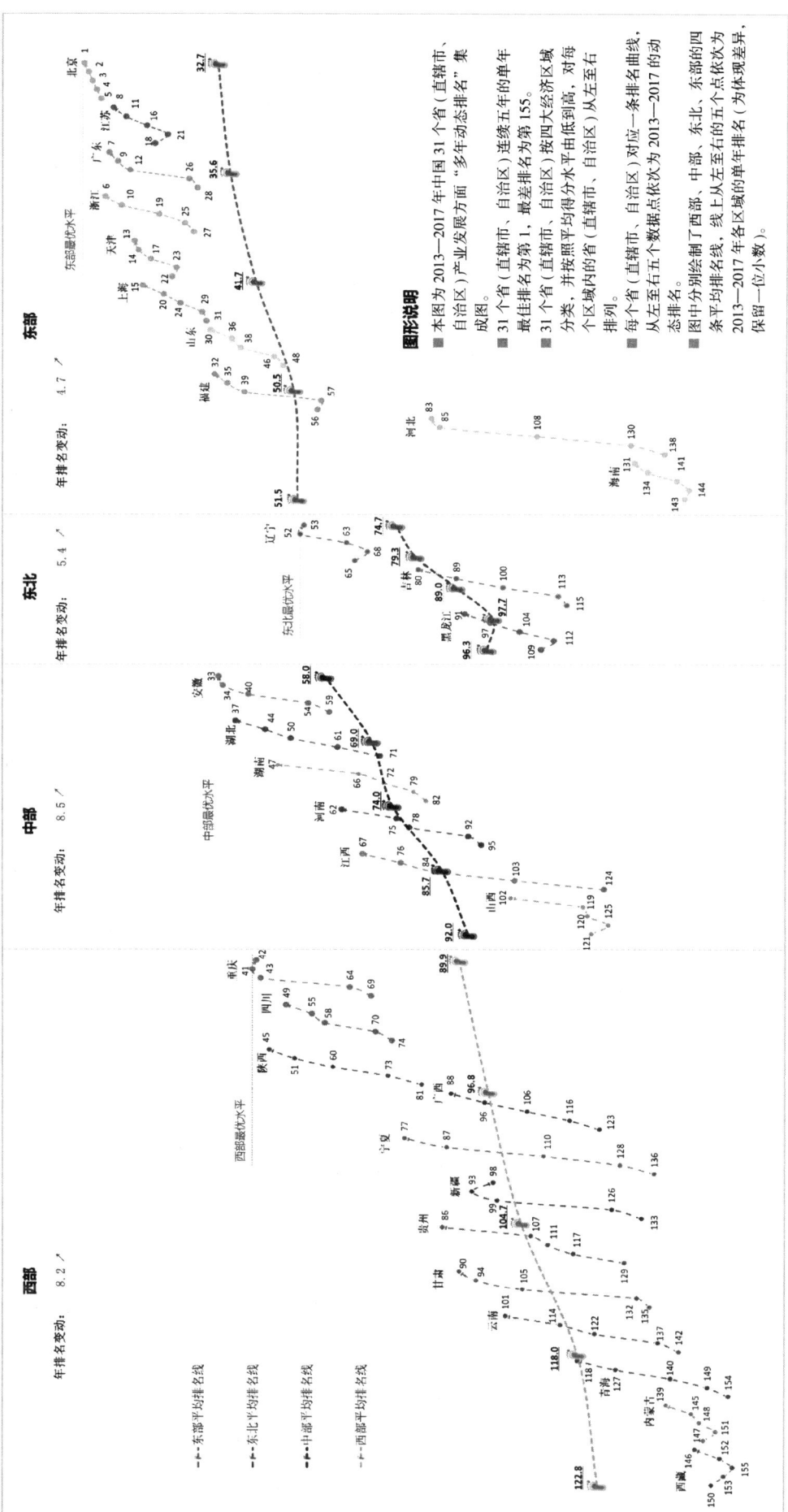

图 2.108 2013—2017 年 31 个省(直辖市、自治区)创新创业多年连续排名变动情况

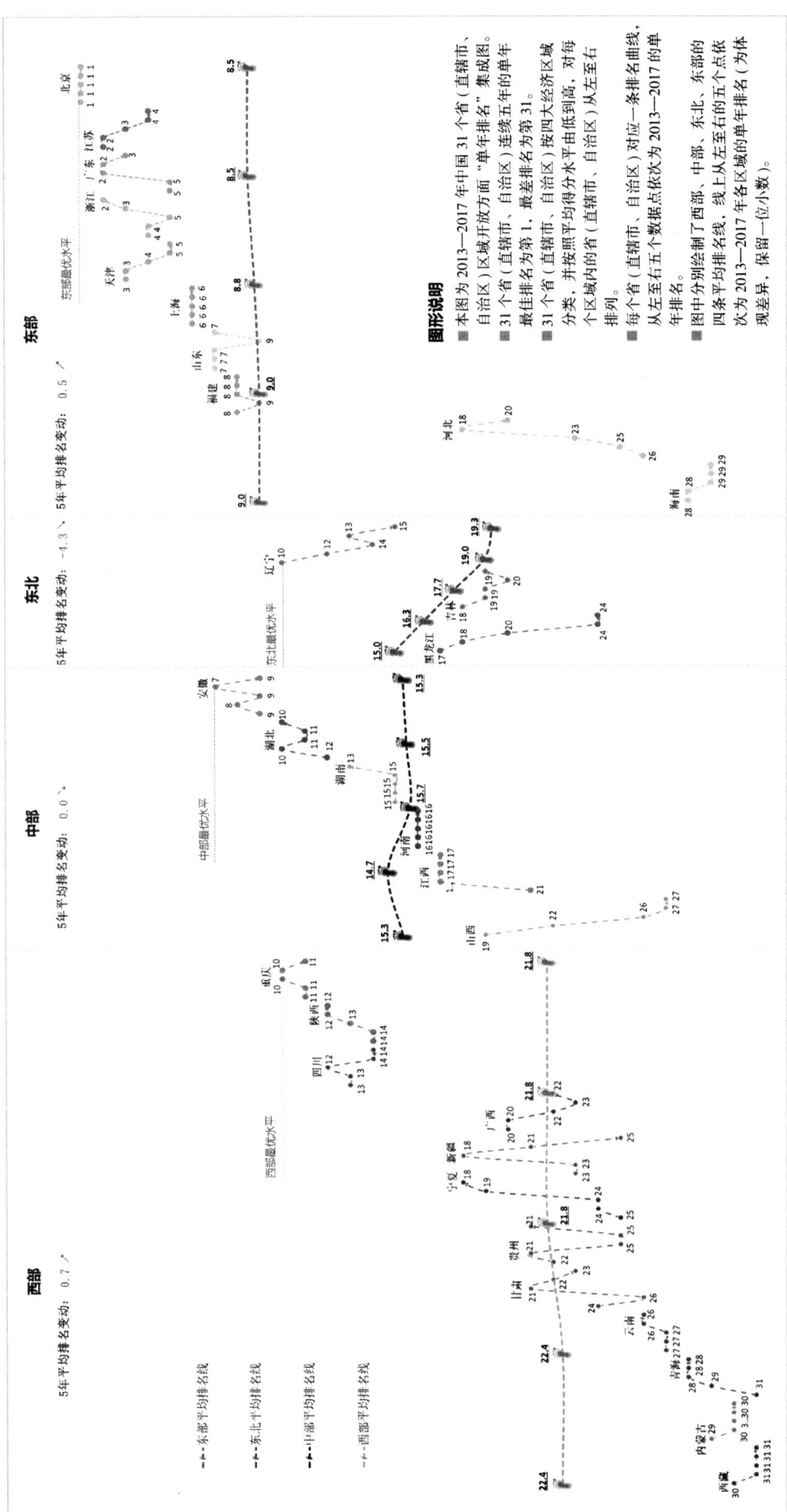

图 2.109 2013—2017 年 31 个省（直辖市、自治区）创新创业单年排名变动情况

3. 创新创业分项指数分析

2013—2017年，东北三省五个分项指标均低于东南三省平均水平，其中人才基础均超过全国平均水平，表现相对较好，其余四个分项指数，辽宁省仅技术产出低于全国平均水平，吉林省仅人才基础高于全国平均水平，黑龙江省仅人才基础和科技转化高于全国平均水平，尤其是技术产出和创业成效表现较弱。东南三省在五个分项指标上的发展水平均优于全国平均和东北平均水平。分省看，东南三省五个分项指数的发展相对均衡，广东省与浙江省的科技转化略低，广东省技术产出为全国最优水平，江苏省科技转化、浙江省创业成效为全国次优水平。东北三省五个分项指数的发展差距较大，其中吉林省和黑龙江省最为突出。就东北三省而言，辽宁省研发基础、人才基础和创业成效相对较强，技术产出相对薄弱，吉林省人才基础相对较强，科技转化明显落后，黑龙江省人才基础和科技转化相对较强，技术产出和创业成效较为薄弱。总体来看，东北三省在人才基础上具有一定优势，在技术产出上和东南三省的差距较大，具体如表2.152和图2.110所示。

表2.152 2013—2017年六省创新创业方面分项指数平均得分

	研发基础	人才基础	科技转化	技术产出	创业成效
辽宁	61.37	67.85	60.71	49.27	70.38
吉林	41.30	69.58	33.44	41.33	38.95
黑龙江	35.35	60.17	69.73	30.81	20.47
江苏	82.13	81.59	80.39	82.39	87.69
浙江	81.58	82.72	73.10	79.45	94.47
广东	83.72	79.24	77.28	92.40	80.27
东北三省平均	46.01	65.87	54.62	40.47	43.27
东南三省平均	82.48	81.19	76.92	84.75	87.48
各省平均	52.01	53.08	58.98	52.43	57.28
各省最高	96.83	100.80	81.68	92.40	100.44

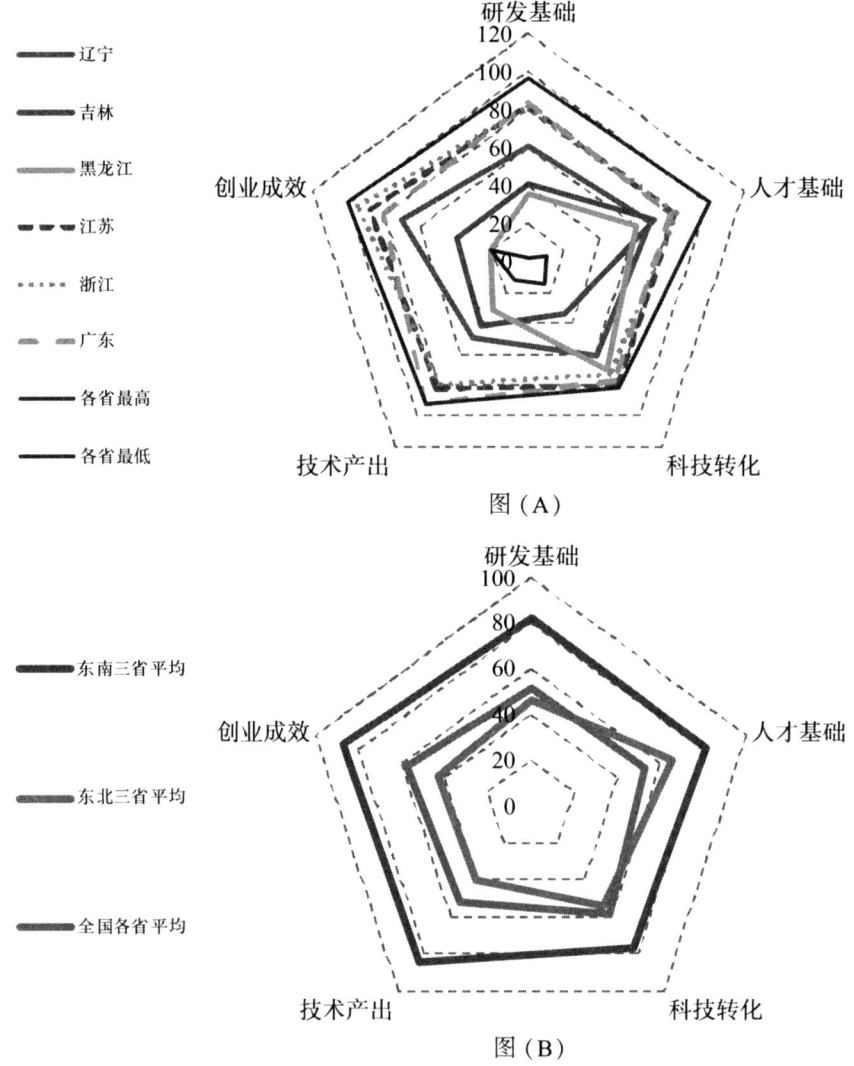

图 2.110 2013—2017 年六省创新创业方面分项指数平均得分雷达图

2013—2017 年,全国在反映创新创业五个方面的整体进展良好,均呈上升趋势,尤其是"人才基础""科技转化""技术产出"和"创业成效"四个方面,五年间水平持续提升,其中"研发基础"的发展相对缓慢。东南三省的五个分项指数均处于全国前列,仅 2015 年浙江省"科技转化"的排位处于全国中等水平(从年排名得出);东南三省五个分项指数的得分整体呈上升趋势,仅江苏省"科技转化"呈下降趋势;东北三省五个分项指数中,仅"人才基础"的发展相对较好(从排名得出),黑龙江省和吉林省其余四个分项指数的发展水平较低,辽宁省的"科技转化"和"技术产出"较低;东北三省中,除辽宁省和黑龙江省的研发基础、吉林省和黑龙江省的人才基础整体呈下降趋势外,其余整体均呈上升趋势,具体如表 2.153 所示。

表 2.153 2013—2017 年六省创新创业方面分项指数

分项指数	年份	辽宁 值/序	吉林 值/序	黑龙江 值/序	江苏 值/序	浙江 值/序	广东 值/序	全国平均 值
研发基础	2013	70.28/9	43.45/19	41.67/21	81.85/5	81.38/6	81.98/4	51.56
	2014	66.92/10▽	42.45/19▽	39.84/21▽	81.94/4▲	81.61/5▲	78.73/6▽	51.90▲
	2015	54.91/13▽	45.14/18▲	34.42/23▽	81.97/5▲	81.12/6▽	83.53/3▲	51.00▽
	2016	59.53/12▲	35.78/21▽	32.42/23▽	82.17/5▲	81.59/7▲	87.18/3▲	51.80▲
	2017	55.19/18▽	39.65/21▲	28.42/26▽	82.74/4▲	82.19/5▲	87.19/3▲	53.81▲
人才基础	2013	65.66/8	68.30/7	64.05/9	79.98/5	80.06/4	77.96/6	49.72
	2014	69.19/9▲	70.45/8▲	63.66/12▽	81.00/5▲	81.13/4▲	78.43/6▲	51.7▲
	2015	67.33/11▽	70.82/9▲	61.34/15▽	81.66/5▲	83.02/4▲	79.67/6▲	53.44▲
	2016	68.32/12▲	70.06/10▽	58.52/16▽	82.29/5▲	83.99/4▲	79.47/6▽	54.55▲
	2017	68.77/11▲	68.29/12▽	53.27/18▽	83.03/4▲	85.42/3▲	80.69/6▲	55.99▲
科技转化	2013	53.95/14	19.47/29	64.73/11	84.48/1	70.99/5	69.39/7	48.78
	2014	44.86/21▽	18.00/29▽	59.84/13▽	78.14/2▽	66.77/7▽	67.17/6▽	49.56▲
	2015	64.89/18▲	23.90/29▲	73.98/9▲	79.54/7▲	70.18/13▲	79.66/6▲	60.54▲
	2016	70.41/17▲	47.63/26▲	73.42/15▽	79.61/8▲	78.30/10▲	83.28/5▲	66.23▲
	2017	69.43/17▽	58.18/26▲	76.68/14▲	80.17/8▲	79.28/10▲	86.91/2▲	69.78▲
技术产出	2013	45.39/17	39.34/20	25.97/27	79.77/4	73.81/7	89.99/1	48.94
	2014	42.66/18▽	39.22/21▽	28.20/25▲	81.27/5▲	75.19/6▲	90.38/1▲	49.76▲
	2015	45.16/18▲	39.97/22▲	27.91/26▽	82.29/4▲	80.68/6▲	91.54/1▲	52.92▲
	2016	56.56/17▲	44.06/22▲	35.98/25▲	84.30/4▲	83.79/4▲	95.05/1▲	55.28▲
	2017	56.56/17 -	44.06/22 -	35.98/25 -	84.3/2 -	83.79/4 -	95.05/1 -	55.28 -
创业成效	2013	45.16/18	39.97/22	27.91/26	82.29/4	80.68/6	91.54/1	52.92
	2014	56.56/17▲	44.06/22▲	35.98/25▲	84.30/2▲	83.79/4▲	95.05/1▲	55.28▽
	2015	56.56/17 -	44.06/22 -	35.98/25 -	84.30/2 -	83.79/4 -	95.05/1 -	55.28 -
	2016	49.27/17▽	41.33/21▽	30.81/26▽	82.39/3▽	79.45/5▽	92.40/1▽	52.43▲
	2017	66.73/9▲	29.76/24▽	12.1/31▽	82.01/4▽	87.09/2▲	74.03/8▽	48.55▽

注：表中符号"▲"表示本年的数据相对于前一年是增长的，符号"▽"表示本年的数据相对于前一年是减少的。

进一步统计升降符（▲或▽）的数量，对不同地区的发展态势进行分析和对比可知，2013—2017 年，全国五项指数▲的数量明显大于▽的数量，发展势头良好；东北地区五个分项指数▲的数量均少于（或等于）东南三省的数量，以"研发基础"（东南三省为 10 个，东北三省为 3 个）和"人才基础"（东南三省为 11 个，东北三省为 5 个）的差距最大，发展稳定性低于东南三省；除"技术产出"和"创业成效"外，东北三省 2017 年其余三项指数▲的数量均少于东南三省（技术产出和创业成效数量相同），2017 年的整体发展态势不如东南三省；东北三省▲的总数为 25 个，占东北三省升降符总数的 41.7%，东南三省▲的总数量为 43 个，占 71.7%，东北三省与东南三省的差距较大。

2013—2017 年，辽宁省▲的数量为 10 个，占辽宁省升降符总数的 50.0%，吉林省▲的数量为 10 个，占 50.0%，黑龙江省▲的数量为 5 个，占 25.0%，江苏省▲的数量为 15 个，占 75.0%，浙江省▲的数量为 15 个，占 75.0%，广东省▲的数量为 13 个，占 65.0%，东北三省最优的辽宁省和吉林省依然落后于东南三省；就东北三省而言，辽宁省和吉林省的发展稳定性相对较好，黑龙江省较弱。2013—2017 年，东北三省"研发基础"的发展态势均不理想，"人才基础"发展态势较好的是辽宁省，"科技转化"发展态势较好的是吉林省，"技术产出"三省的发展态势大体相当，相对较好，"创业成效"发展态势较好的是辽宁省。

（1）研发基础

①研发（R&D）投入强度（单位:%）。研发（R&D）投入强度反映一个地区科技研发基础的水平，是衡量地区在科技创新方面努力程度的重要指标，计算公式为地区研发（R&D）经费支出与地区 GDP 的比值。2013—2017 年，全国研发（R&D）投入强度的平均水平呈平稳上升趋势，东北地区呈小幅波动下降趋势；东北地区研发（R&D）投入强度明显低于全国平均水平；东北三省中，辽宁省呈波动上升的趋势，且 2014—2016 年波动幅度较大，黑龙江省总体呈下降趋势，吉林省总体呈波动下降趋势；就东北三省而言，辽宁省表现相对较好，黑龙江省次之，吉林省较弱。总体而言，东北地区的研发（R&D）投入强度与全国平均水平差距较大，具体如图 2.111 所示。

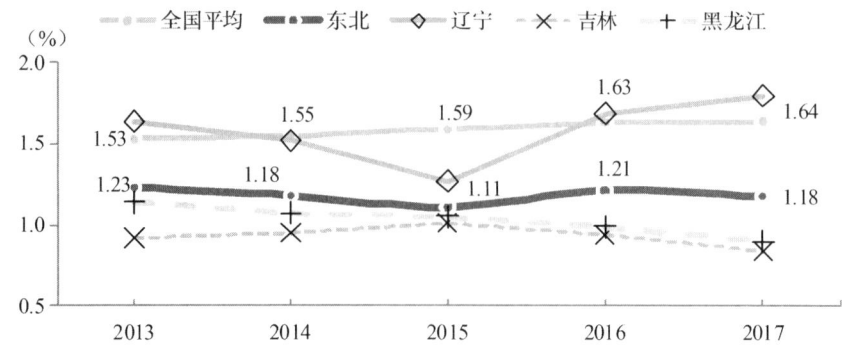

注：①全国平均指 31 个省（直辖市、自治区）的平均水平；②全国范围内（可采集到的数据），研发（R&D）投入强度最大值为 2015 年北京的 6.01%，最小值为 2016 年西藏的 0.19%。

图 2.111 2013—2017 年研发（R&D）投入强度基本走势

2013—2017年，东北三省研发（R&D）投入强度在全国31个省（直辖市、自治区）连续五年数据集（共155个指标值）中相对位置分布情况如图2.112所示。可见，东北三省五年（共15个数据）研发（R&D）投入强度的百分比排位位于50%以下数量有10个；此外，排位的最大值是2017年的辽宁省（66.8%），最小值是2017年的吉林省（25.3%）。

图2.112 2013—2017年东北三省研发（R&D）投入强度百分比排位图

2013—2017年，六个省份研发（R&D）投入强度由高到低依次为：江苏、广东、浙江、辽宁、黑龙江、吉林；东南三省呈平稳上升趋势，发展势头良好，整体发展水平明显高于东北三省；东北三省发展水平较好的辽宁省持续低于东南三省较弱的浙江省；研发（R&D）投入强度增幅最大的是浙江省（3.36%），降幅最大的是黑龙江省（-5.26%），在东北三省中辽宁省的增幅为2.44%，吉林省的降幅为-2.17%，具体如表2.154所示。

表2.154 2013—2017年六省研发（R&D）投入强度的原始值及单年排名

	辽宁	吉林	黑龙江	江苏	浙江	广东	全国平均
	值/序	值/序	值/序	值/序	值/序	值/序	值
2013	1.64/11	0.92/22	1.14/17	2.49/4	2.16/6	2.31/5	1.53
2014	1.52/12	0.95/22	1.07/19	2.54/4	2.26/6	2.37/5	1.55
2015	1.27/15	1.01/22	1.05/19	2.57/4	2.36/6	2.47/5	1.59
2016	1.69/13	0.94/23	0.99/21	2.66/4	2.43/6	2.56/5	1.63
2017	1.80/12	0.84/24	0.90/23	2.63/3	2.45/6	2.61/4	1.64
平均	1.58/12.6	0.93/22.6	1.03/19.8	2.58/3.8	2.33/6	2.46/4.8	1.59

2013—2017年,四大区域研发(R&D)投入强度由高到低依次为:东部、中部、东北、西部;四大区域中,东部地区呈波动上升趋势,东北地区呈波动下降趋势,西部和中部区域普遍呈平稳上升趋势,东北地区研发(R&D)投入强度与东部地区差距明显,具体如表2.155所示。

表2.155 2013—2017年四大经济区域研发(R&D)投入强度的平均值及排名

	东北		东部		西部		中部	
	平均值	年排名	平均值	年排名	平均值	年排名	平均值	年排名
2013	1.23	17	2.45	9.1	0.92	22.2	1.37	14.8
2014	1.18	17.7	2.50	9.1	0.93	22.0	1.40	14.7
2015	1.11	18.7	2.56	8.8	0.97	21.7	1.43	15.0
2016	1.21	19.0	2.61	8.9	1.01	21.6	1.45	14.8
2017	1.18	19.7	2.57	8.8	1.05	21.6	1.52	14.8
平均	1.18	18.3	2.54	8.9	0.97	21.8	1.43	14.8

2013—2017年,七大区域研发(R&D)投入强度由高到低依次为:华东、华北、华中、华南、东北、西北、西南;七大区域中,东北和华北地区呈波动下降趋势,其他区域均呈平稳上升态势;就七大区域而言,东北地区处于中下水平,与最优的华东地区相比,差距较大,具体如表2.156所示。

表2.156 2013—2017年七大经济区域研发(R&D)投入强度的平均值及排名

	东北	华北	华东	华南	华中	西北	西南
	值/序	值/序	值/序	值/序	值/序	值/序	值/序
2013	1.23/16.7	2.37/13.0	2.27/6.8	1.18/19.7	1.29/16.0	1.04/21.2	0.89/22.2
2014	1.18/17.7	2.37/13.0	2.34/6.8	1.19/19.7	1.34/15.8	1.04/21.0	0.90/22.0
2015	1.11/18.7	2.41/13.2	2.40/6.8	1.19/20.3	1.39/15.3	1.06/20.8	0.99/21.0
2016	1.21/19.0	2.40/13.4	2.47/7.0	1.25/20.0	1.43/15.0	1.10/20.8	1.03/20.8
2017	1.18/19.7	2.24/13.8	2.54/6.8	1.28/20.0	1.52/14.8	1.12/20.8	1.09/20.6
平均	1.18/18.3	2.36/13.3	2.40/6.9	1.22/19.9	1.39/15.4	1.07/20.9	0.98/21.3

②科技创新支出强度(单位:%)。科技创新支出强度反映一个地区对科技创新的投入和重视程度,是衡量地区创新创业的重要指标。2013—2017年,全国科技创新支出强度的平均水平整体呈上升趋势,东北地区呈下降趋势;东北地区明显低于全国平均水平;

辽宁省呈明显下降趋势，黑龙江省略呈下降趋势，吉林省整体呈下降趋势，2017年略有回升；就东北三省而言，辽宁省总体情况较好，但近年来下降幅度明显，吉林省次之，黑龙江省较弱。总体而言，东北地区的科技创新支出强度与全国平均水平的差距呈进一步扩大趋势，具体如图2.113所示。

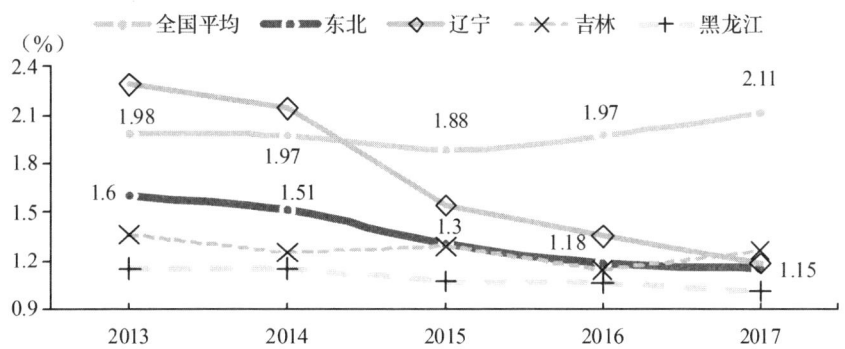

注：①全国平均指31个省（直辖市、自治区）的平均水平；②全国范围内（可采集到的数据），科技创新支出强度最大值为2014年北京的6.25%，最小值为2016年西藏的0.30%。

图2.113 2013—2017年科技创新支出强度基本走势

2013—2017年，东北三省科技创新支出强度在全国31个省（直辖市、自治区）连续五年数据集（共155个指标值）中相对位置分布情况如图2.114所示。可见，东北三省五年（共15个数据）科技创新支出强度的百分比排位处于50%以下有10个，其中，有3个低于25%；此外，排位的最大值是2013年的辽宁省（74%），最小值是2017年的黑龙江省（18.1%）。

图2.114 2013—2017年东北三省科技创新支出强度百分比排位图

2013—2017年，六个省份科技创新支出强度由高到低依次为：广东、浙江、江苏、辽宁、吉林、黑龙江；东南三省中江苏省和广东省整体呈上升趋势，浙江省呈下降态势，2017年回升，东北三省均呈下降态势；东南三省中水平较低的江苏省优于东北地区较高的辽宁省;科技创新支出强度增幅最大的是广东省(8.40%),降幅最大的是辽宁省(-12.16%),黑龙江省和吉林省的降幅分别为-2.95%和-1.82%,具体如表2.157所示。

表2.157 2013—2017年六省科技创新支出强度的原始值及单年排名

	辽宁	吉林	黑龙江	江苏	浙江	广东	全国平均
	值/序	值/序	值/序	值/序	值/序	值/序	值
2013	2.29/8	1.36/16	1.15/22	3.88/5	4.06/4	4.10/3	1.98
2014	2.14/9	1.25/17	1.15/24	3.86/4	4.03/3	3.00/6	1.97
2015	1.54/12	1.29/17	1.07/24	3.84/4	3.77/5	4.44/2	1.88
2016	1.35/15	1.14/20	1.06/24	3.82/6	3.86/5	5.53/1	1.97
2017	1.18/22	1.26/19	1.01/24	4.03/6	4.03/5	5.48/1	2.11
平均	1.70/13.2	1.26/17.8	1.09/23.6	3.89/5.0	3.95/4.4	4.51/2.6	1.98

2013—2017年,四个区域科技创新支出强度由高到低依次为:东部、中部、东北、西部;中部和西部整体呈上升趋势,其中中部增幅最大(9.85%),东北总体下降态势明显,东部表现出先升后降的变化特征,总体略有下降;东北地区科技创新支出强度与东部地区差距较大,具体如表2.158所示。

表2.158 2013—2017年四大经济区域科技创新支出强度的平均值及排名

	东北		东部		西部		中部	
	平均值	年排名	平均值	年排名	平均值	年排名	平均值	年排名
2013	1.60	15.0	3.37	7.9	1.04	24.3	1.71	13.3
2014	1.51	16.7	3.27	8.6	1.05	23.6	1.88	12.8
2015	1.30	17.7	3.08	9.6	1.09	21.7	1.76	14.5
2016	1.18	19.7	3.21	8.4	1.05	22.2	2.15	14.5
2017	1.15	21.7	3.37	9.5	1.16	22.2	2.39	11.7
平均	1.35	18.2	3.26	8.8	1.08	22.8	1.98	13.4

2013—2017年,七个区域科技创新支出强度由高到低依次为:华东、华北、华南、华中、东北、西北、西南;华中、西南、西北呈上升趋势,华北、东北普遍呈波动下降趋势,华东、华南呈波动上升趋势;就七个区域而言,东北地区处于中下水平,与最优的华东地区相比,差距较大,具体如表2.159所示。

Ⅱ 评价报告

表 2.159　2013—2017 年七大地理区域科技创新支出强度的平均值及排名

	东北	华北	华东	华南	华中	西北	西南
	值/序	值/序	值/序	值/序	值/序	值/序	值/序
2013	1.60/15.3	2.66/13.8	3.39/6.2	2.39/10.3	1.43/15.8	1.01/25.0	0.99/25.0
2014	1.51/16.7	2.75/14.4	3.35/6.2	1.98/12.3	1.69/14.5	1.02/25.0	0.99/23.4
2015	1.30/17.7	2.30/17.2	3.11/6.3	2.22/16.0	1.66/14.5	1.13/21.4	1.08/21.2
2016	1.18/19.7	2.16/17.0	3.52/5.8	2.56/15.7	1.79/14.5	1.10/21.6	1.08/20.8
2017	1.15/21.7	2.39/15.8	3.61/6.5	2.52/16.3	2.20/12.3	1.20/22.2	1.19/20.8
平均	1.35/18.2	2.45/15.6	3.40/6.2	2.33/14.1	1.75/14.3	1.09/23	1.07/22.2

（2）人才基础

①研发（R&D）人员占比（单位:%）。研发（R&D）人员占比反映一个地区的研究与开发人员实力，是衡量地区创新能力的重要指标，计算公式为地区研发人员的总数与常住人口的比值。2013—2017 年，全国研发（R&D）人员占比的平均水平呈上升趋势，东北地区总体呈平缓下降趋势；东北地区明显低于全国平均水平，且这种差距呈进一步扩大的趋势；辽宁省呈波动下降趋势，吉林省呈持平趋势，黑龙江省呈下降趋势；就东北三省而言，辽宁省表现相对较好，吉林省次之，黑龙江省较弱。总体而言，东北地区的研发（R&D）人员占比与全国平均水平的差距呈进一步扩大的趋势，具体如图 2.115 所示。

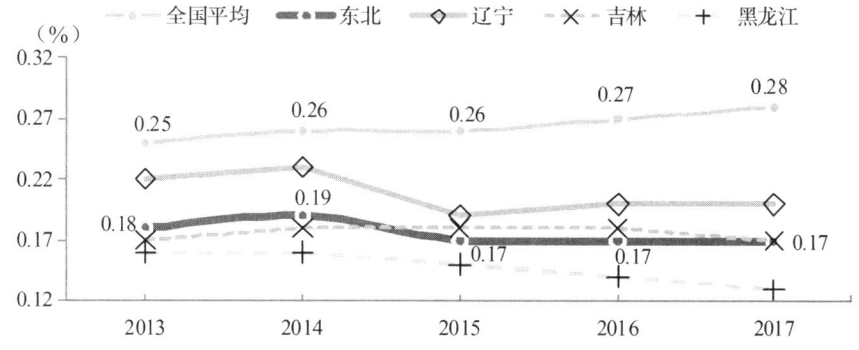

注：①全国平均指 31 个省（直辖市、自治区）的平均水平；②全国范围内（可采集到的数据），研发（R&D）人员占比最大值为 2017 年北京的 1.243%，最小值为 2016 年西藏的 0.034%。

图 2.115　2013—2017 年研发（R&D）人员占比基本走势

2013—2017 年，东北三省研发（R&D）人员占比在全国 31 个省（直辖市、自治区）连续五年数据集（共 155 个指标值）中相对位置分布情况如图 2.116 所示。可见，东北三省五年（共 15 个数据）科技创新支出强度的百分比排位普遍处于 50% 以下的有 5 个，且均为黑龙江省数据；其中，排位的最大值是 2014 年的辽宁省（66.8%），最小值是 2017 年的黑龙江省（30.5%）。

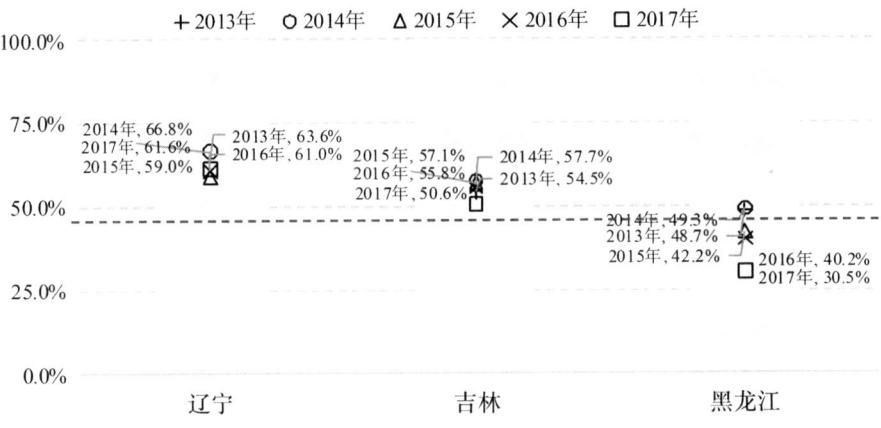

图 2.116　2013—2017 年东北三省科研（R&D）人员占比百分比排位图

2013—2017 年，六个省份研发（R&D）人员占比由高到低依次为：江苏、浙江、广东、辽宁、吉林、黑龙江；江苏省和浙江省普遍呈上升趋势，广东省呈波动上升态势，东南三省明显优于东北三省；东南三省中水平较低的广东省明显优于东北地区较高的辽宁省；研发（R&D）人员占比增幅最大的是浙江省（6.10%），降幅最大的是黑龙江省（-5.86%），辽宁省的降幅为-1.48%，吉林省的降幅为-0.99%，具体如表 2.160 所示。

表 2.160　2013—2017 年六省研发（R&D）人员占比的原始值及单年排名

	辽宁	吉林	黑龙江	江苏	浙江	广东	全国平均
	值/序	值/序	值/序	值/序	值/序	值/序	值
2013	0.22/11	0.17/14	0.16/15	0.59/4	0.57/5	0.47/6	0.25
2014	0.23/11	0.18/14	0.16/16	0.63/4	0.61/5	0.47/6	0.26
2015	0.19/13	0.18/14	0.15/18	0.65/5	0.66/4	0.46/6	0.26
2016	0.20/13	0.18/14	0.14/20	0.68/4	0.67/5	0.47/6	0.27
2017	0.20/13	0.17/17	0.13/23	0.70/4	0.70/3	0.51/6	0.28
平均	0.21/12.2	0.18/14.6	0.15/18.4	0.65/4.2	0.64/4.4	0.48/6	0.27

2013—2017 年，四个区域研发（R&D）人员占比由高到低依次为：东部、东北、中部、西部；东部、中部和西部普遍呈上升趋势，东北地区总体呈波动下降态势；东北地区研发（R&D）人员占比与东部地区差距较大，具体如表 2.161 所示。

Ⅱ 评价报告

表 2.161　2013—2017 年四大经济区域科研（R&D）人员占比的平均值及排名

	东北		东部		西部		中部	
	平均值	年排名	平均值	年排名	平均值	年排名	平均值	年排名
2013	0.18	13.0	0.49	8.5	0.11	22.7	0.16	16.5
2014	0.19	13.7	0.52	8.3	0.12	22.7	0.17	16.7
2015	0.17	15.0	0.53	8.0	0.12	22.8	0.17	16.2
2016	0.17	15.7	0.54	8.1	0.12	22.5	0.17	16.3
2017	0.17	17.7	0.55	8.1	0.12	22.3	0.18	15.8
平均	0.18	15.1	0.53	8.2	0.12	22.6	0.17	16.3

2013—2017 年，七个区域研发（R&D）人员占比由高到低依次为：华东、华北、华南、东北、华中、西北、西南；华北、华东、华中、西南普遍呈上升趋势，华南总体呈持平态势，西北呈波动上升趋势，东北总体呈下降趋势；就七个区域而言，东北地区排名居中，与最优的华东地区相比，差距较大，具体如表 2.162 所示。

表 2.162　2013—2017 年七大地理区域研发（R&D）人员占比的平均值及排名

	东北	华北	华东	华南	华中	西北	西南
	值/序	值/序	值/序	值/序	值/序	值/序	值/序
2013	0.18/13.3	0.45/12.8	0.44/6.3	0.21/19.3	0.16/16.8	0.12/21.4	0.10/24.4
2014	0.19/13.7	0.46/13.0	0.47/6.5	0.21/19.0	0.17/16.5	0.13/21.6	0.10/24.0
2015	0.17/15.0	0.47/12.2	0.48/6.3	0.21/19.3	0.17/16.0	0.12/22.2	0.11/23.8
2016	0.17/15.7	0.47/12.2	0.50/6.5	0.21/19.7	0.17/16.0	0.12/22.2	0.11/23.0
2017	0.17/17.7	0.46/13.4	0.51/6.0	0.22/20.7	0.18/15.3	0.13/22.0	0.13/21.4
平均	0.18/15.1	0.46/12.7	0.48/6.3	0.21/19.6	0.17/16.1	0.13/21.9	0.11/23.3

②高校研发（R&D）人员平均强度（单位：人/单位高校）。高校研发（R&D）人员平均强度反映一个地区高校参与科研人员数量的平均水平，是衡量地区创新创业的重要指标，计算公式为地区高校研发（R&D）人员总数与高校总数的比值。2013—2017 年，全国和东北地区高校研发（R&D）人员平均强度的平均水平均呈上升趋势；东北地区优于全国平均水平，但优势在逐渐减弱；辽宁省整体呈上升趋势，吉林省呈先升后降的趋势，黑龙江省呈下降态势；就东北三省而言，吉林省发展较好，辽宁省与黑龙江省状况相近。总体而言，东北地区的高校研发（R&D）人员平均强度整体高于全国平均水平，

但优势在逐渐减弱,具体如图 2.117 所示。

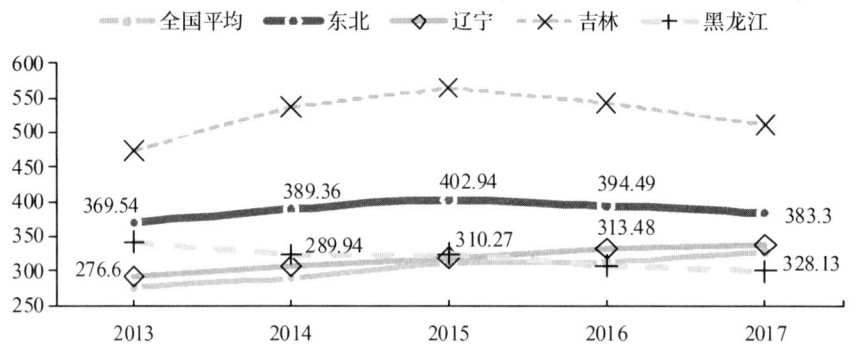

注:①全国平均指 31 个省(直辖市、自治区)的平均水平;②全国范围内(可采集到的数据),高校研发(R&D)人员平均强度最大值为 2017 年北京的 917.5,最小值为 2015 年青海的 111.333。

图 2.117　2013—2017 年高校研发(R&D)人员平均强度基本走势

2013—2017 年,东北三省高校研发(R&D)人员平均强度在全国 31 个省(直辖市、自治区)连续五年数据集(共 155 个指标值)中相对位置分布情况如图 2.118 所示。可见,东北三省五年(共 15 个数据)科技创新支出强度的百分比排位全部处于 50% 以上,其中有 5 个处于 90% 以上,且皆为吉林省的数据;此外,排位的最大值是 2015 年的吉林省(93.5%),最小值是 2013 年的辽宁省(57.7%)。

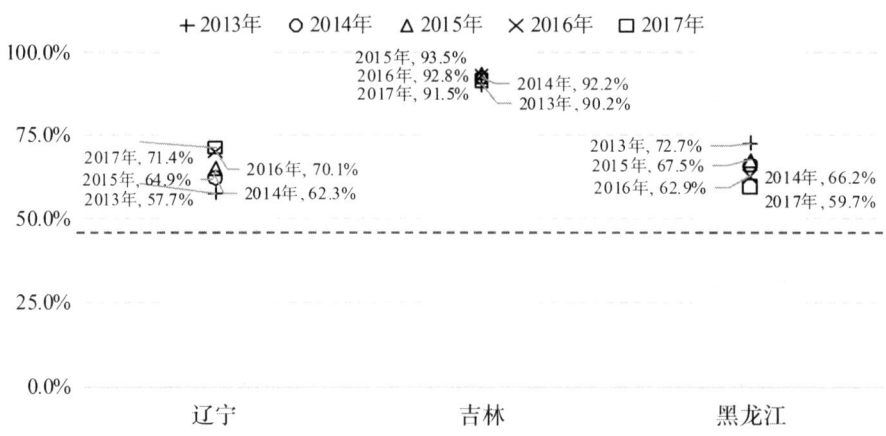

图 2.118　2013—2017 年东北三省高校研发(R&D)人员平均强度百分比排位图

2013—2017 年,六个省份高校研发(R&D)人员平均强度由高到低依次为:吉林、浙江、广东、江苏、黑龙江、辽宁;东南三省普遍呈上升的发展趋势;东南三省中水平较低的江苏省高于东北三省中较低的辽宁省;高校研发(R&D)人员平均强度增幅最大的是浙江省(10.99%),降幅最大的是黑龙江省(-3.06%),辽宁省和吉林省的增幅分别为 3.91% 和 1.97%,具体如表 2.163 所示。

表 2.163 2013—2017 年六省高校研发（R&D）人员平均强度的原始值及单年排名

	辽宁	吉林	黑龙江	江苏	浙江	广东	全国平均
	值/序	值/序	值/序	值/序	值/序	值/序	值
2013	292.60/11	474.16/3	341.85/7	335.54/8	352.87/5	319.21/10	276.60
2014	306.95/10	537.24/3	323.90/9	356.55/7	369.95/6	338.36/8	289.94
2015	319.74/11	564.22/3	324.86/10	370.09/8	427.80/6	401.02/7	310.27
2016	332.98/10	543.07/3	307.43/13	381.02/7	461.88/4	388.08/6	313.48
2017	338.36/12	511.48/3	300.05/16	403.05/8	507.94/4	419.42/7	328.13
平均	318.13/10.8	526.03/3	319.62/11	369.25/7.6	424.09/5	373.22/7.6	303.68

2013—2017 年，四个区域高校研发（R&D）人员平均强度由高到低依次为：东部、东北、西部、中部；东部、西部和中部普遍呈上升趋势，其中东部上升幅度最大，东北呈先升后降趋势；东北地区高校研发（R&D）人员平均强度相对优势在减弱，具体如表 2.164 所示。

表 2.164 2013—2017 年四大经济区域高校研发（R&D）人员平均强度的平均值及排名

	东北		东部		西部		中部	
	平均值	年排名	平均值	年排名	平均值	年排名	平均值	年排名
2013	369.54	7.0	359.29	12.1	224.93	18.7	195.64	21.7
2014	389.36	7.3	381.69	11.2	232.94	18.9	201.29	22.5
2015	402.94	8.0	419.96	10.2	241.34	20.0	218.98	21.7
2016	394.49	8.7	429.30	9.4	243.92	20.2	219.05	22.3
2017	383.30	10.3	454.24	9.7	254.08	20.3	238.47	20.8
平均	387.93	8.3	408.90	10.5	239.44	19.6	214.69	21.8

2013—2017 年，七个区域高校研发（R&D）人员平均强度由高到低依次为：东北、华东、华北、华南、西南、华中、西北；七个区域整体呈上升趋势，华东的上升幅度最大；就七个区域而言，东北地区处于首位，与第二位的华东相比，优势在逐渐减弱，具体如表 2.165 所示。

表 2.165　2013—2017 年七大地理区域高校研发（R&D）人员平均强度的平均值及排名

	东北	华北	华东	华南	华中	西北	西南
	值/序	值/序	值/序	值/序	值/序	值/序	值/序
2013	369.54/7.0	350.42/16.0	319.56/12.2	266.37/15.7	195.04/21.8	188.62/22.6	254.82/15.0
2014	389.36/7.3	362.78/16.6	340.13/11.5	263.07/15.7	202.79/22.3	193.04/23.0	279.93/14.2
2015	402.94/8.0	377.90/16.2	379.57/10.7	310.68/14.0	222.07/21.0	200.80/23.6	283.64/16.6
2016	394.49/8.7	370.44/16.6	397.12/10.0	321.63/12.7	227.45/21.5	216.96/22.4	267.98/18.2
2017	383.30/10.3	393.47/15.6	425.01/9.7	329.61/14.7	248.09/20.5	209.28/23.6	295.45/17.0
平均	387.93/8.3	371.00/16.2	372.28/10.8	298.27/14.5	219.09/21.4	201.74/23.0	276.37/16.2

（3）技术转化

①技术市场成交额占比（单位:%）。技术市场成交额占比反映一个地区科技创新成果对地区 GDP 的贡献程度，是衡量地区创新创业的重要指标，计算公式为地区技术市场成交总额与地区 GDP 的比值。2013—2017 年，全国技术市场成交额占比的平均水平呈缓慢上升趋势，东北地区亦呈上升趋势；东北地区明显落后于全国平均水平；辽宁省和吉林省整体呈上升趋势，黑龙江省呈缓慢上升趋势；就东北三省而言，辽宁省上升幅度大，发展较好，黑龙江省次之，吉林省 2013—2015 年较弱，2016—2017 年有较大幅度的上升。总体而言，东北地区的技术市场成交额占比与全国平均水平差距较大，但差距逐渐缩小，具体如图 2.119 所示。

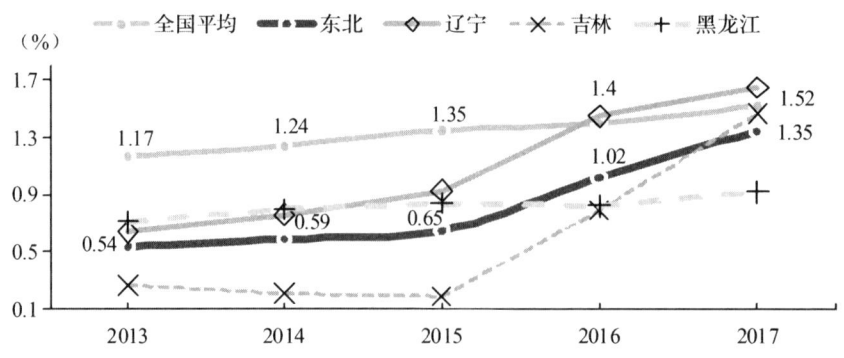

注：①全国平均指 31 个省（直辖市、自治区）的平均水平；②全国范围内（可采集到的数据），技术市场成交额占比最大值为 2017 年北京的 16.016%，最小值为 2017 年西藏的 0.0034%。

图 2.119　2013—2017 年技术市场成交额占比基本走势

2013—2017 年，东北三省技术市场成交额占比在全国 31 个省（直辖市、自治区）连续五年数据集（共 155 个指标值）中相对位置分布情况如图 2.120 所示。如图可见，东北三省五年（共15个数据）技术市场成交额占比的百分比排位位于50%以下有3个；此外，排位的最大值是2017年的辽宁省（79.4%），最小值是2015年的吉林省（23.8%）。

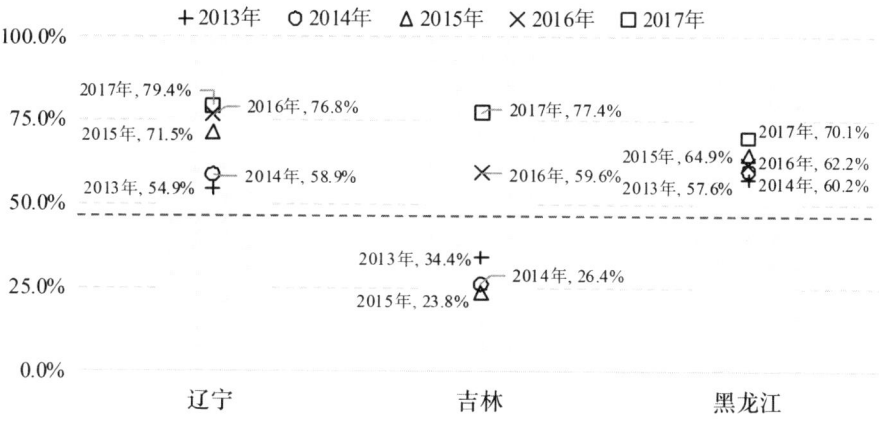

图2.120　2013—2017年东北三省技术市场成交额占比百分比排位图

2013—2017年，六个省份技术市场成交额占比由高到低依次为：辽宁、广东、江苏、黑龙江、吉林、浙江；东北三省总体呈上升趋势，东南三省中浙江省呈平稳上升态势，且上升幅度较大，江苏省和广东省呈波动上升的趋势，上升幅度较小；东北三省技术市场成交额占比水平高于东南三省；技术市场成交额占比增幅最大的是吉林省（112.56%），增幅最小的是江苏省（0.42%），黑龙江省和辽宁省的增幅分别为7.59%和39.35%，具体如表2.166所示。

表2.166　2013—2017年六省技术市场成交额占比的原始值及单年排名

	东北	华北	华东	华南	华中	西北	西南
	值/序	值/序	值/序	值/序	值/序	值/序	值/序
2013	0.64/13	0.27/20	0.71/11	0.89/8	0.22/23	0.85/9	1.17
2014	0.76/12	0.21/22	0.80/11	0.83/9	0.22/20	0.61/14	1.24
2015	0.93/9	0.19/23	0.84/12	0.82/13	0.23/21	0.91/10	1.35
2016	1.45/8	0.79/15	0.82/14	0.82/13	0.42/18	0.94/9	1.40
2017	1.65/8	1.47/9	0.92/13	0.91/14	0.63/16	1.04/11	1.52
平均	1.09/10	0.58/17.8	0.82/12.2	0.85/11.4	0.34/19.6	0.87/10.6	1.34

2013—2017年，四个区域技术市场成交额占比由高到低依次为：东部、西部、东北、中部；四个区域普遍呈上升趋势，东北地区上升幅度最大，增幅为37.56%，东部上升幅

度最小，增幅为 4.34%；东北地区技术市场成交额占比与最优的东部地区差距较大，具体如表 2.167 所示。

表 2.167　2013—2017 年四大经济区域技术市场成交额占比的平均值及排名

	东北		东部		西部		中部	
	平均值	年排名	平均值	年排名	平均值	年排名	平均值	年排名
2013	0.54	14.7	2.17	14.2	0.77	16.8	0.58	15.7
2014	0.59	15.0	2.21	14.5	0.84	16.6	0.69	15.3
2015	0.65	14.7	2.35	14.1	0.92	17.3	0.80	15.0
2016	1.02	12.3	2.44	14.0	0.93	18.3	0.82	16.7
2017	1.35	10.0	2.55	14.1	1.00	18.8	0.95	16.5
平均	0.83	13.3	2.34	14.2	0.89	17.6	0.77	15.8

2013—2017 年，七个区域技术市场成交额占比由高到低依次为：华北、西北、华东、华中、东北、西南、华南；华北、西北、华东、华中、东北总体均呈上升趋势，华南和西南呈波动态势，且东北地区增幅最大，增幅为 37.56%；就七个区域而言，东北地区处于居中水平，与最优的华北地区相比，差距较大，具体如表 2.168 所示。

表 2.168　2013—2017 年七大地理区域技术市场成交额占比的平均值及排名

	东北	华北	华东	华南	华中	西北	西南
	值/序	值/序	值/序	值/序	值/序	值/序	值/序
2013	0.54/14.7	3.46/13.6	0.80/14.5	0.34/21.3	0.59/16.8	1.26/14.6	0.47/15.5
2014	0.59/15.0	3.55/14.8	0.83/13.3	0.23/24.0	0.73/16.5	1.34/13.8	0.60/14.8
2015	0.65/14.7	3.73/14.0	0.87/14.3	0.34/22.3	0.89/16.0	1.60/14.2	0.48/15.8
2016	1.02/12.3	3.80/15.4	0.94/14.5	0.40/19.7	0.92/17.0	1.72/14.4	0.58/16.3
2017	1.35/10.0	4.00/14.4	1.01/14.3	0.45/21.7	1.04/17.5	1.84/14.2	0.50/20.4
平均	0.83/13.3	3.71/14.4	0.89/14.2	0.35/21.8	0.83/16.8	1.55/14.2	0.52/16.7

②科技人员专利申请强度（单位：件/人年）。科技人员专利申请强度反映一个地区的科技创新能力，是衡量地区创新创业水平的必要指标，计算公式为地区科技人员专利申请数量与研发人员的比值。2013—2017 年，全国科技人员专利申请强度的平均水平呈持续上升态势，东北地区整体呈波动上升趋势；东北地区明显低于全国平均水平，且这

种差距呈进一步扩大的态势；东北三省总体上均呈上升趋势；就东北三省而言，黑龙江省较好，辽宁省次之，吉林省较弱。总体而言，东北地区科技人员专利申请强度明显低于全国平均水平，且差距在逐年增大，具体如图 2.121 所示。

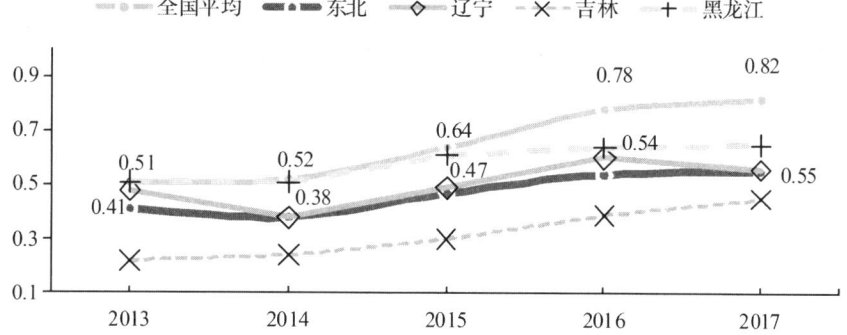

注：①全国平均指 31 个省（直辖市、自治区）的平均水平；②全国范围内（可采集到的数据），科技人员专利申请强度最大值为 2017 年广西的 1.5462，最小值为 2013 年西藏的 0.1687。

图 2.121　2013—2017 年科技人员专利申请强度基本走势

2013—2017 年，东北三省科技人员专利申请强度在全国 31 个省（直辖市、自治区）连续五年数据集（共 155 个指标值）中相对位置分布情况如图 2.122 所示。可见，东北三省五年（共 15 个数据）科技人员专利申请强度的百分比排位处于 50% 以下有 12 个，其中有 5 个位于 25% 以下；此外，排位的最大值是 2017 年的黑龙江省（57.7%），最小值是 2013 年的吉林省（2.5%）。

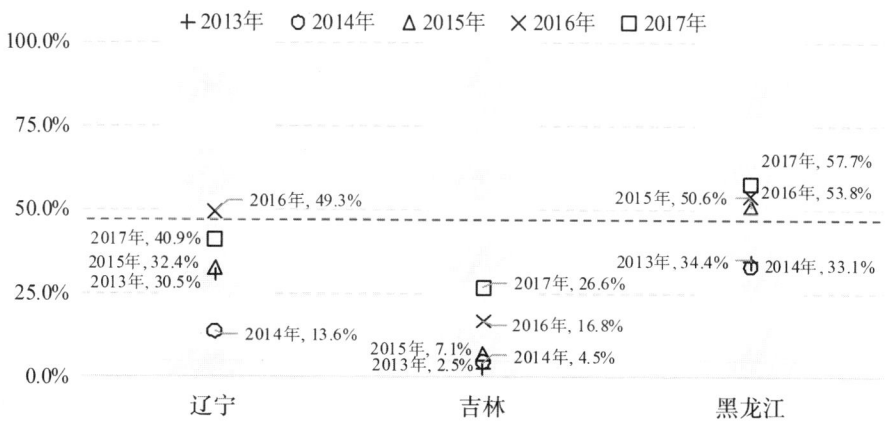

图 2.122　2013—2017 年东北三省科技人员专利申请强度百分比排位图

2013—2017 年，六个省份科技人员专利申请强度由高到低依次是：江苏、浙江、广东、黑龙江、辽宁、吉林；东南三省中，浙江省呈先下降后上升的态势，且上升趋势缓慢，广东省呈上升趋势，江苏省呈下降趋势；东南三省中水平较低的广东省优于东北地区水平最高的黑龙江省；科技人员专利申请强度增幅最大的是广东省（27.72%），降幅最大的是江苏省（-3.78%），黑龙江省、辽宁省和吉林省的增幅分别为 6.71%、3.94% 和 25.14%，具体如表 2.169 所示。

表 2.169 2013—2017 年六省科技人员专利申请强度的原始值及单年排名

	辽宁	吉林	黑龙江	江苏	浙江	广东	全国平均
	值/序	值/序	值/序	值/序	值/序	值/序	值
2013	0.48/16	0.22/29	0.51/14	1.08/1.0	0.95/2.0	0.53/11	0.51
2014	0.38/23	0.24/29	0.51/15	0.85/3.0	0.77/5.0	0.55/14	0.52
2015	0.49/21	0.30/29	0.61/17	0.82/6.0	0.84/5.0	0.71/11	0.64
2016	0.60/23	0.39/30	0.64/21	0.94/9.0	1.04/6.0	0.98/8.0	0.78
2017	0.56/27	0.45/29	0.65/22	0.92/11	0.95/9.0	1.11/6.0	0.82
平均	0.50/22	0.32/29.2	0.59/17.8	0.92/6.0	0.91/5.4	0.78/10	0.65

2013—2017 年，四个区域科技人员专利申请强度由高到低依次是：西部、东部、中部、东北；四个区域均呈上升趋势，西部上升幅度最大为 21.43%；东北地区科技人员专利批准强度与西部地区差距较大，具体如表 2.170 所示。

表 2.170 2013—2017 年四大经济区域科技人员专利申请强度的平均值及排名

	东北		东部		西部		中部	
	平均值	年排名	平均值	年排名	平均值	年排名	平均值	年排名
2013	0.41	19.7	0.58	12.9	0.49	15.8	0.45	19.7
2014	0.38	22.3	0.54	14.7	0.55	14.8	0.48	17.5
2015	0.47	22.3	0.64	14.9	0.70	14.5	0.60	17.7
2016	0.54	24.7	0.79	14.7	0.82	14.3	0.79	17.2
2017	0.55	26.0	0.79	16.6	0.92	13.0	0.82	16.0
平均	0.47	23.0	0.67	14.8	0.70	14.5	0.63	17.6

2013—2017 年，七个区域科技人员专利申请强度由高到低依次为：华东、华南、西南、西北、华中、华北、东北；东北、华北、华东三个区域均呈波动上升趋势，华南、西南、华中、西北四个区域均呈上升趋势，华南地区增幅最大，为 31.50%；就七大区域而言，东北地区排名靠后，东北地区与最优的华东地区相比，差距较大，具体如表 2.171 所示。

Ⅱ 评价报告

表 2.171 2013—2017 年七大地理区域科技人员专利申请强度的平均值及排名

	东北	华北	华东	华南	华中	西北	西南
	值/序	值/序	值/序	值/序	值/序	值/序	值/序
2013	0.41/19.7	0.40/20.6	0.72/7.7	0.48/15.3	0.38/22.8	0.44/17.4	0.60/12.8
2014	0.38/22.3	0.38/21.8	0.64/10.3	0.55/14.7	0.45/18.0	0.47/16.8	0.66/11.6
2015	0.47/22.3	0.45/23.2	0.75/9.5	0.75/13.3	0.57/18.8	0.64/14.4	0.76/13.8
2016	0.54/24.7	0.57/22.4	0.93/10.2	0.98/12.3	0.76/18.0	0.77/14.8	0.86/13.2
2017	0.55/26.0	0.57/24.8	0.90/12.3	1.08/10.7	0.81/16.0	0.88/13.0	0.94/11.8
平均	0.47/23.0	0.48/22.6	0.79/10.0	0.77/13.3	0.60/18.7	0.64/15.3	0.76/12.6

③科技人员专利批准强度（单位：件/人年）。科技人员专利批准强度反映一个地区科技创新强度，是衡量地区创新创业水平的必要指标，计算公式为地区科技人员专利批准数与研发人员的比值。2013—2017 年，全国科技人员专利批准强度的平均水平整体呈上升趋势，东北地区亦呈上升态势，东北地区明显低于全国平均水平；辽宁省、黑龙江省呈波动上升趋势，吉林省呈稳定上升趋势；就东北三省而言，黑龙江省发展较好，辽宁省次之，吉林省较弱。总体而言，东北地区科技人员专利批准强度明显低于全国平均水平，其每年份的差距变化不明显，具体如图 2.123 所示。

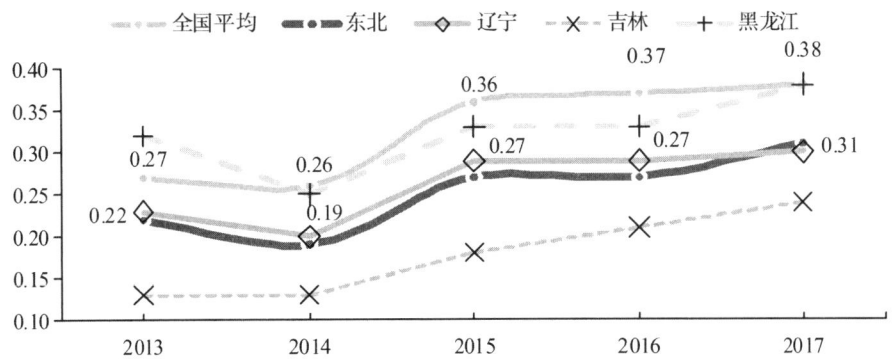

注：①全国平均指 31 个省（直辖市、自治区）的平均水平；②全国范围内（可采集到的数据），科技人员专利批准强度最大值为 2013 年浙江的 0.6506，最小值为 2013 年西藏的 0.1006。

图 2.123 2013—2017 年科技人员专利批准强度基本走势

2013—2017 年，东北三省科技人员专利批准强度在全国 31 个省（直辖市、自治区）连续五年数据集（共 155 个指标值）中相对位置分布情况如图 2.124 所示。可见，东北三省五年（共 15 个数据）科技人员专利批准强度的百分比排位处于 50% 以下的有 11 个，其中有 6 个位于 25%以下；此外，排位的最大值是 2017 年的黑龙江省（68.8%），最小值是 2013 年的吉林省（3.2%）。

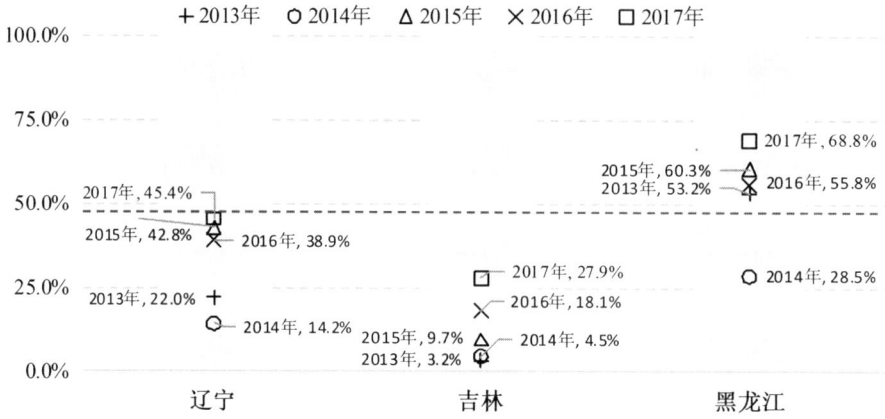

图 2.124　2013—2017 年东北三省科技人员专利批准强度百分比排位图

2013—2017 年，六个省份科技人员专利批准强度由高到低依次为：浙江、江苏、广东、黑龙江、辽宁、吉林；江苏省和浙江省整体呈波动下降趋势，广东省整体呈上升趋势；东南三省中水平较低的广东省和江苏省优于东北地区较高的黑龙江省；科技人员专利批准强度增幅最大的是吉林省（22.01%），降幅最大的是江苏省（-5.27%），辽宁省和黑龙江省的增幅分别为 7.66% 和 5.38%，具体如表 2.172 所示。

表 2.172　2013—2017 年六省科技人员专利批准强度的原始值及单年排名

| | 辽宁 | 吉林 | 黑龙江 | 江苏 | 浙江 | 广东 | 全国平均 |
	值/序	值/序	值/序	值/序	值/序	值/序	值
2013	0.23/18	0.13/28	0.32/8.0	0.51/2.0	0.65/1	0.34/6	0.27
2014	0.20/24	0.13/28	0.25/16	0.40/4.0	0.56/1	0.36/7	0.26
2015	0.29/21	0.18/29	0.33/15	0.48/8.0	0.64/1	0.48/9	0.36
2016	0.29/24	0.21/30	0.33/16	0.43/10	0.59/3	0.50/6	0.37
2017	0.30/25	0.24/29	0.38/17	0.41/13	0.54/2	0.59/1	0.38
平均	0.26/22.4	0.18/28.8	0.32/14.4	0.45/7.4	0.60/1.6	0.45/5.8	0.33

2013—2017 年，四个区域科技人员专利批准强度由高到低依次为：东部、西部、中部、东北；四个区域整体均呈上升趋势，西部增幅最大，增幅为 15.24%；东部增幅最小，增幅为 6.50%；东北地区科技人员专利批准强度与东部地区差距较大，具体如表 2.173 所示。

表 2.173 2013—2017 年四大经济区域科技人员专利批准强度的平均值及排名

	东北		东部		西部		中部	
	平均值	年排名	平均值	年排名	平均值	年排名	平均值	年排名
2013	0.22	18.0	0.33	11.4	0.24	18.4	0.24	17.8
2014	0.19	22.7	0.31	12.1	0.25	17.3	0.25	16.5
2015	0.27	21.7	0.40	13.5	0.37	16.1	0.35	17.2
2016	0.27	23.3	0.40	13.5	0.37	15.4	0.36	17.7
2017	0.31	23.7	0.41	13.9	0.38	14.8	0.36	18.2
平均	0.25	21.9	0.37	12.9	0.32	16.4	0.31	17.5

2013—2017 年，七个区域科技人员专利批准强度由高到低依次为：华东、西南、华南、华中、西北、华北、东北；华北、华南、华中、西北四个区域总体均呈上升趋势，东北、华东、西南三个地区总体呈波动上升趋势；就七个区域而言，东北地区排名靠后，与最优的华东地区相比，差距较大，具体如表 2.174 所示。

表 2.174 2013—2017 年七大地理区域科技人员专利批准强度的平均值及排名

	东北	华北	华东	华南	华中	西北	西南
	值/序	值/序	值/序	值/序	值/序	值/序	值/序
2013	0.22/18.0	0.20/20.8	0.41/6.8	0.24/17.3	0.22/19.0	0.20/21.8	0.31/12.0
2014	0.19/22.7	0.20/21.8	0.36/8.0	0.27/15.0	0.24/16.8	0.21/21.2	0.32/10.6
2015	0.27/21.7	0.27/22.4	0.46/9.3	0.37/16.0	0.35/16.5	0.33/17.6	0.45/12.2
2016	0.27/23.3	0.28/22.2	0.44/9.7	0.37/15.3	0.38/17.5	0.37/14.4	0.41/13.8
2017	0.31/23.7	0.31/22.8	0.43/11.2	0.43/13.3	0.37/17.3	0.40/14.0	0.39/13.0
平均	0.25/21.9	0.25/22	0.42/9.0	0.34/15.4	0.31/17.4	0.30/17.8	0.38/12.3

（4）技术产出

①高新技术产业收入占比（单位：%）。高新技术产业收入占比反映一个地区对高新技术产业的投入和重视程度，是衡量该地区创新创业的重要指标，计算公式为地区高新技术产业主营业务收入与 GDP 的比值。2013—2017 年，全国高新技术产业收入占比的平均水平呈上升态势，东北地区的平均水平呈缓慢下降态势；东北地区明显低于全国平均水平，且差距有进一步扩大的趋势；辽宁省和黑龙江省呈下降趋势，吉林省

呈上升趋势；就东北地区而言，吉林省的发展较好，辽宁省次之，黑龙江省较弱。总体而言，东北地区的高新技术产业收入占比与全国平均水平相比有明显差距，具体如图 2.125 所示。

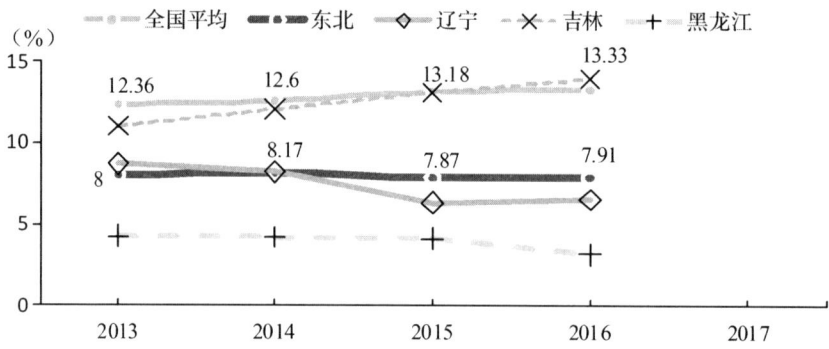

注：①全国平均指 31 个省（直辖市、自治区）的平均水平；②全国范围内（可采集到的数据），高新技术产业收入占比最大值为 2016 年广东的 46.71%，最小值为 2013 年新疆的 0.25%；③高新技术产业收入占比 2017 年未收集到数据。

图 2.125　2013—2017 年高新技术产业收入占比基本走势

2013—2016 年，东北三省高新技术产业收入占比在全国 31 个省（直辖市、自治区）连续四年数据集（共 124 个指标值）中相对位置分布情况如图 2.126 所示。可见，东北三省四年（共 12 个数据）高新技术产业收入占比的百分比排位处于 50% 以下的有 9 个，其中有 3 个处于 25% 以下；此外，排位的最大值是 2016 年的吉林省（62.9%），最小值是 2016 年的黑龙江省（18.8%）。

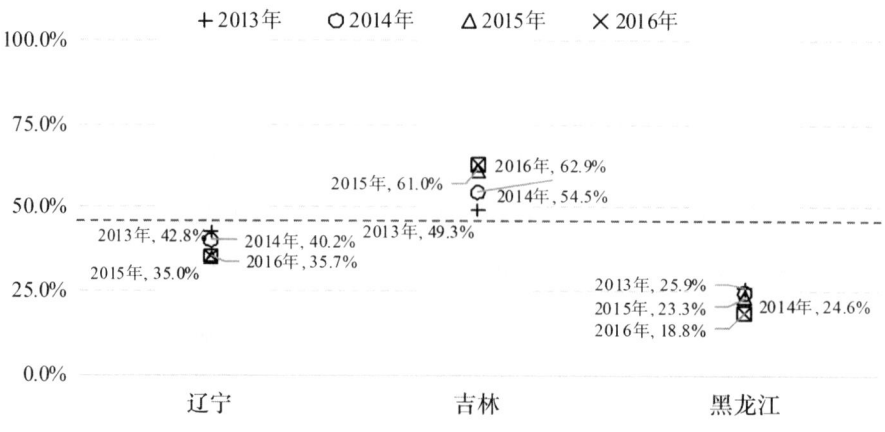

图 2.126　2013—2016 年东北三省高新技术产业收入占比百分比排位图

2013—2016 年，六个省份高新技术产业收入占比由高到低依次为：广东、江苏、吉林、浙江、辽宁、黑龙江；广东省、浙江省、吉林省呈上升趋势，江苏省、辽宁省、黑龙江省呈下降趋势；东南三省中水平较高的广东省明显优于东北地区水平最高的吉林省；

高新技术产业收入占比增幅最大的是吉林省（8.97%），降幅最大的是黑龙江省（-8.45%），辽宁省的降幅为-8.27%，具体如表2.175所示。

表2.175 2013—2016年六省高新技术产业收入占比的原始值及单年排名

	辽宁	吉林	黑龙江	江苏	浙江	广东	全国平均
	值/序	值/序	值/序	值/序	值/序	值/序	值
2013	8.72/17	11.03/13	4.25/23	42.01/2	11.61/12	44.83/1	12.36
2014	8.22/19	12.08/13	4.20/23	40.12/2	11.93/14	44.73/1	12.60
2015	6.33/21	13.14/13	4.13/25	40.69/2	12.33/15	45.74/1	13.18
2016	6.56/21	13.99/13	3.17/26	39.68/2	12.46/15	46.71/1	13.33
平均	7.46/19.5	12.56/13	3.94/24.25	40.63/2	12.08/14	45.50/1	12.87

2013—2016年，四个区域高新技术产业收入占比由高到低依次为：东部、中部、东北、西部；东北地区整体呈波动下降趋势，东部整体呈下降趋势，中部和西部呈稳定上升趋势；东北地区高新技术产业收入占比与东部地区差距较大，具体如表2.176所示。

表2.176 2013—2016年四大经济区域高新技术产业收入占比的平均值及排名

	东北		东部		西部		中部	
	平均值	年排名	平均值	年排名	平均值	年排名	平均值	年排名
2013	8.00	18.0	22.06	9.1	6.13	22.2	10.82	14.3
2014	8.17	18.3	21.46	9.5	6.69	22.0	11.90	13.7
2015	7.87	19.7	21.39	9.8	7.41	21.9	13.71	12.7
2016	7.91	20.0	20.48	10.5	8.21	21.3	14.38	12.5
平均	7.98	18.9	21.35	9.7	7.11	21.9	12.70	13.3

2013—2016年，七个区域高新技术产业收入占比由高到低依次为：华东、华南、华中、华北、西南、东北、西北；华南、华中、西北、西南地区呈稳定上升趋势；东北和华东地区整体呈波动下降趋势；华北地区整体呈下降趋势；就七大区域而言，东北地区排名靠后，与最优的华东地区差距较大，具体如表2.177所示。

表 2.177 2013—2016 年七大地理区域高新技术产业收入占比的平均值及排名

	东北	华北	华东	华南	华中	西北	西南
	值/序	值/序	值/序	值/序	值/序	值/序	值/序
2013	8.00/17.7	12.34/16.0	21.25/8.3	18.84/14.7	12.42/12.5	2.94/26.4	9.80/17.4
2014	8.17/18.3	12.01/16.0	21.07/8.3	19.13/14.3	13.26/12.5	3.17/26.0	10.71/17.6
2015	7.87/19.7	11.54/17.0	21.54/8.3	20.20/13.7	15.39/11.0	4.39/25.2	10.81/18.2
2016	7.91/20.0	10.69/17.4	20.87/8.8	20.69/14.7	15.99/10.8	5.32/24.2	11.66/17.6
平均	7.98/18.9	11.64/16.6	21.18/8.5	19.72/14.3	14.26/11.7	3.95/25.5	10.75/17.7

②新产品销售收入占比（单位:%）。新产品销售收入占比反映一个地区企业对自身扩张和可持续发展的重视程度，是衡量企业持续创新的重要指标，计算公式为高新技术新产品销售收入与主营业务收入的比值。2013—2017 年，全国新产品销售收入占比的平均水平整体呈平缓上升趋势，东北地区亦呈上升趋势；东北地区明显低于全国平均水平，但差距在逐渐缩小；就东北三省而言，辽宁省和黑龙江省呈明显上升趋势，吉林省呈缓慢下降趋势；辽宁省发展较好，黑龙江省次之，吉林省较弱。总体而言，东北地区的新产品销售收入占比与全国平均水平有一定差距，但差距在逐渐缩小，具体如图 2.127 所示。

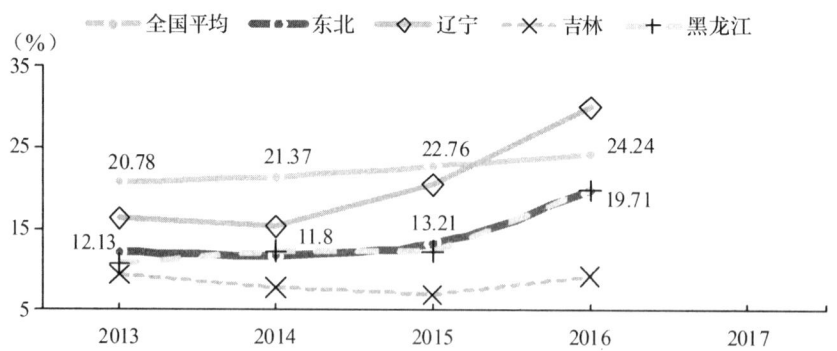

注：①全国平均指 31 个省（直辖市、自治区）的平均水平；②全国范围内（可采集到的数据），新产品销售收入占比最大值为 2016 年浙江的 54.252%，最小值为 2015 年西藏的 0.338%；③新产品销售收入占比 2017 年未收集到数据。

图 2.127 2013—2017 年新产品销售收入占比基本走势

2013—2016 年，东北三省新产品销售收入占比在全国 31 个省（直辖市、自治区）连续四年数据集（共 124 个指标值）中相对位置分布情况如图 2.128 所示。可见，东北三省四年（共 12 个数据）新产品销售收入占比的百分比排位位于 50% 以下的有 10 个，其中有 7 个位于 25% 以下；此外，排位的最大值是 2016 年的辽宁省（68.6%），最小值是 2015 年的吉林省（11.7%）。

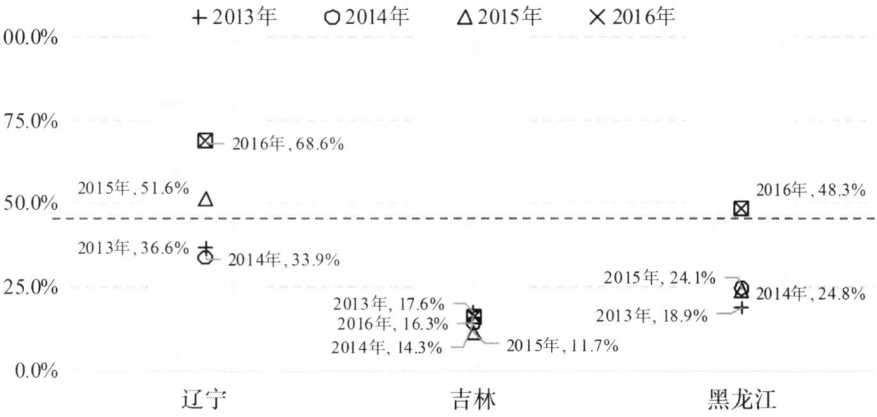

图 2.128　2013—2016 年东北三省新产品销售收入占比百分比排位图

2013—2016 年，六个省份新产品销售收入占比由高到低依次为：浙江、广东、江苏、辽宁、黑龙江、吉林；东南三省均呈上升趋势；东南三省水平相对较低的江苏省整体优于东北地区较好的辽宁省；新产品销售收入占比增幅最大的是黑龙江省（28.29%），降幅最大的是吉林省（-0.57%），辽宁省增幅为 28.22%，具体如表 2.178 所示。

表 2.178　2013—2016 年六省新产品销售收入占比的原始值及单年排名

	辽宁	吉林	黑龙江	江苏	浙江	广东	全国平均
	值/序	值/序	值/序	值/序	值/序	值/序	值
2013	16.31/17	9.34/26	10.73/25	24.76/9	41.71/4	35.05/6	20.78
2014	15.33/19	7.78/25	12.29/23	26.80/9	43.15/5	35.80/6	21.37
2015	20.47/16	6.94/28	12.23/24	27.49/13	51.30/1	37.01/6	22.76
2016	30.11/12	9.18/27	19.84/18	29.66/13	54.25/1	41.16/3	24.24
平均	20.55/16	8.31/26.5	13.77/22.5	27.18/11	47.60/2.75	37.26/5.25	22.29

2013—2016 年，四个区域新产品销售收入占比由高到低依次为：东部、中部、西部、东北；四大经济区均呈上升趋势，东北上升幅度最大（20.85%），中部波动上升且幅度最小（1.01%）；东北地区新产品销售收入占比与东部地区相比差距较大，具体如表 2.179 所示。

表 2.179　2013—2016 年四大经济区域新产品销售收入占比的平均值及排名

	东北		东部		西部		中部	
	平均值	年排名	平均值	年排名	平均值	年排名	平均值	年排名
2013	12.13	22.7	27.86	11.2	15.73	19.6	23.41	13.5
2014	11.80	22.3	28.69	10.7	16.27	19.0	23.27	13.7
2015	13.21	22.7	29.42	11.5	18.48	19.0	24.98	14.2
2016	19.71	19.0	31.05	11.5	19.76	18.9	24.12	16.2
平均	14.21	21.7	29.26	11.2	17.56	19.1	23.95	14.4

2013—2016 年，七个区域新产品销售收入占比由高到低依次为：华东、华中、西北、华北、华南、东北、西南；华南、华中和西南地区整体呈下降趋势，西南降幅最大（-6.46%）其余区域整体均呈上升趋势，东北上升幅度最大（20.85%）；就七个区域而言，东北地区排名靠后，与最优的华东地区相比，差距较大，具体如表 2.180 所示。

表 2.180　2013—2016 年七大地理区域新产品销售收入占比的平均值及排名

	东北	华北	华东	华南	华中	西北	西南
	值/序	值/序	值/序	值/序	值/序	值/序	值/序
2013	12.13/22.7	22.15/17.0	25.98/11.3	18.30/18.3	27.71/10.5	18.78/17.6	16.31/18.0
2014	11.80/22.3	23.72/15.6	26.04/11.0	17.07/19.3	27.61/11.0	20.17/16.6	17.05/17.3
2015	13.21/22.7	23.95/15.4	29.39/11.5	16.55/20.7	28.43/11.8	25.59/14.2	15.68/20.4
2016	19.71/19.0	26.22/13.6	31.73/11.7	17.13/20.3	27.18/14.3	29.00/13	13.15/23.6
平均	14.21/21.7	24.01/15.4	28.28/11.4	17.26/19.7	27.73/11.88	23.39/15.35	15.55/19.81

（5）创业成效

①千人私营企业数（单位：个/千人）。千人私营企业数反映地区对私营企业发展的重视程度，是衡量地区创业成效的重要指标，计算公式为地区私营企业单位法人数与地区人口（千人）的比值。2013—2017 年，全国千人私营企业数的平均水平呈不断上升的态势，东北地区呈缓慢上升趋势；东北地区明显低于全国平均水平，且差距逐年增大，在 2014—2016 年辽宁省高于全国平均水平，但差距逐年缩小，到 2017 年辽宁省低于全国平均水平，吉林省、黑龙江省处于平缓上升态势；就东北三省而言，辽宁省表现较好，吉林省与黑龙江省相对较弱。总体而言，东北地区的千人私营企业数明显低于全国平均水平，且差距呈进一步扩大趋势，具体如图 2.129 所示。

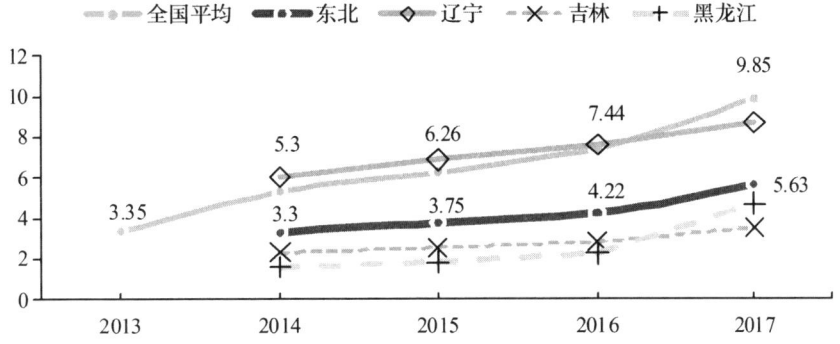

注：①全国平均指31个省（直辖市、自治区）的平均水平；②全国范围内（2013年数据大部分缺失），千人私营企业数最大值为2017年浙江的26.10，最小值为2014年黑龙江的1.58。

图2.129　2013—2017年千人私营企业数基本走势

2014—2017年，东北三省千人私营企业数在全国31个省（直辖市、自治区）连续四年数据集（共124个指标值）中相对位置分布情况如图2.130所示。可见，东北三省四年（共12个数据）千人私营企业数的百分比排位处于50%以下的有8个，其中有6个处于25%以下；此外，排位的最大值是2017年的辽宁省（73.4%），最小值是2014年的黑龙江省（0.0%）。

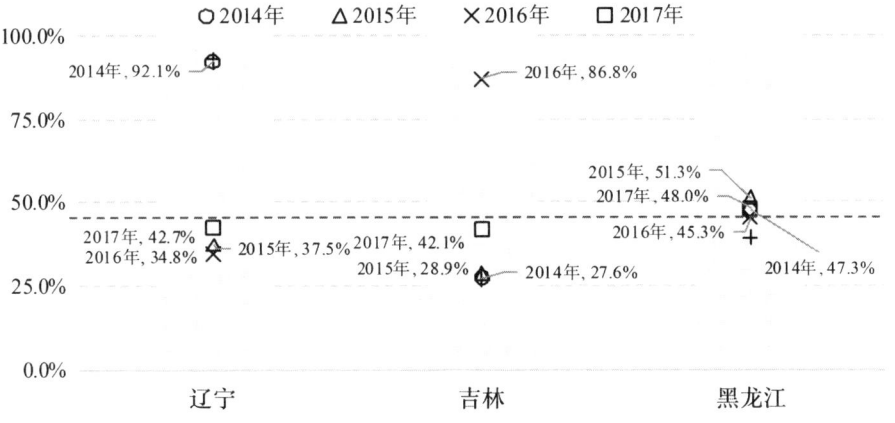

图2.130　2014—2017年东北三省千人私营企业数百分比排位图

2013—2017年，六个省份千人私营企业数由高到低依次为：浙江、江苏、广东、辽宁、吉林、黑龙江；东南三省普遍呈上升趋势，浙江省优势相对明显，广东省呈平缓上升趋势；东南三省相对较低的广东省略高于东北地区较高的辽宁省；千人私营企业数增幅最大的是黑龙江省（49.27%），增幅最小的是辽宁省（11.14%），吉林省的增幅为13.03%，具体如表2.181所示。

表 2.181 2013—2017 年六省千人私营企业数的原始值及单年排名

	辽宁	吉林	黑龙江	江苏	浙江	广东	全国平均
	值/序	值/序	值/序	值/序	值/序	值/序	值
2013	-	-	-	-	-	5.36/1	3.35
2014	6.01/9	2.30/25	1.58/31	12.26/4	17.02/2	6.48/8	5.30
2015	6.88/10	2.54/27	1.83/30	14.42/3	18.80/2	7.10/9	6.26
2016	7.61/11	2.80/26	2.25/30	18.17/3	21.29/1	7.70/9	7.44
2017	8.69/15	3.50/28	4.69/26	23.90/2	26.10/1	9.98/13	9.85
平均	7.30/11.3	2.78/26.5	2.59/29.3	17.19/3	20.80/1.5	7.33/8	7.06

2013—2017 年,四个区域千人私营企业数由高到低依次为:东部、中部、西部、东北;四个区域整体呈上升趋势,其中,东部上升趋势较明显,且显著优于其他三个区域;东北地区千人私营企业数与东部地区差距较大,具体如表 2.182 所示。

表 2.182 2013—2017 年四大经济区域千人私营企业数的平均值及排名

	东北		东部		西部		中部	
	平均值	年排名	平均值	年排名	平均值	年排名	平均值	年排名
2013	-	0.0	3.71	3.0	2.76	4.0	3.29	2.5
2014	3.30	21.7	9.75	8.2	3.11	20.3	3.25	17.7
2015	3.75	22.3	11.14	8.1	3.91	20.2	4.07	17.7
2016	4.22	22.3	12.81	8.0	4.80	20.3	5.37	17.7
2017	5.63	23.0	15.77	8.1	6.98	20.1	7.85	17.5
平均	4.22	22.3	11.96	7.9	4.66	19.9	4.99	16.5

2013—2017 年,七个区域千人私营企业数由高到低依次为:华东、华北、西南、华南、华中、西北、东北;七个区域普遍呈上升趋势,华东与华北优势明显;千人私营企业数增长幅度最大的是西北地区(33.65%),最低的是华东地区(17.41%),而东北地区(17.66%)仅高于华东地区;就七个区域而言,东北地区排名靠后,与最优的华东地区相比,差距较大,具体如表 2.183 所示。

Ⅱ 评价报告

表 2.183 2013—2017 年七大地理区域千人私营企业数的平均值及排名

	东北	华北	华东	华南	华中	西北	西南
	值/序	值/序	值/序	值/序	值/序	值/序	值/序
2013	—	—	—	3.39/3.3	3.29/2.5	—	—
2014	3.30/21.7	7.78/11.2	10.05/6.3	4.11/15.7	3.01/19.8	2.85/20.0	3.30/22.2
2015	3.75/22.3	9.20/11.0	11.52/6.2	4.78/16.3	3.60/20.5	3.55/20.2	4.23/21.0
2016	4.22/22.3	10.87/10.8	13.49/6.3	5.49/16.3	4.64/20.5	4.31/21.0	5.23/20.2
2017	5.63/23.0	13.53/9.6	17.04/6.3	7.16/19.7	6.88/20.0	6.69/20.6	7.23/19.8
平均	4.22/22.3	10.35/10.7	13.03/6.3	4.99/14.3	4.40/18.2	4.35/20.5	5.00/20.8

② 百万人非主板上市企业数（单位：个/百万人）。百万人非主板上市企业数反映一个地区企业创新创业的活力与氛围，是衡量地区创新创业水平的重要指标，本项目采用的计算公式为百万人中小板上市企业数和百万人创业板上市企业数之和。2013—2017 年，全国百万人非主板上市企业数的平均水平呈上升趋势，东北地区整体亦呈上升趋势；东北地区明显低于全国平均水平；东北三省百万人非主板上市企业数均呈上升趋势；相对而言，辽宁省发展相对较好，吉林省次之，黑龙江省较差。总体而言，东北三省的百万人非主板上市企业数低全国平均水平，且差距相对较明显，有进一步拉大的趋势，具体如图 2.131。

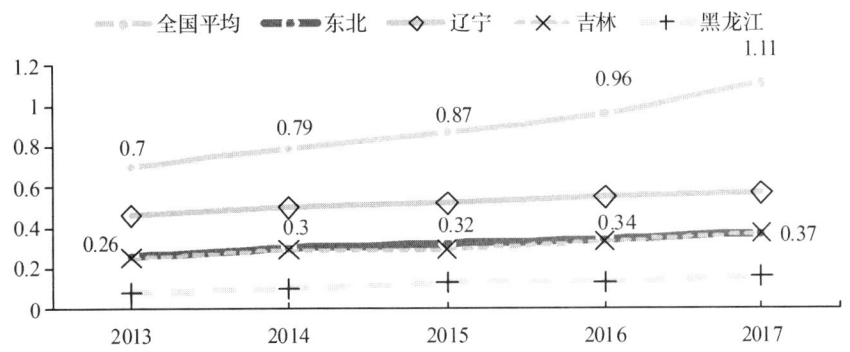

注：①全国平均指 31 个省（直辖市、自治区）的平均水平；②全国范围内，百万人非主板上市企业数最大值为 2017 年北京的 6.91，最小值为 2013 年黑龙江省的 0.08。

图 2.131 2013—2017 年百万人非主板上市企业数基本走势

2013—2017 年，东北三省百万人非主板上市企业数在全国 31 个省（直辖市、自治区）五年数据集（共 155 个指标值）中相对位置分布情况如图 2.132 所示。可见，东北三省五年（共 15 个数据）百万人非主板上市企业数的百分比排位处于 50% 以下有 10 个，其中位于25%以下有5个；此外，排位的最大值是2017年的辽宁省（64.2%），最小值是2013年的黑龙江省（0.0%）。

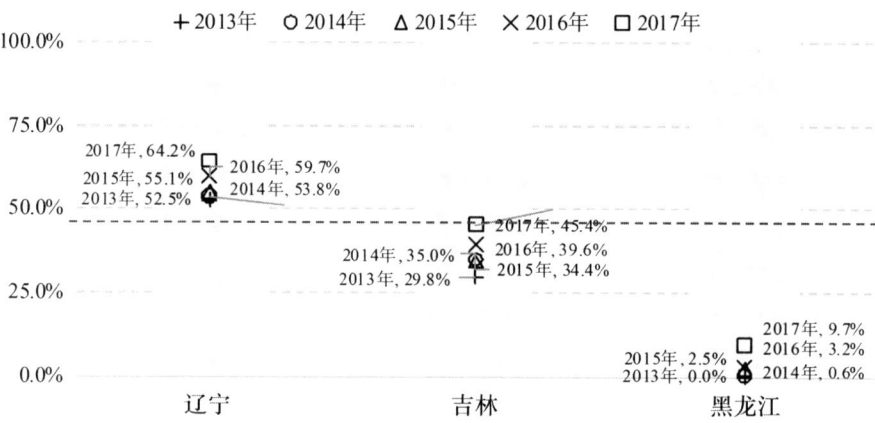

图 2.132　2013—2017 年百万人非主板上市企业数百分比排位图

2013—2017 年，六个省份百万人非主板上市企业数由高到低依次为：浙江、广东、江苏、辽宁、吉林、黑龙江；2013—2017 年东南三省和东北三省普遍呈上升趋势，东南三省明显优于东北三省；东南三省中水平较低的江苏省优于东北地区最高的辽宁省；东北地区百万人非主板上市企业数增幅最大的是黑龙江省（25.61%），最小的是辽宁省（6.40%），吉林省的增幅为（11.16%），具体如表 2.184 所示。

表 2.184　2013—2017 年六省百万人非主板上市企业数的原始值及单年排名

	辽宁	吉林	黑龙江	江苏	浙江	广东	全国平均
	值/序	值/序	值/序	值/序	值/序	值/序	值
2013	0.456/13	0.254/19	0.078/31	1.663/4	2.819/2	0.996/6	0.699
2014	0.501/13	0.291/19	0.104/31	1.771/5	2.977/2	2.247/4	0.788
2015	0.525/15	0.291/21	0.131/31	1.918/5	3.196/2	2.489/4	0.870
2016	0.548/14	0.329/19	0.132/31	2.100/5	3.399/2	2.855/4	0.956
2017	0.572/16	0.368/20	0.158/30	2.479/5	3.924/2	3.590/3	1.107
平均	0.520/14.2	0.307/19.6	0.121/30.8	1.986/4.8	3.263/2	2.435/4.2	0.884

2013—2017 年，四个区域百万人非主板上市企业数由高到低依次为：东部、中部、西部、东北；东北呈缓慢上升趋势；2013—2017 年，东部、中部和西部普遍呈上升趋势；其中西部的上升幅度最大（15.20%），东北上升幅度最小（9.84%）；东北地区百万人非主板上市企业数与西部地区相比差距较大，具体如表 2.185 所示。

表2.185 2013—2017年四大经济区域百万人非主板上市企业数的平均值及排名

	东北		东部		西部		中部	
	平均值	年排名	平均值	年排名	平均值	年排名	平均值	年排名
2013	0.263	21.0	1.557	6.9	0.274	21.4	0.339	17.8
2014	0.299	21.0	1.802	7.0	0.284	21.3	0.352	18.0
2015	0.316	22.3	1.991	7.0	0.308	21.3	0.404	17.2
2016	0.336	21.3	2.148	7.6	0.380	20.9	0.431	17.5
2017	0.366	22.0	2.493	7.3	0.440	21.1	0.501	17.3
平均	0.316	21.5	1.998	7.2	0.337	21.2	0.405	17.6

2013—2017年，七个区域百万人非主板上市企业数由高到低依次为：华东、华北、华南、西南、华中、东北、西北；七个区域均呈上升趋势；就七个区域而言，东北地区排名靠后，与最优的华东地区相比，差距较大，具体如表2.186所示。

表2.186 2013—2017年七大地理区域百万人非主板上市企业数的平均值及排名

	东北	华北	华东	华南	华中	西北	西南
	值/序	值/序	值/序	值/序	值/序	值/序	值/序
2013	0.263/21.0	1.137/17.0	1.530/5.5	0.561/15.3	0.346/16.5	0.276/20.8	0.315/19.8
2014	0.299/21.0	1.288/16.8	1.607/6.0	0.976/15.0	0.363/16.8	0.288/20.8	0.328/19.4
2015	0.316/22.3	1.479/16.2	1.742/5.7	1.061/15.3	0.411/16.8	0.297/21.6	0.373/18.6
2016	0.336/21.3	1.575/16.6	1.871/5.8	1.182/16.3	0.442/17.3	0.328/21.2	0.515/18.0
2017	0.366/22.0	1.733/17.2	2.160/6.7	1.510/14.0	0.540/15.8	0.362/22.4	0.618/17.4
平均	0.316/21.5	1.443/16.8	1.782/5.9	1.058/15.2	0.420/16.6	0.310/21.4	0.430/18.6

4. 主要结论

首先，总体而言，东北地区的创新创业指数整体低于全国平均水平，且这种差距呈进一步扩大的趋势。在反映创新创业水平的五个方面（研发基础、人才基础、科技转化、技术产出、创业成效），东北地区全面落后于东南三省，尤其值得关注的是，东北地区的技术产出和创业成效较东南三省差距明显，成为东北地区创新创业方面的最显著问题。

其次，动态来看，2013—2017 年，东北地区的指数得分提升缓慢，意味着绝对能力的提升幅度不大，同时，东北地区的创新创业方面的相对排名在急速下滑，意味着相对于全国的比较优势在急剧退失。

再次，分省来看，辽宁省创新创业水平较高，吉林省次之，黑龙江省较弱。在全国各省相对排名的竞争中，东北地区均有退步。东北地区在创新创业各分项指数上均呈现不均衡发展，其中辽宁省的创业成效、人才基础和研发基础相对较好，技术产出较弱；吉林省的人才基础较好，科技转化相对薄弱；黑龙江省的人才基础和科技转化较好，创业成效较弱。

最后，单项指标方面，东北地区的"高校研发（R&D）人员平均强度"优于全国平均水平，但相对优势也呈现减弱趋势；"研发（R&D）投入强度""科技创新支出强度""研发（R&D）人员占比""科技人员专利申请强度""科技人员专利批准强度""千人私营企业数"和"百万人非主板上市企业数"等的发展相对较落后，且与全国平均水平呈进一步扩大的趋势。

（六）社会民生评价报告

1. 社会民生指数总体分析

对社会民生的测度涵括了居民收入、居民消费、社会保障、社会公平、生态环境五个方面，共 13 项关键指标。汇集中国 31 个省（直辖市、自治区）2013—2017 年社会民生的指标信息，得到连续五年的指数得分。在此基础上，形成多年连续排名和单年排名。其中，多年连续排名用于反映各省（直辖市、自治区）社会民生的绝对发展水平随时间动态变化的情况 [31 个省（直辖市、自治区）五年共 155 个排位，最高排名为 1，最低排名为 155]，单年排名用于反映各省（直辖市、自治区）在全国范围内在某个单年的相对发展水平 [31 个省（直辖市、自治区）每年 31 个排位，最高排名为 1，最低排名为 31]。具体而言，31 个省（直辖市、自治区）社会民生的总体情况见表 2.187。

表 2.187　2013—2017 年 31 个省（直辖市、自治区）社会民生指数得分、连续及单年排名

省市区	2013			2014			2015			2016			2017		
	值	总	年	值	总	年	值	总	年	值	总	年	值	总	年
北京	67.4	25	2	69.7	19	2	71.7	15	4	76.0	3	1	82.0	1	1

(续表)

省市区	2013			2014			2015			2016			2017		
	值	总	年	值	总	年	值	总	年	值	总	年	值	总	年
浙江	67.9	24	1	71.9	14	1	74.9	5	1	75.9	4	2	76.7	2	2
福建	64.8	34	5	69.1	22	4	73.5	9	2	73.6	8	3	74.7	6	3
广东	66.7	27	3	69.6	20	3	73.0	11	3	73.5	10	4	73.7	7	4
江苏	61.1	42	6	65.3	31	6	68.1	23	5	71.5	16	5	72.2	12	5
上海	65.0	33	4	65.8	29	5	65.5	30	7	69.6	21	6	71.9	13	6
山东	58.4	53	7	63.4	37	7	66.2	28	6	66.8	26	7	70.0	17	7
天津	58.3	55	8	59.4	49	8	62.5	39	9	65.0	32	8	69.9	18	8
海南	48.5	113	11	55.6	69	10	61.7	41	10	55.4	72	15	64.1	35	9
重庆	50.1	104	10	55.9	65	9	63.9	36	8	60.8	43	9	62.6	38	10
内蒙古	46.4	121	13	52.3	90	11	57.5	59	14	57.2	60	12	61.9	40	11
安徽	43.8	131	14	51.2	97	13	59.6	46	12	59.3	50	10	60.4	44	12
河北	41.9	141	20	46.5	120	22	55.7	66	17	55.6	68	14	59.5	47	13
辽宁	52.5	88	9	51.9	93	12	55.1	75	20	58.3	54	11	59.4	48	14
宁夏	43.2	133	15	49.0	109	16	56.5	61	15	53.4	80	18	59.2	51	15
四川	41.4	142	21	48.8	111	17	55.5	70	18	53.4	81	19	58.4	52	16
江西	47.9	116	12	50.2	103	14	60.4	45	11	56.2	62	13	58.2	56	17
湖北	39.5	145	24	46.6	118	21	52.9	84	22	52.6	87	21	57.9	57	18
河南	39.3	146	25	45.6	127	25	52.0	92	24	50.4	100	25	56.0	64	19
陕西	42.9	135	16	49.4	108	15	57.8	58	13	51.5	94	23	55.6	67	20
湖南	38.4	148	27	44.6	130	27	53.4	82	21	53.5	78	17	55.4	71	21
广西	35.0	153	29	48.7	112	18	55.2	74	19	53.2	83	20	55.3	73	22
吉林	39.2	147	26	48.0	115	19	52.1	91	23	54.9	76	16	54.8	77	23
黑龙江	42.0	139	18	46.3	124	24	51.2	96	26	52.3	89	22	53.5	79	24
云南	42.0	140	19	46.3	123	23	51.5	95	25	49.8	106	26	52.9	85	25
甘肃	40.9	143	22	44.9	129	26	50.3	101	27	48.9	110	27	52.6	86	26
山西	42.8	136	17	47.5	117	20	56.2	63	16	51.1	98	24	50.9	99	27

(续表)

省市区	2013			2014			2015			2016			2017		
	值	总	年	值	总	年	值	总	年	值	总	年	值	总	年
贵州	39.9	144	23	43.3	132	28	49.8	105	28	48.4	114	28	50.2	102	28
青海	28.1	155	31	36.7	151	30	46.3	122	30	42.6	137	30	49.5	107	29
新疆	32.3	154	30	35.7	152	31	45.1	128	31	43.1	134	29	46.2	125	30
西藏	37.6	149	28	42.6	138	29	46.5	119	29	37.2	150	31	45.8	126	31
平均	47.3	110	16	52.3	92	16	58.1	64	16	57.1	69	16	60.4	55	16

注：①对于表中的字段名称，"值"表示各省（直辖市、自治区）对应年份的指数得分，"总"表示各省（直辖市、自治区）2013—2017年多年连续总排名，"年"表示各省（直辖市、自治区）五个单年的排名；②表中31个省（直辖市、自治区）按照2017年的指数得分由高到低（降序）排列。

辽宁省的社会民生发展指数处于全国中等偏上位置，吉林省和黑龙江省处于中等偏下位置，均落后于东南三省。2013—2017年，六个省份社会民生指数由高到低依次为：浙江、广东、江苏、辽宁、吉林、黑龙江；东南三省普遍呈上升趋势，明显优于东北三省。东南三省社会民生指数整体水平较低的江苏省持续优于东北三省整体最优的辽宁省。社会民生指数增幅最大的是吉林省（9.92%），最小的是广东省（2.63%），辽宁省和黑龙江省的增幅分别为3.30%和6.84%。就2017年而言，辽宁省的社会民生较好，在31个省域中的单年排名为14，吉林省和黑龙江省相对较差，单年排名分别为23和24，具体如表2.187和2.188所示。

表2.188 2013—2017年六省社会民生指数的值及单年排名

	辽宁	吉林	黑龙江	江苏	浙江	广东	全国平均
	值/序	值/序	值/序	值/序	值/序	值/序	值
2013	52.47/9	39.22/26	41.97/18	61.05/6	67.90/1	66.67/3	47.25
2014	51.85/12	47.97/19	46.31/24	65.35/6	71.89/1	69.59/3	52.31
2015	55.12/20	52.09/23	51.25/26	68.10/5	74.86/1	73.04/3	58.12
2016	58.33/11	54.92/16	52.28/22	71.47/5	75.88/2	73.46/4	57.13
2017	59.39/14	54.78/23	53.46/24	72.22/5	76.74/2	73.68/4	60.37
平均	55.43/13.2	49.79/21.4	49.05/22.8	67.64/5.4	73.45/1.4	71.29/3.4	55.04

2013—2017年，全国社会民生的平均水平与东北地区总体均呈上升趋势，东北地区持续低于全国平均水平，差距相对较大；东北三省均呈明显的上升态势；就东北三省而言，辽宁省持续高于东北地区平均水平，发展相对较好，吉林省和黑龙江省较弱，持续低于东北地区的平均水平，具体如图2.133所示。

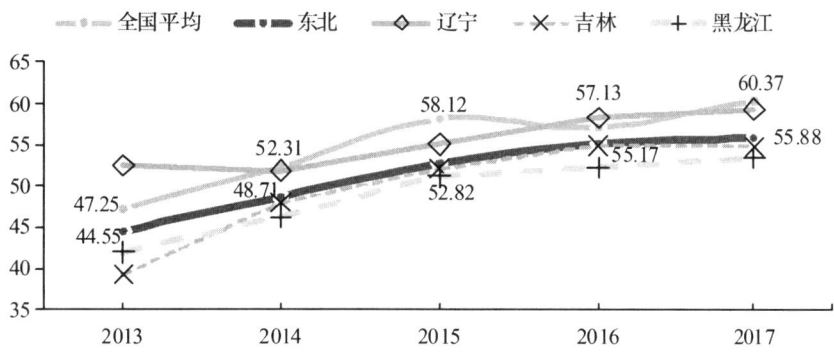

注：①全国平均指31个省（直辖市、自治区）的平均水平；②全国范围内（可采集到的数据），社会民生指数最大值为2017年北京的81.96，最小值为2013年青海的28.06。

图2.133　2013—2017年社会民生指数基本走势

2013—2017年，东北三省社会民生指数在全国31个省（直辖市、自治区）连续五年数据集（共155个指标值）中相对位置分布情况如图2.134所示。可见，东北三省五年（共15个数据）社会民生指数的百分比排位处于50%以下的有10个，其中有3个处于25%以下；此外，排位的最大值是2017年的辽宁省（69.4%），最小值是2013年的吉林省（5.1%）。

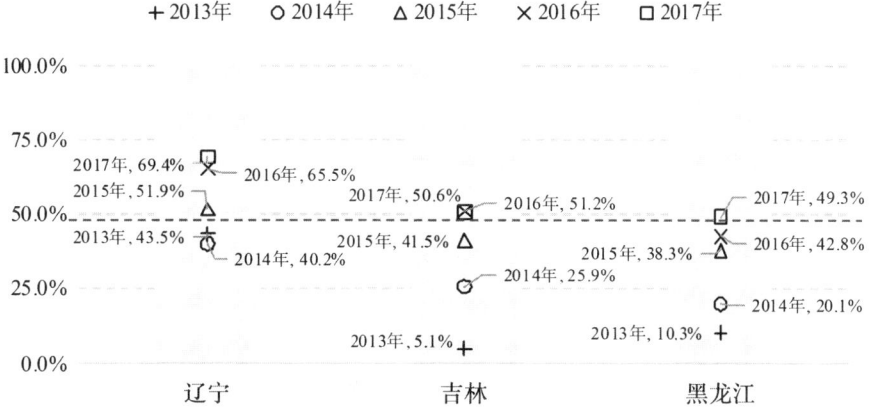

图2.134　2013—2017年社会民生指数百分比排位图

2. 全国视角下东北地区社会民生进展分析

2013—2017 年，四大区域社会民生指数由高到低依次为：东部、东北、中部、西部；四大区域普遍呈上升趋势，其中增幅最大的是西部（8.88%），最小的是东部（4.80%）；东北地区的社会民生与东部地区的差距较大，具体如表 2.189 所示。

表 2.189　2013—2017 年四大经济区域社会民生指数的平均值及排名

	东北		东部		西部		中部	
	平均值	年排名	平均值	年排名	平均值	年排名	平均值	年排名
2013	44.55	18.0	59.97	7.0	39.98	21.4	41.94	19.8
2014	48.71	18.3	63.63	6.8	46.12	21.1	47.63	20.0
2015	52.82	23.0	67.28	6.4	52.99	21.4	55.76	17.7
2016	55.17	16.3	68.28	6.5	49.96	22.7	53.86	18.3
2017	55.88	20.3	71.48	5.8	54.18	21.9	56.47	19.0
平均	51.43	19.1	66.13	6.4	48.65	21.7	51.13	19.0

注：为确保区分度，对于具有平均意义的排名（序），本研究保留一位小数，以下各表同。

2013—2017 年，七大区域社会民生指数由高到低依次为：华东、华南、华北、东北、华中、西南、西北；七大区域普遍呈上升趋势，其中，增幅最大的是西北地区（10.11%），最小的是华东地区（4.51%）；就七个区域而言，东北地区排名居中，与华东地区相比，差距较大，具体如表 2.190 所示。

表 2.190　2013—2017 年七大地理区域社会民生指数的平均值及排名

	东北	华北	华东	华南	华中	西北	西南
	值/序	值/序	值/序	值/序	值/序	值/序	值/序
2013	44.55/17.7	51.35/12.0	60.14/6.2	50.05/14.3	41.27/22.0	37.47/22.8	42.20/20.2
2014	48.71/18.3	55.09/12.6	64.45/6.0	57.95/10.3	46.75/21.8	43.14/23.6	47.37/21.2
2015	52.82/23.0	60.69/12.0	67.96/5.5	63.33/10.7	54.69/19.5	51.20/23.2	53.44/21.6
2016	55.17/16.3	60.98/11.8	69.43/5.5	60.67/13.0	53.20/19.0	47.92/25.4	49.91/22.6
2017	55.88/20.3	64.83/12.0	71.00/5.8	64.37/11.7	56.89/18.8	52.62/24.0	53.99/22.0
平均	51.43/19.1	58.59/12.1	66.60/5.8	59.27/12.0	50.56/20.2	46.47/23.8	49.38/21.5

为便于直观分析，将指数信息按空间分类、时间排列、优劣序化等方式整理后，形成多年连续排名及单年排名的可视化集成图（见图2.135图至2.137），结合表2.187的信息，以全国四大经济区域为划分标准，对东北三省的产业发展方面的进程评价如下：

第一，东北地区社会民生指数得分有所提升，提升幅度较小。

从四大区域平均得分曲线的变化情况可以看出，中国在社会民生上的成效显著，四个区域均呈上升趋势，其中西部和中部地区的提升幅度最大，年均提升均为3.6分，东部和东北地区的提升幅度分别为2.9分和2.8分。具体而言，东北地区以2013年为基点（44.6分），拥有高于西部和中部的起步条件，先保持较高的增长幅度后又逐步放缓，2017年高于西部而略低于中部，但与东部地区相比差距依然较大。

第二，东北地区社会民生绝对水平有所提升，但提升速度较慢。

从四大区域连续排名曲线的变化情况可以看出，四个区域整体均呈现上升趋势，其中上升最快的为中部地区，连续排名年均提高18.0名，而东部、东北和西部分别提升9.7名、14.2名和15.0名，可以看出东北地区的提升速度较慢。东北三省中，辽宁发展水平较高，增长幅度相对较大（40名的位次改进，增速居全国第20位），吉林发展水平低于辽宁，但增长幅度最大（70名的位次改进，增速居全国第11位），黑龙江发展水平相对较弱，但依然有着相对较高的增长速度（60名的位次改进，居全国第14位）。

第三，东北地区社会民生相对水平提高，但提升速度放缓。

从四大区域单年排名曲线的变化情况可以看出，在相对位次的排名竞争中，东部和中部地区整体呈上升趋势，2017年较2013年上升幅度分别为0.9名和0.8名，西部地区整体呈下降趋势，2017年较2013年下降幅度为0.5名，东北地区呈波动下降趋势，2017年较2013年下降幅度为2.7名。对东北三省而言，只有吉林省保持上升（由26名上升到第23名，前进3名），辽宁省后退5名（由9名下降到14名），黑龙江省后退6名（由18名下降到24名），东北三省相对水平的变化均不稳定，缺少稳健性。

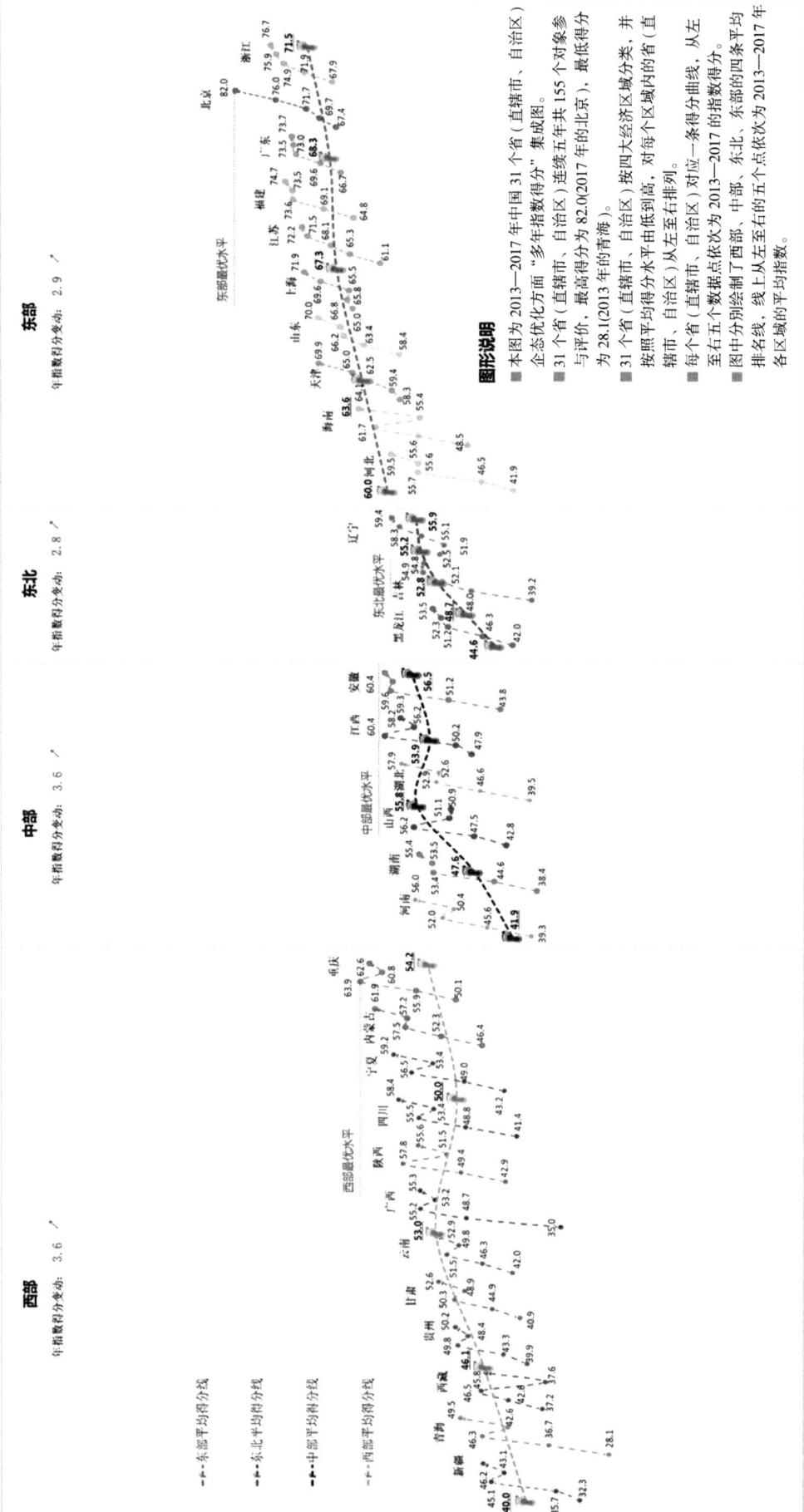

图 2.135 2013—2017 年 31 个省（直辖市、自治区）社会民生指数得分变动情况

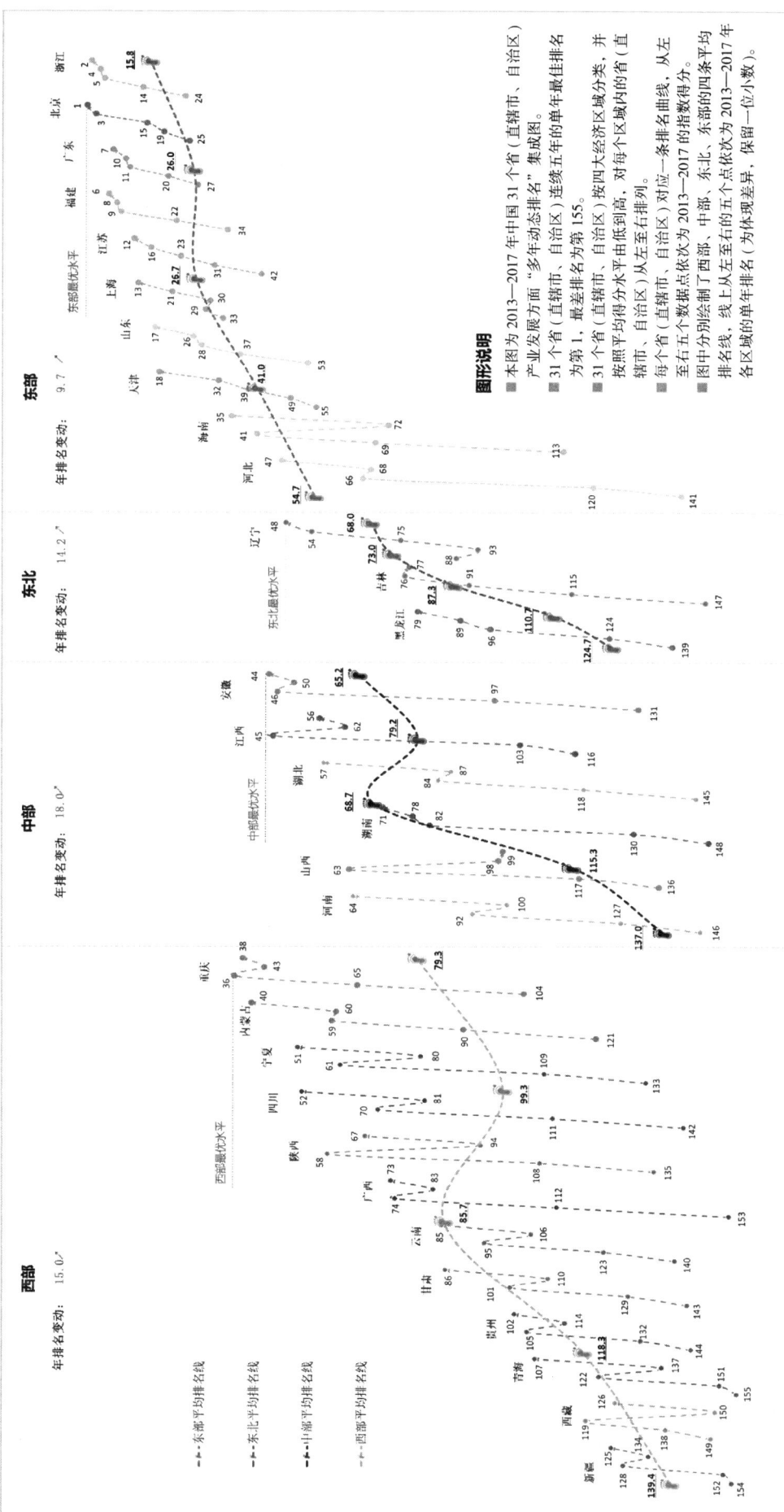

图 2.136 2013—2017 年 31 个省（直辖市、自治区）社会民生多年连续排名变动情况

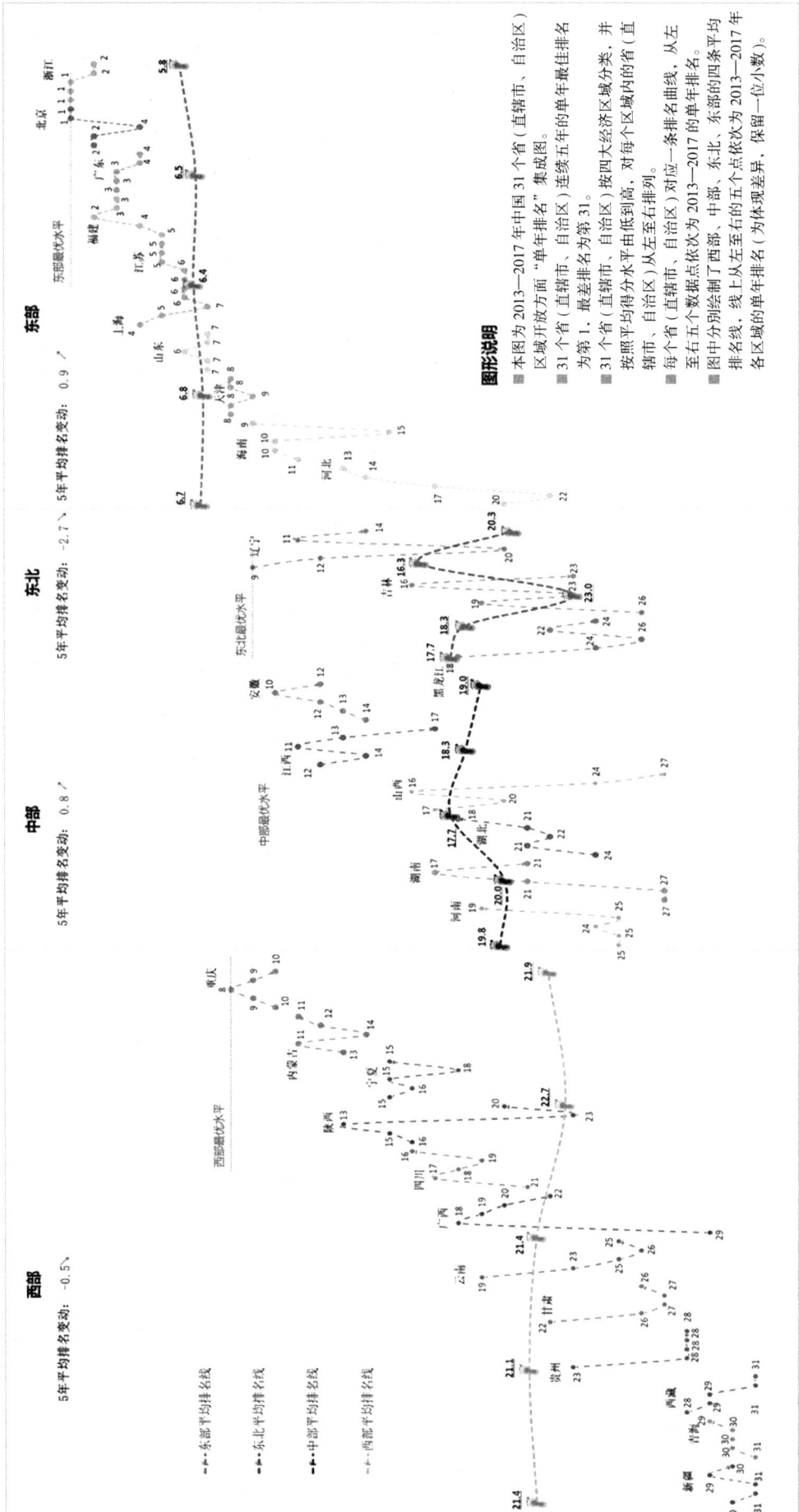

图 2.137 2013—2017 年 31 个省（直辖市、自治区）社会民生单年排名变动情况

3. 社会民生分项指数分析

2013—2017年，东北三省五个分项指标中有四项（居民收入、居民消费、社会保障和生态环境）低于东南三省平均水平。其中"居民消费"均超过全国平均水平，表现相对较好，"社会保障"均低于全国平均水平，表现较差，其余三个分项指数，辽宁省"居民收入"和"居民消费"高于全国平均水平，吉林省"居民消费"和"社会公平"高于全国平均水平，黑龙江省"居民消费""社会公平"和"生态环境"均高于全国平均水平。东南三省中，江苏省的"社会公平"低于全国平均水平和东北平均水平，"生态环境"低于全国平均水平，广东省的"社会公平"低于全国平均水平和东北平均水平，除此之外，东南三省在五个分项指标上的发展水平均优于全国平均和东北平均水平。分省看，东南三省五个分项指数的发展相对均衡，其中江苏省和广东省的"社会公平"以及江苏省的"生态环境"水平较低，而广东省的生态环境为全国最优水平；就东北三省而言，辽宁省"居民收入"和"居民消费"水平相对较强，吉林省"社会公平"水平相对较强，黑龙江省"居民消费"水平相对较强，三省的社会保障都极为薄弱。总体来看，东北三省在居民消费上具有一定优势，但在社会保障上与东南三省差距最大，具体如表2.191和图2.138所示。

表2.191　2013—2017年六省社会民生方面分项指数平均得分

	居民收入	居民消费	社会保障	社会公平	生态环境
辽宁	77.31	79.85	24.38	49.77	45.86
吉林	48.91	62.97	14.91	73.40	48.78
黑龙江	47.76	63.12	13.36	60.53	60.48
江苏	80.74	86.21	68.85	49.19	53.20
浙江	85.69	86.38	72.17	61.19	61.84
广东	79.75	81.98	64.19	41.63	88.89
东北三省平均	58.00	68.65	17.55	61.23	51.71
东南三省平均	82.06	84.86	68.41	50.67	67.98
各省平均	56.79	60.52	50.21	52.57	55.09
各省最高	103.44	101.19	76.84	97.24	88.89
各省最低	23.21	25.01	13.36	18.00	18.25

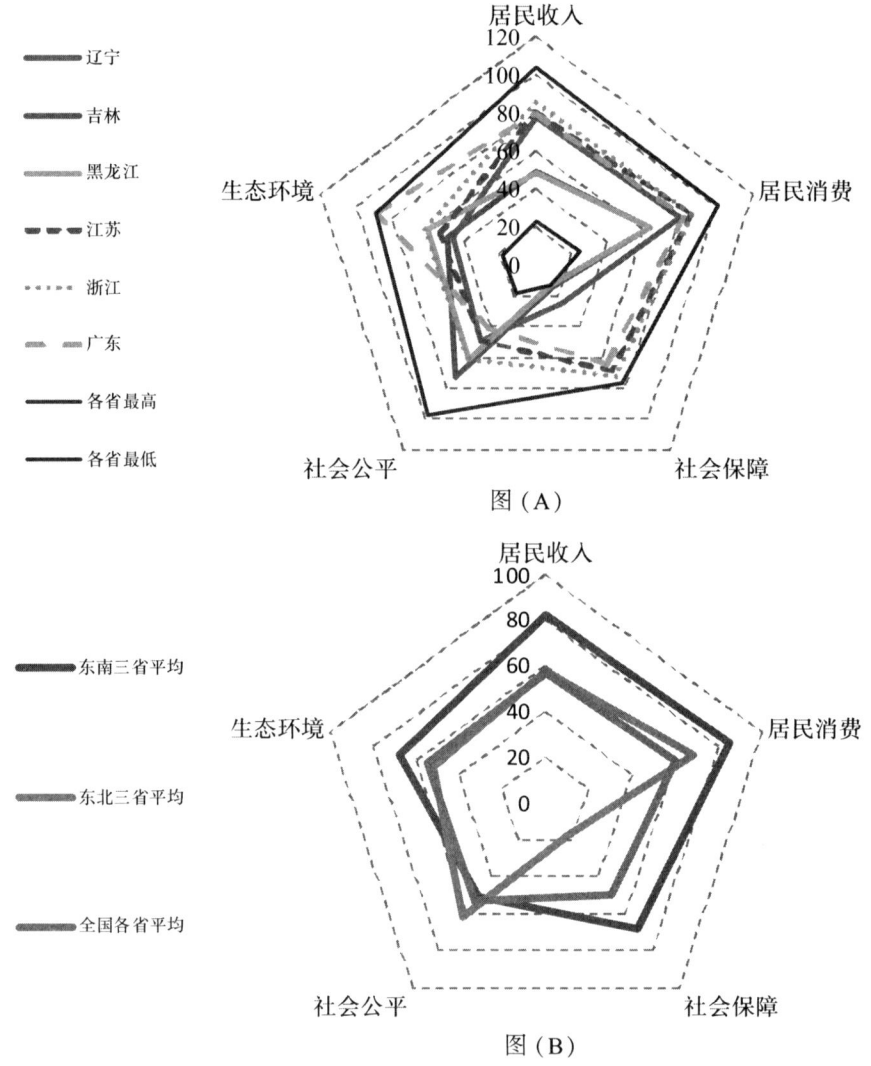

图 2.138　2013—2017 年六省份社会民生方面分项指数平均得分雷达图

2013—2017 年，全国在反映社会民生的五个方面上整体进展良好，除"社会公平"外均持续平稳前进，尤其是"居民消费"和"生态环境"两个方面，发展势头良好；就东南三省而言，除浙江省"社会保障"外，五个分项指数得分均呈上升趋势，发展前景良好；东南三省"居民收入""居民消费"与"社会保障"三个分项指数均处于全国前列，广东省生态环境处于全国领先位置；就东北三省而言，吉林省"社会公平"和"生态环境"的排名处于全国前列，辽宁省"居民收入"和"居民消费"的排名相对靠前，黑龙江省"居民消费""社会公平"和"生态环境"排名处于中等偏上的位置，其余排名均相对靠后，且吉林省和黑龙江省"社会保障"全国垫底（从年排名得出）；辽宁省和黑龙江省"社会公平"整体呈下降趋势，其余整体均呈上升趋势，具体如表 2.192 所示。

表 2.192 2013—2017 年六省社会民生方面分项指数

分项指数	年份	辽宁 值/序	吉林 值/序	黑龙江 值/序	江苏 值/序	浙江 值/序	广东 值/序	全国平均 值
居民收入	2013	74.48/7	37.41/19	36.73/20	78.08/5	82.42/3	77.83/6	49.30
	2014	77.83/7▲	48.01/20▲	46.13/21▲	79.98/4▲	84.54/3▲	79.49/6▲	57.11▲
	2015	79.74/7▲	58.58/21▲	56.92/22▲	82.17/4▲	87.15/3▲	80.98/6▲	65.46▲
	2016	74.71/8▽	46.44/19▽	46.14/20▽	80.77/5▽	86.02/3▽	79.36/6▽	51.97▽
	2017	79.77/7▲	54.12/21▲	52.90/22▲	82.69/5▲	88.31/3▲	81.08/6▲	60.10▲
居民消费	2013	76.39/7	56.75/13	46.14/14	79.11/5	81.01/4	78.02/6	47.64
	2014	78.81/7▲	60.61/13▲	59.20/14▲	82.93/5▲	83.66/4▲	79.68/6▲	54.60▲
	2015	80.55/7▲	65.11/13▲	65.07/14▲	86.00/5▲	86.16/4▲	81.78/6▲	61.22▲
	2016	81.24/8▲	63.96/16▽	70.47/13▲	89.69/4▲	88.89/5▲	84.03/6▲	66.91▲
	2017	82.29/9▲	68.42/18▲	74.74/13▲	93.34/3▲	92.17/4▲	86.40/6▲	72.23▲
社会保障	2013	19.97/27	12.15/30	10.97/31	65.44/7	73.46/3	59.15/9	46.00
	2014	18.82/28▽	11.47/30▽	10.39/31▽	68.45/5▲	77.67/1▲	61.76/9▲	47.62▲
	2015	25.04/29▲	17.69/30▲	15.15/31▲	74.10/7▲	76.26/4▽	68.96/8▲	54.07▲
	2016	30.34/26▲	16.67/30▽	13.48/31▽	69.21/4▽	68.09/6▽	66.82/8▽	51.50▽
	2017	27.72/28▽	16.55/31▽	16.80/30▲	67.06/6▽	65.40/8▽	64.27/9▽	51.86▲
社会公平	2013	68.16/5	60.15/7	68.85/4	45.29/21	58.48/11	35.81/26	51.03
	2014	47.53/21▽	81.30/2▲	62.55/8▽	50.69/19▲	60.84/10▲	42.45/26▲	53.69▲
	2015	47.68/20▲	75.73/2▽	60.41/9▽	45.52/22▽	60.53/8▽	42.56/24▲	52.49▽
	2016	44.22/23▽	72.70/3▽	58.49/11▽	52.11/20▲	62.90/7▲	42.81/24▲	53.03▲
	2017	41.24/24▽	77.10/2▲	52.38/17▽	52.34/18▲	63.19/7▲	44.55/22▲	52.62▽
生态环境	2013	23.33/25	29.62/21	47.17/12	37.36/16	44.13/14	82.56/2	42.28
	2014	36.27/23▲	38.44/19▲	53.29/12▲	44.68/15▲	52.73/14▲	84.59/2▲	48.54▲
	2015	42.60/24▲	43.32/23▲	58.69/15▲	52.73/20▲	64.18/13▲	90.90/1▲	57.35▲
	2016	61.14/19▲	74.81/9▲	72.81/12▲	65.57/16▲	73.53/10▲	94.30/1▲	62.23▲
	2017	65.95/16▲	57.71/22▽	70.45/13▽	65.66/17▲	74.62/11▲	92.11/1▽	65.04▲

注：表中符号"▲"表示本年的数据相对于前一年是增长的，符号"▽"表示本年的数据相对于前一年是减少的。

进一步统计升降符（▲或▽）的数量，对不同地区的发展态势及稳定性进行分析和对比可知，2013—2017年，五个分项指数中"居民收入""居民消费""社会保障"和"生态环境"的全国平均水平▲的数量均超过（或等于）3个，发展势头良好；东北地区社会保障指数▲的总量比东南三省多1个，东北地区其余四个分项指数▲的总量均少于（或等于）东南三省，以"社会公平"的差距最大（东南三省共为10个，东北三省共为3个），发展稳定性不及东南三省；2017年，除"社会保障"外，东北三省其余四项指数▲的数量均少于东南三省（居民收入和居民消费数量相同），2017年的整体发展态势不如东南三省；东北三省▲的总数量为38个，占东北三省升降符总数的63.3%，东南三省▲的总数量为47个，占78.3%，东北三省与东南三省的差距较大。

2013—2017年，辽宁省▲的数量为14个，占辽宁省升降符总数的75.0%，吉林省▲的数量为12个，占60.0%，黑龙江省▲的数量为12个，占60.0%，江苏省▲的数量为16个，占80.0%，浙江省▲的数量为15个，占75.0%，广东省▲的数量为16个，占80%，东北三省最优的辽宁省依然落后于东南三省；就东北三省而言，辽宁省的发展稳定性相对较好，吉林省和黑龙江省相对较弱。2013—2017年，"居民收入"和"居民消费"发展态势较好的是辽宁省，"社会保障"的发展态势均不理想，"社会公平"发展态势较好的是吉林省，"生态环境"发展态势较好的是黑龙江省。

（1）居民收入

①城乡居民收入水平（单位：元/人）。城乡居民收入水平反映一个地区的消费者购买力水平，是衡量地区城乡居民收入水平和生活水平的重要指标。2013—2017年，全国城乡居民收入水平的平均水平与东北地区均呈上升态势，东北地区低于全国平均水平；东北三省亦呈上升态势；就东北三省而言，辽宁省发展较好，显著优于全国平均水平，吉林省和黑龙江省情况相近。总体而言，东北地区的城乡居民收入水平普遍低于全国平均水平，存在较大的差距，具体如图2.139所示。

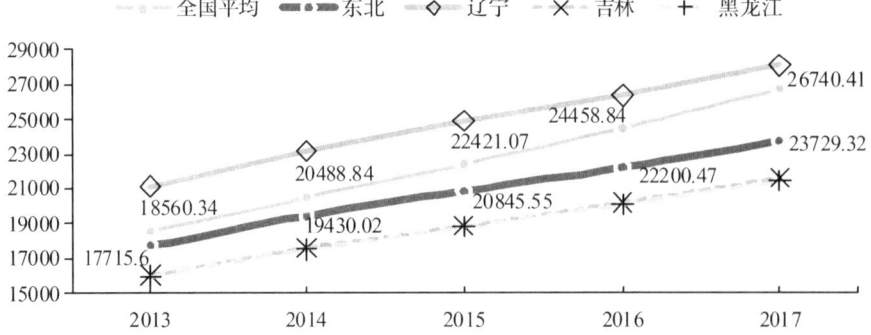

注：①全国平均指31个省（直辖市、自治区）的平均水平；②全国范围内（可采集到的数据），城乡居民收入水平最大值为2017年上海的58324.86，最小值为2013年西藏的9836.23。

图2.139　2013—2017年城乡居民收入水平基本走势

2013—2017年，东北三省城乡居民收入水平在全国31个省（直辖市、自治区）连续五年数据集（共155个指标值）中相对位置分布情况如图2.140所示。可见，东北三省五年（共15个数据）城乡居民收入水平的百分比排位处于50%以下的有6个，其中有2个处于25%以下；此外，排位的最大值是2017年的辽宁省（82.4%），最小值是2013年的黑龙江省（16.8%）。

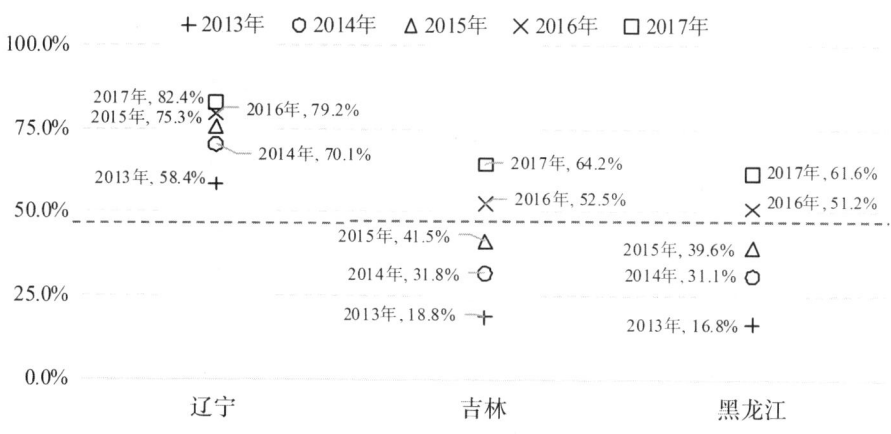

图2.140　2013—2017年东北三省城乡居民收入水平百分比排位图

2013—2017年，六个省份城乡居民收入水平由高到低依次为：浙江、江苏、广东、辽宁、吉林、黑龙江；东南三省总体呈上升趋势；东南三省的城乡居民收入水平普遍高于东北地区；就东北三省而言，东南三省水平较低的广东省优于东北地区最高的辽宁省；城乡居民收入水平增幅最大的是江苏省（10.83%），最小的是辽宁省（8.2%），吉林省的增幅为8.75%，黑龙江省的增幅为8.60%，具体如表2.193所示。

表2.193　2013—2017年六省城乡居民收入水平的原始值及单年排名

	辽宁	吉林	黑龙江	江苏	浙江	广东	全国平均
	值/序	值/序	值/序	值/序	值/序	值/序	值
2013	21149/8	16041/14	15957/16	25103/5	30030/3	23582/6	18560
2014	23186/8	17598/15	17506/16	27602/5	33008/3	25779/6	20489
2015	24900/8	18836/17	18801/19	30172/5	35990/3	28061/6	22421
2016	26350/8	20189/18	20063/19	32874/5	39193/3	30547/6	24459
2017	28088/9	21656/19	21445/22	35980/5	42844/3	33380/6	26740
平均	24734/8.2	18864/16.6	18754/18.4	30346/5	36213/3	28270/6	22534

2013—2017年，四个区域城乡居民收入水平由高到低依次为：东部、东北、中部、西部；东部、东北、中部和西部总体上均呈上升趋势；其中西部增幅最大（12.39%），

东北最小（8.49%）；东北地区的城乡居民收入水平与东部地区相比差距较大，具体如表2.194所示。

表2.194 2013—2017年四大经济区域城乡居民收入水平的平均值及排名

	东北		东部		西部		中部	
	平均值	年排名	平均值	年排名	平均值	年排名	平均值	年排名
2013	17716	12.7	26068	7.1	13949	23.6	15693	17.3
2014	19430	13.0	28583	7.0	15543	23.6	17419	17.3
2015	20846	14.7	31112	6.9	17216	23.6	19134	16.7
2016	22200	15.0	33923	6.8	18927	23.5	20878	16.8
2017	23729	16.7	37006	6.7	20865	23.0	22887	17.2
平均	20784	14.4	31338	6.9	17300	23.5	19202	17.1

2013—2017年，七个区域城乡居民收入水平由高到低依次为：华东、华北、华南、东北、华中、西北、西南；七个区域普遍呈上升趋势，西南地区增幅最大（13.39%）；就七个区域而言，东北地区排名居中，与最优的华东地区相比，差距较明显；具体如表2.195所示。

表2.195 2013—2017年七大地理区域城乡居民收入水平的平均值及排名

	东北	华北	华东	华南	华中	西北	西南
	值/序	值/序	值/序	值/序	值/序	值/序	值/序
2013	17716/12.7	23447/10.6	25642/7.0	18010/15.3	15791/17.3	13596/25.2	13193/24.4
2014	19430/13.0	25683/11.0	28178/7.0	19855/15.0	17562/16.8	15172/25.2	14742/24.4
2015	20846/14.7	27975/10.8	30655/6.8	21634/15.0	19346/16.0	16826/25.2	16459/24.4
2016	22200/15.0	30372/10.8	33468/6.8	23608/15.3	21173/16.0	18430/25.0	18258/24.2
2017	23729/16.7	33034/11.2	36546/6.7	25811/15.3	23290/16.0	20285/24.2	20260/23.8
平均	20784/14.4	28102/10.9	30898/6.9	21784/15.2	19432/16.4	16862/25.0	16583/24.2

②居民人均存款额（单位：元/人）。居民人均存款额指每位居民存入银行及农村信用社的储蓄金额，是衡量地区居民收入的重要指标，计算公式为地区居民人民币储蓄存款余额与常住人口的比值。2013—2017年，全国居民人均存款额的平均水平呈上升趋势，东北地区亦呈上升趋势，东北地区与全国平均水平大致持平；东北三省均呈上升趋势，其中辽宁省高于全国平均水平，吉林省和黑龙江省低于全国平均水平；就东北三省而言，

辽宁省表现较好，黑龙江省次之，吉林省较弱。总体而言，东北地区的居民人均存款额与全国平均水平基本持平，如图 2.141 所示。

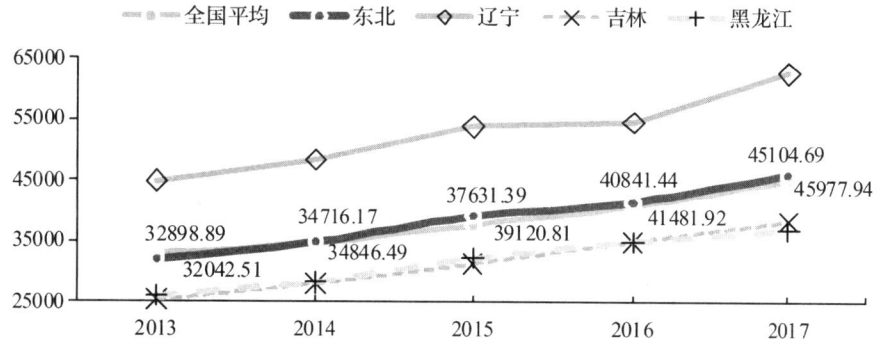

注：①全国平均指 31 个省（直辖市、自治区）的平均水平；②全国范围内（可采集到的数据），居民人均存款额最大值为 2017 年北京的 133404.88，最小值为 2013 年新疆的 9419.74。

图 2.141 2013—2017 年居民人均存款额基本走势

2013—2017 年，东北三省居民人均存款额在全国 31 个省（直辖市、自治区）连续五年数据集（共 155 个指标值）中相对位置分布情况如图 2.142 所示。可见，东北三省五年（共 15 个数据）居民人均存款额的百分比排位处于 50% 以下的有 6 个；排位的最大值是 2017 年的辽宁省（92.1%），最小值是 2013 年的吉林省（26.1%）。

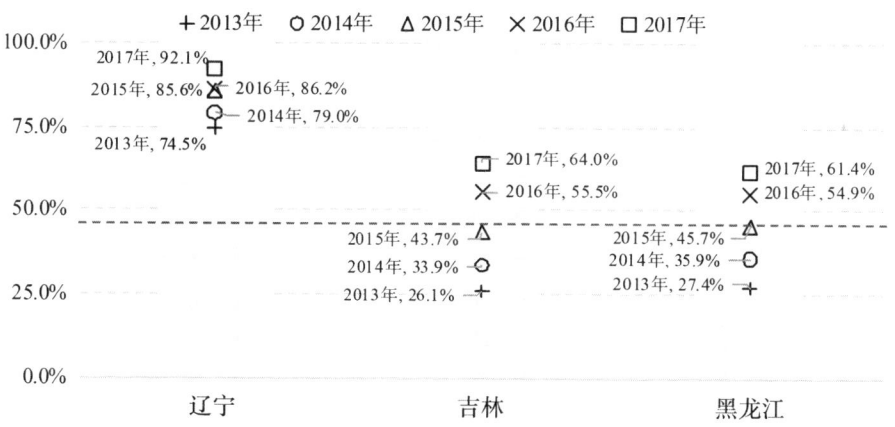

图 2.142 2013—2017 年东北三省居民人均存款额百分比排位图

2013—2017 年，六个省份居民人均存款额由高到低依次为：浙江、辽宁、广东、江苏、黑龙江、吉林；六省均呈上升趋势，吉林省增幅最大；东南三省水平相对较低的江苏省优于东北地区较低的吉林省；东北三省中增幅最大的是吉林省（12.84%），黑龙江省和辽宁省的增幅分别为 10.52% 和 9.96%。

表 2.196 2013—2017 年六省居民人均存款额的原始值及单年排名

	辽宁	吉林	黑龙江	江苏	浙江	广东	全国平均
	值/序	值/序	值/序	值/序	值/序	值/序	值
2013	44845/6	25309/18	25974/17	42605/7	52615/3	47056/5	32899
2014	48359/6	27977/18	28204/17	45956/7	55676/3	49399/5	34716
2015	53845/5	31290/18	32228/17	50856/6	61645/3	50727/7	37631
2016	54620/6	34920/17	34906/18	54882/5	67906/3	53195/7	40841
2017	62716/4	38309/18	36908/19	57402/6	71060/3	55303/7	45105
平均	52877/5.4	31561/17.8	31644/17.6	50340/6.2	61780/3	51136/6.2	38273

2013—2017 年，四个区域居民人均存款额由高到低依次为：东部、东北、中部、西部；四个区域均呈上升趋势，中部上升幅度最大（12.70%）；东北地区居民人均存款额与最优的东部地区差距较大，具体如表 2.197 所示。

表 2.197 2013—2017 年四大经济区域居民人均存款额的平均值及排名

	东北		东部		西部		中部	
	平均值	年排名	平均值	年排名	平均值	年排名	平均值	年排名
2013	32043	13.7	49968	8.5	22306	20.1	24298	19.7
2014	34846	13.7	52375	8.6	23876	21.0	26900	19.5
2015	39121	13.3	55864	8.6	25797	21.1	30167	19.5
2016	41482	13.7	60136	8.6	28342	21.1	33362	19.3
2017	45978	13.7	66044	7.1	31668	22.2	36643	19.7
平均	38694	13.6	56877	8.3	26467	21.1	30274	19.5

2013—2017 年，七个区域居民人均存款额由高到低依次为：华北、华东、东北、华南、华中、西北、西南；七个区域普遍呈上升趋势，华南地区的增幅最大；就七个区域而言，东北处于中上水平，与表现最优的华北相比，差距较大，具体如表 2.198 所示。

表 2.198　2013—2017 年七大地理区域居民人均存款额的平均值及排名

	东北	华北	华东	华南	华中	西北	西南
	值/序	值/序	值/序	值/序	值/序	值/序	值/序
2013	32043/13.7	51240/7.8	44419/9.8	27499/19.3	21876/22.0	22468/19.6	21444/20.5
2014	34846/13.7	53329/8.0	47250/9.7	29157/19.7	24638/22.0	24645/20.0	22454/22.0
2015	39121/13.3	56144/8.0	51619/9.5	31466/20.0	27823/22.0	27522/20.0	23095/22.2
2016	41482/13.7	62501/8.0	54940/9.7	32201/20.3	31176/21.3	29777/20.0	25862/22.2
2017	45978/13.7	66250/8.4	57759/10.3	44134/14.0	34205/21.5	32635/21.6	30023/23.0
平均	38694/13.6	57893/8	51197/9.8	32891/18.7	27944/21.8	27409/20.2	24706/22

（2）居民消费

①城乡居民消费水平（单位：元/人）。城乡居民消费水平反映一个地区对人民物质文化生活需要的满足程度，它是衡量地区的经济发展水平和人民物质文化生活水平的重要指标。2013—2017 年全国城乡居民消费的平均水平与东北地区总体均呈现平稳上升趋势；东北地区略低于全国平均水平，但差距呈进一步扩大趋势；就东北三省而言，辽宁省优势明显，黑龙江省次之，吉林省较弱。总体而言，东北地区城乡居民消费水平相比全国平均水平的差距呈逐渐扩大趋势，具体如图 2.143 所示。

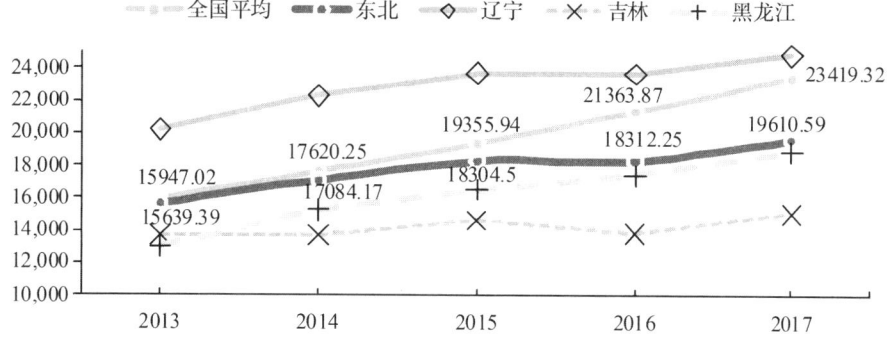

注：①全国平均指 31 个省（直辖市、自治区）的平均水平；②全国范围内（可采集到的数据），城乡居民消费水平最大值为 2017 年上海的 53590.6，最小值为 2013 年西藏的 6275.9。

图 2.143　2013—2017 年城乡居民消费水平基本走势

2013—2017 年，东北三省城乡居民消费水平在全国 31 个省（直辖市、自治区）连续五年数据集（共 155 个指标值）中相对位置分布情况如图 2.144 所示。可见，东北三省五年（共 15 个数据）城乡居民消费水平的百分比排位处于 50% 以下的有 7 个，其中有

1个位于25%以下；此外，排位的最大值是2017年的辽宁省（81.1%），最小值是2013年的黑龙江省（19.4%）。

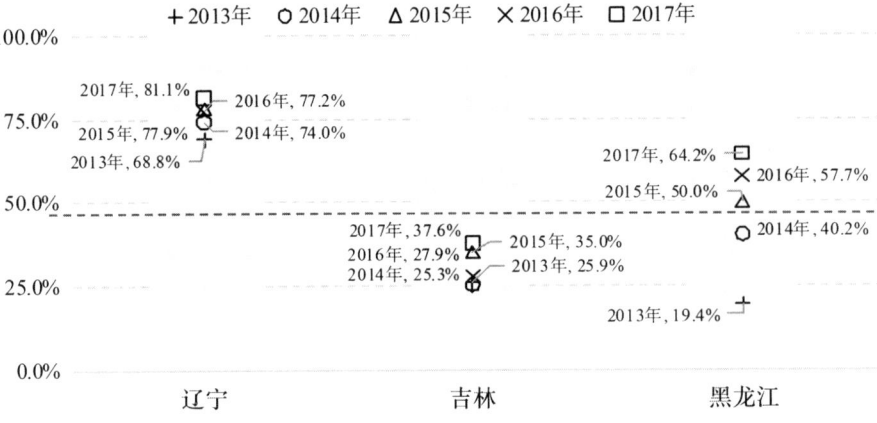

图 2.144 2013—2017 年东北三省城乡居民消费水平百分比排位图

2013—2017年，六个省份城乡居民消费水平由高到低依次为：江苏、浙江、广东、辽宁、黑龙江、吉林；东南三省呈上升趋势，且高于全国平均水平；东北三省水平最优的辽宁省低于东南三省较弱的广东省；城乡居民消费水平增幅最大的是江苏省（17.15%），增幅最小的是吉林省（2.52%），辽宁省和黑龙江省的增幅分别为5.77%和11.29%，具体如表2.199所示。

表 2.199 2013—2017 年六省城乡居民消费水平原始值及单年排名

	辽宁	吉林	黑龙江	江苏	浙江	广东	全国平均
	值/序	值/序	值/序	值/序	值/序	值/序	值
2013	20214/7	13703/13	13001/16	23664/6	24830/4	23822/5	15947
2014	22305/7	13696/18	15251/14	28406/4	26950/5	24602/6	17620
2015	23716/7	14658/20	16540/15	31795/4	28775/5	26432/6	19356
2016	23670/8	13851/29	17417/16	35986/4	30820/5	28542/6	21364
2017	24877/9	15083/29	18872/16	39896/3	33926/5	30832/6	23419
平均	22956/7.6	14198/21.8	16216/15.4	31949/4.2	29060/4.8	26846/5.8	19541

2013—2017年，四个区域城乡居民消费水平由高到低依次为：东部、东北、中部、西部；各区域均普遍呈上升趋势，其中中部地区增幅较大；东北地区城乡居民消费水平与东部地区差距较明显，具体如表2.200所示。

表 2.200 2013—2017 年四大经济区域城乡居民消费水平的平均值及排名

	东北		东部		西部		中部	
	平均值	年排名	平均值	年排名	平均值	年排名	平均值	年排名
2013	15639.39	12.0	22855.10	9.0	12020.35	21.2	12440.73	19.3
2014	17084.17	13.0	25111.50	9.0	13518.70	20.4	13605.94	20.3
2015	18304.50	14.0	27613.90	8.3	14787.30	21.1	15255.67	19.7
2016	18312.25	17.7	31260.27	7.9	16223.44	21.0	16676.52	18.7
2017	19610.59	18.0	34167.26	7.7	17785.24	21.2	18678.61	18.5
平均	17790.18	14.9	28201.61	8.4	14867.01	21.0	15331.49	19.3

2013—2017 年，七个区域城乡居民消费水平由高到低依次为：华东、华北、华南、东北、华中、西北、西南；各区域均呈平稳上升趋势，其中，西南与华中地区增幅较大，东北地区增幅相对较小；就七个区域而言，东北地区排名居中，与最优的华东地区相比，差距较大，具体如表 2.201 所示。

表 2.201 2013—2017 年七大地理区域城乡居民消费水平的平均值及排名

	东北	华北	华东	华南	华中	西北	西南
	值/序	值/序	值/序	值/序	值/序	值/序	值/序
2013	15639/12.0	20128/11.6	22242/9.2	15778/17.3	12703/18.0	12030/21.0	11011/23.6
2014	17084/13.0	21897/12.8	24970/8.5	16848/16.7	13953/19.0	13420/20.4	12442/22.8
2015	18305/14.0	24016/13.0	26977/8.8	19134/15.0	15770/17.8	14744/20.8	13796/23.2
2016	18312/17.7	27417/13.4	30246/8.0	20726/15.0	17342/16.5	16150/20.2	15298/23.2
2017	19611/18.0	30009/12.2	33197/7.8	22642/15.3	19156/17.5	1780/20.6	16874/23.0
平均	17790/14.9	24693/12.6	27526/8.5	19026/15.9	15785/17.8	14829/20.6	13884/23.2

②人均社会消费品零售额（单位：元/人）。人均社会消费品零售额是指国民经济各行业直接售给城乡居民和社会集团的消费品总额的人均分配情况，它反映了一个地区的人口对生活消费品的购买力，是衡量社会民生的重要指标，计算公式为社会消费品零售总额与地区常住人口的比值。2013—2017 年，全国人均社会消费品零售额的平均水平普遍呈上升趋势，东北地区亦呈上升趋势；东北地区持续优于全国平均水平；东北三省均呈上升趋势；就东北三省而言，辽宁省表现较好，吉林省次之，黑龙江省较弱。总体而

言，东北地区人均社会消费品零售额高于全国平均水平，且这种优势呈现稳定的趋势，具体如图2.145所示。

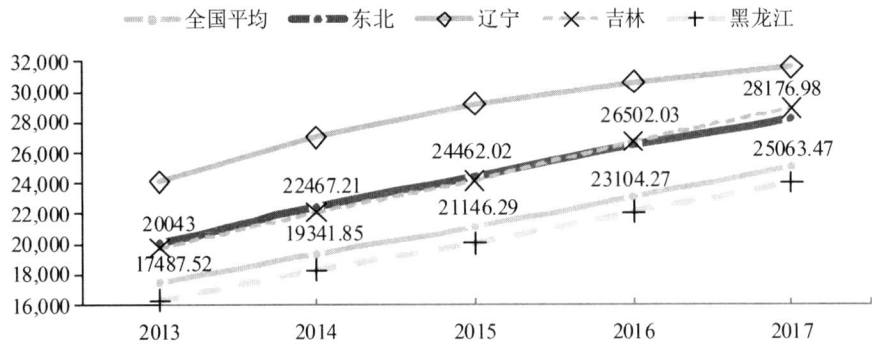

注：①全国平均指31个省（直辖市、自治区）的平均水平；②全国范围内（可采集到的数据），人均社会消费品零售额最大值为2017年北京市的53318.3，最小值为2013年贵州省的7427.8。

图2.145　2013—2017年人均社会消费品零售额基本走势

2013—2017年，东北三省人均社会消费品零售额在全国31个省（直辖市、自治区）连续五年数据集（共155个指标值）中相对位置分布情况如图2.146所示。可见，东北三省五年（共15个数据）人均社会消费品零售额的百分比排位位于50%以下的有2个；此外，排位的最大值是2017年的辽宁省（85.0%），最小值是2013年的黑龙江省（42.2%）。

图2.146　2013—2017年东北三省人均社会消费品零售额百分比排位图

2013—2017年，六个省份人均社会消费品零售额由高到低依次为：浙江、江苏、广东、辽宁、吉林、黑龙江；东南三省均呈显著的上升趋势，且持续高于全国平均水平；东北地区相对较好的辽宁省与东南三省相对较好的浙江省差距较大；人均社会消费品零售额增幅最大的是江苏省（12.58%），最小的是辽宁省（7.78%），吉林省和黑龙江省的增幅分别为11.65%和11.83%。

表 2.202 2013—2017 年六省人均社会消费品零售额的原始值及单年排名

	辽宁	吉林	黑龙江	江苏	浙江	广东	全国平均
	值/序	值/序	值/序	值/序	值/序	值/序	值
2013	24103.42/6	19725.2/11	16300.4/14	26298.3/5	29048.4/4	23913.9/7	17487.52
2014	27002.96/6	22096.3/11	18302.4/14	29470.0/5	32380.7/3	26549.0/7	19341.85
2015	29181.20/6	24162.4/11	20042.5/14	32443.3/5	35718.9/3	29051.2/7	21146.29
2016	30639.79/8	26748.6/10	22117.7/14	35888.4/5	39303.8/3	31583.9/6	23104.27
2017	31602.66/9	28913.5/11	24014.8/14	39528.5/4	42970.7/3	34201.9/6	25063.47
平均	28506.00/7	24329/10.8	20155.5/14	32725.7/4.8	35884.5/3.2	29060/6.6	21228.68

2013—2017 年，四个区域人均社会消费品零售额由高到低依次为：东部、东北、中部、西部；四个区域普遍呈上升趋势；东北地区的人均社会消费品零售额持续低于东部地区，具体如表 2.203 所示。

表 2.203 2013—2017 年四大经济区域人均社会消费品零售额的平均值及排名

	东北		东部		西部		中部	
	平均值	年排名	平均值	年排名	平均值	年排名	平均值	年排名
2013	20043.00	10.3	25837.52	7.5	11744.88	23.3	13778.37	18.5
2014	22467.21	10.3	28255.15	7.5	13089.36	23.2	15428.67	18.7
2015	24462.02	10.3	30836.87	7.6	14298.10	23.1	17033.84	18.7
2016	26502.03	10.7	33476.25	7.6	15750.36	23.2	18826.56	18.3
2017	28176.98	11.3	36128.19	7.5	17229.92	23.3	20732.63	18.0
平均	24330.25	10.6	30906.80	7.5	14422.52	23.2	17160.01	18.4

2013—2017 年，七个区域人均社会消费品零售额由高到低依次为：华东、华北、东北、华南、华中、西南、西北；七个区域普遍呈现增长态势；就七个区域而言，东北地区处于中上水平，与最优的华东地区相比，差距较大，具体如表 2.204 所示。

表 2.204　2013—2017 年七大地理区域人均社会消费品零售额的平均值及排名

	东北	华北	华东	华南	华中	西北	西南
	值/序	值/序	值/序	值/序	值/序	值/序	值/序
2013	20043/10.3	24258/9.2	24549/8.3	15660/17	14207/18.0	10493/25.6	11424/23.6
2014	22467/10.3	26058/9.6	27249/8.2	17417/17	15954/18.0	11673/25.4	12796/23.6
2015	24462/10.3	27978/10.2	30029/8.2	18944/17	17809/17.5	12628/25.4	14176/23.4
2016	26502/10.7	30029/10.8	32918/7.8	20654/17.0	19805/17.3	13768/25.4	15810/23.2
2017	28177/11.3	31654/11.0	36037/7.5	22559/17.3	21954/16.9	14930/25.6	17560/23.0
平均	24330/10.6	27996/10.2	30156/8.0	19047/17.1	17946/17.5	12698/25.5	14353/23.4

（3）社会保障

①城镇职工基本养老保险抚养比。城镇职工基本养老保险抚养比反映了一个地区劳动年龄人口抚养非劳动年龄人口的能力，是衡量社会保障水平的重要指标，计算公式为城镇在岗职工数与离退休人员数的比值。2013—2017 年，全国城镇职工基本养老保险抚养比的平均水平呈现下降趋势，东北地区呈缓慢下降趋势，东北地区持续低于全国平均水平；东北三省普遍呈现下降态势；就东北三省而言，辽宁省发展较好，吉林省次之，黑龙江省较差。总体而言，东北地区的城镇职工基本养老保险显著低于全国平均水平，差距基本保持稳定，具体如图 2.147 所示。

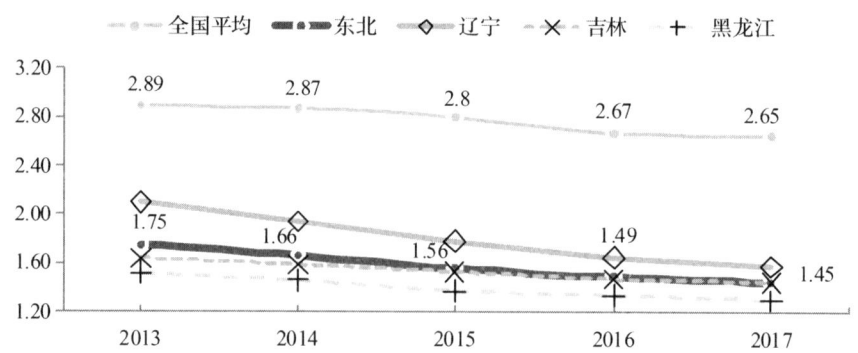

注：①全国平均指 31 个省（直辖市、自治区）的平均水平；②全国范围内（可采集到的数据），城镇职工基本养老保险抚养比最大值为 2014 年广东的 9.787，最小值为 2017 年黑龙江的 1.302。

图 2.147　2013—2017 年城镇职工基本养老保险抚养比基本走势

2013—2017 年，东北三省城镇职工基本养老保险抚养比在全国 31 个省（直辖市、自治区）连续五年数据集（共 155 个指标值）中相对位置分布情况如图 2.148 所示。可见，东北三省五年（共 15 个数据）城镇职工基本养老保险抚养比的百分比排位均位于

50%之下，其中有14个百分比排位处于25%以下；此外，排位的最大值是2013年的辽宁省（29.8%），最小值是2017年的黑龙江省（0.0%）。

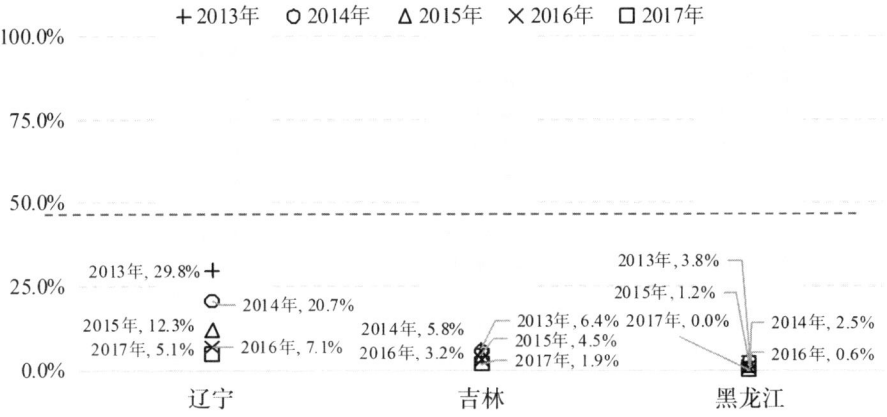

图2.148 2013—2017年东北三省城镇职工基本养老保险抚养比百分比排位图

2013—2017年，六个省份城镇职工基本养老保险抚养比由高到低依次为：广东、浙江、江苏、辽宁、吉林、黑龙江；东南三省中，均呈下降态势；东北地区相对较好的辽宁省持续低于东南三省中较差的江苏省；城镇职工基本养老保险抚养比降幅最小的是广东省（-1.79%），降幅最大的是浙江省（-11.74%），辽宁省、吉林省与黑龙江省的降幅依次为：-6.14%、-2.84%、-3.52%。

表2.205 2013—2017年六省城镇职工基本养老保险抚养比的原始值及单年排名

	辽宁	吉林	黑龙江	江苏	浙江	广东	全国平均
	值/序	值/序	值/序	值/序	值/序	值/序	值
2013	2.10/23	1.64/30	1.52/31	3.34/6	4.96/4	8.93/1	2.89
2014	1.94/25	1.59/30	1.46/31	3.22/6	4.44/4	9.79/1	2.87
2015	1.78/29	1.53/30	1.37/31	3.08/9	3.39/5	9.75/1	2.80
2016	1.65/29	1.47/30	1.34/31	2.95/7	2.78/8	9.28/1	2.67
2017	1.58/29	1.45/30	1.30/31	2.81/9	2.63/10	8.29/1	2.65
平均	1.81/27	1.54/30	1.40/31	3.08/7.4	3.64/6.2	9.21/1	2.77

2013—2017年，四个区域城镇职工基本养老保险抚养比由高到低依次为：东部、中部、西部、东北；除西部区域外，其他三个区域均呈下降趋势，东北地区的降幅最大；东北地区城镇职工基本养老保险抚养比与东部地区差距较大，具体如表2.206所示。

表 2.206　2013—2017 年四大经济区域城镇职工基本养老保险抚养比的平均值及排名

	东北		东部		西部		中部	
	平均值	年排名	平均值	年排名	平均值	年排名	平均值	年排名
2013	1.75	28.0	4.12	9.0	2.29	19.7	2.60	14.3
2014	1.66	28.7	4.12	8.7	2.30	19.3	2.52	15.2
2015	1.56	30.0	3.97	8.8	2.30	18.7	2.47	15.7
2016	1.49	30.0	3.67	9.3	2.23	18.6	2.44	15.0
2017	1.45	30.0	3.54	9.4	2.37	17.3	2.33	17.3
平均	1.58	29.3	3.88	9.0	2.30	18.7	2.47	15.5

2013—2017 年,七个区域城镇职工基本养老保险抚养比由高到低依次为:华南、华东、华北、西南、华中、西北、东北;除西北和西南地区外,其他五个区域均呈下降趋势;就七个区域而言,东北地区排名靠后,与最优的华南地区相比,差距明显,具体如表 2.207 所示。

表 2.207　2013—2017 年七大地理区域城镇职工基本养老保险抚养比的平均值及排名

	东北	华北	华东	华南	华中	西北	西南
	值/序	值/序	值/序	值/序	值/序	值/序	值/序
2013	1.75/28.0	2.84/16.2	3.72/8.3	4.70/10.7	2.55/15.8	2.30/19.0	2.41/18.2
2014	1.66/28.7	2.82/15.6	3.52/8.5	4.97/11.3	2.49/16.8	2.28/18.2	2.46/17.8
2015	1.56/30.0	2.81/15.4	3.27/9.3	4.95/11.3	2.46/16.5	2.27/18.0	2.47/16.6
2016	1.49/30.0	2.71/14.8	3.04/9.2	4.60/12.7	2.42/16.0	2.22/18.8	2.35/16.2
2017	1.45/30.0	2.65/15.8	2.95/10.2	4.29/11.3	2.34/18.3	2.34/16.6	2.58/15.2
平均	1.58/29.3	2.77/15.6	3.30/9.1	4.70/11.5	2.45/16.7	2.28/18.1	2.46/16.8

②养老金支出占比(单位:%)。养老金支出占比反映一个地区离退休人员的生活保障情况,是衡量社会民生的重要指标,计算公式为养老金支出与地区 GDP 的比值。2013—2017 年,东北地区养老金支出占比与全国平均水平在总体上均呈上升趋势;东北地区持续低于全国平均水平;东北三省总体上呈上升趋势;就东北地区而言,辽宁省表现相对较好,吉林省与黑龙江省次之。总体而言,东北地区的养老金支出占比与全国平均水平差距较为稳定,具体如图 2.149 所示。

Ⅱ 评价报告

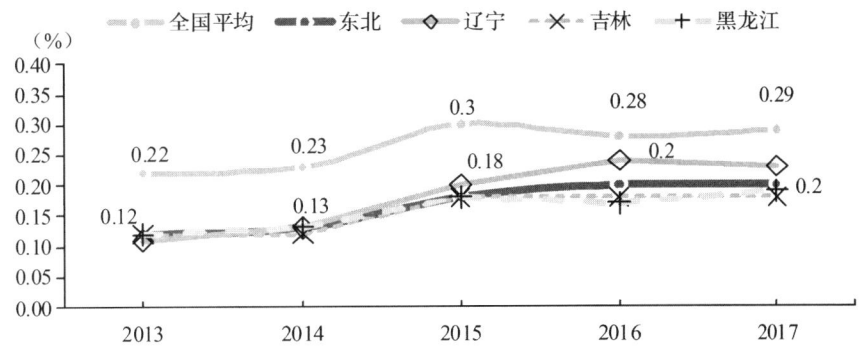

注：①全国平均指31个省（直辖市、自治区）的平均水平；②全国范围内（可采集到的数据），养老金支出占比最大值为2015年甘肃的0.5405%，最小值为2013年广西的0.0403%。

图2.149 2013—2017年养老金支出占比基本走势

2013—2017年，东北三省养老金支出占比在全国31个省（直辖市、自治区）连续五年数据集（共155个指标值）中相对位置分布情况如图2.150所示。可见，东北三省五年（共15个数据）养老金支出占比的百分比排位均处于50%以下，其中有11个处于25%以下；此外，排位的最大值是2016年的辽宁省（40.9%），最小值是2013年的辽宁省（3.2%）。

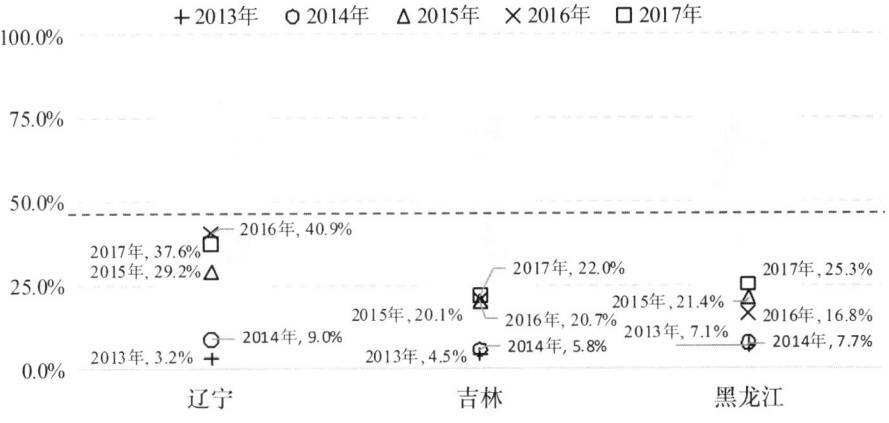

图2.150 2013—2017年东北三省养老金支出占比百分比排位图

2013—2017年，六个省份养老金支出占比由高到低依次为：浙江、江苏、广东、辽宁、黑龙江、吉林；东南三省总体均呈波动上升趋势；东北地区水平相对较好的辽宁省与东南三省相对较差的广东省持平；养老金支出占比增幅最大的是辽宁省（25.40%），增幅最小的是浙江省（2.14%），吉林省和黑龙江省的增幅分别为13.80%和13.40%，具体如表2.208所示。

表 2.208　2013—2017 年六省养老金支出占比的原始值及单年排名

	辽宁	吉林	黑龙江	江苏	浙江	广东	全国平均
	值/序	值/序	值/序	值/序	值/序	值/序	值
2013	0.11/28	0.12/27	0.12/25	0.25/11	0.28/9	0.15/23	0.22
2014	0.13/26	0.12/29	0.13/28	0.27/11	0.32/5	0.16/25	0.23
2015	0.20/25	0.18/29	0.18/28	0.30/17	0.33/12	0.20/24	0.30
2016	0.24/20	0.18/27	0.17/30	0.29/17	0.30/15	0.19/25	0.28
2017	0.23/23	0.18/29	0.19/27	0.29/17	0.30/15	0.19/28	0.29
平均	0.18/24.4	0.15/28.2	0.16/27.6	0.28/14.6	0.31/11.2	0.18/25	0.26

2013—2017 年，四个区域养老金支出占比由高到低依次为：西部、中部、东部、东北；四个区域中东北呈上升趋势，东部、中部和西部呈波动上升趋势，东北地区的增幅最大，增幅为 17.41%；东北地区养老金支出占比与西部地区差距较大，具体如表 2.209 所示。

表 2.209　2013—2017 年四大经济区域养老金支出占比的平均值及排名

	东北		东部		西部		中部	
	平均值	年排名	平均值	年排名	平均值	年排名	平均值	年排名
2013	0.12	26.7	0.19	18.5	0.25	12.8	0.25	13.0
2014	0.13	27.7	0.21	19.0	0.28	11.3	0.24	14.7
2015	0.18	27.3	0.25	20.6	0.36	11.3	0.35	12.2
2016	0.20	25.7	0.24	20.8	0.33	11.4	0.31	12.3
2017	0.20	26.3	0.25	19.7	0.33	11.8	0.30	13.2
平均	0.17	26.7	0.23	19.7	0.31	11.7	0.29	13.1

2013—2017 年，七个区域养老金支出占比由高到低依次为：西南、西北、华中、华东、华南、华北、东北；除西北、东北、华北三个地区呈现上升趋势外，其余地区整体均呈波动上升态势；就七个区域而言，东北地区排名靠后，与最优的西南地区相比，差距显著，具体如表 2.210 所示。

表 2.210 2013—2017 年七大地理区域养老金支出占比的平均值及排名

	东北	华北	华东	华南	华中	西北	西南
	值/序	值/序	值/序	值/序	值/序	值/序	值/序
2013	0.12/26.7	0.16/21.8	0.24/13.5	0.14/22.3	0.23/14.5	0.22/16.2	0.33/4.0
2014	0.13/27.7	0.17/23.0	0.25/13.7	0.24/15.0	0.23/16.3	0.23/16.2	0.34/5.0
2015	0.18/27.3	0.23/21.8	0.30/16.7	0.32/13.7	0.32/14.5	0.33/14.8	0.41/6.4
2016	0.20/25.7	0.23/21.0	0.28/17.0	0.29/15.0	0.29/15.0	0.32/14.0	0.36/7.4
2017	0.20/26.3	0.25/19.2	0.28/16.2	0.28/16.0	0.29/14.8	0.33/13.4	0.34/10
平均	0.17/26.7	0.21/21.4	0.27/15.4	0.26/16.4	0.27/15.0	0.28/14.9	0.36/6.6

(4) 社会公平

①城乡居民收入比。城乡居民收入比反映一个地区城乡间的收入差距，是用来衡量地区社会民生问题的重要指标，计算公式为地区城市居民收入水平与农村居民收入水平之比。理论上，是一项适度指标，指标值越趋近于 1，效果愈佳，考虑到现阶段中国城乡差距较大，暂作逆指标处理。2013—2017 年，全国城乡居民收入比的平均水平呈下降态势，东北地区总体略呈上升趋势；东北地区城乡居民收入比与全国平均水平差距缩小，东北地区的相对优势有所降低；辽宁省和黑龙江省总体呈上升趋势，吉林省呈下降态势；就东北三省而言，黑龙江省表现相对较好，吉林省次之，辽宁省较弱。总体而言，东北地区的城乡居民收入比低于全国平均水平，优势较明显，但优势在逐渐减弱，具体如图 2.151 所示。

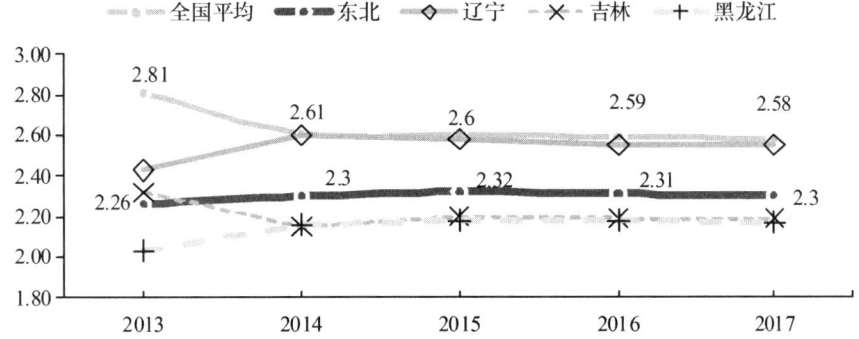

注：①全国平均指 31 个省（直辖市、自治区）的平均水平；②全国范围内（可采集到的数据），城乡居民收入比最大值为 2013 年贵州的 3.80，最小值为 2014 年天津的 1.85。

图 2.151 2013—2017 年城乡居民收入比基本走势

2013—2017年间,东北三省城乡居民收入比在全国31个省(直辖市、自治区)连续五年数据集(共155个指标值)中相对位置分布情况如图2.152所示。可见,东北三省五年(共15个数据)城乡居民收入比的百分比排位2014年辽宁省外其余全部处于50%以上;此外,排位的最大值是2013年的黑龙江省(97.5%),最小值是2014年的辽宁省(46.8%)。

图 2.152　2013—2017 年东北三省城乡居民收入比百分比排位图

2013—2017年,六个省份城乡居民收入比由低到高依次为:浙江、黑龙江、吉林、江苏、辽宁、广东;东南三省普遍呈下降态势,城乡居民收入差距缩小;东南三省与东北三省的差距逐渐缩小;城乡居民收入比降幅最大的是浙江省(-3.15%),辽宁省和黑龙江省增幅分别为1.19%和1.69%,意味着这两个省份的城乡居民收入差距正在增大,具体如表2.211所示。

表 2.211　2013—2017 年六省城乡居民收入比的原始值及单年排名

	辽宁	吉林	黑龙江	江苏	浙江	广东	全国平均
	值/序	值/序	值/序	值/序	值/序	值/序	值
2013	2.43/8	2.32/5	2.03/1	2.39/7	2.35/6	2.84/19	2.81
2014	2.60/17	2.15/3	2.16/4	2.30/6	2.08/2	2.63/18	2.61
2015	2.58/17	2.20/4	2.18/3	2.29/7	2.07/2	2.60/19	2.60
2016	2.55/16	2.19/4	2.18/3	2.28/6	2.07/2	2.60/19	2.59
2017	2.55/16	2.19/4	2.17/3	2.28/6	2.05/2	2.60/19	2.58
平均	2.54/14.8	2.21/4	2.14/2.8	2.31/6.4	2.12/2.8	2.65/18.8	2.64

2013—2017年,四个区域城乡居民收入比由低到高依次为:东北、东部、中部、西部;东部、中部和西部城乡居民收入比普遍呈下行态势,城乡居民收入差距逐年缩小,

其中西部下行幅度最大（-2.62%），东北呈上升趋势，增幅为0.44%，城乡居民收入差距有所扩大，具体如表2.212所示。

表2.212 2013—2017年四大经济区域城乡居民收入比的平均值及排名

	东北		东部		西部		中部	
	平均值	年排名	平均值	年排名	平均值	年排名	平均值	年排名
2013	2.26	4.7	2.47	9.4	3.26	24.4	2.75	15.7
2014	2.30	8.0	2.35	9.2	2.97	24.9	2.49	13.2
2015	2.32	8.0	2.33	9.5	2.96	24.7	2.48	13.0
2016	2.31	7.7	2.32	9.6	2.94	24.8	2.47	13.2
2017	2.30	7.7	2.32	9.7	2.92	24.7	2.47	13.3
平均	2.30	7.2	2.36	9.5	3.01	24.7	2.53	13.7

2013—2017年，七个区域城乡居民收入比由低到高依次为：东北、华东、华中、华北、华南、西南、西北；东北呈上升趋势，其他区域普遍呈下行态势；就七个区域而言，东北地区的表现最好，具体如表2.213所示。

表2.213 2013—2017年七大地理区域城乡居民收入比的平均值及排名

	东北	华北	华东	华南	华中	西北	西南
	值/序	值/序	值/序	值/序	值/序	值/序	值/序
2013	2.26/4.7	2.57/11.8	2.54/11	3.01/20.3	2.63/12.5	3.25/24.2	3.30/24.8
2014	2.30/8.0	2.47/14.0	2.35/8.5	2.65/18.3	2.43/10.8	3.01/26.0	2.97/24.2
2015	2.32/8.0	2.47/14.4	2.33/8.7	2.61/18.0	2.41/10.8	3.02/25.8	2.95/23.8
2016	2.31/7.7	2.47/15.0	2.32/8.5	2.58/17.3	2.41/11.0	3.03/26.4	2.93/23.6
2017	2.30/7.7	2.47/15.2	2.31/8.5	2.56/17.3	2.40/11.0	3.01/26.6	2.89/23.4
平均	2.30/7.2	2.49/14.1	2.37/9.0	2.68/18.3	2.45/11.2	3.06/25.8	3.01/24.0

②城乡每千人卫生技术人员比。城乡每千人卫生技术人员比反映一个地区城乡卫生技术人员数量的差距，是用来衡量地区社会民生问题的重要指标，计算公式为地区城市每千人卫生技术人员数量与农村每千人卫生技术人员数量之比。理论上，是一项适度指标，指标值越趋近于1，效果愈佳，考虑到现阶段中国城乡差距较大，暂作逆指标处理。2013—2017年，全国城乡每千人卫生技术人员比的平均水平总体呈缓慢上升态势，城乡卫生技术人员数量的差距逐渐增大，东北地区总体呈缓慢下降趋势；东北地区与全国平

均水平差距缩小，东北地区的相对优势有所降低；辽宁省总体呈上升趋势，吉林省总体趋势有所下降，黑龙江省基本持平；就东北三省而言，吉林省表现较好，黑龙江省次之，辽宁省较弱。总体而言，东北地区的城乡每千人卫生技术人员比与全国平均水平比较，优势在逐渐减弱，具体如图2.153所示。

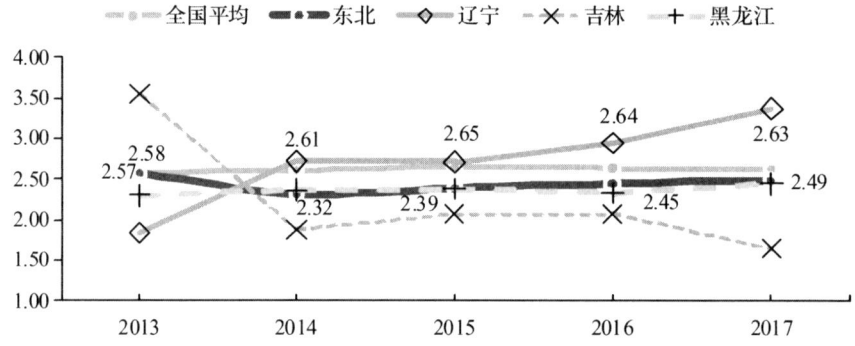

注：①全国平均指31个省（直辖市、自治区）的平均水平；②全国范围内（可采集到的数据），城乡每千人卫生技术人员比最大值为2016年青海的5.4087，最小值为2016年天津的1.0855。

图2.153　2013—2017年城乡每千人卫生技术人员比基本走势

2013—2017年，东北三省城乡每千人卫生技术人员比在全国31个省（直辖市、自治区）连续五年数据集（共155个指标值）中相对位置分布情况如图2.154所示。可见，东北三省五年（共15个数据）城乡每千人卫生技术人员比的百分比排位处于50%以下的有6个，其中位于25%以下有2个；此外，排位的最大值是2017年的吉林省（94.1%），最小值是2013年的吉林省（8.6%）。

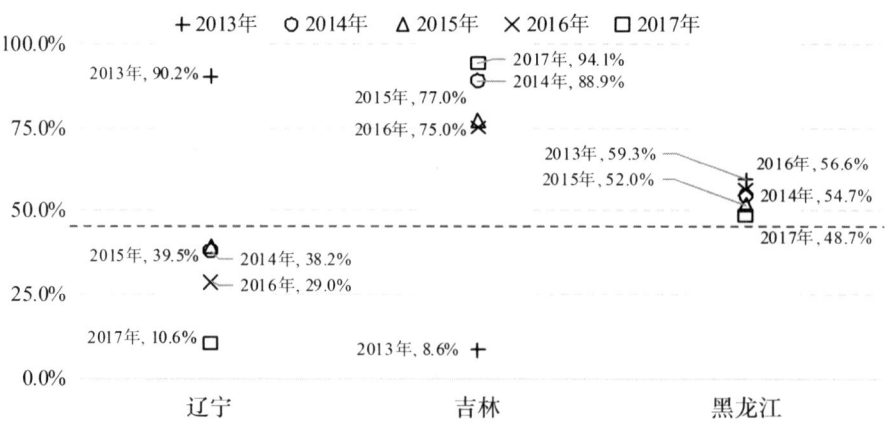

图2.154　2013—2017年东北三省城乡每千人卫生技术人员比百分比排位图

2013—2017年，六个省份城乡每千人卫生技术人员比由低到高依次为：浙江、江苏、吉林、黑龙江、辽宁、广东；东南三省中浙江省呈上升态势，江苏省和广东省呈波动下降趋势；东南三省与东北三省的差距呈缩小态势；城乡每千人卫生技术人员比降幅最大的是吉林省（-13.38%），增幅最大的是辽宁省（20.89%），黑龙江省的增幅为1.53%，意味着这东北三省的城乡卫生技术人员数量的差距正在增大，具体如表2.211所示。

表2.211 2013—2017年六省城乡每千人卫生技术人员比的原始值及单年排名

	辽宁	吉林	黑龙江	江苏	浙江	广东	全国平均
	值/序	值/序	值/序	值/序	值/序	值/序	值
2013	1.84/6	3.55/28	2.30/14	2.26/13	1.81/5	3.88/29	2.58
2014	2.72/20	1.88/4	2.37/14	2.09/10	1.99/6	3.41/28	2.61
2015	2.71/19	2.07/6	2.38/14	2.33/12	2.07/5	3.32/28	2.65
2016	2.95/21	2.08/8	2.33/14	2.08/7	1.81/3	3.19/24	2.64
2017	3.38/28	1.65/2	2.45/17	2.03/6	1.90/4	2.91/20	2.63
平均	2.72/18.8	2.25/9.6	2.37/14.6	2.16/9.6	1.91/4.6	3.34/25.8	2.62

2013—2017年，四个区域城乡每千人卫生技术人员比由低到高依次为：东部、东北、中部、西部；中部呈上升趋势，增幅为1.79%，西部地区总体呈波动上升态势，城乡卫生技术人员数量的差距有所扩大，东北、东部地区呈波动下降态势，降幅分别为-0.72%和-0.87%，城乡卫生技术人员数量的差距逐年缩小；东北与东部的差距略微缩小，具体如表2.212所示。

表2.212 2013—2017年四大经济区域城乡每千人卫生技术人员比的平均值及排名

	东北		东部		西部		中部	
	平均值	年排名	平均值	年排名	平均值	年排名	平均值	年排名
2013	2.57	16.0	2.33	12.6	2.75	17.3	2.65	19.0
2014	2.32	12.7	2.31	12.0	2.88	18.5	2.74	19.3
2015	2.39	13.0	2.38	12.5	2.88	18.1	2.78	19.2
2016	2.45	14.3	2.27	12.0	2.89	16.8	2.81	18.7
2017	2.49	15.7	2.25	11.9	2.83	16.6	2.84	18.7
平均	2.44	14.3	2.31	12.2	2.85	17.5	2.76	19.0

2013—2017年，七个区域城乡每千人卫生技术人员比由低到高依次为：华东、东北、华北、华中、华南、西北、西南；东北、华北、华南呈下行趋势，华中呈稳定上行趋势，

华东、西北、西南呈波动上升态势;就七个区域而言,东北地区处于中上水平,与最优的华东地区相比,差距渐有缩小的趋势,具体如表 2.213 所示。

表 2.213　2013—2017 年七大地理区域城乡每千人卫生技术人员比的平均值及排名

	东北	华北	华东	华南	华中	西北	西南
	值/序	值/序	值/序	值/序	值/序	值/序	值/序
2013	2.57/16.0	2.52/16.4	2.07/9.8	2.90/19.3	2.67/19.0	2.78/17.2	2.80/17.4
2014	2.32/12.7	2.50/14.8	2.11/9.5	2.67/18.7	2.78/19.8	2.95/18.6	3.01/19.8
2015	2.39/13.0	2.48/14.0	2.14/9.0	2.96/23.0	2.81/19.8	3.00/17.2	2.93/19.8
2016	2.45/14.3	2.41/15.3	2.08/8.5	2.90/20.7	2.84/19.0	2.92/15.8	3.04/18.6
2017	2.49/15.7	2.33/14.5	2.11/8.8	2.86/20.7	2.90/20.0	2.86/15.0	2.96/18.0
平均	2.44/14.3	2.45/15.0	2.10/9.1	2.86/20.5	2.80/19.5	2.90/16.8	2.95/18.7

③城乡中小学人均教师资源比。城乡中小学人均教师资源比反映一个地区城乡中小学教师资源的差距,是用来衡量地区社会民生问题的重要指标,计算公式为城镇中小学人均拥有的教师数量与农村中小学人均拥有的教师数量与之比。理论上是一项适度指标,指标值越趋近于 1,效果愈佳,考虑到现阶段中国城乡差距较大,暂作逆指标处理。2014—2017 年,全国城乡中小学人均教师资源比的平均水平呈上升的态势,东北地区亦呈上升趋势,城乡中小学教师资源的差距逐渐增大;就东北三省而言,吉林省较好,辽宁省次之,黑龙江省较差。总体而言,东北地区的城乡中小学人均教师资源比低于全国平均水平,但与全国平均水平的差距逐渐缩小,说明东北三省城乡中小学教师资源的差距逐年增大,具体如图 2.155 所示。

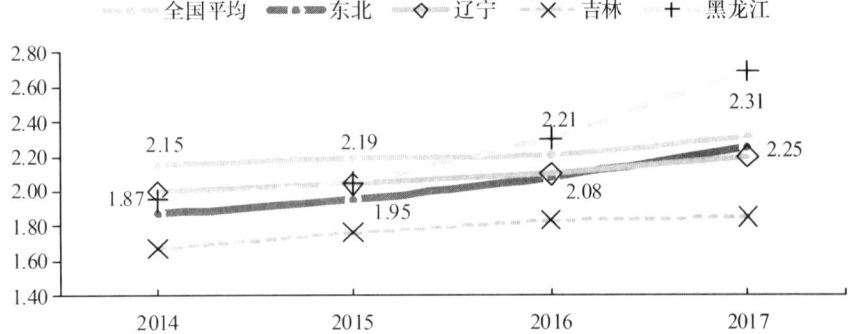

注:①全国平均指 31 个省(直辖市、自治区)的平均水平;②全国范围内(可采集到的数据),城乡中小学人均教师资源比最大值为 2014 年江苏的 4.4732,最小值为 2015 年天津的 1.1766。

图 2.155　2014—2017 年城乡中小学人均教师资源比基本走势

2014—2017年间,东北三省城乡中小学人均教师资源比在全国31个省(直辖市、自治区)连续四年数据集(共124个指标值)中相对位置分布情况如图2.156所示。可见,东北三省四年(共12个数据)城乡中小学人均教师资源比的百分比排位处于50%以下的有7个;此外,排位的最大值是2014年的吉林省(80.5%),最小值是2017年的黑龙江省(21.2%)。

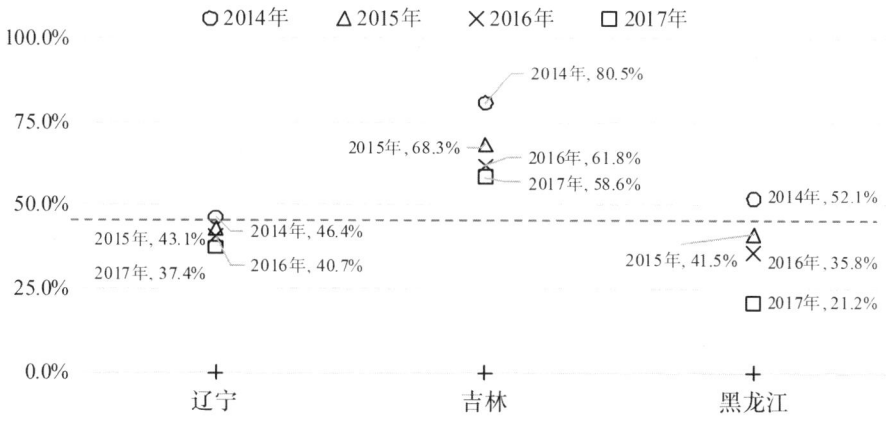

图2.156 2014—2017年东北三省城乡中小学人均教师资源比百分比排位图

2014—2017年,六个省份城乡中小学人均教师资源比由低到高依次为:吉林、广东、辽宁、黑龙江、浙江、江苏;东南三省中广东省呈上升趋势,江苏省2014—2016年呈下降趋势,2017年有所上升,浙江省呈波动下降趋势;东北三省中辽宁、吉林和黑龙江省均呈上升趋势,城乡中小学人均教师资源的差距增大;东南三省较弱的广东省优于东北三省最弱的吉林省;城乡中小学人均教师资源比降幅最大的是浙江省(-2.13%),增幅最大的是黑龙江省(12.72%),辽宁省和吉林省增幅分别为3.25%、3.60%,说明城乡中小学人均教师资源差距增大,具体如表2.211所示。

表2.211 2014—2017年六省城乡中小学人均教师资源比的原始值及单年排名

	辽宁	吉林	黑龙江	江苏	浙江	广东	全国平均
	值/序	值/序	值/序	值/序	值/序	值/序	值
2014	2.00/20	1.67/8	1.95/18	4.47/31	3.27/28	1.92/17	2.15
2015	2.04/18	1.76/11	2.05/20	4.41/31	3.16/26	2.00/16	2.19
2016	2.10/18	1.83/12	2.30/20	4.30/31	3.29/28	2.02/17	2.21
2017	2.20/17	1.85/13	2.69/24	4.44/31	3.06/26	2.02/16	2.31
平均	2.09/18.3	1.78/11	2.25/20.5	4.41/31	3.20/27	1.99/16.5	2.22

2014—2017年，四个区域城乡中小学人均教师资源比由低到高依次为：中部、东北、西部、东部；四个区域均呈上升趋势，城乡中小学教师资源的差距逐年增大，东北地区增幅最大（6.63%）；东北地区城乡中小学人均教师资源比与中部地区差距较大，具体如表2.212所示。

表2.212　2014—2017年四大经济区域城乡中小学人均教师资源比的平均值及排名

	东北		东部		西部		中部	
	平均值	年排名	平均值	年排名	平均值	年排名	平均值	年排名
2014	1.87	15.3	2.35	17.2	2.22	16.6	1.83	13.2
2015	1.95	16.3	2.40	17.0	2.24	16.6	1.86	13.0
2016	2.08	16.7	2.38	16.9	2.26	16.6	1.91	13.0
2017	2.25	18.0	2.50	16.5	2.33	16.4	1.98	13.3
平均	2.04	16.6	2.41	16.9	2.26	16.5	1.89	13.1

2014—2017年，七个区域城乡中小学人均教师资源比由低到高依次为：华中、华北、西北、东北、华南、西南、华东；华中、华北、西北、东北、华南和华东整体呈上升趋势，西南呈先下降后上升的态势；就七个区域而言，东北地区排名居中，与最优的华中和华北地区相比，差距较大，具体如表2.213所示。

表2.213　2014—2017年七大地理区域城乡中小学人均教师资源比的平均值及排名

	东北	华北	华东	华南	华中	西北	西南
	值/序	值/序	值/序	值/序	值/序	值/序	值/序
2014	1.87/15.3	1.89/11.8	2.67/19.8	2.11/17.3	1.87/14.3	1.94/13.4	2.42/19.2
2015	1.95/16.3	1.94/11.2	2.78/20.3	2.13/17.7	1.89/14.3	1.96/12.0	2.39/19.8
2016	2.08/16.7	1.96/11.2	2.77/20.7	2.16/17.7	1.96/14.3	1.98/12.0	2.36/19.2
2017	2.25/18.0	1.97/10.8	2.98/20.8	2.15/17.0	2.04/14.3	2.03/11.0	2.46/20.0
平均	2.04/16.6	1.94/11.3	2.80/20.4	2.14/17.4	1.94/14.3	1.98/12.1	2.41/19.6

（5）生态环境

①人均公园绿地面积（单位：平方米/人）。人均公园绿地面积指城市中每个居民享有的公园绿地面积，是衡量生态环境水平的重要指标。2013—2017年，全国人均公园绿地面积的平均水平呈平稳上升趋势，东北呈波动上升趋势，但低于全国平均水平；

2013—2017 年辽宁省呈波动上升趋势，黑龙江省呈稳定下降趋势，但下降幅度较小，2013—2016 年吉林省呈稳定上升趋势，但 2016 年之后出现了一定幅度的下降；就东北三省而言，吉林省表现较好，黑龙江省次之，辽宁省较差，但在 2017 年辽宁省实现了对其他两省的反超。总体而言，东北地区人均公园绿地面积整体低于全国平均水平，且 2016 年后差距不断增大，具体如图 2.157 所示。

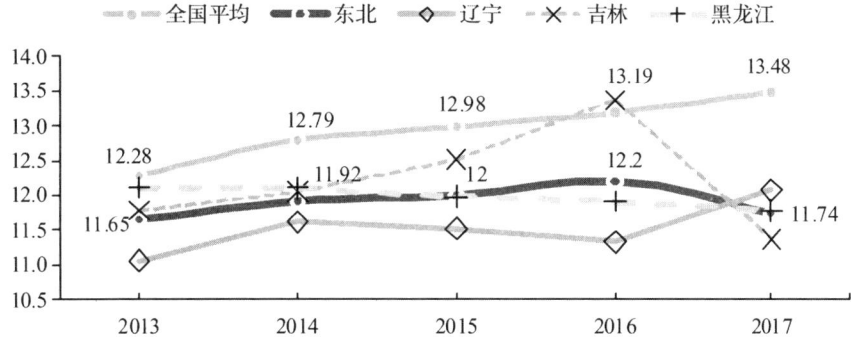

注：①全国平均指 31 个省（直辖市、自治区）的平均水平；②全国范围内（可采集到的数据），人均公园绿地面积最大值为 2016 年内蒙古的 19.77，最小值为 2017 年西藏的 5.85。

图 2.157　2013—2017 年人均公园绿地面积基本走势

2013—2017 年，东北三省人均公园绿地面积在全国 31 个省（直辖市、自治区）连续五年数据集（共 155 个指标值）中相对位置分布情况如图 2.158 所示。可见，东北三省五年（共 15 个数据）人均公园绿地面积的百分比排位处于 50% 以下的有 13 个；此外，排位的最大值是 2016 年的吉林省（65.5%），最小值是 2013 年的辽宁省（22.7%）。

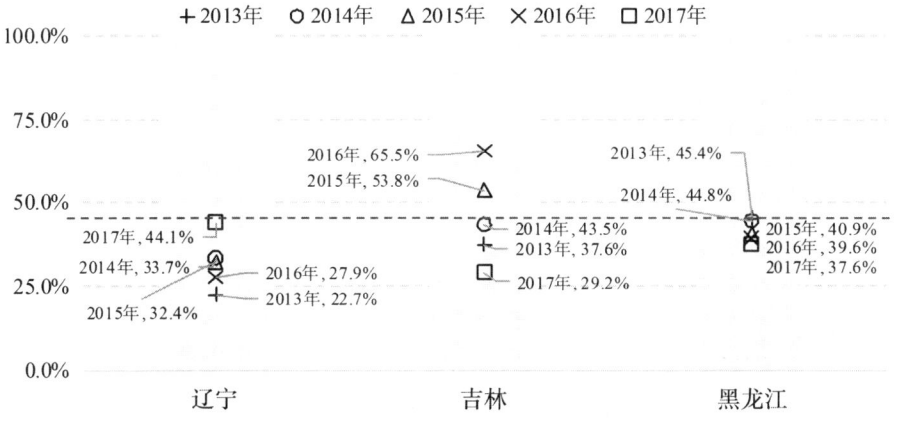

图 2.158　2013—2017 年东北三省人均公园绿地面积百分比排位图

2013—2017 年，六个省份人均公园绿地面积由高到低依次：广东、江苏、浙江、吉林、黑龙江、辽宁；东南三省整体呈上升趋势，高于全国平均水平，东南三省水平较低的浙江省持续优于东北地区最高的吉林省；人均公园绿地面积增幅最大的是广东省

(3.61%),降幅最大的是吉林省(-0.87%),辽宁省的增幅为2.28%,黑龙江省的降幅为-0.68%,具体如表2.220所示。

表2.220 2013—2017年六省人均公园绿地面积的原始值及单年排名

	辽宁	吉林	黑龙江	江苏	浙江	广东	全国平均
	值/序	值/序	值/序	值/序	值/序	值/序	值
2013	11.06/22	11.78/15	12.11/14	14.01/8	12.44/13	15.94/5	12.28
2014	11.61/19	12.05/18	12.10/17	14.41/8	12.90/12	16.28/5	12.79
2015	11.52/23	12.51/16	11.98/18	14.55/7	13.19/11	17.40/3	12.98
2016	11.33/23	13.37/13	11.91/20	14.79/8	13.17/14	17.87/4	13.19
2017	12.07/21	11.37/26	11.78/24	14.95/8	13.32/15	18.24/3	13.48
平均	11.52/21.6	12.22/17.6	11.98/18.6	14.54/7.8	13.00/13	17.15/4	12.94

2013—2017年,四个区域人均公园绿地面积由高到低依次:东部、西部、东北、中部;东北地区先上升后下降,其他三个地区呈稳定上升趋势,东部地区的增幅最大,东北地区的增幅最小;东北地区人均公园绿地面积与最优的东部地区差距较大,具体如表2.221所示。

表2.221 2013—2017年四大经济区域人均公园绿地面积的平均值及排名

	东北		东部		西部		中部	
	平均值	年排名	平均值	年排名	平均值	年排名	平均值	年排名
2013	11.65	17.0	12.91	12.1	12.45	16.9	11.20	20.0
2014	11.92	18.0	13.39	12.7	13.10	16.3	11.59	19.8
2015	12.00	19.0	13.64	12.4	13.32	16.0	11.68	20.5
2016	12.20	18.7	13.76	13.6	13.55	14.9	12.01	20.7
2017	11.74	23.7	14.37	12.3	13.78	14.8	12.30	20.8
平均	11.90	19.3	13.61	12.6	13.24	15.8	11.75	20.4

2013—2017年,七个区域人均公园绿地面积由高到低依次:华北、华南、华东、西北、西南、东北、华中;东北和西南先上升后下降,其他五个区域均呈上升趋势,西北地区增幅最大,东北地区的增幅最小;就七个区域而言,东北地区排名靠后,与表现最优的华北相比,差距较大,具体如表2.222所示。

表 2.222　2013—2017 年七大地理区域人均公园绿地面积的平均值及排名

	东北	华北	华东	华南	华中	西北	西南
	值/序	值/序	值/序	值/序	值/序	值/序	值/序
2013	11.65/17.0	13.16/12.6	12.57/12.8	13.30/11.3	10.88/22.0	12.16/17.6	12.05/18.8
2014	11.92/18.0	14.04/12.8	12.95/13.0	13.49/12.7	11.25/22.3	12.94/16.8	12.51/17.8
2015	12.00/19.0	14.24/13.0	13.18/12.5	13.99/12.7	11.28/23.0	12.98/17.0	12.82/16.8
2016	12.20/18.7	14.51/12.8	13.47/13.7	13.89/15.0	11.54/23.0	13.51/15.0	12.70/16.2
2017	11.74/23.7	15.30/10.6	13.79/13.8	14.27/14.0	11.87/22.5	14.22/14.2	12.43/17.2
平均	11.90/19.3	14.25/12.4	13.19/13.2	13.79/13.1	11.36/22.6	13.16/16.1	12.50/17.4

②PM2.5 平均浓度（单位：$\mu g/m^3$）。PM2.5 平均浓度反映一个地区的空气质量，是衡量地区生态环境的重要指标，该指标为逆向指标。2014—2017 年，全国 PM2.5 平均浓度的平均水平呈下降趋势，东北地区亦呈下降趋势；辽宁省呈稳定下降趋势，吉林省和黑龙江省呈波动下降趋势；就东北三省而言，黑龙江省表现较好，辽宁省次之，吉林省较差。总体而言，东北地区的 PM2.5 平均浓度高于全国平均水平，具体如图 2.159 所示。

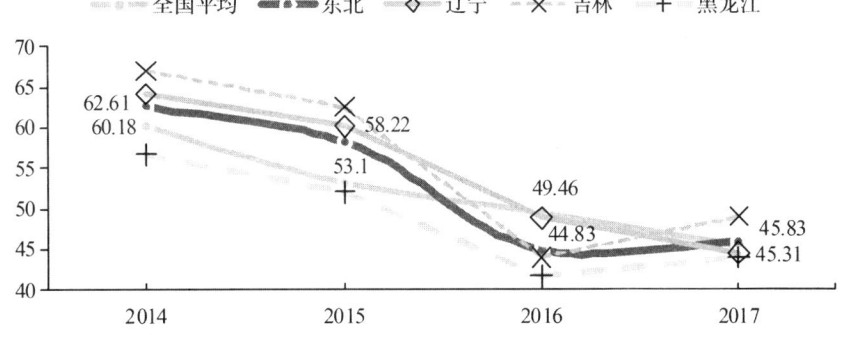

注：①全国平均指 31 个省（直辖市、自治区）的平均水平；②全国范围内（2013 年数据缺失），PM2.5 平均浓度最大值为 2014 年河北的 106，最小值为 2017 年海南的 20。

图 2.159　2014—2017 年 PM2.5 平均浓度基本走势

2014—2017 年，东北三省 PM2.5 平均浓度在全国 31 个省（直辖市、自治区）连续 3 年数据集（共 124 个指标值）中相对位置分布情况如图 2.160 所示。可见，东北三省四年（共 12 个数据）PM2.5 平均浓度的百分比排位位于 50% 以下数量有 6 个，其中有 3 个位于 25% 以下；此外，排位的最大值是 2016 年的黑龙江省（75.7%），最小值是 2014 年的吉林省（17.1%）。

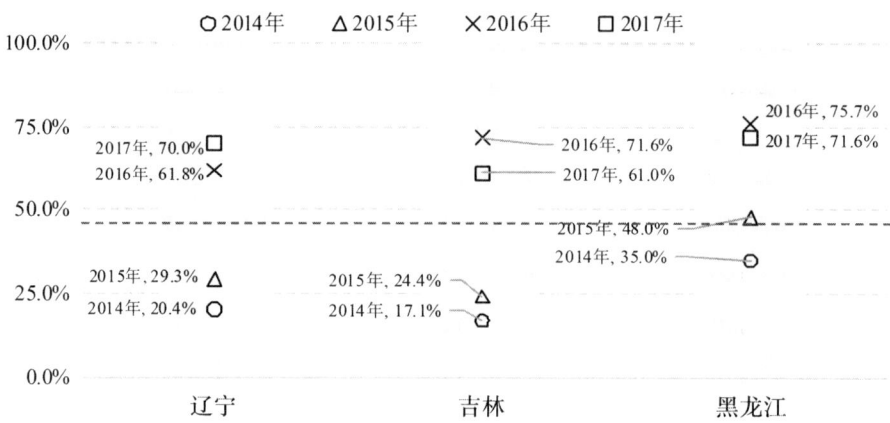

图 2.160　2014—2017 年东北三省 PM2.5 平均浓度百分比排位图

2014—2017 年，六个省份 PM2.5 平均浓度由低到高依次为：广东、浙江、黑龙江、辽宁、吉林、江苏；东南三省均呈下降趋势，整体优于东北地区；东北地区空气质量较好的黑龙江省与东南三省较好的广东省差距明显；PM2.5 平均浓度降幅最大的是辽宁省（-10.22%），最小的是广东省（-6.52%），吉林省和黑龙江省的降幅分别为-8.96%和-7.45%。具体如表 2.223 所示。

表 2.223　2014—2017 年六省 PM2.5 平均浓度的原始值及单年排名

	辽宁	吉林	黑龙江	江苏	浙江	广东	全国平均
	值/序	值/序	值/序	值/序	值/序	值/序	值
2014	64.17/19	67.00/22	56.67/14	66.44/21	56.80/15	39.17/5	60.18
2015	60.17/23	62.50/25	52.00/15	58.56/22	51.00/14	32.50/5	53.10
2016	48.83/15	44.00/12	41.67/8	50.33/17	43.40/11	29.67/5	49.46
2017	44.50/14	49.00/19	44.00/13	48.11/18	41.40/12	31.50/5	45.31
平均	54.42/17.8	55.63/19.5	48.58/12.5	55.86/19.5	48.15/13	33.21/5	52.01

2014—2017 年，四个区域 PM2.5 平均浓度由低到高依次为：西部、东北、东部、中部；四个区域均呈下降趋势，降幅明显；东北地区 PM2.5 平均浓度与西部地区存在一定的差距，具体如表 2.224 所示。

表 2.224　2014—2017 年四大经济区域 PM2.5 平均浓度的平均值及排名

	东北		东部		西部		中部	
	平均值	年排名	平均值	年排名	平均值	年排名	平均值	年排名
2014	62.61	18.3	62.41	16.9	52.39	11.8	70.85	21.5
2015	58.22	21.0	55.34	17.6	45.39	10.8	62.23	20.8

(续表)

	东北		东部		西部		中部	
	平均值	年排名	平均值	年排名	平均值	年排名	平均值	年排名
2016	44.83	11.7	50.16	16.3	45.62	13.7	58.26	22.0
2017	45.83	15.3	45.47	15.9	40.32	12.6	54.78	23.0
平均	52.88	16.6	53.34	16.7	45.93	12.2	61.53	21.8

2014—2017 年，七个区域 PM2.5 平均浓度由低到高依次为：华南、西南、华东、西北、东北、华中、华北；七个区域普遍呈下降趋势，降幅明显，空气质量有明显改善；东北地区处于中下水平，与最优的华南地区相比，差距明显，具体如表 2.225 所示。

表 2.225　2014—2017 年七大地理区域 PM2.5 平均浓度的平均值及排名

	东北	华北	华东	华南	华中	西北	西南
	值/序	值/序	值/序	值/序	值/序	值/序	值/序
2014	62.61/18.3	77.51/22.2	59.87/16.8	38.31/6.3	72.39/21.8	57.33/13.2	47.99/11.0
2015	58.22/21.0	67.13/22.6	54.26/18.0	32.42/4.3	63.93/20.8	49.90/12.8	41.55/10.0
2016	44.83/11.7	64.85/24.2	47.20/15.0	29.81/4.0	58.70/21.5	52.13/18.4	41.28/11.6
2017	45.83/15.3	58.75/24.2	43.60/15.0	29.83/5.0	54.21/22.3	46.07/16.8	35.04/9.4
平均	52.88/16.6	67.06/23.4	51.23/16.2	32.59/4.9	62.31/21.6	51.36/15.3	41.46/10.5

③空气质量达到及好于二级的天数（单位：天）。空气质量达到及好于二级的天数是指一个地区空气质量达到国家空气质量优良标准的天数，反映地区的空气质量，是衡量该地区生态环境的重要指标。2014—2017 年，全国空气质量达到及好于二级天数的平均水平呈平稳上升趋势，东北地区呈现波动上升趋势；东北三省均呈上升趋势，黑龙江省空气质量优于其他两省。总体而言，东北地区空气质量达到及好于二级的天数略高于全国平均水平，具体如图 2.161 所示。

2014—2017 年，东北三省空气质量达到及好于二级的天数在全国 31 个省（直辖市、自治区）连续四年数据集（共 124 个指标值）中相对位置分布情况如图 2.162 所示。可见，东北三省四年（共 12 个数据）空气质量达到及好于二级的天数百分比排位位于 50%以下数量有 6 个；此外，排位的最大值是 2016 年的黑龙江省（81.3%），最小值是 2014 年的辽宁省（25.2%）。

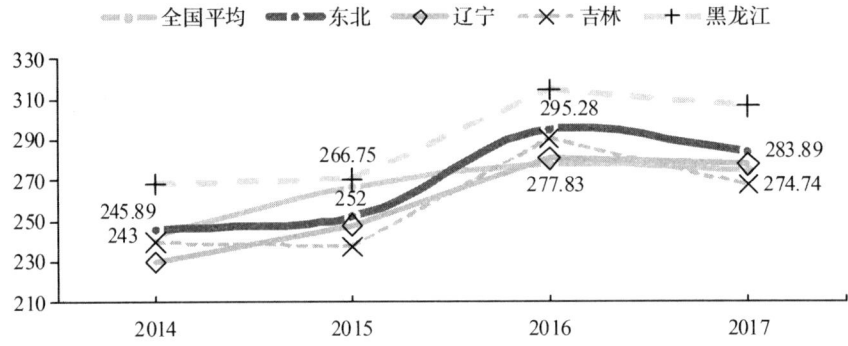

注：①全国平均指31个省（直辖市、自治区）的平均水平；②全国范围内（2013年数据缺失），空气质量达到及好于二级的天数最大值为2016年海南的361，最小值为2014年河北的128.2。

图 2.161　2014—2017 年空气质量达到及好于二级的天数基本走势

图 2.162　2014—2017 年东北三省空气质量达到及好于二级的天数百分比排位图

2014—2017年，六个省份空气质量达到及好于二级的天数由高到低依次为：广东、黑龙江、浙江、辽宁、吉林、江苏；东南三省及东北三省均呈上升趋势；东北三省中空气质量较优的黑龙江省与东南三省中较优的广东省有一定差距；空气质量达到及好于二级的天数上升幅度最大的是辽宁省（6.96%），增幅最小的是广东省（1.77%），黑龙江省和吉林省的增幅分别为4.72%和3.90%，具体如表2.226所示。

表 2.226　2014—2017 年六省空气质量达到及好于二级的天数的原始值及单年排名

	辽宁	吉林	黑龙江	江苏	浙江	广东	全国平均
	值/序	值/序	值/序	值/序	值/序	值/序	值
2014	229.83/19	239.50/17	268.33/10	229.22/20	253.40/14	311.00/5	243.00
2015	247.83/22	237.50/24	270.67/14	237.22/25	268.40/16	330.33/5	266.75

(续表)

	辽宁	吉林	黑龙江	江苏	浙江	广东	全国平均
	值/序	值/序	值/序	值/序	值/序	值/序	值
2016	280.67/16	290.50/10	314.67/7	255.11/22	287.80/13	344.00/5	277.83
2017	277.83/15	267.50/20	306.33/8	245.78/22	287.20/11	327.50/6	274.74
平均	259.04/18	258.75/17.8	290.00/9.8	241.83/22.3	274.20/13.5	328.21/5.3	265.58

2014—2017 年，四个区域空气质量达到及好于二级的天数由高到低依次为：西部、东北、东部、中部；四个区域的空气质量普遍呈上升趋势，东北地区上升幅度最大，西部地区上升幅度最小；东北地区空气质量达到及好于二级的天数与西部地区相比存在一定的差距，具体如表 2.227 所示。

表 2.227 2014—2017 年四大经济区域空气质量达到及好于二级的天数的平均值及排名

	东北		东部		西部		中部	
	平均值	年排名	平均值	年排名	平均值	年排名	平均值	年排名
2014	245.89	15.3	238.38	16.6	261.00	13.1	213.22	21.2
2015	252.00	20.0	253.91	18.5	290.72	11.1	247.60	19.7
2016	295.28	11.0	272.41	17.3	289.73	13.8	254.31	20.5
2017	283.89	14.3	268.56	17.2	293.90	12.7	242.16	21.2
平均	269.26	15.2	258.31	17.4	283.84	12.7	239.32	20.6

2014—2017 年，七个区域空气质量达到及好于二级的天数由高到低依次为：华南、西南、东北、华东、西北、华中、华北；七个区域普遍呈上升趋势，华北地区增幅最大，东北地区空气质量处于中上水平，与华南地区差距明显，具体如表 2.228 所示。

表 2.228 2014—2017 年七大地理区域空气质量达到及好于二级的天数的平均值及排名

	东北	华北	华东	华南	华中	西北	西南
	值/序	值/序	值/序	值/序	值/序	值/序	值/序
2014	245.9/15.3	182.6/25.8	245.2/16.0	311.0/5.3	212.5/20.5	233.4/17.6	292.2/7.8
2015	252.0/20.0	221.7/23.2	257.9/18.8	332.0/4.3	240.7/19.8	269.0/15.6	310.7/7.4
2016	295.3/11.0	230.8/24.6	278.2/16.8	345.0/4.0	252.4/20.0	257.8/20.2	314.1/9.0
2017	283.9/14.3	220.4/25.2	270.5/17.2	334.0/5.3	254.4/18.5	261.0/17.8	323.3/8.6
平均	269.3/15.2	213.9/24.7	263.0/17.2	330.5/4.8	240.0/19.7	255.3/17.8	310.1/8.2

4. 主要结论

首先，总体而言，东北地区的社会民生整体低于全国平均水平，且差距相对较大。在反映社会民生发展水平的五个方面（居民收入、居民消费、社会保障、社会公平、生态环境），东北三省在"居民收入""居民消费"和"社会保障"的发展水平较东南三省差距明显，其中以"社会保障"的差距最大，这是东北地区社会民生方面最显著的问题。

其次，动态来看，2013—2017年，东北地区的指数得分提升相对较慢，意味着绝对能力的提升幅度较小，同时，东北地区的社会民生方面的相对排名提升也相对较慢，意味着相对于全国的比较优势在进一步减弱。

再次，分省来看，辽宁省社会民生水平较高，2013年黑龙江省略高于吉林省，2014—2017年吉林省实现反超。在全国各省相对排名的竞争中，东北三省中只有吉林省有进步。东北三省在社会民生各分项指数上呈现不均衡发展，其中辽宁省"居民收入"和"居民消费"较高，但"社会保障""社会公平"和"生态环境"较为薄弱，吉林省"社会公平"最好，但"居民收入""社会保障"和"生态环境"相对较弱，黑龙江省"居民消费""社会公平"和"生态环境"较好，但"居民收入"和"社会保障"较薄弱。

最后，单项指标方面，东北地区在"居民人均存款额""人均社会消费品零售额"、的发展优于全国平均水平，其中以"人均社会消费品零售额"较好；而"城乡居民收入水平""城乡居民消费水平""养老金支出占比""城镇职工基本养老保险抚养比""人均公园绿地面积"相对较落后，相比全国平均水平不仅差距较大，且呈现进一步扩大趋势。

（七）东北地区地市级振兴进程评价

1. 各地市振兴指数总体分析

东北三省34个地级市①的综合测度涵盖了政府治理、企态优化、区域开放、产业发展、社会民生和创新创业六个方面，共三十二项关键指标②。汇集了东北三省2013—2017年六个方面的指标信息，得到连续五年振兴指数得分。表2.229给出了2013—2017

---

① 黑龙江省的大兴安岭和吉林省的延边两个地区统计数据缺失较多，故暂未列入评价。
② 地市级指标体系尽量保持了与省级的一致性，并在上期报告的基础上进行了优化，囿于数据的可获得性及完备性，地市级层面的指标体系相对于省级仍有缩减，仅保留了32项指标，在六个分项中的分布基本均衡。

年东北三省 34 个地级市的振兴指数得分及各年的排序变化情况。基于此,将指数信息按空间分类、时间排列、优劣序化等方式整理后,形成多年指数得分的可视化集成图(见图 2.163 图至 2.165),综合所有信息,给出如下分析。

表 2.229 2013—2017 东北三省 34 个地级市振兴指数得分及年排序

地级市	所属省	2013		2014		2015		2016		2017		得分变动	名次变动
		值	序	值	序	值	序	值	序	值	序		
沈阳	辽宁	68.7	2	69.3	2	69.3	3	69.3	3	75.2	1	6.5	1
大连	辽宁	71.8	1	69.6	1	70.4	1	70.2	2	74.0	2	2.3	-1
长春	吉林	64.7	4	65.7	3	69.7	2	71.6	1	68.4	3	3.6	1
哈尔滨	黑龙江	65.2	3	62.3	4	62.2	4	65.2	4	64.1	4	-1.1	-1
营口	辽宁	58.1	6	55.4	7	55.7	6	56.0	9	63.1	5	4.9	1
锦州	辽宁	54.5	7	56.7	5	57.5	5	57.7	6	62.8	6	8.4	1
鞍山	辽宁	59.6	5	56.0	6	55.3	8	55.3	10	62.0	7	2.3	-2
本溪	辽宁	54.2	9	55.2	8	55.3	7	59.3	5	61.8	8	7.6	1
辽阳	辽宁	48.3	17	51.5	12	53.8	9	56.8	8	58.8	9	10.5	8
阜新	辽宁	46.4	20	46.2	20	46.5	21	50.4	14	56.4	10	10.0	10
吉林	吉林	50.9	12	50.3	14	51.7	11	56.9	7	55.8	11	4.9	1
丹东	辽宁	50.2	14	51.5	13	53.4	10	53.0	11	55.6	12	5.3	2
朝阳	辽宁	39.1	31	39.0	31	42.1	26	44.6	23	53.2	13	14.1	18
抚顺	辽宁	47.5	18	49.3	15	50.8	14	52.2	12	53.2	14	5.6	4
牡丹江	黑龙江	52.4	10	53.0	10	51.2	12	51.4	13	52.3	15	-0.1	-5
铁岭	辽宁	42.1	23	45.8	21	46.6	20	47.3	19	51.8	16	9.8	7
通化	吉林	46.0	21	47.1	18	47.1	17	47.1	20	50.6	17	4.6	4
葫芦岛	辽宁	49.4	15	49.0	16	45.4	22	46.0	22	49.2	18	-0.2	-3
盘锦	辽宁	50.6	13	45.6	22	46.8	19	48.3	18	48.4	19	-2.2	-6
佳木斯	黑龙江	54.2	8	52.0	11	48.4	15	49.5	15	47.7	20	-6.5	-12

(续表)

地级市	所属省	2013 值	2013 序	2014 值	2014 序	2015 值	2015 序	2016 值	2016 序	2017 值	2017 序	得分变动	名次变动
四平	吉林	46.7	19	47.8	17	47.9	16	49.4	16	47.1	21	0.4	-2
辽源	吉林	44.9	22	41.9	25	45.2	23	46.8	21	46.7	22	1.8	0
大庆	黑龙江	52.3	11	54.0	9	50.9	13	48.8	17	46.3	23	-6.0	-12
白城	吉林	37.1	32	38.4	32	41.6	28	41.8	27	46.1	24	9.1	8
白山	吉林	40.1	28	40.3	27	42.2	25	42.7	25	43.6	25	3.4	3
鸡西	黑龙江	39.9	29	39.7	29	40.4	30	40.3	29	43.2	26	3.2	3
齐齐哈尔	黑龙江	48.6	16	46.6	19	47.0	18	42.6	26	42.4	27	-6.2	-11
黑河	黑龙江	40.7	27	41.9	24	41.4	29	39.5	30	41.2	28	0.4	-1
松原	吉林	40.9	26	40.1	28	42.0	27	42.8	24	40.3	29	-0.6	-3
双鸭山	黑龙江	39.8	30	42.9	23	44.4	24	41.7	28	39.0	30	-0.8	0
绥化	黑龙江	40.9	25	39.4	30	38.3	31	38.4	31	36.8	31	-4.1	-6
鹤岗	黑龙江	36.2	33	33.8	34	37.8	32	35.4	32	36.3	32	0.1	1
伊春	黑龙江	41.0	24	40.5	26	32.5	34	32.0	33	34.3	33	-6.7	-9
七台河	黑龙江	36.1	34	36.7	33	33.8	33	31.1	34	33.5	34	-2.6	0

注：①得分变动为2017与2013年的差值，正值表示成长，负值表示衰退；②名次变动为2013与2017年的差值，正值为名次提升，负值为名次后退。

第一，东北三省34个地级市之间的发展水平存在较大差异，大部分地级市的发展水平均有待进一步提升。

比较各省指数得分最高城市和最低城市之间的差异，如黑龙江省哈尔滨市和七台河市相差34.1分、吉林省长春市和白城市相差34.5分、辽宁省沈阳市和朝阳市相差36.2分，可以看出34个地级市的发展水平在省内及省际的差异明显。此外，东北三省34个地级市中，最高指数得分超过50分有20个城市（占比58.8%），且只有沈阳、大连、长春3个地级市的最高指数得分超过70分，大部分城市的指数得分均在50分左右，说明东北三省地级市的发展水平有待进一步提升。具体而言，黑龙江省最高指数得分超高50分的有哈尔滨、大庆、佳木斯、牡丹江4个城市，占比33.3%；吉林省有长春、吉林、通化3个城市，占比37.5%；辽宁省最高指数得分情况较好，除葫芦岛外其余13个地级市的最高指数得分均超高50分，占比92.9%。东北三省振兴指数得分最高的城市分别为2017年的沈阳市（75.2分）、2016年的长春市（71.6分）和2016年的哈尔滨市（65.2分）。

第二，辽宁和吉林省地级市总体呈现向上的发展态势，黑龙江省大部分地级市存在较高的停滞甚至后退的风险。

东北三省34个地级市2017的连续排名较2013年有所提升的城市有22个，占比64.7%，表明各地级市总体上有着较好的发展态势，其中，辽宁省除盘锦和葫芦岛外，其他12个城市均呈现上升趋势，吉林省除松原外的7个地级市均呈现上升趋势，黑龙江省的表现相对较弱，仅有3个城市（鹤岗、黑河、鸡西，占比25%）呈现上升趋势，且部分地级市（如大庆、佳木斯、齐齐哈尔）2017年较2013年的连续排名下滑超高40名，存在较高的停滞甚至后退的风险。东北三省最优连续排名分别为2017年的沈阳市（第1名）、2016年的长春市（第4名）和2016年的哈尔滨市（第15名）。整体而言，2013—2017年，辽宁省和吉林省的平均连续排名呈现稳步增长的趋势，黑龙江省则呈现逐年下降的趋势。辽宁省的平均连续排名明显高于吉林省和黑龙江省，年均提升7.4名，吉林省的连续排名年均提升5.8名，并从2015年开始超过了黑龙江省；黑龙江省的平均排名呈现持续下降趋势，年均排名下降3.4名。

第三，五年中，东北三省有近半数地级市的相对排名退后，反映出相对优势在下降。

单年排名的变化是相对能力此消彼长的反映，东北三省中有14个地级市（占比41.2%）的单年排名呈现下降趋势，相对发展能力被进一步缩减。具体而言，辽宁省14个地级市中，单年排名上升的10个（占71.4%），排名退后的有4个（占28.6%），其中朝阳市相对排名上升18名，盘锦市下降6名，分别为辽宁省上升与下降最快的两个城市；吉林省的8个地级市中，单年排名上升的有五个（占62.5%），退后的有2个（占25.0%），单年排名保持不变的有1个（12.5），其中白城市相对排名上升8名，松原市下降3名，分别为吉林省上升和下降最快的两个城市；黑龙江省的12个地级市中，单年排名上升的有1个（占8.3%），退后的有9个（占75%），排名保持不变的有2个（占16.7%），其中大庆市和佳木斯市下降12名，成为黑龙江省下降最快的城市，鸡西市上升3名，可见黑龙江省各地级市的发展倒退明显。

第四，东北三省部分地级市的振兴水平出现实质性退步，副省级以上城市中哈尔滨出现实质性倒退。

比较图2.164和图2.165可以看出，东北三省34个地级市中有10个地级市的连续排名和单年排名均呈现下降趋势，即这10个地级市出现实质性退步（占29.4%），分别为大庆、哈尔滨、佳木斯、牡丹江、齐齐哈尔、绥化、伊春、松原、葫芦岛和盘锦，尤其以大庆市和佳木斯市的倒退幅度最为突出，连续排名下降超过40名、单年排名下降超过10名。

第五，副省级及以上城市的发展水平明显优于其他城市，区域内发展呈现明显分化现象。

大连、沈阳、长春、哈尔滨4个副省级及以上城市的发展水平明显过于其他城市，地级市的发展出现了较严重的区域分化现象。从图2.163可见，辽宁省的断层出现在省内平均排名第二的沈阳市和排名第三的锦州市之间，但差距呈现略有缩小的趋势；吉林省的断层出现在省内平均排名第一的长春市和排名第二的吉林市之间，且在2013—2016年呈现扩大趋势、2017年差距略有缩小；黑龙江省的断层出现在排名第一的哈尔滨市和排名第二的牡丹江市之间，但差距存在缩小趋势。

综上可以判断，东北三省34个地级市之间的发展水平差异明显，副省级及以上城市的发展水平明显优于其他城市，且大部分城市的发展水平不高（指数得分在50分左右），东北三省地级市的发展水平有待进一步提升。此外，虽然大部分城市的绝对发展水平呈现上升趋势，但仍有10个地级市出现实质性退步，其中尤以大庆市和佳木斯市的倒退幅度最为突出。从地市级指标体系及数据分析的结果来看，辽宁省呈现稳步上升的发展态势；吉林省基本呈现上升趋势，但在2017年相对发展能力略有下降；黑龙江省于2013—2017年出现实质性退步。

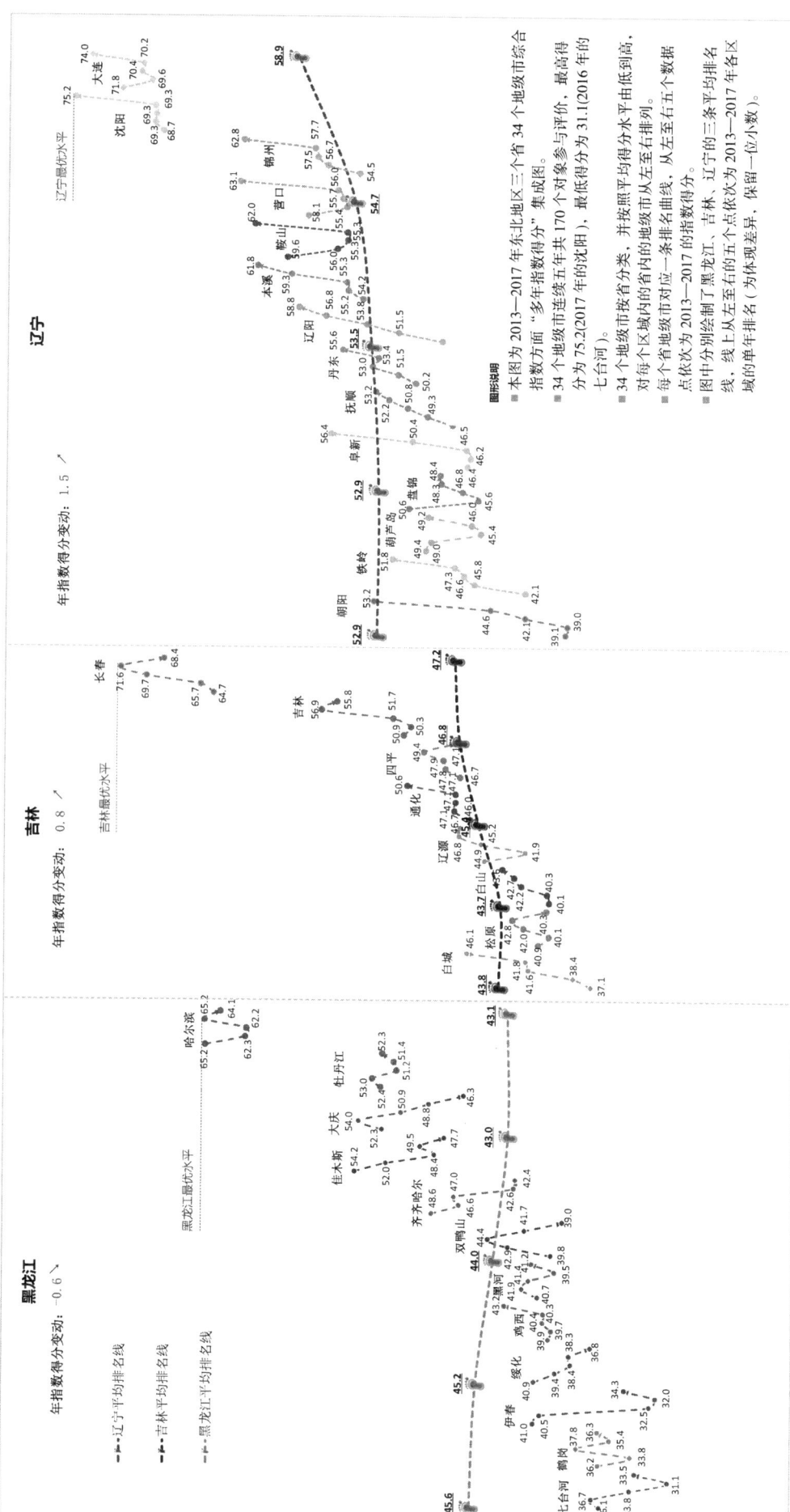

图 2.163 2013—2017 年东北三省 34 个地级市振兴指数得分变动情况

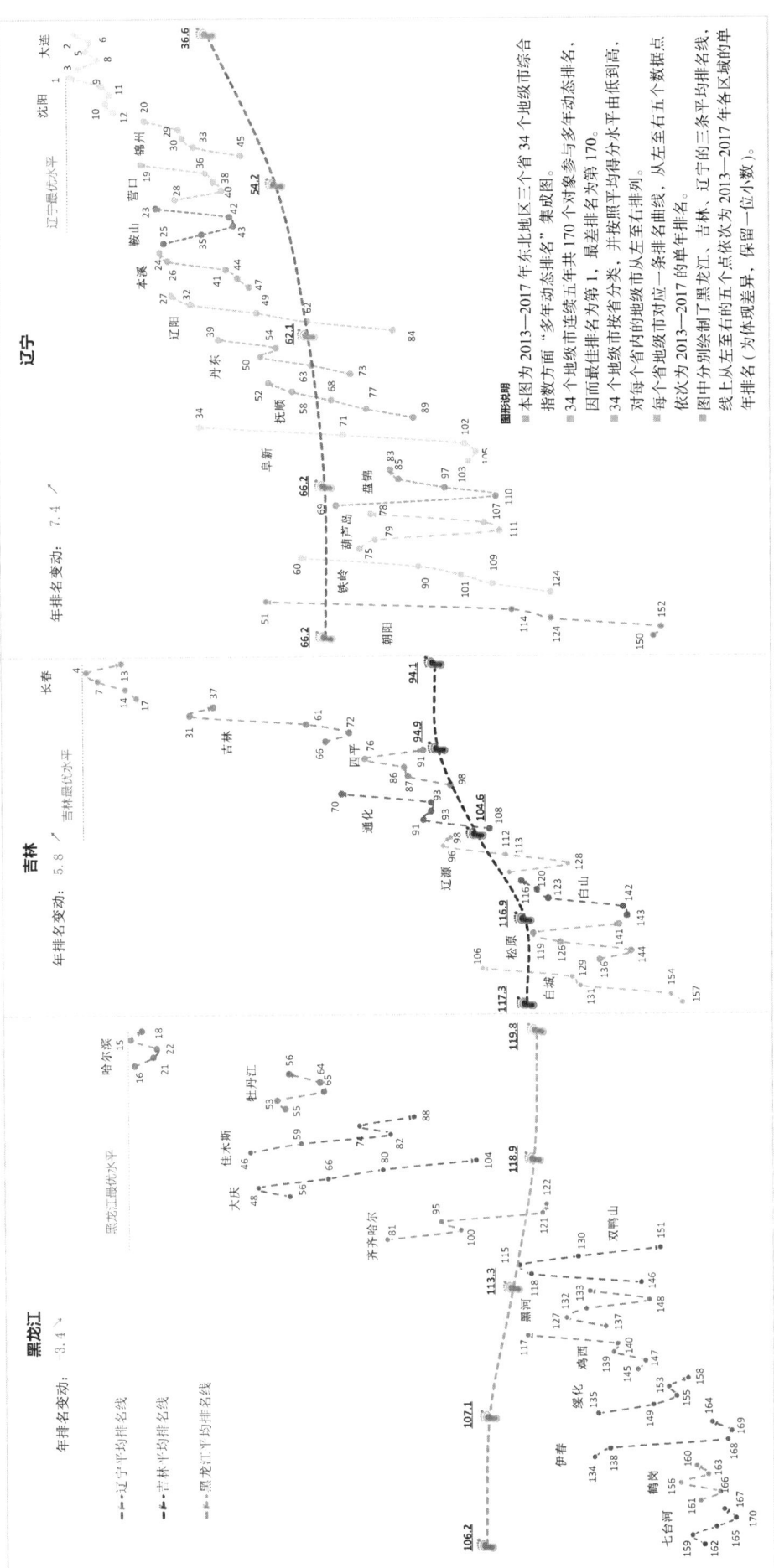

图 2.164　2013—2017 年东北三省 34 个地级市振兴指数多年连续排名变动情况

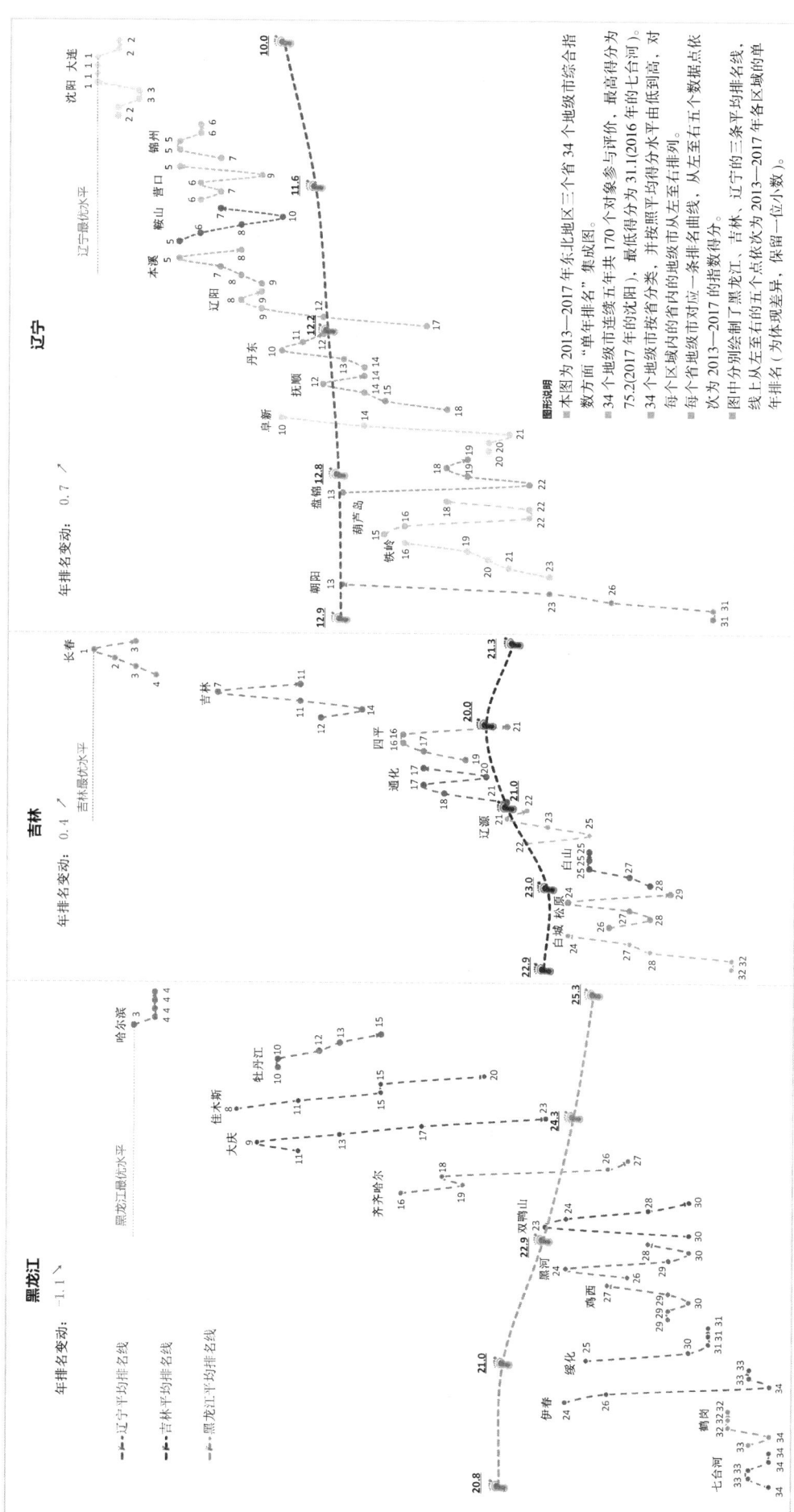

图 2.165　2013—2017 年东北三省 34 个地级市振兴指数单年排名变动情况

2. 地市级振兴分项指数分析

对相关数据进行统计形成2013—2017年东北三省地级市振兴分项指数得分及单年排序表，如表2.230、表2.231所示。

表2.230 东北三省分项指数得分及排序

省份	政府治理	企态优化	区域开放	产业发展	创新创业	社会民生	振兴指数
辽宁	54.81/14	51.42/16.6	56.4/10.4	55.63/14.4	52.92/16.4	56.34/12	54.59/11.9
吉林	49.7/17.1	57.47/11.4	39.28/21.5	44.55/22.5	53.2/15.8	44.94/24	48.19/19.3
黑龙江	39.53/21.9	42.49/22.6	35.49/23.1	51.63/17.8	47.52/20	48.41/19.6	44.18/22.9
三省平均	48.22/17.5	49.69/17.5	44.99/17.5	51.61/17.5	51.08/17.5	50.86/17.5	49.41/17.5

表2.231 东北三省各地级市分项指数得分及排序

市	年份	政府治理	企态优化	区域开放	产业发展	创新创业	社会民生	振兴指数
鞍山	13—17年	64.46/8	52.51/15.8	56.22/9.6	54.23/15.6	56.37/9.4	62.03/5.6	57.64/7.2
	2013	74.06/5	56.02/12	64.79/8	42.29/14	58.63/12	61.98/3	59.63/5
	2014	73.14/6	52.1/16	52.22/10	44.25/19	59.89/9	54.58/7	56.03/6
	2015	66.52/7	44.25/21	46.35/12	54.02/12	57.43/9	63/4	55.26/8
	2016	45.84/15	46.04/23	56.96/10	62.99/14	54.71/10	65.29/6	55.3/10
	2017	62.77/7	64.14/7	60.81/8	67.58/19	51.2/7	65.3/8	61.96/7
本溪	13—17年	52.9/14.8	54.04/14	65.34/4.8	51.57/17.8	56.62/9.6	62.47/3.8	57.15/7.4
	2013	48.74/19	52.3/18	75.72/2	34.99/21	58.3/13	54.87/6	54.15/9
	2014	47.46/20	55.18/13	64.36/3	47.33/17	61.23/8	55.68/5	55.21/8
	2015	61.13/12	39.5/24	57.33/7	50.35/16	59.44/8	64.28/3	55.34/7
	2016	53.22/10	60.03/5	61.9/7	57.14/19	57.47/8	66.15/3	59.32/5
	2017	53.93/13	63.16/10	67.41/5	68.01/16	46.65/11	71.36/2	61.75/8
朝阳	13—17年	33.23/25.8	47.59/21.4	37.77/24	61.54/8.8	40.19/29.2	41.22/28.6	43.59/24.8
	2013	35.8/28	48.78/23	31.31/29	43.52/12	44.14/32	31.24/31	39.13/31
	2014	37.42/25	33.82/31	34.94/25	51.87/11	44.78/27	30.95/32	38.96/31
	2015	38.5/22	36.24/29	30.28/28	63.56/7	40.76/32	43.04/30	42.06/26
	2016	26.29/27	47.42/22	38.58/24	70.37/6	39.37/28	45.62/28	44.61/23
	2017	28.12/27	71.68/2	53.75/14	78.39/8	31.9/27	55.25/22	53.18/13

（续表）

市	年份	政府治理	企态优化	区域开放	产业发展	创新创业	社会民生	振兴指数
大连	13—17年	82.49/1	55.45/12.8	74.57/1.4	69.16/5.8	81.37/1	64.09/3.6	71.19/1.4
	2013	80.2/1	60/7	79.52/1	61.97/3	83.99/1	64.97/1	71.77/1
	2014	84.2/1	60.35/6	67.27/2	64.8/3	84.22/1	56.44/4	69.55/1
	2015	83.7/1	46.28/19	67.38/2	74.61/2	83.79/1	66.53/2	70.38/1
	2016	81.77/1	49.36/20	73.2/1	66.57/11	84.28/1	66.14/4	70.22/2
	2017	82.56/1	61.28/12	85.49/1	77.83/10	70.58/1	66.4/7	74.02/2
丹东	13—17年	58.45/11.2	37.88/28	61.02/7.8	60.82/8.4	46.04/21.4	52.25/17.6	52.74/12
	2013	59.79/12	35.71/30	69/7	45.82/8	48.81/27	42.3/22	50.24/14
	2014	62.87/11	38.38/30	62.4/6	50.78/12	47.5/22	47.08/22	51.5/13
	2015	69.09/5	38.96/25	54.53/9	57.64/10	49.02/18	51.27/19	53.42/10
	2016	43.22/17	41.69/26	59.9/8	69.03/7	47.81/19	56.18/16	52.97/11
	2017	57.27/11	34.66/29	59.25/9	80.83/5	37.08/21	64.41/9	55.58/12
抚顺	13—17年	61.06/9.8	49.69/18	46.89/15.4	38.87/27.4	45.31/20.8	61.77/4.6	50.6/14.6
	2013	66.35/9	34.29/32	50.71/15	26.82/29	49.81/24	57.13/5	47.52/18
	2014	65.28/10	43.94/26	45.32/16	34.41/27	49.19/19	57.87/2	49.34/15
	2015	63.57/8	47.41/17	41.41/17	42.5/24	49.29/17	60.65/6	50.8/14
	2016	52.2/12	59.26/6	52.42/12	42.86/29	40.45/26	65.91/5	52.18/12
	2017	57.91/10	63.54/9	44.58/17	47.76/28	37.82/18	67.3/5	53.15/14
阜新	13—17年	35.39/25	52.3/15.8	35.42/23.4	59.16/10.8	57.74/8.6	55.05/12.6	49.17/17
	2013	41.46/25	50.98/21	38.98/22	41.36/16	59.96/10	45.81/17	46.42/20
	2014	36.99/26	52.46/15	30/27	48.71/16	58.1/12	50.66/15	46.15/20
	2015	33.98/26	39.91/23	30.43/27	53.91/13	62.37/6	58.31/9	46.49/21
	2016	18.88/30	52.25/15	39.88/20	70.8/5	60.29/6	60.57/10	50.44/14
	2017	45.63/18	65.9/5	37.83/21	81/4	47.98/9	59.89/12	56.37/10

（续表）

市	年份	政府治理	企态优化	区域开放	产业发展	创新创业	社会民生	振兴指数
葫芦岛	13—17年	40.5/21.8	55.52/12.6	49.87/13.8	55.86/14.6	38.07/31.4	47/24	47.8/18.6
	2013	48.63/20	62.94/5	55.3/11	41.62/15	45.2/31	42.65/21	49.39/15
	2014	50.89/19	51.46/18	51.92/11	49.78/15	43.1/30	46.97/23	49.02/16
	2015	37.69/24	50.26/14	39.35/21	57.55/11	37.29/34	50.03/21	45.36/22
	2016	30.05/24	54.29/12	47.59/14	62.54/15	35.77/31	45.98/27	46.04/22
	2017	35.23/22	58.63/14	55.21/12	67.81/17	29/31	49.36/28	49.21/18
锦州	13—17年	61.28/9.4	52.73/16.8	67.11/4.2	57.95/11.8	54.91/11.2	53.05/15.4	57.84/5.8
	2013	68.73/8	51.04/20	69.65/6	43.95/11	53.85/18	39.46/26	54.45/7
	2014	66.02/8	54.23/14	63.27/5	49.98/14	59.45/10	47.51/20	56.74/5
	2015	62/10	57.13/9	61.18/4	52.86/15	54.71/11	57.01/11	57.48/5
	2016	50.75/13	47.69/21	67.02/3	63.38/13	56.03/9	61.28/9	57.69/6
	2017	58.87/9	53.56/20	74.41/3	79.56/6	50.51/8	60/10	62.82/6
辽阳	13—17年	53.01/15.8	49.41/19.6	57.46/8.4	50.61/19	54.62/12	57.96/9	53.85/11
	2013	57.14/14	43.84/27	50.89/14	36.04/20	52.58/20	49.46/9	48.32/17
	2014	55.5/15	42.03/27	52.26/9	42.69/22	65.74/6	50.82/14	51.51/12
	2015	59.48/15	46.98/18	55.04/8	49.06/18	53.89/13	58.52/8	53.83/9
	2016	41.95/18	50.41/18	64.3/4	66.01/12	54.11/11	64.02/8	56.8/8
	2017	50.98/17	63.78/8	64.81/7	59.26/23	46.79/10	67/6	58.77/9
盘锦	13—17年	53.4/15.2	44.7/22	58.98/8	34.64/29.6	44.08/24	51.76/16.4	47.93/18.2
	2013	56.37/15	64.53/4	60.15/9	27.45/27	48.37/28	46.77/12	50.61/13
	2014	52.74/17	44.01/25	50.27/12	33.4/29	45.98/26	47.14/21	45.59/22
	2015	60.6/13	36.94/27	63.1/3	25.86/32	41.24/30	52.76/16	46.75/19
	2016	45.15/16	44.06/24	62.82/6	40.53/31	44.63/21	52.6/20	48.3/18
	2017	52.12/15	33.95/30	58.57/10	45.98/29	40.19/15	59.52/13	48.39/19

(续表)

市	年份	政府治理	企态优化	区域开放	产业发展	创新创业	社会民生	振兴指数
沈阳	13—17年	74.79/3.4	60.54/6.2	69.1/3.6	72.16/2.8	78.02/2	67.5/1.2	70.36/2.2
	2013	74.06/4	56.54/11	73.22/4	64.75/2	79.35/2	64.38/2	68.72/2
	2014	73.85/5	61.48/4	73.08/1	64.62/4	79.56/2	63.19/1	69.3/2
	2015	75.93/2	61.43/4	57.89/6	71.4/3	80.43/2	68.42/1	69.25/3
	2016	71.54/4	54.93/9	63.46/5	76.21/3	80.69/2	69.01/1	69.31/3
	2017	78.59/2	68.32/3	77.87/2	83.83/2	70.07/2	72.52/1	75.2/1
铁岭	13—17年	35.43/24.6	52.11/17.2	46.69/15.8	48.26/21.4	47.72/18.4	49.99/20.6	46.7/19.8
	2013	39.45/26	55.52/14	41.16/21	24.46/33	48.94/26	42.85/20	42.06/23
	2014	43.79/21	49.6/20	47.88/14	35.73/26	52.84/15	44.9/25	45.79/21
	2015	37.96/23	44.29/20	50.38/10	50.14/17	47.68/23	49.01/23	46.58/20
	2016	30.35/23	49.88/19	39.32/21	58.97/17	48.53/14	56.56/15	47.27/19
	2017	25.6/30	61.27/13	54.72/13	72.03/14	40.63/14	56.61/20	51.81/16
营口	13—17年	61.04/9.6	55.35/12	63.08/6	64/8.2	39.81/30.2	62.6/4.8	57.64/6.6
	2013	58.63/13	55.75/13	74.43/3	53.72/6	48.2/29	58.14/4	58.14/6
	2014	65.89/9	55.68/10	58.77/7	58.89/9	39.5/33	53.51/10	55.37/7
	2015	61.61/10	47.61/16	58.09/5	60.98/9	43.32/29	62.33/5	55.66/6
	2016	52.33/11	51.83/17	56.97/9	68.49/8	37.87/30	68.44/2	55.99/9
	2017	66.71/5	65.9/4	67.13/6	77.9/9	30.16/30	70.58/3	63.06/5
白城	13—17年	28/29.2	53.24/15.6	39.19/21.2	52.21/17	41.17/27.4	32.15/33.2	40.99/28.6
	2013	29.39/33	47.66/25	37.62/25	44.73/9	43.93/33	18.97/34	37.05/32
	2014	29.12/31	50.61/19	41.72/17	39.33/24	43.32/29	26.08/33	38.36/32
	2015	28.78/30	51.5/13	38.72/22	48.2/19	43.7/28	38.7/33	41.6/28
	2016	20.88/28	54.58/10	39.27/22	56.16/20	42.39/22	37.66/33	41.82/27
	2017	31.81/24	61.86/11	38.6/20	72.65/13	32.49/25	39.35/33	46.13/24

(续表)

市	年份	政府治理	企态优化	区域开放	产业发展	创新创业	社会民生	振兴指数
白山	13—17年	30.28/28.2	57.07/10.8	39.01/21.4	35.36/29.8	45.96/21.6	42.88/26.8	41.76/26
	2013	31.14/31	56.77/10	37.86/24	25.94/30	49.34/25	39.71/25	40.13/28
	2014	34.85/28	59.19/7	38.93/22	25.8/32	50.31/18	32.68/30	40.29/27
	2015	30.64/29	59.65/8	39.43/20	30.59/30	45.49/25	47.16/24	42.16/25
	2016	27.73/25	54.52/11	39.15/23	40.56/30	47.82/18	46.16/26	42.66/25
	2017	27.04/28	55.23/18	39.65/18	53.93/27	36.83/22	48.7/29	43.56/25
吉林	13—17年	60.17/11.8	47.3/20.8	40.6/20.4	52.24/17.4	59.13/7	59.18/7.8	53.1/11
	2013	63.44/10	40.47/29	44.77/19	44.43/10	61.35/8	50.85/8	50.88/12
	2014	62.25/12	45.07/23	41.51/18	39.15/25	62.19/7	51.84/13	50.34/14
	2015	55.97/18	48.46/15	37.84/23	47.69/21	60.37/7	59.69/7	51.67/11
	2016	62.32/7	52.2/16	41.59/19	61.2/16	58.97/7	64.89/7	56.86/7
	2017	56.86/12	50.29/21	37.29/23	68.71/15	52.75/6	68.62/4	55.75/11
辽源	13—17年	62.23/9.6	59.97/8.2	21.63/32.4	28.12/31.4	53.39/11.8	45.18/26	45.09/22.6
	2013	70.35/7	53.3/17	22.1/33	28.74/25	59.26/11	35.66/29	44.9/22
	2014	59.56/13	56.29/9	18.65/33	20.78/34	54.64/13	41.34/27	41.88/25
	2015	59.6/14	60.81/5	19.86/33	28.25/31	56.31/10	46.1/25	45.16/23
	2016	62.34/6	63.72/4	24.15/31	28.17/34	51.39/13	50.9/24	46.78/21
	2017	59.28/8	65.73/6	23.37/32	34.68/33	45.35/12	51.86/25	46.71/22
四平	13—17年	49.57/16.8	63.9/5	37.52/22.8	46.3/22.4	47.47/18.8	42.01/29.2	47.79/17.8
	2013	53.99/17	66.27/2	38.2/23	36.33/19	50.83/23	34.66/30	46.71/19
	2014	55.82/14	65.09/3	38.33/23	33.6/28	51.81/16	42.17/26	47.8/17
	2015	57.47/16	62.56/3	33.92/24	40.99/26	48.94/19	43.76/29	47.94/16
	2016	46.79/14	67.33/2	37.81/25	52.89/21	48.09/17	43.28/30	49.37/16
	2017	33.76/23	58.23/15	39.34/19	67.68/18	37.65/19	46.18/31	47.14/21

（续表）

市	年份	政府治理	企态优化	区域开放	产业发展	创新创业	社会民生	振兴指数
松原	13—17年	60.15/10.8	54.48/13	24.1/30.8	34.16/30	37/31.2	37.44/31	41.22/26.8
	2013	62.9/11	58.43/8	26.27/31	24.48/32	37.48/34	35.94/28	40.92/26
	2014	66.81/7	55.68/11	21.49/31	25.33/33	39.06/34	32.34/31	40.12/28
	2015	61.35/11	55.43/10	24.26/31	32.15/29	38.09/33	40.6/32	41.98/27
	2016	57.86/9	53.49/14	24.2/30	43.11/26	39.4/27	38.69/32	42.79/24
	2017	51.83/16	49.37/22	24.3/31	45.74/30	30.96/28	39.65/32	40.31/29
通化	13—17年	33.65/26	53/16.2	41.75/20	40.92/25.6	68.39/5	47.63/23.4	47.56/18.6
	2013	37.85/27	47.98/24	49.89/16	33.21/23	68.55/5	38.32/27	45.97/21
	2014	38.2/24	51.97/17	48.37/13	31.25/30	72.7/5	40.36/28	47.14/18
	2015	32.86/28	54.31/11	40.9/19	33.57/28	69.5/5	51.17/20	47.05/17
	2016	27.67/26	53.82/13	35.86/26	43.81/25	69.62/5	51.52/23	47.05/20
	2017	31.7/25	56.91/16	33.7/26	62.78/22	61.55/5	56.78/19	50.57/17
长春	13—17年	73.53/4	70.81/1.6	70.43/3.2	67.11/6.4	73.09/3.4	53.07/14.2	68.01/2.6
	2013	71.62/6	65.95/3	72.12/5	57.2/5	74.96/4	46.61/13	64.74/4
	2014	74.16/4	66.67/2	64.15/4	61.08/7	74.26/4	53.71/8	65.67/3
	2015	72.82/4	73.95/1	69.58/1	69.08/5	75.2/3	57.5/10	69.69/2
	2016	75.6/2	73.76/1	72.01/2	73.2/4	76.76/3	57.99/13	71.55/1
	2017	73.45/4	73.71/1	74.3/4	74.99/11	64.28/3	49.52/27	68.38/3
大庆	13—17年	70/4.4	58.41/11	40.79/19.6	27.8/33	50.55/14.4	55.15/12.4	50.45/14.6
	2013	74.87/3	71.94/1	41.75/20	20.96/34	57.79/14	46.34/15	52.27/11
	2014	76.15/2	71.5/1	40.8/19	28.26/31	53.6/14	53.54/9	53.97/9
	2015	66.95/6	64.68/2	42.95/16	22.94/34	50.88/16	56.87/12	50.88/13
	2016	67.53/5	39.98/27	41.63/18	35.34/32	48.46/15	60.08/11	48.84/17
	2017	64.51/6	43.94/24	36.84/25	31.49/34	42/13	58.92/15	46.28/23

(续表)

市	年份	政府治理	企态优化	区域开放	产业发展	创新创业	社会民生	振兴指数
哈尔滨	13—17年	75.02/2.8	52.67/15.4	50.69/13.2	80.4/1	71.53/3.6	52.3/16	63.77/3.8
	2013	76.42/2	53.5/16	57.12/10	77.72/1	78.55/3	47.56/10	65.15/3
	2014	74.65/3	45.81/22	46.03/15	80.51/1	76.28/3	50.3/16	62.26/4
	2015	72.83/3	53.52/12	44.67/15	79.84/1	70.32/4	51.72/18	62.15/4
	2016	75.01/3	55.36/8	56.38/11	79.98/1	70.06/4	54.46/18	65.21/4
	2017	76.21/3	55.17/19	49.25/15	83.93/1	62.44/4	57.47/18	64.08/4
鹤岗	13—17年	21.76/31.2	26.43/33	25.27/30	44.06/23.4	45.01/22	52.74/16	35.88/32.6
	2013	31.91/30	25.96/34	22.81/32	28.7/26	61.56/7	46.18/16	36.19/33
	2014	22.28/32	22.92/34	19.22/32	43.08/21	46.82/23	48.49/18	33.8/34
	2015	21.16/32	30.07/32	26.11/30	48.07/20	44.61/27	56.71/13	37.79/32
	2016	18.23/31	28.35/32	29.3/28	44.48/24	38.52/29	53.28/19	35.36/32
	2017	15.2/31	24.88/33	28.89/28	55.97/26	33.52/24	59.04/14	36.25/32
黑河	13—17年	30/28.6	44.39/23.6	30.6/27	48.35/20	43.54/24.4	48.83/22	40.95/27.6
	2013	34.21/29	49/22	33.48/26	34.48/22	52.3/21	40.95/24	40.74/27
	2014	34.85/29	44.62/24	30.42/26	49.99/13	46.26/24	45.23/24	41.89/24
	2015	33.79/27	42.96/22	32.3/26	45.28/22	48.13/21	45.95/27	41.4/29
	2016	20.76/29	42.21/25	30.12/27	45.22/23	42.07/24	56.74/14	39.52/30
	2017	26.38/29	43.16/25	26.68/30	66.75/20	28.92/32	55.26/21	41.19/28
鸡西	13—17年	35.3/24.8	28.44/31.8	41.85/19	44.12/24.2	42.58/25.4	51.84/17.2	40.69/28.6
	2013	45.05/21	32.63/33	46.76/18	25.36/31	45.63/30	44.11/18	39.92/29
	2014	34.1/30	23.37/33	36.8/24	44.59/18	46.22/25	53.04/12	39.69/29
	2015	34.7/25	19.63/34	45.02/14	41.92/25	48.52/20	52.29/17	40.35/30
	2016	32.59/22	27.14/33	43.45/15	52.2/22	34.94/32	51.59/22	40.32/29
	2017	30.06/26	39.45/26	37.22/24	56.51/25	37.57/20	58.18/17	43.16/26

(续表)

市	年份	政府治理	企态优化	区域开放	产业发展	创新创业	社会民生	振兴指数
佳木斯	13—17年	45.36/19	41.53/23.8	44.34/16.6	71.5/3	47.93/18.8	51.39/17.6	50.35/13.8
	2013	56.02/16	54.86/15	51.56/13	58.5/4	57.29/15	47.07/11	54.22/8
	2014	51.21/18	55.28/12	39.88/20	68.21/2	43.84/28	53.25/11	51.95/11
	2015	45.92/19	34.76/31	41.12/18	70.97/4	47.83/22	49.9/22	48.42/15
	2016	35.98/21	33.75/29	43.14/16	78.75/2	52.77/12	52.29/21	49.45/15
	2017	37.67/21	29/32	46.02/16	81.06/3	37.93/17	54.45/23	47.69/20
牡丹江	13—17年	54.88/14.6	56.04/10.6	48.95/15	51.18/17.8	52.85/12.6	48.37/21.6	52.05/12
	2013	52.9/18	58.14/9	49.67/17	42.78/13	64.4/6	46.44/14	52.39/10
	2014	52.76/16	57.42/8	39.54/21	61.78/5	58.82/11	47.55/19	52.98/10
	2015	56.9/17	60.56/6	46.16/13	43.65/23	53.88/14	45.98/26	51.19/12
	2016	58.99/8	57.17/7	52.22/13	43.04/27	48.32/16	48.67/25	51.4/13
	2017	52.86/14	46.92/23	57.14/11	64.67/21	38.85/16	53.2/24	52.27/15
七台河	13—17年	15.34/33.4	36.76/29	15.66/34	53.32/16.6	38.56/29.6	45.75/25	34.23/33.6
	2013	17.68/34	42.63/28	21.19/34	39.74/17	53.06/19	42.25/23	36.09/34
	2014	17.5/34	38.67/29	15.61/34	56.72/10	42.21/31	49.26/17	36.66/33
	2015	14.43/33	35.25/30	14.8/34	53.46/14	40.81/31	44.3/28	33.84/33
	2016	15.32/33	28.36/31	13.13/34	57.61/18	29.7/34	42.37/31	31.08/34
	2017	11.75/33	38.9/27	13.58/34	59.09/24	27.02/33	50.57/26	33.48/34
齐齐哈尔	13—17年	41.69/20.8	33.74/28.6	46.57/14	63.81/8.6	47.67/17.4	39.08/30.2	45.43/21.2
	2013	44.43/23	51.23/19	53.49/12	52.58/7	60.45/9	29.36/32	48.59/16
	2014	41.84/23	39.46/28	52.83/8	60.35/8	50.93/17	34.12/29	46.59/19
	2015	40.08/20	36.51/28	47.08/11	66.01/6	50.95/15	41.12/31	46.96/18
	2016	39.44/19	20.31/34	42.15/17	67.22/10	42.13/23	44.1/29	42.56/26
	2017	42.67/19	21.18/34	37.31/22	72.87/12	33.88/23	46.69/30	42.43/27

（续表）

市	年份	政府治理	企态优化	区域开放	产业发展	创新创业	社会民生	振兴指数
双鸭山	13—17年	27.56/29.2	33.2/29.6	27.23/29	60.22/10.8	47.23/19.4	53.99/12.8	41.57/27
	2013	44.03/24	34.67/31	30.62/30	29.02/24	57.12/16	43.27/19	39.79/30
	2014	36.91/27	25.88/32	28.41/28	61.74/6	48.02/20	56.68/3	42.94/23
	2015	24.32/31	38.52/26	32.68/25	63.55/8	54.25/12	53.21/15	44.42/24
	2016	17.47/32	37.44/28	25.11/29	68.34/9	46.33/20	55.68/17	41.73/28
	2017	15.07/32	29.5/31	19.32/33	78.46/7	30.45/29	61.09/10	38.98/30
绥化	13—17年	40.79/21	60.45/7.6	26.34/30.2	41.18/25.4	38.39/29.4	25.4/33.8	38.76/29.6
	2013	44.48/22	60.02/6	31.73/28	37.73/18	51.02/22	20.56/33	40.93/25
	2014	42.44/22	60.97/5	28.06/30	40.89/23	41.37/32	22.63/34	39.39/30
	2015	38.87/21	60.55/7	21.42/32	40.33/27	45.38/26	23.03/34	38.26/31
	2016	37.97/20	63.98/3	23.48/32	42.93/28	32.1/33	29.81/34	38.38/31
	2017	40.21/20	56.74/17	27.03/29	44/31	22.09/34	30.99/34	36.84/31
伊春	13—17年	16.66/33.4	37.79/27.6	27.61/29	33.69/29.2	44.46/22.6	56.06/11	36.05/30
	2013	30.95/32	46.57/26	32.91/27	27.14/28	55.3/17	52.88/7	40.96/24
	2014	21.47/33	46.26/21	28.29/29	43.73/20	47.85/21	55.28/6	40.48/26
	2015	10.97/34	29.58/33	27.4/29	25.69/33	46.02/24	55.2/14	32.48/34
	2016	11.2/34	30.59/30	20.21/33	30.88/33	40.69/25	58.55/12	32.02/33
	2017	8.73/34	35.98/28	29.22/27	41.02/32	32.44/26	58.41/16	34.3/33

第一，34个地级市在六项分项指数的平衡发展上存在较大差异。

由图2.166可以看出，东北三省34个地级市在六个分项指数的平衡发展上存在较大差异，其中发展比较均衡的城市有鞍山、本溪、锦州、辽阳、铁岭、牡丹江等，发展较不均衡的有辽源、大庆、七台河、双鸭山、伊春、松原及哈尔滨等。在分项指数上发展水平较高（指数得分超过80分）的有大连的"创新创业"和"政府治理"，哈尔滨的"产业发展"。此外，可以看出，黑龙江省除哈尔滨外，其他城市在各分项指数上的发展水平均不高，大部分城市的指数得分在50分左右，尤其黑河市在6个分项指数的得分均低于50分。就东北三省而言，辽宁省的"区域开放"较强，平均得分为56.40，"企态优化"较弱，平均得分为 51.42；吉林省的"企态优化"较强，平均得分为 57.47，"区域开放"较弱，平均得分为 39.28；黑龙江省的"产业发展"较好，平均得分为 51.63，"区域开放"较弱，得分仅为 35.49。

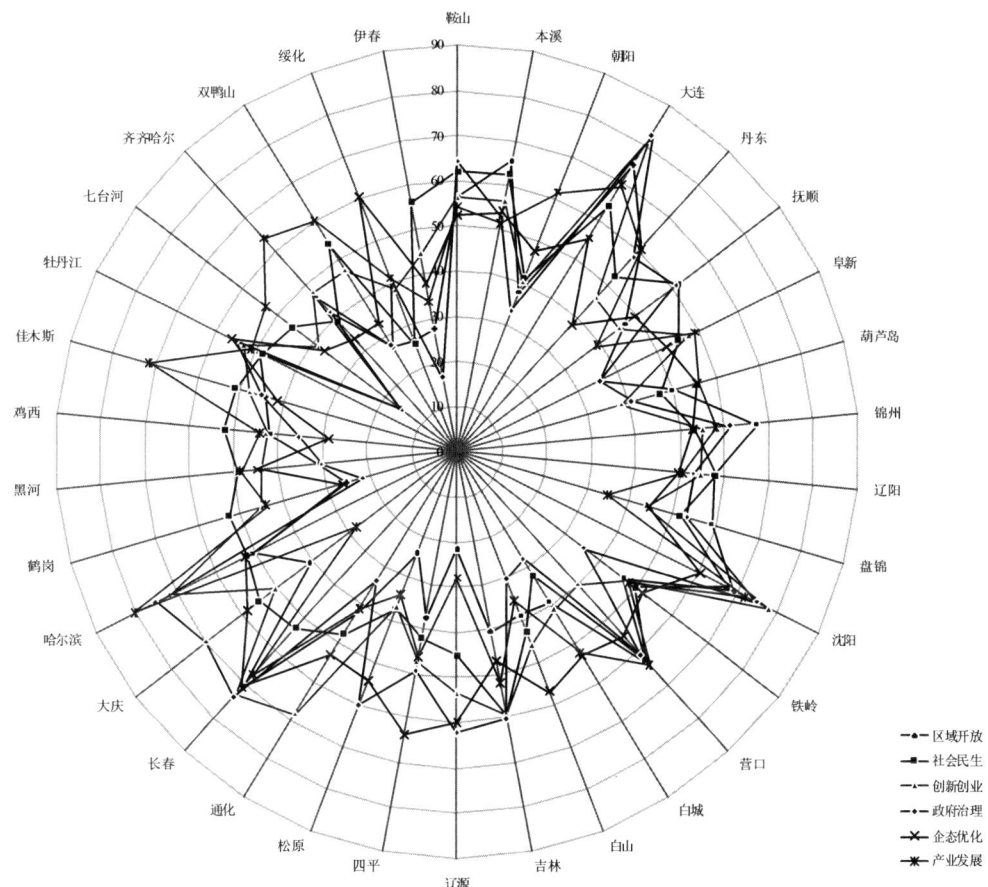

图 2.166 东北三省 34 个地级市在 6 个分项指数的平均得分

第二，振兴进展较大的地级市和振兴乏力的地级市之间的优劣势存在较大差别。

通过振兴总指数的分析可以发现，振兴进展较大的地级市包括辽宁省的朝阳市和吉林省的白城市等。分析这两个地级市的共同点可以发现，这些地级市几乎在所有六个分项上均有所增长，且在某些方面增长较快，表现出一专多强的特征。例如，朝阳市除在"区域开放""创新创业"方面外的其他四个分项指数上均有所增长，白城市除在"创新创业"方面外的其他五个分项指数上均有所增长，两个城市在"产业发展"方面的增长最明显。振兴明显乏力的地级市包括大庆市、佳木斯市和伊春市等。这些地级市在四个分项指标上（区域开放、创新创业、政府治理、企态优化）表现出下滑特征。其中，大庆市和佳木斯市在"企态优化"方面严重下滑,在"区域开放""创新创业""政府治理"方面也呈现不同程度的下滑;伊春市在"政府治理"方面呈现较大幅度的下滑,在"区域开放""创新创业""企态优化"方面也存在不同幅度的下滑。

第三,区域开放、政府治理和创新创业成为东北三省地级市振兴乏力的主要原因。

在"区域开放""政府治理"和"创新创业"方面,大部分地级市均表现出持续恶化的态势,这成为振兴乏力的主要问题,尤其是"创新创业"方面,34个地级市均呈现下降态势。分省看,辽宁省的地级市在"区域开放""政府治理"和"创新创业"方面表现均较差;吉林省在"政府治理""创新创业"方面增长乏力;黑龙江省在"社会民生"和"产业发展"方面表现较好,但在"区域开放""政府治理"和"创新创业""企态优化"方面表现均较差。

第四,社会民生和产业发展成为东北三省地级市振兴进程中的主要共同性亮点。

在"社会民生"和"产业发展"上,34个地级市均表现出持续增长的态势,这成为振兴进程中的主要亮点。

3. 主要结论

第一,从发展水平看,东北三省34个地级市之间的发展水平存在较大差异,且34个地级市中,最高指数得分超过50分有20个城市(占比58.8%),其中大部分城市的指数得分均在50分左右,说明东北三省地级市的发展水平有待进一步提升。此外,副省级及以上城市的发展水平明显优于其他城市,东北三省地级市的发展出现了较严重的区域分化现象。

第二,从发展动态看,东北三省34个地级市2017的连续排名较2013年有所提升的城市有22个,占比64.7%,表明大部分地级市总体上有着较好的发展态势。但通过对相对优势的分析,发现有近半数的地级市的相对优势呈现明显倒退(14个地级市,占比41.2%),说明部分地级市的相对优势正在缩减,尤其是有10个地级市已出现实质性退步(占29.4%),分别为大庆、哈尔滨、佳木斯、牡丹江、齐齐哈尔、绥化、伊春、松原、葫芦岛和盘锦,尤以大庆市和佳木斯市的倒退幅度最为突出。

第三,东北三省34个地级市在六个分项指数的平衡发展上存在较大差异,其中发展比较均衡的城市有鞍山、本溪、锦州、辽阳、铁岭、牡丹江等,发展较不均衡的有辽源、大庆、七台河、双鸭山、伊春、松原及哈尔滨等。就东北三省而言,辽宁省的"区域开放"较强,"企态优化"较弱;吉林省的"企态优化"较强,"区域开放"较弱;黑龙江省的"产业发展"较好,"区域开放"较弱。

第四,从分项指数的增长状况看,"区域开放""政府治理"和"创新创业"成为振兴乏力的主要原因,"社会民生"和"产业发展"成为振兴进程中的主要共同性增长点。分省而言,辽宁省的地级市在"区域开放""政府治理"和"创新创业"方面表现均较差,成为辽宁省整体振兴乏力的主要障碍;吉林省在"政府治理""创新创业"方面增长乏力;黑龙江省在"社会民生"和"产业发展"方面表现较好,但在"区域开放""政府治理"和"创新创业""企态优化"方面表现均较差。

Ⅲ 附 录

一、东北老工业基地全面振兴进程评价的基理

总体来看,一个地区的经济社会形态的形成与该地区政治、法律、文化、历史、区域资源禀赋和经济发展水平等密切相关。但是,上述因素只是影响一个地区经济社会形态的表象,而其形成的真正原因则在于政府、市场与社会间的互动。

(一)作为区域经济社会环境和区域主体的政府、市场和社会

日本学者青木昌彦为了说明制度间的关系提出了域(Domain)这一概念,根据每个参与人及其所面临的技术和意识上可选择的行动集合的不同,将经济中的域分为共有资源域、交易域、组织域、组织场、政治域以及社会交换域。① 参与人可以是自然人也可以是组织,在所有的域中,每一个参与人对别人的策略选择进行预测,并以此为基础选择有利于自身报酬最大化的策略。存在于各个域之间的制度的共识性集合,构成了整体制度的配置,图3.1显示了博弈域的六种类型及其相互关系。在给出了域的概念后,青木昌彦进一步指出,在某个域流行的制度从其他域的参与人角度看,由于个人认知与决策的有限理性,只要把它们看作外生参数,超出了自己的控制范围,它们就构成了一种制度环境,反之亦然。像这种共识性的相互依赖,构成了富有生命力的制度安排。

---

① 关于各个域的内涵请参见[日]青木昌彦:《比较制度分析》,周黎安译,上海远东出版社2001年版,第23—27页。

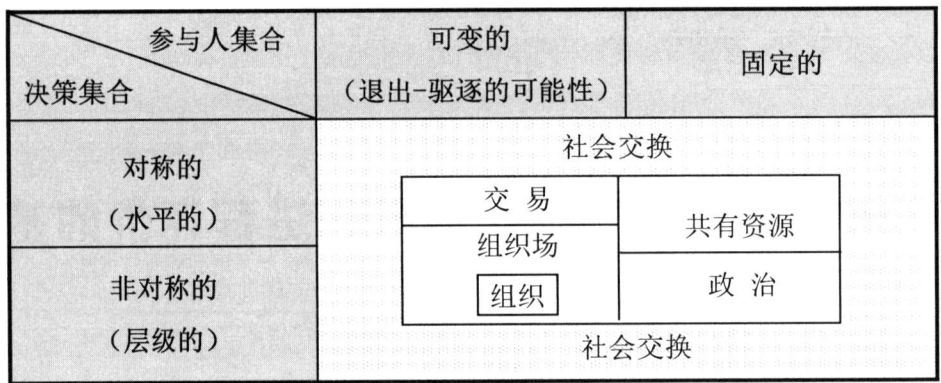

图 3.1 博弈域的六种类型

资料来源：[日] 青木昌彦：《比较制度分析》，周黎安译，上海远东出版社 2001 年版，第 27 页。（经本书作者整理）

但是，当对青木昌彦关于域的定义进一步分析时可以看出，尽管他称"任何域类型的划分不可能是在纯粹的技术上进行的，只能尽可能地根据域的技术特性来进行区别"，其定义虽然有利于分析单独某一个域的特征及其内部制度演化的规律，但对于经济体系的整体制度配置而言，在某一时段，一个经济主体可能同时从属于该定义上的几个域。例如，青木昌彦将组织域定义为经济主体根据协同行动进行财产的创造，并将其在成员之间进行分配，而将组织场定义为经济主体间通过匹配而创造出的组织。这样一来，经济活动的参与者可能既存在于组织域中（如作业团队、企业集团），也可能存在于组织场当中（如战略联盟、虚拟企业），这将不利于对制度演化过程中整体的把握。为此，本研究将青木昌彦所区分的六个域分别归结到政府、市场与社会这三个域当中，它们分别作为这三个域的子域存在，如图 3.2 所示。其中，市场域可视为组织资源交换以及各种组织形式存在的场，公平竞争的理念和供求价格系统是其制度体系。社会域可视为是人们为了满足其社会欲求，依靠一定的社会关联性创建出的各种社会集团（家庭、学校、社区等）的总和，社会制度体系（法律、风俗习惯、道德等）是社会成员间调整、控制相互关系的"公有秩序"。政府域则可视为在一定法律与契约结构下，以构建出匹配复

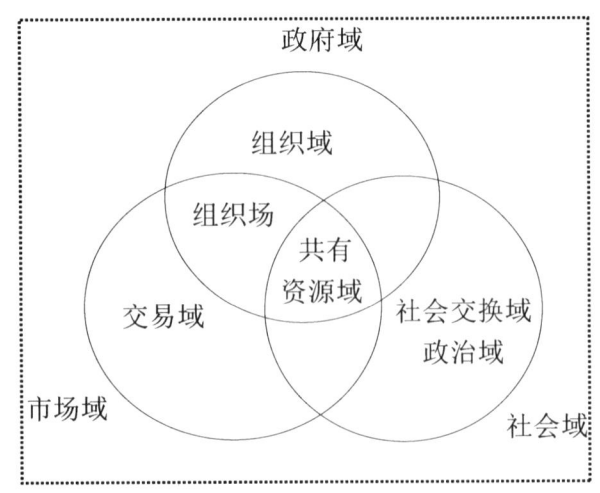

图 3.2 对青木昌彦所定义的"域"的再界定

资料来源：本书作者整理。

杂动态环境的区域创新能力为目标的制度供给与协作的组织，是一个既具有政治属性又具有契约属性的一组契约联合网络，正当性是维系其存在的根本。

（二）政府、市场和社会三者之间的关系

根据上述划分，政府、市场和社会的共同运动及相互作用，可看作是一个社会经济系统结构与运行的主要内容。进一步从交易主体的决策原则与交易主体之间的相互关系特征来看政府、市场和社会的本质，如果设在市场中，作为交易主体的决策原则为 $M_1 =$ 价格：各交易主体把价格作为信息媒体，在追求利益最大化的动机下，进行自由交易。交易主体之间的相互关系原则为 $M_2 =$ 自由的进入和退出：意味着交易参与者被赋予了根据自己所有的资源、能力以及偏好，进行自由信息披露的机会。

而在社会中，交易主体的决策原则为 $S_1 =$ 权威：各交易参与者为社会全体成员，以制度与规范为基础来对交易进行调节。交易主体之间的相互关系原则为 $S_2 =$ 固定、长期的交易：交易参与者维持固定不变的伙伴关系，交易的参与和退出原则上不能自由选择。

根据以上假设，两维向量 (M_1, M_2) 表示纯粹的市场交易，(S_1, S_2) 则表示纯粹的社会交易。第一维向量是"决策原则"，第二维向量是"关系原则"。然而，构成现实资源配置的各种交易中，并不仅仅是这种纯粹的形式，还有许多带有中间色彩的交易类型。① 本研究把含有中间形态的"决策原则"（M_1，M_1+S_1，S_1）以及"关系原则"（M_2，M_2+S_2，S_2）组合在一起，共有七种，如图3.3所示②。在这七种组合当中，维系交易主体之间的"决策原则"与"关系原则"，既不是纯粹的市场交易，又非纯粹的社会交易，实质上是由政府组织的"契约性"和"行政性"所衍生的交易主体所具有的特征，如现代政府与企业的关系、依靠组织内权威来配置资源等，这些决定了政府作为中间组织的存在所特有的特征。换言之，企业是市场与社会的中间组织。

---

① 例如作为交易参加者的决策原则，具有介于 M_1 和 M_2 之间的中间形态，用 M_1+S_1 来表示。适用于这一公式的可能形态是，尽管双方在最终阶段的交易是按照权威发出的指令进行的，但是交易进行到最终阶段之前，即在中间交易过程中，也存在带有 M_1 特点的信息交换及自由竞争机制作用于其中的情况。如在计划经济时代的企业的资源配置中，采用将实际价格作为一种信息媒介的分权制计划机制时，它就是 M_1+S_1 中的一种。另外，关于参与交易的交易主体之间的相互关系原则同样也存在着中间形态 M_2+S_2，在这种情况下存在的可能是，从原理上说是自由参加交易和自由退出交易的 M_2 型，但实际上在交易对象之间已经建立起固定和持续的交易关系，以致自由的参与和退出的机制不会起到作用。

② 该模型借鉴了今井贤一、伊井丹敬之（1982）关于市场原理与组织原理相互渗透的思想。具体请参见［日］今井贤一、伊井丹敬之、小池和男：《内部组织的经济学》，金洪云译，生活·读书·新知三联书店2004年版，第150—158页。

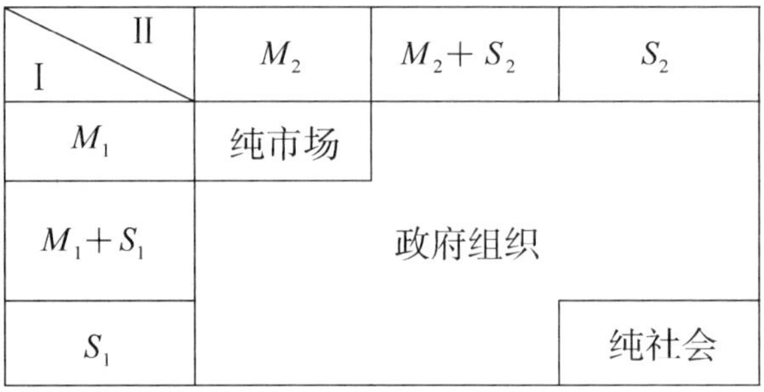

	II	M_2	M_2+S_2	S_2
I				
M_1	纯市场			
M_1+S_1	政府组织			
S_1			纯社会	

图 3.3 作为市场与社会中间组织的政府
资料来源：本书作者整理。

从政府、市场与社会的生成来看，在人类产生伊始，依靠血缘、亲缘与地缘所维系的氏族内部及氏族之间的关系构成了原始社会的社会体系。随着私人物品在生活中的剩出，简单的物物交换逐渐发展为以部落、氏族首领为代表，在生产不同产品的部落、氏族之间进行，形成了市场的雏形。由于金属工具的使用、第二次社会大分工、国家的出现以及庄园制经济的解体、地租货币化、城市化、行商的活跃等一系列重大的政治、经济、社会、文化的变化，使得从前的共同体社会在社会成员间进行资源分配的机能逐渐消亡。面对共同体社会的解体所引发的复杂性和不确定性，社会成员并不是完全被动地承受，而是通过与环境能动的相互作用，创造出新的交换系统来实现自身的欲求①，近代市场体系就是这种活动的产物。从某种意义上来讲，"正是由于同市场相关的各种社会领域（政治体系、家族、亲缘、社会共同体等）制度体系的相对安定，才使市场经济的不安定化倾向得到抑制，而不会造成市场社会的危机。同时，市场社会的安定使经济得到发展，反过来促进了社会制度体系的安定化"。但是，市场和社会的互补并不是一个静态均衡的状态，各交换系统为了自身的存续和成长，不断通过对环境施加影响进行自组织化活动，结果造成某种交换系统在整个社会经济系统中占据优势地位的状况。随着市场原理的不断推进，一方面造成了优胜劣汰的竞争下垄断的出现和对失败者的清除，另一方面，以往交换活动中竞争和协作的互补关系被破坏，家庭和社区的机能被大大地削弱，共同体社会被逐步解体。市场把人格的自由从封建束缚中解放出来的同时，由于以往共同体的互酬和再分配机能的丧失，使人们经常处于市场不安定所引发的冲击之中。市场和社会之间的背离引发的"市场的失效"和"社会的失效"，使社会成员在经济生活和社会生活中面对机会与结果的不平等、经济危机、社会动荡等环境复杂性和不确定性。为了缩减这些复杂性和不确定性，要求某种系统能够填补因市场和社会相背离所造成的人们欲求实现的"场"的缺损，政府的生成及其规模扩大和机能增强正是这种需要

---

① 但是，市场和社会的互补并不是一个静态均衡的状态。在一个社会经济系统中，各交换系统为了自身的存续和成长，不断通过对环境施加影响进行自组织化活动，结果造成某种交换系统在整个社会经济系统中占据优势地位的状况。

的结果。并且,从历史角度来看,市场原理的扩张和共同体社会的解体越深化,作为连接市场和社会的中间组织的政府,其规模和机能就越膨胀,东北地区政府所承担的功能就是最好的例证。

政府产生后,一方面通过由其契约特性所支撑的行政机能——内部组织化和经济成果的再分配与社会建立了非经济性的联系,另一方面通过由其行政性所维系的政治机能与市场建立了经济关系。在将社会和市场的一部分机能内部化的同时,通过与市场和社会的各种交换活动,将市场和社会连接起来,如图3.4所示。在产业社会,政府已经不再是市场和社会的从属部分,而是与市场和社会一样,成为社会经济系统中不可缺少的组成部分。政府、市场和社会不仅具有相互依存和互补的侧面,而且具有异质和相互对立的侧面,一方靠其支配地位将他方完全取代是不可能的,三者之间是一种"异质共生"的互补关系。从社会经济系统的现实来看,完全竞争的市场经济和纯粹的计划经济都是不存在的,而通过市场、政府、社会间"异质共生"的互补所形成的"混合经济"才是其自然的状态。

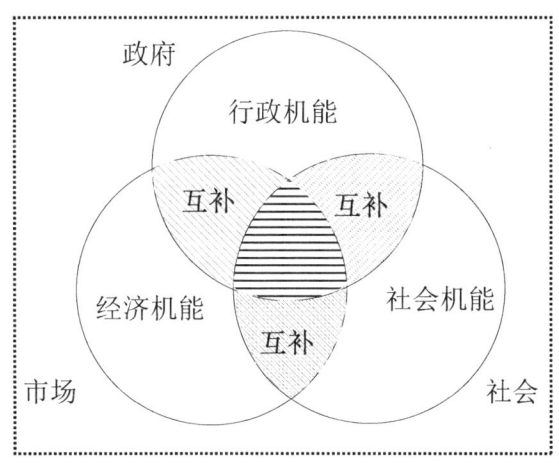

图 3.4 政府、市场与社会的"异质共生"与互补
资料来源:本书作者整理。

(三) 区域经济社会转型:政府治理、市场治理和社会治理的相互作用

总体来看,区域经济社会转型的根本原因是在政府、市场和社会的互动过程中所引致的利益相关者之间的矛盾冲突,致使原来经过利益相关者博弈所达到的均衡的区域治理制度向失衡转变(由于不同阶段矛盾问题的差异性,作为直接矛盾主体的利益相关者

也将有所不同)。然而,能否突破由于长期以来的惯性思维、路径依赖等因素所导致的制度创新的瓶颈,则取决于当时的利益相关者是"创新变革"还是"维持现状"的"共有信念"的对比。如果前者少于后者,区域失衡将持续,反之将通过对现有制度的"创新变革"实现新的均衡。当利益相关者之间就制度创新达成了共识(也就是具备了正当性)之后,在矛盾主体之间不断的博弈过程中,各方会逐渐明确未来制度设计的可能方向,届时将采取激进或渐进的方式,在已有制度安排的基础上,充分借鉴国际上成功经验对治理制度作出选择。新的区域经济社会制度一旦生成,作为矛盾主体之间的博弈均衡解,将在一定程度上消除或者弱化利益相关者之间的矛盾,并作为"共有信念"固定下来,协调和控制着利益相关者的行为,如图3.5所示。

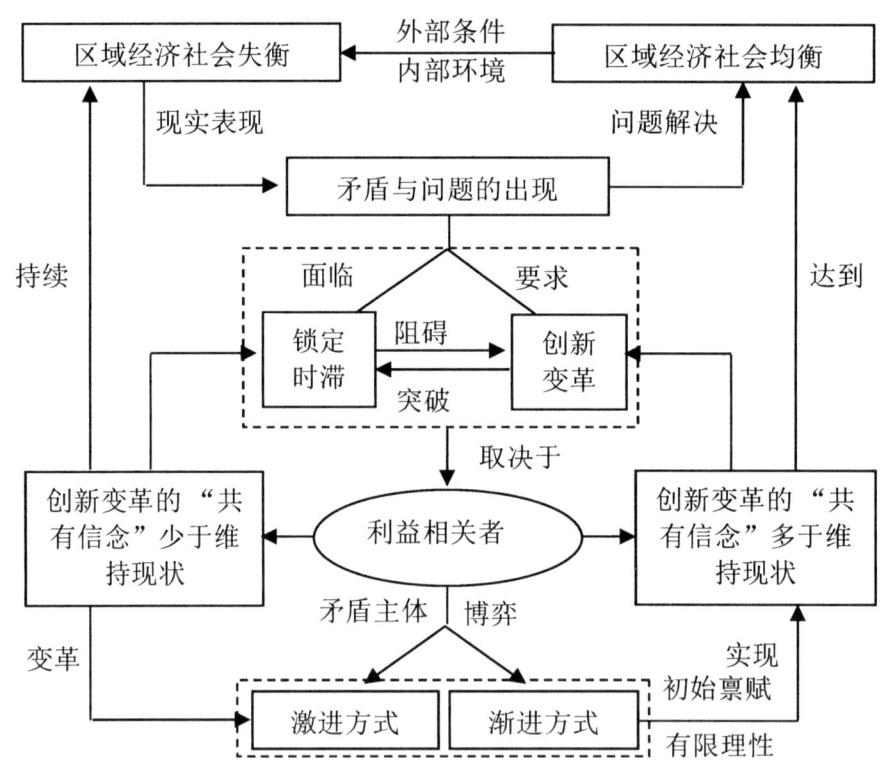

图3.5 区域经济社会转型的理论模型
资料来源:本书作者整理。

从区域经济社会转型的整体过程来看,它起于一个均衡,然后历经了"制度失衡"→"制度创新"→"新的均衡"这一过程,但是一个周期完成后,区域经济社会的制度体系并未静止不动。实际上,经过一段时间后,新的经济社会条件的出现,受各种诱致性因素的影响,不同的利益相关者技能、决策习惯和认知模式以及相互之间力量对比会产生或多或少的变化,这样就会给参与人带来不稳定的限制。由此直接引致原来潜在的经济社会问题可能会凸显出来,成为新的矛盾点,达到均衡的区域经济社会制度便潜伏着向失衡过渡的趋势,为了应对这种潜在变动,利益相关者不断进行着"谈判"活动,从而通过重复博弈,打破均衡状态,使得一个均衡向另一个均衡变动,形成一种新的均衡解,即由一种制度向另一种制度转变。但需要注意的是每一个变革周期都是通过利益相关者博弈来推动的,而其变迁的方向又要受到制度的初始禀赋①、有限理性(Boundedly Rational)以及一定时期内人们的共有信念的制约。可以说,区域经济社会的发展或转型,是政府、市场和社会共同作用的结果。

---

① 制度的产生或创新伊始,所面临的一系列的历史遗留下来的各种条件。

二、东北老工业基地全面振兴进程评价指标选择依据

东北老工业基地全面振兴进程评价指标的选择主要是以《中共中央国务院关于全面振兴东北地区等老工业基地的若干意见》等政策文件,同时借鉴了已有关于区域竞争力评价等研究,以"完善体制机制、推进结构调整、鼓励创新创业、保障和改善民生"四个着力为着眼点,以综合反应东北地区的经济、资源、社会、环境状况为基准,既突出准确的政策导向,又体现科学要求,强调指导性、针对性与实效性,通过科学论证而确定。针对构建东北老工业基地全面振兴进程指标体系这一总目标,设置出"政府治理、企态优化、区域开放、产业发展、创新创业、社会民生"六个测度模块,并依次构建出三级指标及下属的基础测度指标。评价数据主要来源于中国知网、统计年鉴、网络采集和万德数据库等,其中统计年鉴涉及中国统计年鉴、中国城市统计年鉴、分专题统计年鉴、各省市统计年鉴等多个类别。

(一)政府治理评价指标选择依据

政府治理是为了满足区域发展的需求,政府对社会资源进行配置和对国家经济及社会事务进行管理的一系列活动。关于政府与市场关系的讨论由来已久。有限政府(Limited Government)是17世纪至19世纪自由资本主义时期占主导地位的政府理念(Dincecco,2009)。新自由主义的政治理论家改变了古典自由主义思想传统的消极政府的观念,西方国家从此进入了促进公平与保障福利的有为政府时代。如果说有限政府和有为政府主要是指政府能做什么和不能做什么的问题,那么,有效政府所关注的是政府如何做好的问题。促进发展的有效政府成为当下最为流行的政府理念。在东北地区政府与市场的关系上,王小鲁(2016)认为,东北经济下行的最主要原因在于政府与市场关系不合理,营商环境建设严重滞后,实施新一轮东北振兴战略的关键,是厘清政府与市场关系。赵昌文(2015)认为,东北问题的根源在于没有解决好新兴产业发展和新旧增

长动力接续转换的土壤和环境问题。因此,政府应从生产型政府向服务型政府转变,从政策优惠竞争转移到企业营商环境竞争,形成有利于新动力培育的政府治理体系。刘柏(2015)认为,目前东北主要是由"看得见的手"在主导市场,市场在很大程度上仍是计划出来的,根本矛盾在于如何处理好政府与市场关系。

从上述论述中可以看出,东北老工业基地振兴在政府治理层面要解决政府职能转型、政策作用发挥及两者间的互动关系,促进政府治理能力提升与治理方法科学化,从而实现由全能型政府向服务型政府的转变,提高政府治理社会的效率与治理能力。中央7号文件也指出,"加快转变政府职能。进一步理顺政府和市场关系,着力解决政府直接配置资源、管得过多过细以及职能错位、越位、缺位、不到位等问题。以建设法治政府、创新政府、廉洁政府、服务型政府为目标,进一步推动简政放权、放管结合、优化服务……深入推进商事制度改革,优化营商环境,进一步放开放活市场,激发市场内在活力。"可以说,将政府治理作为评价东北老工业基地全面振兴的测度模块之一是符合东北地区实际的。对此,可从行政体制、政治治理和经济治理三个角度设计相关评价指标。其中,行政体制包含市场干预和政府规模2个三级指标,政治治理包含简政放权和监管水平2个三级指标,经济治理包含营商环境1个三级指标。5个三级指标作为五个测度维度构成地方政府治理现代化测度指标体系基本框架的五大支柱,综合体现了法治、创新、廉洁、服务、有效等政府治理的重要价值理念。

(二)企态优化评价指标选择依据

企态优化意为企业生态的改进与完善,主要表现就是优化国企、民企生态,增强企业实力,使其在区域经济中发挥核心作用。企态优化是区域经济中微观主体竞争力的集中体现,是东北老工业基地全面振兴的重要一环。常修泽(2015)认为,东北要真的振兴,就得真刀真枪地推进体制和结构改革,重点在于以"壮士断腕"之气魄,"啃国企改革硬骨头",建议设立"东北国企改革先行试验区"。任淑玉等(2003)认为,东北老工业基地最大、最核心的难题是国有经济比重高,企业制度相对落后,市场化程度低,企业缺乏活力和竞争力。因此,李凯等(2003)认为,企态优化的重点在于开展国企改革的同时充分发挥民营企业等非国有经济的作用,在振兴老工业基地的过程中,使国有经济与非国有经济相互融合。根据徐迟(2004)所提出的东北老工业基地国有企业改革的障碍和难点,林木西(2003)认为,只有深化国有企业改革、实施改革领先战略,通过国有企业领导体制改革和国有资产管理体制改革,才能解决目前东北国有大中型企业面临的体制机制和结构矛盾。

民营企业发展对东北老工业基地振兴的作用也不容忽视。与东南沿海相比,东北地区的民营企业发展相对落后。林文强等（2004）比较分析了二者的差异，提出政策环境、技术型业主开拓市场与管理企业的素质、企业群与市场的关系、企业所在地区的文化氛围、企业目标与业主生活满足度的关系等是影响东北民营企业发展的关键因素，并制定了对应的解决策略。国有企业改革对民营企业的发展可以产生推动作用。卜长莉（2006）提出加快国企改制步伐，推动东北民营经济发展的建议，即在政府指导下，民营企业积极参与国企改制，从而以国企改制和市场化的工业化模式发展民营经济。不仅如此，东北民营企业还必须要面临着融资约束的问题，只有塑造一个良好的融资环境，才有助于民营企业发展。

上述观点在中央7号文件中也得到了充分体现："进一步推进国资国企改革。深化国有企业改革，完善国有企业治理模式和经营机制，真正确立企业市场主体地位，解决好历史遗留问题，切实增强企业内在活力、市场竞争力和发展引领力，使其成为东北老工业基地振兴的重要支撑力量……大力支持民营经济发展。加快转变发展理念，建立健全体制机制，支持民营经济做大做强，使民营企业成为推动发展、增强活力的重要力量。"对此，本研究设计了国企效率和国企保增值2个三级指标来衡量国有企业的状况，设计了民企规模和民企融资2个三级指标来考核民营企业发展状况，设计了企业实力1个三级指标来反映当地企业的综合竞争力。

（三）区域开放评价指标选择依据

区域开放主要指区域经济的对外开放水平，具体表现为贸易和投资开放、生产开放、市场开放以及为保障开放做出的区位支撑。从发达国家的经验看，区域开放对老工业基地的发展产生了积极作用（Coe etal.，2004）。区域开放是实现经济发展的重要条件，经济发展也会推动区域进一步开放。当前一个普遍的认识是东北对外开放水平偏低（丁国荣，2004）。究其原因主要有三点：一是国际直接投资惯性因素；二是比较优势存在制约；三是地区调试的压力（王钰，2004）。李凯、史金艳（2003）提出吸引资本流入东北，并在更高水平、更高技术平台上与跨国公司开展"高位嫁接"，重点抓好汽车、装备制造和电子信息等产业的招商引资，形成产业链条，形成支柱产业群，更要加强与已落户东北老工业基地的外资企业的协作，实现以商引商。李俊江等（2012）分析东北招商引资的综合性系统，提出在加大创新意识的前提下扩大招商引资，充分利用网络平台促进招商引资。可见，在利用外资过程中，依据东北产业结构调整的方向以及产业结构演进的规律，采取提高外资的关联度、引导外资投向优势主导产业、基础产业、限制投向一般加工业的战略来优化产业结构是振兴东北老工业基地的关键（陈丽蔷，2005）。除却前述因素外，东北区域开放需要良好的区位因素作为保障。目前，东北一些区位因素存在问题。例如,区域城镇化仍面临动力不足、城市群经济实力弱、资源型城市转型困难、乡村城镇化落后等。这些都可能对区域开放产生影响(阙澄宇、马斌,2014)。

中央 7 号文件指出,"主动融入、积极参与'一带一路'建设战略……积极扩大与周边国家的边境贸易,创新边贸方式,实现边境贸易与东北腹地优势产业发展的互动,促进东北进出口贸易水平不断提高"。综上,为了对东北老工业基地的区域开放进行评价,本研究提炼出五个方面的三级指标对区域开放进行衡量,分别涉及贸易、投资、生产、市场等四个方面,用于描述经济系统运行的重要环境与环节,而上述四个方面将对"区位支撑"这个三级指标产生较为直接的双向影响。

(四) 产业发展评价指标选择依据

产业发展是指单个产业或产业总体的进化过程,既包括某一产业中企业数量、产品或者服务产量等数量上的变化,也包括产业结构的调整、变化、更替和产业主导位置等质量上的变化,而且主要以结构变化为核心,以产业结构优化为发展方向。东北老工业基地改造在于产业结构的调整和升级,区域产业协调发展是东北老工业基地改造的关键(高相铎、李诚固,2006;胡琦,2005)。东北产业结构的调整需要兼顾其主导产业的选择,既要遵循主导产业选择的一般原则,又要结合地区经济的特点,而且要考虑到与国家宏观产业政策和地区发展战略的协调(黄继忠,2011)。经济的持续发展已经使得中国逐渐进入工业化后期甚至后工业化时期,服务业发展的重要性逐渐显现。因此,在评价产业结构水平时,服务业发展水平是重点之一,其中以金融业为代表的生产性服务业尤其是重中之重(刘力臻、王庆龙,2017)。东北的老工业基地地位使得重化工业占比一直居高不下,东北的产业结构调整的重点之一就是逐步降低重化工业的比重,尤其是重化工业中产能过剩产业的比重(衣保中,2016)。农业是东北地区的传统优势产业,并且肩负着中国粮食安全的重任,因此在评价产业发展时也需要作为一个重点产业加以关注。

产业转型升级是东北老工业基地振兴的重要支撑,新时期东北地区需要加快淘汰落后产能、化解过剩产能、培育发展新动能,提升全要素生产率,实现高质量发展。中央 7 号文件强调,"坚持多策并举,'加减乘除'一起做,全面推进经济结构优化升级,加快构建战略性新兴产业和传统制造业并驾齐驱、现代服务业和传统服务业相互促进、信息化和工业化深度融合的产业发展新格局……促进装备制造等优势产业提质增效。准确把握经济发展新常态下东北地区产业转型升级的战略定位,控制重化工业规模、练好内功、提高水平、深化改革,提高制造业核心竞争力,再造产业竞争新优势,努力将东北地区打造成为实施'中国制造 2025'的先行区……提升原材料产业精深加工水平,推进钢铁、有色、化工、建材等行业绿色改造升级,积极稳妥化解过剩产能……大力发展以生产性服务业为重点的现代服务业。实施老工业基地服务型制造行动计划，引导和支持制造业企业从生产制造型向生产服务型转变……加快发展现代化大农业。率先构建现代农业产业体系、生产体系、经营体系，着力提高农业生产规模化、集约化、专业化、标准化水平和可持续发展能力，使现代农业成为重要的产业支撑"。综合以上论述，评价东北地区产业发展问题，既要考虑产业结构的合理化与高级化，还要考虑重化工调整和服务业、金融业与农业问题。为此，本研究用产业均衡、服务业发展、重化工调整、金融深化和现代农业 5 个三级指标来测度产业发展。

（五）创新创业评价指标选择依据

创新创业是指基于技术创新、管理创新或创办新企业等方面的某一点或几点所进行的活动。创新创业是建立"学习型"区域，实现老工业基地转型的关键因素，这一观点已经在国际上达成普遍共识（Morgan，1997）。随着全球化经济中国际竞争的加强、区域企业和产业集群的成功出现，以及传统区域发展模式和政策的明显不足，区域创新系统概念得到迅速流行（Florida et al.，2012）。目前，东北地区的创新水平不高且动力不足，创新资金投入不足，创新难以就地产业化（李政，2015）。建立具有区域特征的创新创业生态系统，对振兴东北工业基地和改变产业结构尤为重要。于晓琳等（2017）从创新环境、创新投入、企业创新、创新绩效四个方面评价了辽宁省各地级市的科技创新能力，发现辽宁各市创新环境、创新基础和创新资源等差别较大，"双创"呈现出明显的区域性不平衡和不协调特征。除沈阳、大连区域创新能力较强外，大部分地区创新能力不足、创新基础薄弱、创新意识不强，区域创新缺乏竞争力。在创业的重要性上，孙少岩（2004）从东北的"项目怪圈"出发，认为东北要走出资金项目依赖的怪圈，就需要通过创业来激发经济社会的持续活力。

中央 7 号文件对此也有表述，"完善区域创新体系。把鼓励支持创新放在更加突出的位置，激发调动全社会的创新激情，推动科技创新、产业创新、企业创新、市场创新、产品创新、业态创新、管理创新……促进科教机构与区域发展紧密结合。扶持东北地区科研院所和高校、职业院校加快发展，支持布局建设国家重大科技基础设施……加大人才培养和智力引进力度。把引进人才、培养人才、留住人才、用好人才放在优先位置"。有鉴于此，本研究用研发基础、人才基础、技术转化、技术产出和创业成效来衡量创新创业水平。其中，创新方面包含创新投入和创新产出，具体为研发基础、人才基础、技术转化和技术产出 4 个三级指标，创业方面包含创业成效 1 个三级指标。

（六）社会民生评价指标选择依据

社会民生主要表现为一系列社会问题的解决与生态保护，既是区域经济发展的最终目的，也是支撑区域经济发展的人文要素。社会民生具体可分为经济（居民收入与消费）、政治（社会保障、社会公平）和生态（生态环境保护）三个层面。国务院发展研究中心"中国民生指数研究"课题组（2015）设计了中国民生指数，该指数由"民生客观指数"和"民生主观（满意度）指数"两部分构成。鉴于指标客观性和数据来源限制，本研究主要借鉴该指数的客观指数部分。在东北民生问题方面，部分研究分析了东北农村居民收入与消费问题。金华林、李天国（2011）通过灰色关联模型分析东北三省农村居民收入后预测，在新农村建设环境下东北农村居民收入将有显著性提升，其收入结构也将日渐合理。但是，东北农村居民的消费模式尚不合理，仍处于由传统农耕社会的消费模式向现代消费模式转变的起始阶段（于洪彦等，2008）。因此，收入与消费模式并不协调，仍存在问题。在政治层面，东北社会保障问题引发关注，其中东北失业问题等成为关注的焦点（李培林，1998）。在生态层面，良好的资源环境条件是东北地区区域开发的重要基础，但由于历史因素、人为过度利用等因素的叠加，东北资源环境不断恶化（李琛、谢辉，2006）。为此，刘艳军、王颖（2012）提出调整与优化区域发展模式、适度控制空间开发速度及规模、加强能源利用与碳排放的引导控制、抑制污染物排放与强化环境设施配置及强化政策制度与空间管制引导等建议。

中央7号文件指出，"抓民生也是抓发展，人民生活水平不断提高是判断东北老工业基地振兴成功的重要标准……切实解决好社保、就业等重点民生问题。加大民生建设资金投入，全力解决好人民群众关心的教育、就业、收入、社保、医疗卫生、食品安全等问题，保障民生链正常运转……推进城市更新改造和城乡公共服务均等化。针对城市基础设施老旧问题，加大城市道路、城市轨道交通、城市地下综合管廊等设施建设与更新改造力度，改善薄弱环节，优化城市功能，提高城市综合承载和辐射能力……打造北方生态屏障和青山绿水的宜居家园。生态环境也是民生"。根据上述研究，本研究对于社会民生，从经济基础、制度保障、生态环境三个方面进行评价。其中，经济基础层面分别从收支（收入与消费）两个维度对居民的物质水平进行衡量；制度保障层面分别从社会保障、社会公平两个方面进行衡量；而生态环境层面是当前国内外共同探讨的重要议题，对于改善民生水平，实现东北地区的可持续发展有着牵线引路的作用。

以上各指标具体见表3.1和3.2。

表 3.1　东北老工业基地全面振兴进程评价（省域）指标体系及数据来源

二级	三级	基础测度指标	来源
政府治理	市场干预	政府分配资源的比重（逆）	《中国统计年鉴》
	政府规模	政府人员规模（逆） 行政成本比重（逆）	《中国劳动统计年鉴》《中国统计年鉴》
	简政放权	社会服务机构规模	《中国民政统计年鉴》《中国统计年鉴》
	监管水平	银行不良资产比率（逆） 生产安全事故死亡率（逆）	《金融统计年鉴》《中国劳动统计年鉴》《万德数据库》
	营商环境	万人新增企业数 民间固定资产投资增速	《中国统计年鉴》
企态优化	国企效率	国企劳均主营业务收入	《中国统计年鉴》《中国劳动统计年鉴》
	国企保增值	国企利润率	《中国统计年鉴》
	企业实力	百万人上市公司数 上市公司资产比重	《中国证券期货统计年鉴》《中国统计年鉴》
	民企规模	民企资产占比 民企数量占比 民企就业占比	《中国统计年鉴》
	民企融资	民企与国企资产负债率比	《中国统计年鉴》
区域开放	贸易开放	对外贸易依存度 净出口贡献率	《中国统计年鉴》
	投资开放	人均实际利用外资额 外商投资进出口货物占比	《中国统计年鉴》
	生产开放	外资工业企业产值比	《中国城市统计年鉴》
	市场开放	单位 GDP 外商投资企业数 货运活跃度 客运活跃度	《中国统计年鉴》
	区位支撑	城市化水平 运网密度 国际旅游收入比	《中国统计年鉴》

(续表)

二级	三级	基础测度指标	来源
产业发展	产业均衡	产业分布泰尔指数（逆）	《中国统计年鉴》《中国劳动统计年鉴》
	服务业发展	服务业增加值比重 服务业增长率 金融业增加值比重	《中国统计年鉴》《中国劳动统计年鉴》
	重化工调整	重化工业比重（逆） 产能过剩产业比重（逆）	《中国工业统计年鉴》
	金融深化	银行信贷占比 社会融资规模增量	《中国金融年鉴》
	现代农业	农业综合机械化水平 农业劳动生产率	《中国农业机械工业年鉴》《中国统计年鉴》
创新创业	研发基础	研发（R&D）投入强度 科技创新支出强度	《中国科技统计年鉴》《中国统计年鉴》
	人才基础	研发（R&D）人员占比 高校 R&D 人员平均强度	《中国科技统计年鉴》《中国统计年鉴》
	技术转化	技术市场成交额占比 科技人员专利申请强度 科技人员专利批准强度	《中国统计年鉴》《中国科技统计年鉴》
	技术产出	高新技术产业收入占比 新产品销售收入占比	《中国科技统计年鉴》《中国统计年鉴》
	创业成效	千人私营企业数 百万人非主板上市企业数	《中国统计年鉴》《深圳证券交易所》
社会民生	居民收入	城乡居民收入水平 居民人均存款额	《中国统计年鉴》
	居民消费	城乡居民消费水平 人均社会消费品零售额	《中国统计年鉴》
	社会保障	城镇职工基本养老保险抚养比 养老金支出占比	《国家统计局官网》
	社会公平	城乡居民收入比（逆） 城乡每千人卫生技术人员比（逆） 城乡中小学人均教师资源比（逆）	《中国统计年鉴》
	生态环境	人均公园绿地面积 PM2.5 平均浓度（逆） 空气质量达到及好于二级的天数	《中国统计年鉴》《中国城市统计年鉴》

指标计算公式：

1. 政府分配资源的比重＝扣除教科文卫和社会保障后的财政支出/地区GDP×100%

2. 政府人员规模＝公共管理部门年底职工人数/地区人口×100%

3. 行政成本比重＝财政支出中的一般公共服务支出/地区GDP×100%

4. 社会服务机构规模＝社会服务机构及设施数/（地区人口×地区面积）

5. 银行不良资产比率＝不良贷款/各项贷款×100%

6. 生产安全事故死亡率＝因公死亡人数/地区GDP×10^8

7. 万人新增企业数＝（当年企业单位数－上一年企业单位数）/地区人口×10^4

8. 民间固定资产投资增速＝（当年民间固定资产投资－上一年民间固定资产投资）/上一年民间固定资产投资×100%

9. 国企劳均主营业务收入＝国有控股工业企业主营业务收入/（国有单位采矿业＋制造业＋电力业就业人数）

10. 国企利润率＝国有及国有控股工业企业利润/国有及国有控股工业企业主营业务收入×100%

11. 百万人上市公司数＝当年所有上市公司数量/地区人口×10^6

12. 上市公司资产比重＝当年所有上市公司总资产/地区生产总值×100%

13. 民企资产占比＝民企资产/社会总资产×100%

14. 民企数量占比＝私营企业法人单位数/企业法人单位数×100%

15. 民企就业占比＝民企就业人数/（民企就业人数＋城镇单位就业人数）×100%

16. 民企与国企资产负债率比＝民企资产负债率/国企资产负债率

17. 对外贸易依存度＝进出口总额/地区GDP×100%

18. 净出口贡献率＝（地区GDP－资本形式总额－最终消费支出）/地区GDP×100%

19. 人均实际利用外资额＝实际利用外资额/地区常住人口

20. 外商投资进出口货物占比＝外商投资企业进出口总额/地区进出口货物总额×100%（该公式按境内目的地和货源地分）

21. 外资工业企业产值比＝（港澳台商投资的企业总产值＋外商投资企业总产值）/工业总产值×100%

22. 单位GDP外商投资企业数＝外商投资企业数/地区GDP

23. 货运活跃度＝地区货运周转量/地区总面积

24. 客运活跃度＝地区客运周转量/地区总面积

25. 运网密度＝（铁路营业里程＋内河航道里程＋公路里程）/地区总面积

26. 城市化水平＝地区城市人口/总人口×100%

27. 国际旅游收入比＝国际旅游收入/地区生产总值×100%

28. 产业分布泰尔指数 = $\sum_{i=1}^{3}$ (产业增加值$_i$/GDP) × ln [(产业增加值$_i$/产业就业$_i$)/(GDP/总就业)]

29. 服务业增加值比重 = 第三产业增加值/地区 GDP×100%

30. 服务业增长率 = (当年第三产业增加值−上一年第三产业增加值)/上一年第三产业增加值×100%

31. 金融业增加值比重 = 金融业增加值/地区 GDP×100%

32. 重化工业比重 = 重化工业总资产/资产总计×100%

33. 产能过剩产业比重 = 地区产能过剩产业主营业务收入/重化工业主营业务收入×100%

34. 银行信贷占比 = 银行信贷/地区 GDP×100%

35. 社会融资规模增量 = 当年社会融资总额−上一年社会融资总额

36. 农业综合机械化水平 = (0.4×机耕面积+0.3×机播面积+0.3×机收面积)/农作物播种面积×100%

37. 农业劳动生产率 = 第一产业增加值/第一产业从业人员数

38. 研发（R&D）投入强度 = 研发经费/地区 GDP×100%

39. 科技创新支出强度 = 科学技术支出/地方一般财政预算支出

40. 研发（R&D）人员占比 = 研发人员数/地区常住人口×100%

41. 高校研发（R&D）人员平均强度 = 高校研发（R&D）人员合计数/学校数

42. 技术市场成交额占比 = 技术市场成交额/地区 GDP×100%

43. 科技人员专利申请强度 = 专利受理数/高校研发（R&D）人员数

44. 科技人员专利批准强度 = 国内专利授权数/高校研发（R&D）人员数

45. 高新技术产业收入占比 = 高技术产业主营业务收入/地区 GDP×100%

46. 新产品销售收入占比 = 高技术产业新产品销售收入/高技术产业主营业务收入×100%

47. 千人私营企业数 = 私人企业法人单位数/地区常住人口×10³

48. 百万人非主板上市企业数 = (创业板上市企业数量+中小板上市企业数量)/地区常住人口×10⁶

49. 城乡居民收入水平 = (城市居民收入水平×城镇人口数+农村居民收入水平×乡村人口数)/(城镇人口数+乡村人口数)

50. 居民人均存款额 = 居民人民币储蓄存款余额/地区常住人口

51. 城乡居民消费水平 = (城市居民消费水平×城镇人口数+农村居民消费水平×乡村人口数)/(城镇人口数+乡村人口数)

52. 人均社会消费品零售额=社会消费品零售总额/地区常住人口

53. 城镇职工基本养老保险抚养比=城镇在岗职工数/离退休人员数

54. 养老金支出占比=养老金支出/地区GDP

55. 城乡居民收入比=城市居民收入水平/农村居民收入水平

56. 城乡每千人卫生技术人员比=城市每千人卫生技术人员/农村每千人卫生技术人员

57. 城乡中小学人均教师资源比=[(城镇小学教师数+城镇中学教师数)/城镇人口]/[(乡村小学教师数+乡村中学教师数)/乡村人口]

58. 人均公园绿地面积=城市公园绿地面积/地区常住人口

59. PM2.5平均浓度：取各省市区下辖环保重点城市该指标的平均值

60. 空气质量达到及好于二级的天数：取各省（直辖市、自治区）下辖环保重点城市该指标的平均值

表3.2 东北老工业基地全面振兴进程评价（地市级）指标体系及数据来源

二级	三级	基础测度指标	来源
政府治理	市场干预	政府分配资源的比重（逆）	《黑龙江统计年鉴》《吉林统计年鉴》《辽宁统计年鉴》
	政府规模	政府人员规模（逆） 行政成本比重（逆）	《中国城市统计年鉴》《黑龙江统计年鉴》《吉林统计年鉴》《辽宁统计年鉴》
	招商引资	外商直接投资项目数 人均实际利用外资额	《中国城市统计年鉴》《黑龙江统计年鉴》《吉林统计年鉴》《辽宁统计年鉴》
企态优化	国企保增值	国企利润率	《黑龙江统计年鉴》《吉林统计年鉴》《辽宁统计年鉴》
	企业实力	均企利润额 均企资产	《中国城市统计年鉴》
	民企发展	民企就业占比 民营企业数占比	《中国城市统计年鉴》《黑龙江统计年鉴》《吉林统计年鉴》《辽宁统计年鉴》
区域开放	对内外贸易	对外贸易依存度 限额以上批发零售贸易业销售总额增加值	《中国城市统计年鉴》《黑龙江统计年鉴》《吉林统计年鉴》《辽宁统计年鉴》
	生产开放	外资工业企业产值比 外资投资经济占比	《中国城市统计年鉴》《黑龙江统计年鉴》《吉林统计年鉴》《辽宁统计年鉴》
	区位支撑	国际旅游收入比 地区货运量	《黑龙江统计年鉴》《吉林统计年鉴》《辽宁统计年鉴》《中国区域经济统计年鉴》

(续表)

二级	三级	基础测度指标	来源
产业发展	结构调整	第三产业占地区 GDP 比重 第三产业就业人员占比	《中国城市统计年》
	服务业发展	服务业增加值比重 服务业增长率	《中国城市统计年鉴》《黑龙江统计年鉴》《吉林统计年鉴》《辽宁统计年鉴》
	金融深化	银行信贷占比	《黑龙江统计年鉴》《吉林统计年鉴》《辽宁统计年鉴》
创新创业	研发基础	信息技术从业人员占比 科技投入占比	《中国城市统计年鉴》
	创业成效	百万人非主板上市企业数（百万人创业板上市企业数量、百万人中小板上市企业数量）	Wind 数据库或深圳证券交易所官网：上市公司情况表
	教育支撑	每十万人高等学校在校生数 高等学校师生比	《中国城市统计年鉴》
社会民生	居民生活	城乡居民收入水平 城镇居民消费水平	《中国区域经济统计年鉴》《黑龙江统计年鉴》《吉林统计年鉴》《辽宁统计年鉴》
	社会和谐	社会保障和就业支出占地方公共财政支出比重 城乡居民收入比（逆）	《黑龙江统计年鉴》《吉林统计年鉴》《辽宁统计年鉴》
	生态环境	人均公园绿地面积 工业烟粉尘去除量	《中国城市统计年鉴》《黑龙江统计年鉴》《吉林统计年鉴》《辽宁统计年鉴》

指标计算公式：

1. 政府分配资源的比重＝扣除教科文卫和社会保障后的财政支出/地区 GDP×100%

2. 政府人员规模＝公共管理部门年底职工人数/地区人口×100%

3. 行政成本比重＝财政支出中的一般公共服务支出/地区 GDP×100%

4. 外商直接投资项目数：直接摘录

5. 人均实际利用外资额＝人均实际利用外资额＝实际利用外资额/地区常住人口

6. 国企利润率＝国企利润/国企收入×100%

7. 均企利润额＝利润总额/工业企业数

8. 均企资产＝（流动资产+固定资产）/工业企业数

9. 民企就业占比＝城镇私营和个体从业人员/城镇单位从业人员期末人数

10. 民营企业占比＝（内资企业数−国有企业数）/工业企业数

11. 对外贸易依存度＝进出口总额/地区 GDP

12. 限额以上批发零售贸易业销售总额增加值＝当年限额以上批发零售贸易业销售总额－上一年限额以上批发零售贸易业销售总额

13. 外资工业企业产值比＝（港澳台商投资的企业总产值＋外商投资企业总产值）/工业总产值

14. 外资投资经济占比＝外资投资/（国家预算内资金＋国内货款＋债券＋外资投资＋自筹资金＋其他投资）

15. 国际旅游收入比＝国际旅游收入/地区生产总值

16. 地区货运量＝铁路货运量＋公路货运量＋水运货运量＋民用航空货运量

17. 第三产业占地区 GDP 比重：直接摘录

18. 第三产业就业人员占比：直接摘录

19. 服务业增加值比重＝服务业增加值/地区 GDP×100%

20. 服务业增长率＝（当年服务业增加值－上一年服务业增加值）/上一年服务业增加值×100%

21. 银行信贷占比＝银行信贷/地区 GDP×100%

22. 信息技术从业人员占比＝信息传输、计算机服务和软件业从业人员/城镇单位从业人员数

23. 科技投入占比＝科学技术支出/公共财政支出

24. 每十万人高等学校在校生数＝在校学生数/（人口数/100000）

25. 高等学校师生比＝专任教师数/在校学生数

26. 百万人非主板上市企业数＝当年所有上市公司数量/（地区人口/1000000）

27. 城乡居民收入水平＝（城市居民收入水平×城镇人口数＋农村居民收入水平×乡村人口数）/（城镇人口数＋乡村人口数）

28. 城镇居民消费水平＝城镇居民人均消费支出

29. 社会保障和就业支出占地方公共财政支出比重＝社会保障和就业支出/公共财政支出

30. 城乡居民收入比＝城镇常住居民人均可支配收入/农村常住居民人均可支配收入

31. 人均公园绿地面积：直接从年鉴中摘录

32. 工业烟粉尘去除量＝烟粉尘产生量－烟粉尘排放量，各分项直接从年鉴中摘录

三、东北老工业基地振兴大事记（2016—2018）

自2016年新一轮东北老工业基地振兴战略提出至今已有两年。三年来，东北老工业基地振兴相关政策不断出台，举国上下为东北振兴做出了诸多努力。为清晰记录新一轮东北老工业基地振兴进程，特总结两年内振兴大事，共计17件。

1. 2016年3月24日　《关于推进东北地区民营经济发展改革的指导意见》发布

该意见由国家发展改革委、工业和信息化部、全国工商联、国家开发银行联合发布，旨在深入推进东北地区民营经济发展改革，将民营企业培育成为增强经济活力、推动振兴发展的重要力量。

2. 2016年4月26日　《中共中央国务院关于全面振兴东北地区等老工业基地的若干意见》出台

该意见提出了东北老工业基地振兴的思路与目标，围绕着力完善体制机制、着力推进结构调整、着力鼓励创新创业、着力保障和改善民生等方面提出了振兴东北的若干新举措。该意见的出台同时也标志着新一轮东北老工业基地全面振兴战略正式拉开序幕。

3. 2016年8月19—20日　"破题发力：东北全面振兴的新体制与新机制——2016东北振兴论坛"召开

该论坛由东北大学、中国（海南）改革发展研究院、中国东北振兴研究院共同发起，联合哈尔滨、沈阳、长春、大连四市政府共同主办，与会专家围绕着以制造业转型升级为目标推进东北经济结构调整的核心主题展开深入探讨，取得诸多成果。

4. 2016年8月22日 国务院印发《推进东北地区等老工业基地振兴三年滚动实施方案（2016—2018年）》

《实施方案》就有关部门、有关地方做好2016—2018年东北地区等老工业基地振兴工作做出了具体部署，并明确了各项任务的责任主体和完成时间。

5. 2016年9月21日 《关于支持老工业城市和资源型城市产业转型升级的实施意见》发布

该意见由国家发展改革委、科技部、工业和信息化部、国土资源部和国家开发银行联合制定印发。《实施意见》重点明确了推动全国老工业城市和资源型城市产业转型升级的总体思路、实施路径、重点任务和配套政策措施。

6. 2016年11月7日 《东北振兴"十三五"规划》正式实行

该规划由国家发展和改革委员会制定，是新时期东北地区等老工业基地振兴的新规划，旨在推动东北经济脱困向好，实现新一轮振兴。

7. 2016年11月16日 国务院印发《关于深入推进实施新一轮东北振兴战略加快推动东北地区经济企稳向好若干重要举措的意见》

该意见要求深入推进实施党中央、国务院关于全面振兴东北地区等老工业基地的战略部署，明晰了实施若干重要举措，推动东北地区经济维稳向好。

8. 2016年12月7日 《辽宁省优化营商环境条例》发布

该条例由辽宁省第十二届人民代表大会常务委员会第三次会议审议通过，是我国首部规范营商环境建设的省级地方法规，为各级政府部门优化营商环境定基调、指方向，从法律层面明确了"应该怎么做""绝对不能怎么做"，是东北地区优化软环境的里程碑。

9. 2016年12月23日 辽宁振兴银行获批筹建成为东北首家民营银行

由沈阳荣盛中天等五家公司发起设立的辽宁振兴银行，已获得中国银监会的批复，同意在沈阳筹建，成为东北地区第一家获批筹建的民营银行。

10. 2017 年 1 月 3 日　海关总署发布《关于支持新一轮东北振兴的若干举措》

该举措对海关支持服务东北振兴工作进行了全面的安排部署。具体对促进东北地区参与"一带一路"建设，支持东北地区产业结构调整，促进贸易方式创新发展，推进跨境电子商务创新发展及推进服务贸易等大有助益。

11. 2017 年 3 月 17 日　国务院印发《东北地区与东部地区部分省市对口合作工作方案》

该方案要求深入贯彻党中央、国务院关于推进实施新一轮东北地区等老工业基地振兴战略的总体部署，组织东北地区与东部地区部分省市建立对口合作机制，开展对口合作。

12. 2017 年 3 月 31 日　国务院印发《中国（辽宁）自由贸易试验区总体方案》

该方案旨在以制度创新为核心，以可复制可推广为基本要求，加快市场取向体制机制改革、积极推动结构调整，努力将自贸试验区建设成为提升东北老工业基地发展整体竞争力和对外开放水平的新引擎。

13. 2017 年 4 月 10 日　中国（辽宁）自由贸易区沈阳、大连、营口片区揭牌

以开放促转型，以开放促改革，以开放促发展。中国（辽宁）自由贸易试验区沈阳片区、大连片区、营口片区，在沈阳创新天地、大连金普新区、营口高新技术产业开发区同时举行揭牌仪式，标志着备受社会各界关注的辽宁自贸试验区三个片区正式运行。

14. 2017 年 8 月 19 日　"东北全面振兴的新进展、新挑战、新机遇——2017 东北振兴论坛"在长春召开

该论坛由东北大学、中国（海南）改革发展研究院、中国东北振兴研究院共同发起，长春、沈阳、哈尔滨、大连四市主办，长春市人民政府、中国东北振兴研究院联合承办，围绕东北全面战略实施以来的进展、挑战与机遇展开研讨，取得丰硕成果。

15. 2017 年 11 月 24 日　　东北首家民间民营银行——辽宁振兴银行正式开业

辽宁振兴银行将以"产融结合、融汇发展"为导向，以依循本源、聚焦主业为核心，坚持将为创新创业企业、高新技术产业提供金融服务作为战略性业务深耕细作，以"创新驱动和业务特色"为抓手，力争成为支持小微企业、社区经济、"三农"发展的行业专家。

16. 2018 年 1 月 15—16 日　　京东集团与东北三省签订战略合作协议

京东集团在哈尔滨、长春、沈阳三地与北大荒集团等公司签订战略合作协议，并强调计划在未来三年内在东北地区进行超过 200 亿元的投资，推动东北产业升级、增加就业机会、注入技术创新动力、升级零售服务。

17. 2018 年 3 月 30 日　　国家发改委发布东北地区与东部地区部分省市对口合作具体实施方案

国家发改委连续发布 7 份文件，鼓励辽宁省与江苏省、吉林省与浙江省、黑龙江省与广东省、北京市与沈阳市、上海市与大连市、天津市与长春市、哈尔滨市与深圳市开展对口合作。

18. 2018 年 9 月 13 日　　国家发改委印发《沈抚改革创新示范区建设方案》

正式确定"沈抚改革创新示范区"范围，涵盖沈阳市三环以东、浑河以南 69 平方公里区域与抚顺市西部 102 平方公里区域，旨在建设东北地区改革开放的先行区、优化投资营商环境的标杆区、创新驱动发展的引领区，力推沈抚地区成为辽宁振兴发展的新引擎。

20. 2018 年 9 月 29 日　　"东北振兴指数发布暨东北老工业基地全面振兴进程评价研讨会"在沈阳召开

由东北大学和中国东北振兴研究院共同举办通过设计一系列的指标并运用统计数据，形成能够全面评价东北老工业基地振兴进程的综合指数。报告对 2012—2016 年东北地区的营商环境、简政放权、国企改革、民营经济发展、区域开放、创新创业、社会民生等全局性、关键性和热点问题进行了深入研究和分析，并对东北三省、四个副省级城市和地级市的振兴指数进行了排名比较。

21. 2018 年 10 月 22 日　东北振兴金融合作机制协调办公室在长春成立

"东北振兴金融合作机制"是在国家发改委倡导和推动下,由国家开发银行、国家开发投资公司牵头,联合中国工商银行、中国人保、中国人寿、中国太保、中国信保、辽宁社保基金、北京首钢基金、天风证券、中菊资产、东北再担保公司等 10 家单位发起设立的。致力于构建政府、市场、企业间的桥梁和纽带,打造开放式的信息共享平台和投融资服务合作平台,汇聚各类金融资源,助力东北振兴。

主要参考文献

图书：

[1] 迟福林：《二次开放：全球化十字路口的中国选择》，中国工人出版社 2017 年版。

[2] 东北解放区财政经济史编写组：《东北解放区财政经济史资料选编（第二辑）》，黑龙江人民出版社 1988 年版。

[3] 东北解放区财政经济史编写组：《东北解放区财政经济史资料选编（第一辑）》，黑龙江人民出版社 1988 年版。

[4] 葛剑雄、侯杨方、张根福：《人口与中国的现代化（一八五〇年以来）》，学林出版社 1999 年版。

[5] 郭亚军：《综合评价理论、方法及应用》，科学出版社 2007 年版。

[6] 黄继忠：《东北老工业基地产业结构调整优化研究》，经济科学出版社 2011 年版。

[7] 梁方仲：《中国历代户口、田地、田赋统计》，上海人民出版社 1980 年版。

[8] 刘凤朝、马荣康：《东北老工业基地创新驱动发展研究》，科学出版社 2016 年版。

[9] 吕政：《振兴东北老工业基地科技支撑战略研究》，经济管理出版社 2012 年版。

[10] ［日］青木昌彦著：《比较制度分析》，周黎安译，上海远东出版社 2001 年版。

[11] 孙经纬：《新编中国东北地区经济史》，吉林教育出版社 1994 年版。

[12] 王魁喜等：《近代东北史》，黑龙江人民出版社 1984 年版。

[13] 肖兴志：《中国老工业基地产业结构调整研究》，科学出版社 2013 年版。

[14] 张虹：《东北老工业基地经济与社会可持续发展研究》，经济科学出版社 2011 年版。

期刊：

[1] 常修泽：《"再振兴"东北战略思路探讨》，载《人民论坛》，2015 年第 21 期。

［2］陈丽蔷：《外资对东北老工业基地产业结构演进的影响》，载《经济地理》，2005年第5期。

［3］陈耀：《中国东北工业发展60年：回顾与展望》，载《学习与探索》，2009年第5期。

［4］丁国荣：《东北振兴中的对外开放战略》，载《经济管理》，2004年第5期。

［5］李怀：《"东北现象"：问题的实质与根源》，载《管理世界》，2000年第4期。

［6］李凯、史金艳：《略论东北老工业基地的振兴及其发展思路》，载《管理世界》，2003年第12期。

［7］李培林：《老工业基地的失业治理：后工业化和市场化——东北地区9家大型国有企业的调查》，载《社会学研究》，1998年第4期。

［8］李伟伟、易平涛、李玲玉：《综合评价中异常值的识别及无量纲化处理方法》，载《运筹管理》，2018年第4期。

［9］林木西：《振兴东北老工业基地的理性思考与战略抉择》，载《经济学动态》，2003年第10期。

［10］刘柏：《对东北经济衰退的深度解读》，载《人民论坛》，2015年第16期。

［11］刘艳军、王颖：《东北地区区域开发程度演化及其资源环境影响》，载《经济地理》，2012年第5期。

［12］刘智文：《东北封禁政策刍议》，载《学习与探索》，2003年第6期。

［13］马国霞、石敏俊、李娜：《中国制造业产业间集聚度及产业间集聚机制》，载《管理世界》，2007年第8期。

［14］王珏：《"西部大开发"实施成效对"振兴东北老工业基地"的启示——基于地区利用外资的分析》，载《管理世界》，2004年第10期。

［15］伍晓鹰：《中国工业化道路的再思考：对国家或政府作用的经济学解释》，载《比较》，2014年第6期。

［16］衣保中：《振兴东北当补轻工业欠账》，载《人民论坛》，2016年第9期。

外文论文：

［1］Coe N.M., Hess M., Yeung H.W.C. "Globalizing" regional development: a global production networks perspective. *Transactions of the Institute of British Geographers*, 2004, 29(4): 468-484.

［2］Dincecco M. Fiscal centralization, limited government, and public revenues in Europe, 1650-1913. *The Journal of Economic History*, 2009, 69(1): 48-103.

[3] Florida R., Mellander C., Qian H. China's development disconnect. *Environment and Planning A*, 2012, 44(3): 628-648.

[4] Morgan, K., The learning region: institutions innovation and regional renewal. *Regional. Studies*, 2007(31): 491-403.